中国社会科学院
庆祝中华人民共和国成立70周年书系
国家哲学社会科学学术研究史

总主编 谢伏瞻

新中国哲学研究70年

王立胜 / 主编
冯颜利 张志强 / 副主编

中国社会科学出版社

图书在版编目（CIP）数据

新中国哲学研究 70 年 / 王立胜主编 . —北京：中国社会科学出版社，2019.12

（庆祝中华人民共和国成立 70 周年书系）

ISBN 978-7-5203-4983-3

Ⅰ.①新… Ⅱ.①王… Ⅲ.①哲学—研究—中国—1949-2019 Ⅳ.①B

中国版本图书馆 CIP 数据核字（2019）第 195023 号

出 版 人	赵剑英
责任编辑	朱华彬
责任校对	王 龙
责任印制	王 超
出　　版	中国社会科学出版社
社　　址	北京鼓楼西大街甲 158 号
邮　　编	100720
网　　址	http://www.csspw.cn
发 行 部	010-84083685
门 市 部	010-84029450
经　　销	新华书店及其他书店
印刷装订	北京君升印刷有限公司
版　　次	2019 年 12 月第 1 版
印　　次	2019 年 12 月第 1 次印刷
开　　本	710×1000 1/16
印　　张	31.75
字　　数	442 千字
定　　价	179.00 元

凡购买中国社会科学出版社图书，如有质量问题请与本社营销中心联系调换
电话：010-84083683
版权所有　侵权必究

中国社会科学院
《庆祝中华人民共和国成立70周年书系》
编撰工作领导小组及委员会名单

编撰工作领导小组：

  组　长　谢伏瞻

  成　员　王京清　蔡　昉　高　翔　高培勇　杨笑山
      姜　辉　赵　奇

编撰工作委员会：

  主　任　谢伏瞻

  成　员　（按姓氏笔画为序）

     卜宪群　马　援　王　巍　王立胜　王立峰
     王延中　王京清　王建朗　史　丹　邢广程
     刘丹青　刘跃进　闫　坤　孙壮志　李　扬
     李正华　李　平　李向阳　李国强　李培林
     李新烽　杨伯江　杨笑山　吴白乙　汪朝光
     张　翼　张车伟　张宇燕　陈　甦　陈光金
     陈众议　陈星灿　周　弘　郑筱筠　房　宁
     赵　奇　赵剑英　胡　滨　姜　辉　莫纪宏

夏春涛　高　翔　高培勇　唐绪军　黄　平
黄群慧　朝戈金　蔡　昉　樊建新　潘家华
魏后凯

协调工作小组：

组　　长　蔡　昉
副组长　马　援　赵剑英
成　　员（按姓氏笔画为序）
王子豪　王宏伟　王　茵　云　帆　卢　娜
叶　涛　田　侃　曲建君　朱渊寿　刘大先
刘　伟　刘红敏　刘　杨　刘爱玲　吴　超
宋学立　张　骅　张　洁　张　旭　张崇宁
林　帆　金　香　郭建宏　博　悦　蒙　娃

总　序

与时代同发展　与人民齐奋进

谢伏瞻[*]

今年是新中国成立 70 周年。70 年来，中国共产党团结带领中国人民不懈奋斗，中华民族实现了从"东亚病夫"到站起来的伟大飞跃、从站起来到富起来的伟大飞跃，迎来了从富起来到强起来的伟大飞跃。70 年来，中国哲学社会科学与时代同发展，与人民齐奋进，繁荣中国学术，发展中国理论，传播中国思想，为党和国家事业发展作出重要贡献。在这重要的历史时刻，我们组织中国社会科学院多学科专家学者编撰了《庆祝中华人民共和国成立 70 周年书系》，旨在系统回顾总结中国特色社会主义建设的巨大成就，系统梳理中国特色哲学社会科学发展壮大的历史进程，为建设富强民主文明和谐美丽的社会主义现代化强国提供历史经验与理论支持。

壮丽篇章　辉煌成就

70 年来，中国共产党创造性地把马克思主义基本原理同中国具体实际相结合，领导全国各族人民进行社会主义革命、建设和改革，

---

[*] 中国社会科学院院长、党组书记，学部主席团主席。

战胜各种艰难曲折和风险考验，取得了举世瞩目的伟大成就，绘就了波澜壮阔、气势恢宏的历史画卷，谱写了感天动地、气壮山河的壮丽凯歌。中华民族正以崭新姿态巍然屹立于世界的东方，一个欣欣向荣的社会主义中国日益走向世界舞台的中央。

我们党团结带领人民，完成了新民主主义革命，建立了中华人民共和国，实现了从几千年封建专制向人民民主的伟大飞跃；完成了社会主义革命，确立社会主义基本制度，推进社会主义建设，实现了中华民族有史以来最为广泛而深刻的社会变革，为当代中国的发展进步奠定了根本政治前提和制度基础；进行改革开放新的伟大革命，破除阻碍国家和民族发展的一切思想和体制障碍，开辟了中国特色社会主义道路，使中国大踏步赶上时代，迎来了实现中华民族伟大复兴的光明前景。今天，我们比历史上任何时期都更接近、更有信心和能力实现中华民族伟大复兴的目标。

中国特色社会主义进入新时代。党的十八大以来，在以习近平同志为核心的党中央坚强领导下，我们党坚定不移地坚持和发展中国特色社会主义，统筹推进"五位一体"总体布局，协调推进"四个全面"战略布局，贯彻新发展理念，适应我国社会主要矛盾已经转化为人民日益增长的美好生活需要和不平衡不充分的发展之间的矛盾的深刻变化，推动我国经济由高速增长阶段向高质量发展阶段转变，综合国力和国际影响力大幅提升。中国特色社会主义道路、理论、制度、文化不断发展，拓展了发展中国家走向现代化的途径，给世界上那些既希望加快发展又希望保持自身独立性的国家和民族提供了全新选择，为解决人类问题贡献了中国智慧和中国方案，为人类发展、为世界社会主义发展做出了重大贡献。

70年来，党领导人民攻坚克难、砥砺奋进，从封闭落后迈向开放进步，从温饱不足迈向全面小康，从积贫积弱迈向繁荣富强，取得了举世瞩目的伟大成就，创造了人类发展史上的伟大奇迹。

经济建设取得辉煌成就。 70年来，我国经济社会发生了翻天覆地的历史性变化，主要经济社会指标占世界的比重大幅提高，国际地位和国际影响力显著提升。经济总量大幅跃升，2018年国内生产总值比1952年增长175倍，年均增长8.1%。1960年我国经济总量占全球经济的比重仅为4.37%，2018年已升至16%左右，稳居世界第二大经济体地位。我国经济增速明显高于世界平均水平，成为世界经济增长的第一引擎。1979—2012年，我国经济快速增长，年平均增长率达到9.9%，比同期世界经济平均增长率快7个百分点，也高于世界各主要经济体同期平均水平。1961—1978年，中国对世界经济增长的年均贡献率为1.1%。1979—2012年，中国对世界经济增长的年均贡献率为15.9%，仅次于美国，居世界第二位。2013—2018年，中国对世界经济增长的年均贡献率为28.1%，居世界第一位。人均收入不断增加，1952年我国人均GDP仅为119元，2018年达到64644元，高于中等收入国家平均水平。城镇化率快速提高，1949年我国的城镇化率仅为10.6%，2018年我国常住人口城镇化率达到了59.58%，经历了人类历史上规模最大、速度最快的城镇化进程，成为中国发展史上的一大奇迹。工业成就辉煌，2018年，我国原煤产量为36.8亿吨，比1949年增长114倍；钢材产量为11.1亿吨，增长8503倍；水泥产量为22.1亿吨，增长3344倍。基础设施建设积极推进，2018年年末，我国铁路营业里程达到13.1万公里，比1949年年末增长5倍，其中高速铁路达到2.9万公里，占世界高铁总量60%以上；公路里程为485万公里，增长59倍；定期航班航线里程为838万公里，比1950年年末增长734倍。开放型经济新体制逐步健全，对外贸易、对外投资、外汇储备稳居世界前列。

科技发展实现大跨越。70年来，中国科技实力伴随着经济发展同步壮大，实现了从大幅落后到跟跑、并跑乃至部分领域领跑的历史性跨越。涌现出一批具有世界领先水平的重大科技成果。李四光等人提出"陆相生油"理论，王淦昌等人发现反西格玛负超子，第一颗原子弹装置爆炸成功，第一枚自行设计制造的运载火箭发射成功，在世界上首次人工合成牛胰岛素，第一颗氢弹空爆成功，陈景润证明了哥德巴赫猜想中的"1+2"，屠呦呦等人成功发现青蒿素，天宫、蛟龙、天眼、悟空、墨子、大飞机等重大科技成果相继问世。相继组织实施了一系列重大科技计划，如国家高技术研究发展（863）计划、国家重点基础研究发展（973）计划、集中解决重大问题的科技攻关（支撑）计划、推动高技术产业化的火炬计划、面向农村的星火计划以及国家自然科学基金、科技型中小企业技术创新基金等。研发人员总量稳居世界首位。我国研发经费投入持续快速增长，2018年达19657亿元，是1991年的138倍，1992—2018年年均增长20.0%。研发经费投入强度更是屡创新高，2014年首次突破2%，2018年提升至2.18%，超过欧盟15国平均水平。按汇率折算，我国已成为仅次于美国的世界第二大研发经费投入国家，为科技事业发展提供了强大的资金保证。

人民生活显著改善。我们党始终把提高人民生活水平作为一切工作的出发点和落脚点，深入贯彻以人民为中心的发展思想，人民获得感显著增强。70年来特别是改革开放以来，从温饱不足迈向全面小康，城乡居民生活发生了翻天覆地的变化。我国人均国民总收入（GNI）大幅提升。据世界银行统计，1962年，我国人均GNI只有70美元，1978年为200美元，2018年达到9470美元，比1962年增长了134.3倍。人均GNI水平与世界平均水平的差距逐渐缩小，1962年相当于世界平均水平的14.6%，2018年相当于世界平均水平的85.3%，比1962年提高了70.7个百分点。在世界银行公布的人均GNI排名中，2018年中国排名第71位（共计192个经济体），比1978年（共计188个经济体）提高104位。组织实施了一系列中长期扶贫规划，从救济式扶贫到开发式扶贫再到精准扶贫，探索出一条符合中国国情的农村扶贫开发道路，为全面建成小康社会奠定了坚实基础。脱贫攻坚战取得决定性进展，贫困人口大幅减少，为世界减贫事业作出了重大贡献。按照我国现行农村贫困标准测算，1978年我国农村贫困人口为7.7亿人，贫困发生率为97.5%。2018年年末农村贫困人口为1660万人，比1978年减少7.5亿人；贫困发生率为1.7%，比1978年下降95.8个百分点，平均每年下降2.4个百分点。我国是最早实现联合国千年发展目标中减贫目标的发展中国家。就业形势长期稳定，就业总量持续增长，从1949年的1.8亿人增加到2018年的7.8亿人，扩大了3.3倍，就业结构调整优化，就业质量显著提升，劳动力市场不断完善。教育事业获得跨越式发展。1970—2016年，我国高等教育毛入学率从0.1%提高到48.4%，2016年我国高等教育毛入学率比中等收入国家平均水平高出13.4个百分点，比世界平均水平高10.9个百分点；中等教育毛入学率从1970年的28.0%提高到2015年的94.3%，2015年我国中等教育毛入学率超过中等收入国家平均水平16.5个百分点，远高于世界平均水平。我国总人口由1949年的5.4亿人发展到2018年的近14亿人，年均增长率约为1.4%。人民身体素质日益改善，居民预期寿命由新中国成立初的35岁提高到2018年的77岁。居民环境卫生条件持续改善。2015年，我国享有基本环境卫生服务人口占总人口比重为75.0%，超过中等收入国家66.1%的平均水平。我国居民基本饮用水服务已基本实现全民覆盖，超过中等偏上收入国家平均水平。

思想文化建设取得重大进展。党对意识形态工作的领导不断加强，党的理论创新全面推进，马克思主义在意识形态领域的指导地位更加巩固，中国特色社会主义和中国梦深入人心，社会主义核心价值观和中华优秀传统文化广泛弘扬。文化事业繁荣兴盛，文化产业快速发展。文化投入力度明显加大。1953—1957年文化事业费总投入为4.97亿元，2018年达到928.33亿元。广播影视制播能力显著增强。新闻出版繁荣发展。2018年，图书品种51.9万种、总印数100.1亿册（张），分别为1950年的42.7倍和37.1倍；期刊品种10139种、总印数22.9亿册，分别为1950年的34.4倍和57.3倍；报纸品种1871种、总印数337.3亿份，分别为1950年的4.9倍和42.2倍。公共文化服务水平不断提高，文艺创作持续繁荣，文化事业和文化产业蓬勃发展，互联网建设管理运用不断完善，全民健身和竞技体育全面发展。主旋律更加响亮，正能量更加强劲，文化自信不断增强，全党全社会思想上的团结统一更加巩固。改革开放后，我国对外文化交流不断扩大和深化，已成为国家整体外交战略的重要组成部分。特别是党的十八大以来，文化交流、文化贸易和文化投资并举的"文化走出去"、推动中华文化走向世界的新格局已逐渐形成，国家文化软实力和中华文化影响力大幅提升。

生态文明建设成效显著。70年来特别是改革开放以来，生态文明建设扎实推进，走出了一条生态文明建设的中国特色道路。党的十八大以来，以习近平同志为核心的党中央高度重视生态文明建设，将其作为统筹推进"五位一体"总体布局的重要内容，形成了习近平生态文明思想，为新时代推进我国生态文明建设提供了根本遵循。国家不断加大自然生态系统建设和环境保护力度，开展水土流失综合治理，加大荒漠化治理力度，扩大森林、湖泊、湿地面积，加强自然保护区保护，实施重大生态修复工程，逐步健全主体功能区制度，推进生态保护红线工作，生态保护和建设不断取得新成效，环境保护投入跨越式增长。20世纪80年代初期，全国环境污染治理投资每年为25亿—30亿元，2017年，投资总额达到9539亿元，比2001年增长7.2倍，年均增长14.0%。污染防治强力推进，治理成效日益彰显。重大生态保护和修复工程进展顺利，森林覆盖率持续提高。生态环境治理明显加强，环境状况得到改善。引导应对气候变化国际合作，成为全球生态文明建设的重要参与者、贡献者、引领者。①

新中国70年的辉煌成就充分证明，只有社会主义才能救中国，只有改革开放才能发展中国、发展社会主义、发展马克思主义，只有坚持以人民为中心才能实现党的初心和使命，只有坚持党的全面领导才能确保中国这艘航船沿着正确航向破浪前行，不断开创中国特色社会主义事业新局面，谱写人民美好生活新篇章。

---

① 文中所引用数据皆来自国家统计局发布的《新中国成立70周年经济社会发展成就系列报告》。

繁荣中国学术　发展中国理论
　　　传播中国思想

70年来，我国哲学社会科学与时代同发展、与人民齐奋进，在革命、建设和改革的各个历史时期，为党和国家事业作出了独特贡献，积累了宝贵经验。

一　发展历程

——在马克思主义指导下奠基、开创哲学社会科学。新中国哲学社会科学事业，是在马克思主义指导下逐步发展起来的。新中国成立前，哲学社会科学基础薄弱，研究与教学机构规模很小，无法适应新中国经济和文化建设的需要。因此，新中国成立前夕通过的具有临时宪法性质的《中国人民政治协商会议共同纲领》明确提出："提倡用科学的历史观点，研究和解释历史、经济、政治、文化及国际事务，奖励优秀的社会科学著作。"新中国成立后，党中央明确要求："用马列主义的思想原则在全国范围内和全体规模上教育人民，是我们党的一项最基本的政治任务。"经过几年努力，确立了马克思主义在哲学社会科学领域的指导地位。国务院规划委员会制定了1956—1967年哲学社会科学研究工作远景规划。1956年，毛泽东同志提出"百花齐放、百家争鸣"，强调"百花齐放、百家争鸣"的方针，"是促进艺术发展和科学进步的方针，是促进中国的社会主义文化繁荣的方针。"在机构设置方面，1955年中国社会科学院的前身——中国科学院哲学社会科学学部成立，并先后建立了14个研究所。马克思主义指导地位的确立，以及科研和教育体系的建立，为新中国哲学社会科学事业的兴起和发展奠定了坚实基础。

——在改革开放新时期恢复、发展壮大哲学社会科学。党的十一届三中全会开启了改革开放新时期，我国哲学社会科学从十年

"文革"的一片荒芜中迎来了繁荣发展的新阶段。邓小平同志强调"科学当然包括社会科学",重申要切实贯彻"双百"方针,强调政治学、法学、社会学以及世界政治的研究需要赶快补课。1977年,党中央决定在中国科学院哲学社会科学学部的基础上组建中国社会科学院。1982年,全国哲学社会科学规划座谈会召开,强调我国哲学社会科学事业今后必须有一个大的发展。此后,全国哲学社会科学规划领导小组成立,国家社会科学基金设立并逐年开展课题立项资助工作。进入21世纪,党中央始终将哲学社会科学置于重要位置,江泽民同志强调"在认识和改造世界的过程中,哲学社会科学和自然科学同样重要;培养高水平的哲学社会科学家,与培养高水平的自然科学家同样重要;提高全民族的哲学社会科学素质,与提高全民族的自然科学素质同样重要;任用好哲学社会科学人才并充分发挥他们的作用,与任用好自然科学人才并发挥他们的作用同样重要"。《中共中央关于进一步繁荣发展哲学社会科学的意见》等文件发布,有力地推动了哲学社会科学繁荣发展。

——**在新时代加快构建中国特色哲学社会科学**。党的十八大以来,以习近平同志为核心的党中央高度重视哲学社会科学。2016年5月17日,习近平总书记亲自主持哲学社会科学工作座谈会并发表重要讲话,提出加快构建中国特色哲学社会科学的战略任务。2017年3月5日,党中央印发《关于加快构建中国特色哲学社会科学的意见》,对加快构建中国特色哲学社会科学作出战略部署。2017年5月17日,习近平总书记专门就中国社会科学院建院40周年发来贺信,发出了"繁荣中国学术,发展中国理论,传播中国思想"的号召。2019年1月2日、4月9日,习近平总书记分别为中国社会科学院中国历史研究院和中国非洲研究院成立发来贺信,为加快构建中国特色哲学社会科学指明了方向,提供了重要遵循。不到两年的时间内,习近平总书记专门为一个研究单位三次发贺信,这充分说明党中央对哲学社会科学的重视前所未有,对哲学社会科学工作者的关怀前所未有。在党中央坚强领导下,广大哲学社会科学工作者增强"四个意识",坚定"四个自信",做到"两个维护",坚持以习近平新时代中国特色社会主义思想为指导,坚持"二为"方向和"双百"方针,以研究我国改革发展稳定重大理论和实践问题为主攻方向,哲学社会科学领域涌现出一批优秀人才和成果。经过不懈努力,我国哲学社会科学事业取得了历史性成就,发生了历史性变革。

二 主要成就

70年来,在党中央坚强领导和亲切关怀下,我国哲学社会科学取得了重大成就。

马克思主义理论研究宣传不断深入。新中国成立后,党中央组织广大哲学社会科学工作者系统翻译了《马克思恩格斯全集》《列宁全集》《斯大林全集》等马克思主义经典作家的著作,参与编辑出版《毛泽东选集》《毛泽东文集》《邓小平文选》《江泽民文选》《胡锦涛文选》等一批党和国家重要领导人文选。党的十八大以来,参与编辑出版了《习近平谈治国理政》《干在实处 走在前列》《之江新语》,以及"习近平总书记重要论述摘编"等一批代表马克思主义中国化最新成果的重要文献。将《习近平谈治国理政》、"习近平总书记重要论述摘编"翻译成多国文字,积极对外宣传党的创新理论,为传播中国思想作出了重要贡献。先后成立了一批马克思主义研究院(学院)和"邓小平理论研究中心""中国特色社会主义理论体系研究中心",党的十九大以后成立了10家习近平新时代中国特色社会主义思想研究机构,哲学社会科学研究教学机构在研究阐释党的创新理论,深入研究阐释马克思主义中国化的最新成果,推动马克思主义中国化时代化大众化方面发挥了积极作用。

为党和国家服务能力不断增强。新中国成立初期,哲学社会科学工作者围绕国家的经济建设,对商品经济、价值规律等重大现实问题进行深入研讨,推出一批重要研究成果。1978年,哲学社会科学界开展的关于真理标准问题大讨论,推动了全国性的思想解放,为我们党重新确立马克思主义思想路线、为党的十一届三中全会召开作了重要的思想和舆论准备。改革开放以来，哲学社会科学界积极探索中国特色社会主义发展道路，在社会主义市场经济理论、经济体制改革、依法治国、建设社会主义先进文化、生态文明建设等重大问题上，进行了深入研究，积极为党和国家制定政策提供决策咨询建议。党的十八大以来，广大哲学社会科学工作者辛勤耕耘，紧紧围绕统筹推进"五位一体"总体布局、协调推进"四个全面"战略布局，推进国家治理体系和治理能力现代化，构建人类命运共同体和"一带一路"建设等重大理论与实践问题，述学立论、建言献策，推出一批重要成果，很好地发挥了"思想库""智囊团"作用。

学科体系不断健全。新中国成立初期，哲学社会科学的学科设置以历史、语言、考古、经济等学科为主。70年来，特别是改革开放以来，哲学社会科学的研究领域不断拓展和深化。到目前为止，已形成拥有马克思主义研究、历史学、考古学、哲学、文学、语言学、经济学、法学、社会学、人口学、民族学、宗教学、政治学、新闻学、军事学、教育学、艺术学等20多个一级学科、400多个二级学科的较为完整的学科体系。进入新时代，哲学社会科学界深入贯彻落实习近平总书记"5·17"重要讲话精神，加快构建中国特色哲学社会科学学科体系、学术体系、话语体系。

学术研究成果丰硕。70年来，广大哲学社会科学工作者辛勤耕耘、积极探索，推出了一批高水平成果，如《殷周金文集成》《中国历史地图集》《中国语言地图集》《中国史稿》《辩证唯物主义原理》《历史唯物主义原理》《政治经济学》《中华大藏经》《中国政治制度通史》《中华文学通史》《中国民族关系史纲要》《现代汉语词典》等。学术论文的数量逐年递增，质量也不断提升。这些学术成果对传承和弘扬中华民族优秀传统文化、推进社会主义先进文化建设、增强文化自信、提高中华文化的"软实力"发挥了重要作用。

对外交流长足发展。70年来特别是改革开放以来，我国哲学社会科学界对外学术交流与合作的领域不断拓展，规模不断扩大，质量和水平不断提高。目前,我国哲学社会科学对外学术交流遍及世界100多个国家和地区,与国外主要研究机构、学术团体、高等院校等建立了经常性的双边交流关系。坚持"请进来"与"走出去"相结合,一方面将高水平的国外学术成果译介到国内,另一方面将能够代表中国哲学社会科学水平的成果推广到世界,讲好中国故事,传播中国声音,提高了我国哲学社会科学的国际影响力。

人才队伍不断壮大。70年来,我国哲学社会科学研究队伍实现了由少到多、由弱到强的飞跃。新中国成立之初,哲学社会科学人才队伍薄弱。为培养科研人才,中国社会科学院、中国人民大学等一批科研、教育机构相继成立,培养了一批又一批哲学社会科学人才。目前,形成了社会科学院、高等院校、国家政府部门研究机构、党校行政学院和军队五大教研系统,汇聚了60万多专业、多类型、多层次的人才。这样一支规模宏大的哲学社会科学人才队伍,为实现我国哲学社会科学建设目标和任务提供了有力人才支撑。

三 重要启示

70年来,我国哲学社会科学在取得巨大成绩的同时,也积累了宝贵经验,给我们以重要启示。

坚定不移地以马克思主义为指导。马克思主义是科学的理论、人民的理论、实践的理论、不断发展的开放的理论。坚持以马克思主义为指导,是当代中国哲学社会科学区别于其他哲学社会科学的根本标志。习近平新时代中国特色社会主义思想是马克思主义中国化的最新成果,是当代中国马克思主义、21世纪马克思主义,要将这一重要思想贯穿哲学社会科学各学科各领域,切实转化为广大哲学社会科学工作者清醒的理论自觉、坚定的政治信念、科学的思维方法。要不断推进马克思主义中国化时代化大众化,奋力书写研究阐发当代中国马克思主义、21世纪马克思主义的理论学术经典。

坚定不移地践行为人民做学问的理念。为什么人的问题是哲学社会科学研究的根本性、原则性问题。哲学社会科学研究必须搞清楚为谁著书、为谁立说，是为少数人服务还是为绝大多数人服务的问题。脱离了人民，哲学社会科学就不会有吸引力、感染力、影响力、生命力。我国广大哲学社会科学工作者要坚持人民是历史创造者的观点，树立为人民做学问的理想，尊重人民主体地位，聚焦人民实践创造，自觉把个人学术追求同国家和民族发展紧紧联系在一起，努力多出经得起实践、人民、历史检验的研究成果。

坚定不移地以研究回答新时代重大理论和现实问题为主攻方向。习近平总书记反复强调："当代中国的伟大社会变革，不是简单延续我国历史文化的母版，不是简单套用马克思主义经典作家设想的模板，不是其他国家社会主义实践的再版，也不是国外现代化发展的翻版，不可能找到现成的教科书。"哲学社会科学研究，必须立足中国实际，以我们正在做的事情为中心，把研究回答新时代重大理论和现实问题作为主攻方向，从当代中国伟大社会变革中挖掘新材料，发现新问题，提出新观点，构建有学理性的新理论，推出有思想穿透力的精品力作，更好服务于党和国家科学决策，服务于建设社会主义现代化强国，实现中华民族伟大复兴的伟大实践。

坚定不移地加快构建中国特色哲学社会科学"三大体系"。加快构建中国特色哲学社会科学学科体系、学术体系、话语体系，是习近平总书记和党中央提出的战略任务和要求，是新时代我国哲学社会科学事业的崇高使命。要按照立足中国、借鉴国外，挖掘历史、把握当代，关怀人类、面向未来的思路，体现继承性、民族性，原创性、时代性，系统性、专业性的要求，着力构建中国特色哲学社会科学。要着力提升原创能力和水平，立足中国特色社会主义伟大实践，坚持不忘本来、吸收外来、面向未来，善于融通古今中外各种资源，不断推进学科体系、学术体系、话语体系建设创新，构建一个全方位、全领域、全要素的哲学社会科学体系。

坚定不移地全面贯彻"百花齐放、百家争鸣"方针。"百花齐放、百家争鸣"是促进我国哲学社会科学发展的重要方针。贯彻"双百方针"，做到尊重差异、包容多样，鼓励探索、宽容失误，提倡开展平等、健康、活泼和充分说理的学术争鸣，提倡不同学术观点、不同风格学派的交流互鉴。正确区分学术问题和政治问题的界限，对政治原则问题，要旗帜鲜明、立场坚定，敢于斗争、善于交锋；对学术问题，要按照学术规律来对待，不能搞简单化，要发扬民主、相互切磋，营造良好的学术环境。

坚定不移地加强和改善党对哲学社会科学的全面领导。哲学社会科学事业是党和人民的重要事业，哲学社会科学战线是党和人民的重要战线。党对哲学社会科学的全面领导，是我国哲学社会科学事业不断发展壮大的根本保证。加快构建中国特色哲学社会科学，必须坚持和加强党的领导。只有加强和改善党的领导，才能确保哲学社会科学正确的政治方向、学术导向和价值取向；才能不断深化对共产党执政规律、社会主义建设规律、人类社会发展规律的认识，不断开辟当代中国马克思主义、21世纪马克思主义新境界。

《庆祝中华人民共和国成立70周年书系》坚持正确的政治方向和学术导向，力求客观、详实，系统回顾总结新中国成立70年来在政治、经济、社会、法治、民族、生态、外交等方面所取得的巨大成就，系统梳理我国哲学社会科学重要学科发展的历程、成就和经验。书系秉持历史与现实、理论与实践相结合的原则，编撰内容丰富、覆盖面广，分设了国家建设和学科发展两个系列，前者侧重对新中国70年国家发展建设的主要领域进行研究总结；后者侧重对哲学社会科学若干主要学科70年的发展历史进行回顾梳理，结合中国社会科学院特点，学科选择主要按照学部进行划分，同一学部内学科差异较大者单列。书系为新中国成立70年而作，希望新中国成立80年、90年、100年时能够接续编写下去，成为中国社会科学院学者向共和国生日献礼的精品工程。

是为序。

目　录

导论　新中国哲学研究 70 年的回眸与前瞻……………………………（1）

第一章　新中国马克思主义哲学研究 70 年 ………………………（18）
第一节　导言………………………………………………………………（18）
第二节　以教科书体系为框架的基本理论问题讨论…………………（20）
第三节　以真理标准问题为动力的教科书体系改革…………………（26）
第四节　以学术规范问题为导向的体系形式分化……………………（34）
第五节　以思想阐释问题为内容的研究路径转换……………………（44）
第六节　问题导向与体系建构有机互动的未来展望…………………（56）

第二章　新中国中国哲学研究 70 年 …………………………………（66）
第一节　导言：知识积累与范式反思
　　　　——中国哲学史研究的主调………………………………（66）
第二节　科学化的新方向…………………………………………………（70）
第三节　新范式反思：困境与启发………………………………………（75）
第四节　通史与话题的更新：新范式的成果……………………………（84）
第五节　走向极端化：偏离知识的追求…………………………………（88）
第六节　马克思主义指导下的中国哲学研究……………………………（90）
第七节　西方哲学参照下的中国哲学研究 ……………………………（100）
第八节　中国哲学的"合法性"危机与中国哲学
　　　　研究的自觉 ………………………………………………（106）

第九节　从哲学史到哲学：中国哲学的当代建构 ………… (117)
第十节　中国哲学研究的未来展望 …………………………… (121)

第三章　新中国西方哲学研究70年 ……………………………… (123)
第一节　导言：西方哲学研究70年的阶段及特点 ………… (123)
第二节　古希腊哲学研究 …………………………………… (129)
第三节　中世纪哲学研究 …………………………………… (136)
第四节　早期现代哲学研究 ………………………………… (144)
第五节　德国古典哲学研究 ………………………………… (148)
第六节　现当代欧洲大陆哲学研究 ………………………… (161)
第七节　分析哲学研究 ……………………………………… (190)
第八节　结语：问题与展望 ………………………………… (197)

第四章　新中国东方哲学研究70年 ……………………………… (198)
第一节　导言 ………………………………………………… (198)
第二节　印度哲学研究 ……………………………………… (202)
第三节　日本哲学研究 ……………………………………… (213)
第四节　阿拉伯伊斯兰哲学研究 …………………………… (222)
第五节　韩国哲学研究 ……………………………………… (232)
第六节　越南哲学研究 ……………………………………… (244)
第七节　结语 ………………………………………………… (252)

第五章　新中国逻辑学研究70年 ………………………………… (254)
第一节　导言 ………………………………………………… (254)
第二节　基础时期（1949—1978年） ……………………… (257)
第三节　发展时期（1978年至今） ………………………… (269)
第四节　结语 ………………………………………………… (295)

第六章　新中国伦理学研究 70 年 (296)
　　第一节　导言 (296)
　　第二节　马克思主义伦理思想研究 (303)
　　第三节　伦理学原理研究 (310)
　　第四节　中国伦理思想史研究 (317)
　　第五节　外国伦理学研究 (324)
　　第六节　应用伦理学研究 (330)
　　第七节　结语 (337)

第七章　新中国美学研究 70 年 (339)
　　第一节　导言 (339)
　　第二节　70 年来中国美学基本理论研究情况 (340)
　　第三节　70 年来中国美学史研究状况 (363)
　　第四节　70 年来西方美学研究的成就、问题与出路 (380)
　　第五节　中国设计美学 40 年 (392)
　　第六节　结语 (405)

第八章　新中国科学技术哲学研究 70 年 (407)
　　第一节　导言 (407)
　　第二节　作为中国学派的自然辩证法研究 (408)
　　第三节　从追逐科学到审度科技之路 (424)
　　第四节　科技哲学主要领域与问题概观 (441)
　　第五节　结语 (468)

参考文献 (470)

后　记 (483)

导 论

新中国哲学研究 70 年的回眸与前瞻

  哲学总是随着时代及其重大问题的变迁而不断发展变化着的，每一个时代的哲学都有其特定的思想内容和理论形态。中华人民共和国成立 70 年的历史，是中国共产党在马克思主义的指导下带领中国人民进行革命、建设和改革的历史，也是不断提出、分析和解决重大现实问题和重大理论问题的历史。正是对重大时代问题的反思与总结，新中国的哲学事业才取得了重大的成就。在此过程中，中国的哲学工作者坚持"不忘本来、吸收外来、面向未来"的基本原则，积极融通马克思主义哲学的资源、中国传统哲学的资源、国外哲学的资源，围绕重大的现实问题和理论问题展开思想论争，有力地推动了马克思主义哲学中国化、时代化和大众化，形成了包括马克思主义哲学、中国哲学、外国哲学、科技哲学、伦理学、美学、逻辑学和宗教学在内的学科体系，为加快构建中国特色哲学学术体系、学科体系和话语体系从而引导时代精神夯实了理论基础。

一

  回顾 70 年来的中国哲学事业，哲学的发展构成了中国社会发展的内在部分。在其中，不论艰难探索还是繁荣发展，哲学研究都与对当时重大时代议题的观照与把握息息相关。

中华人民共和国成立伊始，马克思主义哲学的学习和宣传，为各项工作的胜利奠定了坚实的思想理论基础。随着中国进入社会主义建设时期，如何运用哲学的世界观和方法论观察和处理新情况，探索中国社会主义建设的道路任务，就成为新的现实问题。在改革开放初期，为了确立实践作为检验真理的唯一标准，实事求是地对待和开拓中国的发展道路，中国的哲学界形成了以传统哲学教科书体系改革和思想解放为基本指向和主要任务的潮流。此后，伴随市场经济体制的确立和生活方式的变革，中国的哲学研究发生着深刻的变化，人们对时代的理解从单一走向多元，逐步形成了多样化、精细化和专业化的哲学形态。

具体地讲，中华人民共和国成立初期，摆在中国人民面前的首要现实问题就是如何坚决稳妥地实现向社会主义的过渡。面对这样一个时代任务，中国共产党的领导集体和众多理论工作者普遍意识到，不能从中国新民主主义革命的经验中得到全部答案，更不能从苏联社会主义模式的借鉴中找到根本依据，而是在马克思主义同中国具体实际相结合的进一步实践中，进行新的探索与创造。为了适应新中国经济、政治、社会、文化迅速发展的需要，对广大的党员干部和人民群众进行及时而必要的思想武装，党中央和毛泽东主席大力开展马克思主义理论特别是马克思主义哲学的学习和宣传，积极推进实践发展创新与哲学理论创新的良性互动，为中华人民共和国成立初期各项工作的胜利奠定了坚实的思想理论基础，并对20世纪60年代以后的哲学研究工作产生了意义长久的影响。

按照当时的实际情况，哲学理论的学习和宣传以打基础为主，通过了解社会发展史来逐步掌握历史唯物主义的基本原理，主要参考艾思奇的《历史唯物论、社会发展史》和解放社编写的《社会发展简史》。在开展群众性哲学理论学习活动的同时，我们党还定期选送一部分领导干部进入马列学院学习。学员们认真贯彻"学习理论，提高认识，联系实际，改造思想"的方针，一方面下大力气钻研规定的哲学经典著作，着重把握思维与存在的关系、唯物主义反映论原理等基本哲学问题；另一方面结合自身实际工作和实际生活中的经验事例，来掌握唯物辩证法和唯物史观的基本原理，并运用这些原理来检查自身思想作风，改造主观世界与客观世界的关系。

使哲学理论学习活动长期开展下去的一个重要条件，是培养和建立一支专业的哲学理论工作者队伍。中华人民共和国成立伊始，中国新哲学研究会组织哲学理论工作者学习马克思主义哲学改造世界观，探讨各种哲学专业问题，改造旧的哲学教材，批判各种唯心主义和形而上学思想等。1955年，中国科学院哲学社会科学部成立了作为中国最高哲学研究机构的哲学研究所，随后制定了《哲学社会科学十二年规划（草案）》，筹备出版了专业的哲学刊物，一些重点大学的哲学系也恢复、成立，这些措施标志着新中国哲学研究工作和组织工作进入了新的阶段。此外，一些马克思主义经典著作有计划地翻译出版，《实践论》《矛盾论》《论十大关系》这些毛泽东哲学思想代表著作，也成为当时宣传和学习马克思主义哲学的重要内容。

在新中国从新民主主义社会向社会主义社会过渡的时期，经济、政治、社会，尤其意识形态等各方面的情况，极其错综复杂且不断变化。如何正确理解经济基础与上层建筑之间的关系，成为实践向人们提出的紧迫问题。对此，中国哲学界开展了长达数年的激烈论争。当时中国社会科学院哲学研究所研究人员作为主要代表人物，也参与其中并作出较为客观准确的判断。这场争论尽管分歧较大，观点繁杂，但焦点在于"单一经济基础论"和"综合经济基础论"之间。其中，时任哲学研究所所长潘梓年先生是"综合经济基础论"的代表人物，较好地贯彻了理论联系实际的原则，也比较符合当时中国的国情。特别是在当时严厉批判"巩固新民主主义秩序"的思想，反右倾的斗争日益升温的政治氛围中，其理论勇气和政治勇气可嘉。

随着中国进入社会主义建设时期，如何运用哲学的世界观和方法论观察和处理新情况，总结国内外经验教训，探索中国社会主义建设的道路，就成为新的重大现实问题。1957年6月，毛泽东主席发表了《关于正确处理人民内部矛盾的问题》这部重要哲学著作，在阐明真理发展规律的基础上提出了"百花齐放、百家争鸣"的方针（简称为"双百"方针），以加强马克思主义在思想界的领导地位，促进艺术发展、科学进步和中国社会主义文化繁荣发展。这一方针的提出，对整个中国的哲学事业发展具有重大意义。此后，中国哲学界围绕主观能动性和客观规律性、思维与存在的同一性、"一分为二"与"合二为一"、哲学史方法论、道德的阶级性和继承性、形式逻辑与辩证逻辑等问题进行了深入的探讨与争论。尽管上述论争由于混淆学术问题和政治问题的界限，而造成一些偏见甚至不良后果，但对中国的哲学事业发展起了一定的促进作用。

更为重要的是，毛泽东哲学思想也在社会主义建设的实践探索和经验总结中得到了进一步的丰富和发展。不仅阐述了矛盾对立统一的思想、总的量变过程中的部分质变、事物发展呈"波浪式前进"形式等原理，而且重提实事求是原则，大兴调查研究之风，阐明了自由与必然的关系，创新了领导方法和工作方法等。为了使无产阶级"把哲学当做自己的精神武器"[①]，毛泽东主席号召让哲学从哲学家的课堂上和书本里解放出来，持续有力地推动群众性的"学哲学、用哲学"活动的开展。当然，这种活动出现了庸俗化、形式化的倾向，也走了不少弯路。其中最为重要的经验教训在于，必须始终坚持马克思主义的科学性、人民性、实践性和开放性的统一，并且不能忽视哲学专业工作者的研究成果对于理论宣传和哲学教育的重要作用。

---

① 《马克思恩格斯文集》第1卷，人民出版社2009年版，第17页。

二

20世纪70年代末，正值中国的改革开放初期，人们对重大现实问题的认识与把握经历了一次"转"脑筋，即由"以阶级斗争为纲"转向"以经济建设为中心"。其首要任务是，冲破以"两个凡是"为代表的个人崇拜与教条主义的禁锢，确立实践作为检验真理的唯一标准，实事求是地对待当代中国的实际及其发展道路。具体到中国的哲学界，则是形成了以传统哲学教科书体系改革为基本指向和主要任务的潮流。这场哲学改革潮流以重新建构马克思主义哲学体系同时作为起点和归宿，经由关于真理标准问题、人道主义及异化问题的讨论，重新理解马克思主义哲学的精神实质。自此，反思与重建成为当时中国哲学界的主基调，举凡：以1979年的"中国哲学史方法论问题讨论会"为标志，从方法论上对用马克思主义意识形态来研究中国哲学的全面反思；打破唯物主义和唯心主义两条路线之争、泛政治化和教条主义等思想桎梏，从学术上搭建西方哲学研究的点、面、线结合的立体知识网络框架；道德的阶级性与继承性问题以学术探讨的面貌再次出现，以及关于道德本质的学理探讨等，真正凸显中国学者在伦理学基础理论领域研究的推进与创新，并对社会观念产生重大影响，等等。

在真理标准大讨论这场思想解放运动中，哲学所和《哲学研究》编辑部于1978年6月和7月先后两次组织召开了百人以上规模的全国性理论研讨会，并由新华社予以报道，在全国引起了强烈反响。由于在真理标准大讨论中立场坚定、观点鲜明、方法得当，《哲学研究》杂志威信大增，发行量一度增加到200多万份。辩证唯物主义研究室与中央人民广播电台合作，先后两次举办真理标准问题讲座，后结集出版了《实践是检验真理的唯一标准（通俗讲话）》一书，发行量高达2300多万册。中央人民广播电台和地方广播电台在黄金时段反复播放这本小册子中的内容,听众总量数以亿计,成为那个时代的最强音,被誉为"新时期的'大众哲学'"。

20世纪90年代从计划经济向市场经济的转变,即所谓的"换"脑筋,则是以经济生活为基础的全部社会生活的重大变革,亦即现实的个人的存在方式的多样化,而绝不是简单经济学意义上的资源配置的调整。多样化的存在方式,使得中国的哲学发展呈现为对各式各样的哲学问题的反思。当时中国哲学界围绕真理与价值、发展与代价、公平与效率、人文精神与科学精神等展开的论争,即为直接的明证。不论关于哲学观变革、现代性批判、哲学对话、人的发展等问题的持续且深入的探索,还是对马克思主义哲学史、国外马克思主义、新儒家哲学思想、中西哲学比较、西方传统哲学、"后现代主义"与"当代形而上学"、实践美学的批判与反思、应用伦理学、中国传统伦理思想、现代逻辑等研究的勃兴等,无不彰显整个中国的哲学研究的返本开新。

面对西方哲学在20世纪80年代引发的热潮及其与中国现代化的实践的内在关系,中国社会科学院哲学研究所叶秀山研究员作为总主编之一促成了中国第一部多卷本学术版《西方哲学史》问世,推动了中国学术视野下的西方哲学史研究;面对西方马克思主义的传入,徐崇温研究员主编了"国外马克思主义和社会主义研究丛书",推动了中国哲学界对西方马克思主义发展的了解,对认清相关问题、破除相关迷信产生了积极意义,等等。这些成果不仅对中国哲学学科建设和文化积累起着极大的推动作用,还具有较强的现实意义和社会影响力。

21世纪以来,随着中国市场化改革的历史效应的进一步显现,加之理论自身内在逻辑的演进,中国的哲学研究继续发生着深刻的变化。此时,人们对时代的理解从单一走向多元,诸如思想大解放的时代、科技大发展的时代、政治多极化的时代、经济全球化的时代、信息全球化的时代、人工智能的时代等。相应地,对重大现实问题的判断也难免出现各种不同的声音,从而形成多样化、精细化和专业化的哲学形态及其分支内容。例如，马克思主义哲学研究中的"论坛哲学"、文本研究、资本批判、政治哲学和学术形态建构，中国哲学研究中的"合法性危机"反思、理论自觉和当代形态建构，西方哲学研究中的哲学史的融会贯通，东方哲学研究中的东西方文化辨析，伦理学研究中的中国特色的社会主义道德体系建构，逻辑学研究中的融入国际前沿问题，美学研究中的百花齐放与百家争鸣，等等。凡此种种，虽然表面看似杂乱无章并且问题重重，但实质上隐含着从根本上解决问题的途径抑或内在指向，即加快构建中国特色哲学学科体系、学术体系、话语体系。究其实，中国的哲学界在对中国现时代的最重大现实问题的理解和目标上是普遍一致的，那就是如何阐释中国道路的世界历史意义，突破理论创新落后于实践发展的困境，使哲学真正复归时代精神的精华这一实质。

回溯改革开放以来中国的哲学发展历程，中国共产党特别是其领导集体的哲学思想，更是极大丰富和发展了马克思主义哲学乃至整个新中国的哲学形态。面对中国特色社会主义伟大实践征程中国情极其复杂、外部环境发生深刻变化的情况，围绕什么是马克思主义、怎样对待马克思主义，什么是社会主义、怎样建设社会主义，建设什么样的党、怎样建设党，实现什么样的发展、怎样发展的基本问题，中国共产党人始终坚持和运用辩证唯物主义和历史唯物主义的世界观和方法论，善于从千头万绪、纷繁复杂的事物和事物的普遍联系中把握矛盾、认识和处理问题，形成了独具特色的哲学思想，对发展马克思主义哲学作出了重要贡献。其一，坚持和发展了实践与认识辩证关系的原理，强调解放思想、实事求是、与时俱进、求真务实是邓小平理论、"三个代表"重要思想、科学发展观的精髓和灵魂。其二，坚持和发展了生产力发展是社会发展最终决定力量的原理，强调发展是解决中国一切问题的关键。其三，坚持和发展了人民是历史主体的原理，强调以人为本是中国特色社会主义的根本出发点和落脚点。其四，坚持和发展了生产力与生产关系、经济基础与上层建筑相互作用的原理，强调改革开放是发展中国特色社会主义的必由之路，是推动经济社会发展的强大动力。其五，坚持和发展了马克思主义关于社会系统各方面相互作用、协调发展的思想，强调必须坚持以经济建设为中心，全面推进经济建设、政治建设、文化建设、社会建设以及生态文明建设和党的建设。

习近平新时代中国特色社会主义思想是对马列主义、毛泽东思想、邓小平理论、"三个代表"重要思想、科学发展观的继承和发展，是马克思主义中国化的最新成果，是党和人民实践经验和集体智慧的结晶，是中国特色社会主义理论体系的重要组成部分，是实现中华民族伟大复兴的行动指南。它从理论和实践相结合上系统回答了新时代坚持和发展什么样的中国特色社会主义、怎样坚持和发展中国特色社会主义重大时代课题，为发展21世纪当代中国的马克思主义哲学作出了重要贡献。

实事求是是习近平新时代中国特色社会主义思想的哲学精髓和要义。习近平总书记牢牢把握这一精髓要义，坚持从中国仍处于并将长期处于社会主义初级阶段这一基本国情和最大实际出发，分析问题、认识问题，进而提出解决问题的科学方案，并付诸实践检验。这个过程是理论探索和实践检验的过程，更是不断开辟当代马克思主义哲学发展新境界的过程。

人民至上是习近平新时代中国特色社会主义思想的根本哲学立场。人心是最大的政治，人民立场是最为根本的立场。习近平总书记的哲学实践和哲学创造，为广大哲学社会科学工作者坚持以人民为中心的研究导向，以为人民做学问作为学术理想，以人民至上作为价值取向，树立了光辉的榜样，为开辟当代马克思主义哲学发展新境界作出新的贡献。

辩证思维是习近平新时代中国特色社会主义思想的根本哲学方法。辩证思维，就是承认矛盾、分析矛盾、解决矛盾，善于抓住关键、找准重点、洞察事物发展规律的思想方法。习近平新时代中国特色社会主义思想不仅处处体现着辩证思维的根本方法，还将辩证思维与战略思维、创新思维、法治思维、历史思维、底线思维等统一起来，作为一个完整的科学方法论体系予以学习掌握，并运用到解决我们所面临的重大现实问题中去，为开辟当代马克思主义哲学发展新境界提供方法支撑。

历史思维是习近平新时代中国特色社会主义思想的唯物史观基石。习近平总书记强调必须坚持以唯物史观为指导，强调提高以唯物史观为基础的历史思维能力，用以解决复杂的社会、历史和现实问题。他站在新的历史起点上，自觉运用生产基础、群众主体和社会基本矛盾等唯物史观基本观点，思考当代中国和当今世界的重大理论和实践问题，准确把握了人类历史发展的基本规律和总趋势。他要求我们必须树立坚定的共产主义远大理想和中国特色社会主义共同理想，苦干实干，扎实推进中国特色社会主义伟大实践不断前进，为开辟当代马克思主义哲学发展新境界提供不竭动力。

当今世界正处在大发展大变革大调整时期。当代中国正经历着历史上最为广泛而深刻的社会变革，也正在进行着人类历史上最为宏大而独特的实践创新。这必将给哲学创造、理论繁荣提供强大的动力和广阔的空间。习近平新时代中国特色社会主义思想就是在这样一个需要理论而且一定能够产生理论的时代所产生的科学真理。它凝聚了当今世界的时代精神，代表了当代中国的思想高度，把马克思主义哲学中国化推进到一个新的境界，展现了21世纪中国的马克思主义哲学的真理力量！

三

纵览新中国70年哲学研究的历程，成就是主要的、突出的，形成了一些具有国际学术影响力的研究范式。然而，经验教训与重要成就往往相伴而生。问题导向与体系建构互动之时难免会有错位或不一致的地方。问题的把握不足和体系的封闭僵化等情形，在新中国70年哲学研究历程中时有发生，不可避免地会产生一些值得深思与总结的经验教训。

坚持实事求是、理论联系实际，是哲学研究者分析和解决问题时应当遵循的基本原则。可是，现实本身错综复杂和瞬息万变的特性，使以上原则的真正贯彻变得尤为困难。新中国哲学研究曾经走过一些弯路，尤其在某一时期内对中国社会主义建设时期的重大现实问题、阶级形势与政治状况的错误判断，用政治批判取代学术争论，甚至肆意扭曲马克思主义哲学的基本原理，使整个哲学领域的研究工作、学术结构和人才队伍等都遭到严重破坏。

诚然，改革开放以来的思想解放，对于中国学者实事求是地理解现实并从中提炼和认识问题，起到了极大的推动作用。但是，对问题的把握不足依然屡见不鲜。这也是当今反复强调坚持实事求是、强化问题导向的原因所在。简单来说，哲学意义上的现实，就是事实与本质的统一。这意味着从现实中提炼出的问题，至少包括以下内容：其一，"现存的不都是现实的"，只有表征着时代特征及其发展趋向的社会现象或事件，才能称得上是"现实问题"；其二，作为对其所处时代中的本质和事实的抽象表达，一些重要的思想潮流及理论动向也属于"现实问题"的范畴。一方面，随着学术性在中国的哲学研究中的不断强化，人们关于本质的追问越发深入，以致忽视了事实本身发生的深刻变化。特别是在中国特色社会主义进入新时代，中国社会主要矛盾的转变这一本质被深刻揭示出来的情形下，中国的哲学工作者更应该关注这个矛盾的事实层面即具体表现，从而真正地提炼、分析和解决问题，而不是只做揭示社会主要矛盾转变的意义即必要性的同义反复。另一方面，通过学习领悟当今时代的重要思想，即习近平新时代中国特色社会主义思想，把握其精髓要义和丰富内涵，从而深刻理解新时代的本质，以准确找出和科学分析表征时代发展的社会现象。否则，就只能产生脱离社会现实、缺乏问题意识的经验哲学。

同实事求是相对立的是教条主义。新中国70年哲学研究历程中曾出现的教条主义倾向，与体系的封闭僵化不无干系，其主要表现为：将传统教科书体系中的基本原理，或者经典著作中的个别词句，当作绝对的普遍公式直接套用到问题研究中，全然不顾问题产生的具体历史条件；把传统教科书体系中或经典作家没有探讨过的问题视作"禁区"，而不敢越雷池一步，反对根据时代发展和现实变化提出新问题及新观点，用政治的方式批判这些所谓的"离经叛道"；原理和著作乃至文件指示而不是实践，被用作研究问题得出结论、判断是非曲直的唯一标准，只是在传统教科书体系或经典著作范围内反复做文章。更为严重的是，体系的封闭僵化在某个时期内还掺杂着个人崇拜的因素，形成诸如"句句是真理，一句顶一万句"之类的理论"怪胎"，抹杀了人们起码的独立思考能力，极大地阻碍了马克思主义哲学的发展。

体系的封闭僵化绝不可能被一劳永逸地消除。当一定的理论体系从不成熟过渡到完善之时，稍有不慎就会因自我满足于既有的合理性而走向封闭与僵化。马克思主义哲学批判的正是旧哲学体系的僵化形式，即静态的逻辑架构和封闭的语言系统。在充分肯定当前以思想阐释问题为内容的研究路径分化及其成果的同时，更要警惕这些微观体系建构滑向封闭与独断的可能。哲学研究中的文献考证与历史梳理也好，理论阐释与现实反思也罢，都应该在建设性的对话关系中融通起来。如若不然，就会因缺乏充要的依据而成为泛论，抑或退回到旧的思辨哲学的基地，重新陷入教条主义的泥淖。

真正的哲学是时代精神的精华，更是文明"活"的灵魂；它标志着一个民族自觉意识的高度和深度，体现着它的"发育水平"和"成熟水准"。在哲学研究中实现问题导向与体系建构的良性互动，其根本途径在于使哲学复归文明"活"的灵魂。当今中国正处于社会大变革的转型时期，这决定着哲学工作者应当站在世界文明的战略高度、以理性的眼光来审视中国道路的历史方位，澄清中华文明的价值前提，反思构建人类文明新形态的可能道路。此外，由于全球化是当今世界中深刻改变政治、经济、文化格局，并且深刻影响每个国家发展现状及前景的一种客观趋势和历史潮流，所以诠释中国道路的合理性必须将其置于这样的世界图景之中。中国道路应当具有的世界历史意义，不仅仅是一些具体的路线、方针和策略，而且是一种思想体系和基础理论的建树。对于中国道路的合理性、必然性及世界历史意义的诠释，必须借助于哲学高度的反思；也即是说，探索人类文明新形态，是中国哲学未来发展的必然趋势和使命担当。

四

经过70年的发展，中国人民站起来、富起来，物质精神文化都得到了极大发展，70年的中国实践充分证明了中国道路的成功，从理论上对中国道路进行系统化诠释，既十分必要，又十分迫切。随着中国特色社会主义进入新时代，解决当下中国哲学界的一系列问题，加快构建符合新时代的中国特色哲学学科体系、学术体系、话语体系，正逢其时。哲学不能仅仅是思维的游戏，西方的哲学思想体系对现代自然科学、社会经济学的发展都起了非常重要的作用，未来中国哲学的发展也必将如此，我们要以高度理性化的思考、高度理论化的语言面对中国以及人类发展的深刻问题，推动人类社会的健康发展。

习近平总书记在哲学社会科学工作座谈会上的讲话中指出，"哲学社会科学是人们认识世界、改造世界的重要工具，是推动历史发展和社会进步的重要力量，其发展水平反映了一个民族的思维能力、精神品格、文明素质，体现了一个国家的综合国力和国际竞争力"，"要按照立足中国、借鉴国外，挖掘历史、把握当代，关怀人类、面向未来的思路，着力构建中国特色哲学社会科学，在指导思想、学科体系、学术体系、话语体系等方面充分体现中国特色、中国风格、中国气派"。① 习近平总书记的重要讲话为中国哲学的未来发展指明了方向。

加快构建中国特色哲学学科体系，应立足中国实践的具体问题，以实践中的实际领域为研究对象，而不是机械地照搬西方划分学科。哪些领域值得我们进行理论说明，哪些领域值得我们以新的理论进一步指导，我们就应该在何处用力。传统学科划分已无法因应时代发展，如大数据、人工智能造成的种种问题，已不再是科学哲学单一学科的问题，既涉及我们对西方技术理性的分析，也涉及伦理领域的反思，还涉及如何运用唯物辩证法指导具体实践的问题。应对这样的问题，就需要我们花大力气研究当代中国哲学学科体系的建设。对此，中国社会科学院哲学研究所当以自身建设为出发点，引领中国特色哲学学科体系建设。

加快构建中国特色哲学学术体系，应该创新思维、创新方法、创新工具，完善标准，健全机制，推动学术突破性成果的产生。纵览现有的哲学研究，呈现出专业化、壁垒化趋势，跨学科对话困难，学术陷入学科内生产的小循环模式，出专著易，出精品难，出专家易，出大师难。这些都需要我们打破路径依赖和思维惯性，加大探索，鼓励创新。对此，中国社会科学院哲学研究所应继续发挥组织、引领中国哲学界的职能，利用自身资源优势，鼓励以新方法研究新问题，促进中国哲学界的交流与争鸣。

加快构建中国特色哲学话语体系，应用中国语言讲好中国实践，以中国实践促进中国哲学语言发展，让哲学讲新时代的"中国话"。当前哲学语言，无论是基本概念、核心主题还是论说方式都存在西方化、"圈子化"的现象，哲学语言脱离实践，有些学科语言甚至成为"黑话"。应当看到，70 年的实践已经为我们提出了基本的研究问题，我们需要从这些问题出发，锻造合适的概念阐释问题，以合

---

① 习近平：《在哲学社会科学工作座谈会上的讲话》，人民出版社 2016 年版，第 2、15 页。

适的论证方式论证中国实践。对此，中国社会科学院哲学研究所应鼓励对具体实践问题的理论化关切，鼓励针对具体实践问题展开哲学研究，力求在某些实践领域的理论研究上率先突破，以符合新时代的哲学话语论证中国实践。

当然，加快构建中国特色哲学学科体系、学术体系、话语体系，要始终坚持以马克思主义为指导，特别是要以反映马克思主义中国化最新理论高度的习近平新时代中国特色社会主义思想为引领，不断加强哲学基础研究，提升学术原创水平，增强学术话语权，不断提高中国哲学的创造活力、发展能力、竞争实力。无论是哪一具体哲学学科，我们都要高度重视自身的时代使命，从自身现状出发，解决自身学科问题，合力形成中国哲学发展的新局面。

首先，马克思主义哲学在研究马克思主义经典著作的同时，应进一步推进马克思主义的中国化。正如习近平总书记所说："马克思主义中国化取得了重大成果，但还远未结束。我国哲学社会科学的一项重要任务就是继续推进马克思主义中国化、时代化、大众化，继续发展21世纪马克思主义、当代中国马克思主义。"[①] 马克思主义哲学将社会历史的发展看作包含着各种不同阶段的过程。在上述过程中，人的历史性实践活动会不断向前推进，从而使得在特定历史阶段中概括、凝练出新理论的重要性，越发凸显出来。按照这种理解，中国特色社会主义作为一种历史性实践，其展开过程应当始终与马克思主义的中国化的最新成果以及不断丰富和发展着的中国特色社会主义理论体系的指导相伴随。因此，新时代中国特色社会主义的实践进程，从根本上离不开习近平新时代中国特色社会主义思想的指导作用。当今中国马克思主义哲学研究，一方面应当深入社会现实，研究中国特色社会主义进入新时代的社会主要矛盾及其变化，给人们提供世界观和方法论层面的指导；另

---

① 习近平：《在哲学社会科学工作座谈会上的讲话》，人民出版社2016年版，第9—10页。

一方面，阐发中国特色社会主义道路所具有的世界历史意义，即它不仅仅是一些具体的路线、方针和策略，而且是一种思想体系和基础理论的建树。

其次，中国传统哲学要实现其创造性转化和创新性发展，与现实文化相融相通，共同服务以文化人的时代任务。习近平总书记强调"不忘历史才能开辟未来，善于继承才能善于创新。优秀传统文化是一个国家、一个民族传承和发展的根本，如果丢掉了，就割断了精神命脉。我们要善于把弘扬优秀传统文化和发展现实文化有机统一起来，紧密结合起来，在继承中发展，在发展中继承"[①]。这就需要中国哲学研究者对古代的哲学要有区别地对待、有扬弃地继承，使之与当代文化相适应、与现代社会相协调。哲学所的中国哲学研究，不能只停留在传统的文本研究、范畴诠释上，需要将"两创"作为一个重点加以关注，持之以恒地保持用力，在现有古代哲学研究的基础上，深入当下中国实践，对传统哲学至今仍有借鉴价值的思想资源加以利用、扩充、改造和创造性的诠释，以期赋予其新的时代内涵，激活其时代生命力。

此外，西方哲学在引进、研究西方最新理论成果的同时，既要吸收西方理论的价值，也要注重从中国实践出发，发现西方现代性中的问题，找准其理论症结。面对西方哲学既要很好地消化它，也要有效地使用它；既要清楚地看清楚对方的思想根底，也要正确地认识自身的价值。西方的现代性很早就暴露了危机，然而至今国内国外依旧有不少人迷信西方道路，并将之神化。正确地对待西方哲学，需要打破西方的理论神话。哲学所的西方哲学研究，应看到西方哲学的合理内核，同时正视其思想症结，充分理解其优点与局限性，要使西方哲学思维的合理价值，有效地融入中国问题当中。

哲学的相关学科都要立足当下中国实践，找准自身研究的前沿

[①] 《习近平谈治国理政》第 2 卷，外文出版社 2017 年版，第 313 页。

问题。如科学技术哲学研究需要关注科技的最新进步，思考并关注理论前沿问题，如大数据、人工智能与社会治理的关系，现代科技与人类伦理的关系。伦理学研究不仅要思考所谓伦理规则，更要关注当下中国伦理道德建设，例如关注当下家庭结构与社会结构变化所带来的一系列问题，关注个人主义、自由主义道德观对当代中国社会生活的影响，思考解决之道。东方哲学研究也要在了解中国以外的东方国家的哲学思维方式的基本模式的同时，尝试建立非东方学意义上的东方哲学研究。所有这些哲学研究，都要坚持马克思主义指导，都要深刻地植根于当下中国的实践，展望中国乃至世界未来的发展。

当前，中国社会科学院哲学研究所的同人已有立足当下中国与自身学科的一系列有益尝试，如赵汀阳研究员的"天下体系"试图以中化西，利用中国传统资源对以民族国家为基础的全球体系所产生的问题提出解决思路。他的研究得到国内外哲学工作者的广泛关注，并引起众多讨论。这是一个好现象，也是一个良好的开端。未来的哲学所需要更多、更深刻的研究成果。

总体来看，哲学所的研究要瞄准中国马克思主义哲学的构建，马克思主义哲学、中国哲学与西方哲学一道综合创造建设中国马克思主义哲学，让中国马克思主义哲学从哲学的总体性高度上自觉引领中国道路。

费孝通先生在20世纪90年代初总结出"各美其美，美人之美，美美与共，天下大同"的十六字箴言。他认为，要实现这十六个字，需要"文化自觉"。在我们看来，建立人类未来美好生活的文化自觉，首先应当是哲学上的自觉，哲学家需要讲清楚自身思维的根底，认识清楚他人文化的基本特质，"各美其美"就是要从理论上认识清楚自身的美何在；"美人之美"则是要辩证地看待不同文化的长处，进而为人类命运进行思考。哲学是对人类美好生活向往的根源解说。这也是我们建设中国哲学未来发展的三大体系的良好愿景。哲学人需自觉自身使命，勇于承担时代任务。

回首过去 70 年，中国哲学发展的成就历历在目。展望未来，相信在习近平新时代中国特色社会主义思想的指引下，中国社会科学院哲学研究所的研究人员同中国哲学界同人一道，一定能在加快构建中国特色哲学学科体系、学术体系、话语体系的使命召唤下积极创造，为中国哲学的未来发展贡献出独特的时代力量！

第 一 章

新中国马克思主义哲学研究 70 年

第一节　导言

　　自我反思或批判是马克思主义哲学的内在特质。这一与马克思主义哲学相伴始终的理论特质，从根本上赋予它以不断发展的、开放的动态过程。马克思主义哲学研究同样也离不开作为思想前提的批判。中华人民共和国成立 70 年来，由自我反思"生成"的学术化倾向的不断凸显与日臻完善，使得中国马克思主义哲学研究实现了由抽象体系向具体实在的转变；体系建构的有机性，即动态的内容更迭和开放的结构转换日趋强化；作为体系组成要素的文本、历史、理论和现实的研究达到较高程度的统一，取得了长足的进展。检视新中国 70 年马克思主义哲学研究的历程，不论视野与主题、内容与方法，还是领域与成果、思路与观点，都在人类马克思主义哲学研究的思想图景中留下浓墨重彩的一笔，仅从研究机构、研究队伍和研究成果在数量上的国际领先地位以及相关影响力的不断激增方面就可窥一斑。客观而言，历经 70 年实践探索、理论沉淀和思想奠基的中国马克思主义哲学研究，正值发展的繁荣时期。

　　当然，繁荣绝不意味着发展的顶峰，它更需要通过自我反思来推动进一步的发展。究其实，哲学体系的建构与反思往往呈现出

"相伴而生"的趋势，正是不断持续的"不破不立"，赋予了马克思主义哲学以鲜活的和丰富的思想形式，而非僵化的和封闭的理论体系，使之对整个人类文明进步的影响经久不衰。应当看到，当今中国马克思主义哲学研究也出现了一些亟待正视的重大问题，举凡：领域分设在马克思主义哲学研究中越发明显，有滑向独断论"陷阱"的危险；"史""论"截然二分的格局尚未完全打破，"流水账"式的宏大叙事屡见不鲜；文本研究的基础性地位仍在一定范围内存在质疑，文献考证代替思想阐释已初现端倪；缺乏对经验事实的有效认识，以致无法切中重大现实问题的要害，进而导致中国道路的哲学阐释无从谈起，等等。要言之，正是作为自我反思的中介的问题导向，构成对新中国70年马克思主义哲学研究作重新研判的历史机遇，为中国马克思主义哲学知识体系的构建提供重要镜鉴。有见及此，本书通过梳理新中国马克思主义哲学研究70年的历程，彰显贯穿其中的问题导向与体系建构的有机互动这一内在逻辑，在总结经验的基础上力求对构建中国特色马克思主义哲学知识体系夯实理论前提，并对中国马克思主义哲学研究的未来发展作出较为合理的展望。

按照目前中国学界认可度较高的解释[①]，以教科书体系为载体的马克思主义哲学的宣传与普及，以真理标准问题讨论为契机的哲学教科书体系的反思与改革，以问题意识为导向的领域哲学研究的分

[①] 除此之外，还有以下几种解释：(1) 以"文化大革命"为界，将新中国马克思主义哲学研究的发展历程划分为创新和发展、曲折和危机、再创新和再发展；(2) 从哲学基本样式和内容的角度，提出新中国马克思主义哲学研究经历了教科书哲学、教科书改革哲学、后教科书哲学的阶段；(3) 基于哲学范式转化的维度，指出新中国马克思主义哲学研究是一个从实体性范式到主体性范式，再到人类学范式的发展过程；(4) 从哲学研究的一般特征出发，认为新中国马克思主义哲学研究大致走过注重"归真意识"、突出"体系意识"、体现"问题意识"这三个阶段；(5) 基于彰显学术发展状况的考量，把新中国马克思主义哲学研究的发展概括为确立指导地位、初步发展、有所创新、陷入困境、繁荣发展这样一个曲折发展的过程。

化与勃兴，以思想阐释为内容的研究范式的创新与转换，依次构成新中国70年马克思主义哲学研究的主要过程。在上述过程中，由"体系意识"向"问题意识"的转化起着承上启下的重要作用，从而具有标志性意义。以上四个阶段的划分及概括，较为客观地呈现了新中国马克思主义哲学研究70年的发展状况，因而得到较为普遍的认可。

然而，任何解释作为一种抽象都有着特定的界限，相对例外的可能表明解释力的局部性，使人特别是历史的未经历者脱离特定的历史语境对事物加以评判，进而产生厚此薄彼式的各种误解。例如，强调哲学教科书体系改革的意义，凸显问题意识的重要性，同时也就意味着忽视哲学教科书体系的客观作用的可能，形成哲学教科书体系中根本不存在问题意识的错觉，导致20世纪90年代凸显的问题意识成为无中生有之物。当然，我们在此绝非否定前述通行解释的合理性，而是意在对这一思路作必要的补充，通过还原问题导向与体系建构在不同阶段中的互动情形，最大限度地消除可能产生的各种误解和错觉，力求客观呈现新中国70年马克思主义哲学研究的丰富性和复杂性。

第二节　以教科书体系为框架的基本理论问题讨论

当深邃思想处于尚不为人知的最初传播时期，直观的形式相对于作为内容的思想本身显得尤为重要。毋庸置疑，苏联哲学教科书体系对于马克思主义哲学的宣传与普及，发挥着不可替代的积极作用，尽管它无法规避思想僵化乃至停滞不前的后果。

十月革命后马克思主义的广泛传播和深刻影响，使得以教科书体系为载体的马克思主义哲学，作为一种哲学思潮和基础性的哲学研究范式，逐步取得在哲学研究、社会科学领域乃至整个中国思想界的主导地位,指导着中国社会主义革命实践。一方面,作为一种理论具有一定的稳定形态的标志,哲学教科书体系出于增强自身说服力和战斗力而不断进行自我规整,以适应指导社会主义革命实践的需要;另一方面,作为理论体系化的延伸,哲学教科书体系以大众化的方式掌握人民群众,使之投身于社会主义革命的实践中,最终完成从手段向目的的转化,即将理论彻底诉诸实践。正如马克思所说:"批判的武器当然不能代替武器的批判,物质力量只能用物质力量来摧毁;但是理论一经掌握群众,也会变成物质力量。理论只要说服人[ad hominem],就能掌握群众;而理论只要彻底,就能说服人[ad hominem]。所谓彻底,就是抓住事物的根本。"[①]

中华人民共和国成立以后,马克思主义成为各项工作的指导思想。为了适应新中国政治、经济、社会和文化等迅速发展的需要,为了给予广大人民群众和干部以及时的、必要的思想武装,党中央积极组织了马克思主义理论尤其是马克思主义哲学的研究、学习和宣传,不但重视哲学理论在新的社会主义建设的实践中的运用,而且重视新的实践经验的哲学提升与总结。如果说中华人民共和国成立以前的思想启蒙由于只停留在社会精英层面,而处于未完成的状态,那么,如何实现广大人民群众的思想启蒙就是中华人民共和国成立初期的首要问题。为破解这一难题,哲学教科书体系发挥着十分重要的作用。以政治课形式出现的辩证唯物主义和历史唯物主义教育,向人们灌输了科学理性的启蒙精神,为推动中国现代化的发展起到广泛而深远的影响。在此期间,中国的马克思主义哲学研究者,依循苏联哲学教科书体系的基本结构和主要观点,不仅发表了大量关于马克思主义哲学的介绍性文章,还撰写了一批系统研究包括毛泽东哲学思想在内的马克思主义哲学教材类著作,如李达主编的《〈实践论〉解说》和《〈矛盾论〉解说》、艾思奇主编的《辩证唯物主义讲课提纲》、杨献珍的《什么是唯物主义?》、冯定的《平凡的真理》等,极大地推

[①] 《马克思恩格斯文集》第1卷,人民出版社2009年版,第11页。

动了全国范围内学习马克思主义哲学运动的深入开展。

除了推动马克思主义哲学一般普及教育和宣传之外，一批与教科书体系相适应的马克思主义哲学教学机构和研究机构纷纷建立起来。1952年，在全国高等学校院系调整过程中，成立了当时唯一的哲学系——北京大学哲学系，以马列主义基础、历史唯物主义和辩证唯物主义为核心课程，将马克思主义哲学研究人员与宣传人员确立为培养目标。1956年，重建的武汉大学哲学系，新建的中国人民大学哲学系和复旦大学哲学系，以及中央与地方各级党校成立的哲学教研室，基本上也确定了相似的培养方案和培养目标。与此同时，一些专业的哲学理论刊物，《光明日报·哲学研究专刊》《哲学研究》《哲学译丛》和《自然辩证法通讯》的创办出版，为系统阐述哲学教科书体系、批判其他形形色色的哲学思想等，开辟了更加广阔的研究园地。在此基础上，中国科学院哲学研究所于1955年9月底正式成立，由潘梓年担任所长，下设辩证唯物主义、历史唯物主义、自然辩证法等六个研究组。作为全国最高的哲学理论研究机构，哲学研究所既为在全国范围内有计划地和系统地开展马克思主义哲学研究，在哲学教科书体系的主导下进行各哲学分支探讨，深入探索中国社会主义革命和建设的实践中所提出的重大问题，提供了重要的组织保证；又对指导广大哲学工作者的理论学习与学术研究，促进群众性马克思主义哲学学习活动的持久进行与深入发展，产生了深远的影响。

随着社会主义三大改造的基本完成，中国社会主义实践进入建设时期，总结中国马克思主义哲学研究成果，放弃直接照搬苏联哲学教科书体系，构建属于我们自己的哲学教科书体系，成为必然的选择。1957年6月，毛泽东发表《关于正确处理人民内部矛盾的问题》这部重要哲学著作，基于对真理发展规律的阐释，提出了"百花齐放、百家争鸣"的"双百"方针。在这一方针的指导下，由艾思奇主编的《辩证唯物主义历史唯物主义》于1961年出版，由李达主编的《马克思主义哲学大纲》上篇即《唯物辩证法大纲》也于1965年完成讨论稿的写作。这些著作从哲学高度上概括了中国社会主义革命和建设的经验，系统全面地反映了毛泽东哲学思想，诸如深入探究了以对立统一规律为核心的唯物辩证法，并力图用民族化、大众化的形式使之得到普及；全面联系了社会主义时期的实际，进一步加强了马克思主义认识论的研究和宣传；系统阐释了社会基本矛盾和两类社会矛盾的学说，丰富了历史唯物主义理论；客观分析了社会主义社会中的各种矛盾，提出了社会主义建设的战略，等等。此外，这一时期还出版了一些教科书体系下的哲学专题研究著作，如冯契的《怎样认识世界》、薛克诚的《实践是主客观矛盾统一的基础》、王若水的《马克思主义的认识论是实践论》和张恩慈的《认识与真理》等。这些成果所表征的哲学教科书体系，显示出对马克思主义立场、观点和方法的创造性运用，标志着中国马克思主义哲学研究达到了一个新阶段。

在系统建构有别于苏联的哲学教科书体系的同时，关于从属于该体系的哲学基本理论问题的探讨，也在争鸣中不断深入。这就是说，此时的问题导向主要以思想论辩的方式起作用。这些问题涵盖马克思主义哲学的基本原理、规律、方法、范畴与概念，具体涉及"一个对子"与"两个对子"、思维与存在的同一性、"桌子的哲学"、"一分为二"与"合二为一"、矛盾的同一性与对抗性、质变过程中的同一性、部分质变、唯物辩证法的规律及其相互关系、唯物辩证法的规律与范畴的区分、真理的阶级性与客观性、绝对真理与相对真理、客观规律性与主观能动性、划分阶级的标准、生产力与生产关系及其相互关系、经济基础与上层建筑的关系等。对这些问题的探讨与争鸣，深化了人们对马克思主义哲学的理解和把握，进一步完善了哲学教科书体系，但也存在值得认真总结的经验教训。

鉴于上述问题的多样性和复杂性，加之本文篇幅所限，笔者在此选择关于真理诸问题的探讨与争鸣作详细的介绍，以求窥一斑而知全豹。

这一时期，关于真理诸问题的讨论先后于 1956 年和 1964 年达到两次高潮。其中，在什么是真理或客观真理的问题上，主要有以下三种观点：（1）真理就是客观事物本身[①]；（2）真理作为人们对客观事物及其发展规律的正确认识，是一种具有客观内容的观念形态，不能等同于客观事物本身[②]；（3）真理既不能与客观事物本身混为一谈，也不能等于正确的认识，而是认识的客观内容亦即被认识了的客观存在[③]。以上三种不同看法的实质，是对物质与意识的关系这一哲学基本问题的不同理解，其关键在于正确辨析真理的客观内容与主观形式的区别及联系。通过探讨与争鸣，大多数研究者在第二种观点上达成共识。

绝对真理与相对真理的关系问题的讨论，是由相对真理中是否包含错误的问题引起的[④]，主要观点有：其一，绝对真理与相对真理是有区别的，相对真理虽然正确地反映现实，但其中难免有错误的因素，这一结论从相对真理到绝对真理的认识过程和实践检验真理的相对性中，都能得到证明[⑤]；其二，认识过程中有错误和相对真理包含错误不能直接等同起来，相对真理作为绝对真理的组成部分不包含任何错误，否则就会取消真理的客观内容[⑥]；其三，真理与错误的对立本身包含绝对和相对两个方面，在前一方面可谓相对真理不包含错误，在后一方面可谓相对真理会被证明有错误[⑦]。经过讨论，相对真理不包含错误的观点最终为大多数人接受。

[①] 参见王仁达《不应当对客观真理作片面的理解》，《光明日报》1956年5月30日；《关于客观真理的一些问题》，《光明日报》1956年9月19日。

[②] 参见李学昆《为什么客观真理不是客观存在》，《光明日报》1956年6月13日。

[③] 参见庞朴《真理愈辩愈明》，《光明日报》1956年7月11日。

[④] 参见《哲学研究》编辑部编《真理问题讨论集》，上海人民出版社1964年版。

[⑤] 参见陈翰伯《关于科学史上的错误观点》，《文汇报》1962年4月12日；《真理是一个过程》，《文汇报》1962年9月27日。

[⑥] 参见余源培《错误观点是相对真理吗？》，《文汇报》1962年5月15日；肖前《相对真理包含错误吗？》，《哲学研究》1963年第3期；阎长贵《绝对真理和相对真理的辩证关系》，《江汉学报》1964年第4期。

[⑦] 参见左千《关于真理和错误的关系问题》，《学术月刊》1963年第3期。

延续中华人民共和国成立初期的讨论，20 世纪 60 年代关于真理的阶级性问题的讨论主要有四种不同的看法：第一，真理可以分为具有阶级性和没有阶级性这两种，马克思列宁主义这个真理就是阶级性的[①]；第二，真理的阶级性问题不成立，因为真理属于认识论的范畴，阶级性则表明人的社会属性，不能将认识真理的过程和真理本身混为一谈[②]；第三，真理的阶级性问题即为正确认识的阶级性问题，而非认识对象本身的阶级性问题，关于自然的真理即自然科学没有阶级性，而关于社会的真理即社会科学则具有阶级性[③]；第四，不论自然科学与社会科学，真理在被认识的过程中受到认识主体的阶级立场所制约，以及它本身直接或间接地反映革命阶级的利益，因而具有阶级性[④]。随着"以阶级斗争为纲"的原则逐步确立与盛行，政治批判最终取代思想论辩，使真理具有阶级性的观点愈占上风[⑤]，真理没有阶级性则由于被视为阶级斗争观念不强的表现而受到不客观的批判。

此外，这一时期还出现了关于真理标准问题的讨论，尽管讨论的范围要小得多。一方认为实践作为检验真理的唯一标准，有直接和间接的方式；后者按照唯物辩证法的原则，给予某种理论尚未得到实践直接证明的情况以必要的补充[⑥]。另一方则针锋相对地指出，上述间接方式的说法的实质是将实践标准和唯物辩证法标准相并列，从根本上动摇了实践检验标准的唯一性。肯定实践标准的唯一性并不排斥逻辑证明的必要性，但这两者绝非同一回事，逻辑证明最终

---

① 参见银福禄《也谈真理的阶级性问题》，《建设》1964 年第 1 期。
② 参见康定中《真理本身没有阶级性》，《实践》1964 年第 4 期。
③ 参见孙常立《社会科学方面的真理是有阶级性的》，《实践》1964 年第 6 期。
④ 参见康鼎贤《不能说真理没有阶级性》，《实践》1964 年第 7 期。
⑤ 参见黎伦祖《真理有没有阶级性》，《前线》1965 年第 10 期；《再谈真理有没有阶级性》，《前线》1965 年第 17 期。
⑥ 参见陆魁宏《检验真理的一种间接方式》，《光明日报》1962 年 8 月 24 日。

还是要诉诸实践的检验①。

就内容和结论而言，上述关于真理诸问题的讨论与后来的"真理标准问题大讨论"之间并无实质的差别，从而成为后者的重要理论前提。这种一致性或同构性，间接地证明了问题导向一以贯之于新中国70年马克思主义哲学研究的历程中。

在肯定哲学教科书体系在特定历史语境下的积极作用，呈现哲学基本问题讨论与哲学教科书体系建构的良性互动的同时，也要清醒地认识到哲学教科书体系在一定阶段上的完成形式所带来的后果。自20世纪60年代中后期以来，哲学教科书体系的理论封闭性越发明显，并最终由作为旧哲学体系和旧教条的"批判的武器"沦为一种新的僵化的教条，无法融入任何不同的理论阐释，从根本上断绝了通过问题导向而进一步推进体系建构的可能。随着政治批判的介入，问题导向与体系建构的有机互动表面上虽然停滞，但已经发生了严重的扭曲，只是作为鉴别政治路线真伪的工具而存在。相应地，哲学教科书体系的大众化方式也催生出许多理论"怪胎"，如"句句是真理""一句顶一万句"等，使具有崇高形象的马克思主义哲学研究变成任人嘲弄的对象。在这种情况下，如何复归问题导向与体系建构的良性互动，消除思想僵化带来的各种后果，成为左右中国马克思主义哲学研究及其发展的关键因素，并且迫在眉睫。

第三节 以真理标准问题为动力的教科书体系改革

鉴于过去已建构哲学教科书体系的封闭性，问题导向与体系建

---

① 参见道哲《辩证法是检验真理的间接方式吗？》，《光明日报》1962年12月28日；王正萍《真理的标准只能是社会的实践》，《学术月刊》1963年第7期；陈先达《实践检验和逻辑证明》，《教学与研究》1963年第4期。

构的良性互动就不再表现为对既有体系的完善，而是通过打破封闭性以为新的体系建构提供可能性。正是在这个意义上，发轫于20世纪70年代末的真理标准问题大讨论，才能超越学术研究的范围，特别是在与之前的真理诸问题讨论的内容与结论没有较大差异的前提下，取得了后者所无可比拟的思想解放的作用。因此，还原真理标准问题大讨论的历史语境，呈现破除教条主义和思想僵化的需要对哲学基本问题本身的超越，比回溯这场思想论战的过程梗概要重要得多。

事实上，哲学教科书体系在前述时期完成建构的同时，其人格化即"革命导师"也被赋予绝对的理论权威和崇高的思想形象，连他们的只言片语都成了"金科玉律"。然而，革命导师的言语终究是历史的产物，有着鲜明的时代特征。于是，就产生了革命导师的话语的有效性问题。究其实，就是如何正确对待马克思主义与毛泽东思想的问题。一旦处理不好这个问题，势必造成一系列严重后果和恶劣影响。例如，在判断是非曲直和思考具体问题时思想僵化，只是一味照搬照抄，而不是从实际出发，接受实践的检验；在遭逢现实问题时畏首畏尾，不敢坚持真理；更有甚者全然不顾现实发生的各种变化，固守革命导师说过的只言片语，不假思索地句句照搬，把坚持实践标准妄加定性为"砍旗"的"弥天大罪"，等等。不仅如此，强调实践标准在当时不可避免地被误解为一元论，从而使人们产生关于它的根本质疑：强调实践的重要性是否会贬低理论乃至思想的重要性，是否会进一步引起对于马克思主义和毛泽东思想的怀疑？

解决上述问题的关键就在于解放思想。质言之，时代变革在呼唤哲学教科书体系变革的同时，也使得当时的人们更多地倾注于以某个哲学问题为代表，破除思想的束缚，而不是这个哲学问题本身的形式。真理标准问题大讨论的"指向标"意义即在于此。这样，围绕真理标准问题的思想大讨论如火如荼地开展了起来。除了人们普遍熟知的《标准只有一个》《实践是检验真理的唯一标准》《关于真理的标准问题》《马克思主义的一个最基本的原则》等①，全国和地方各级学术机构均召开了许多不同规模的研讨会。1978年6月和7月，中国社会科学院哲学研究所、《哲学研究》杂志编辑部，先后共同组织召开两次百人以上规模的全国性理论研讨会，达成了许多理论共识，对深入推进真理标准问题大讨论起着重要的作用。②上述两次研讨会的主要成果也结册出版③，仅第一版就发行了5万多册。

与此同时，理论界还诉诸大众化的方式，进一步巩固了思想解放的成效。《哲学研究》杂志于1978年第7—9期连续刊载了关于真理标准问题的"答读者问"专栏，深入浅出地摆事实、讲道理，并一度达到了每期200多万份的发行量。中国社会科学院哲学研究所组织相关人员将真理标准问题作通俗表述，完成《实践是检验真理的唯一标准（通俗讲话）》一书，并加以广播宣传，使人民群众能够听清读懂，充分了解这场大讨论的理论价值和现实意义。作为当时全国范围内的畅销书之一，《实践是检验真理的唯一标准（通俗讲话）》前后共印刷2300多万册，光是用作解放军"讨论补课"教材就翻印了500余万册。中央和地方广播电台反复播送这本小册子的内容，累计听众人数达几亿次，因而被人们称作"新时期的'大众哲学'"④。

对于马克思主义哲学研究而言，真理标准问题大讨论于以往封

---

① 参见张成《标准只有一个》，《人民日报》1978年3月26日；本刊评论员《实践是检验真理的唯一标准》，《人民日报》1978年5月11日；邢贲思《关于真理的标准问题》，《人民日报》1978年6月16日；本刊评论员《马克思主义的一个最基本的原则》，《解放军报》1978年6月24日。

② 参见《学习辩证唯物论的认识论，端正思想路线——本刊编辑部召开真理标准问题座谈会》，《哲学研究》1978年第7期；《中国社会科学院哲学研究所、〈哲学研究〉编辑部召开理论和实践问题讨论会》，《哲学研究》1978年第8期。

③ 参见《哲学研究》编辑部编《实践是检验真理的唯一标准问题讨论集》第1、2册，中国社会科学出版社1979年版。

④ 余焕椿：《真理标准讨论中的新闻交锋》，《南方周末》2008年5月30日。

闭的教科书体系中打开了"缺口"。此后,中国理论界就一些过去颇有"争议"的哲学基本问题,特别是属于马克思主义哲学的却受之前哲学教科书体系的束缚而排斥的重要范畴和理论,如人、人性及人道主义等,展开了热烈的讨论,并逐步深入下去。

关于人道主义和异化问题的讨论,涉及人性的内涵与外延、人道主义的内容与意义、马克思主义的出发点、解释历史的方法、马克思主义与人道主义的关系等。诚然,由于当时缺乏对《1844年经济学哲学手稿》和国外马克思主义哲学的深入研究,这场讨论历时数年未能达成共识,也没有达到预期的高度,并且通过总结性论著[①]的"盖棺定论"而告一段落。可它的真实意义却并未泯灭,反而越发彰显对思想解放和实事求是的追求,对改变之前的教科书体系教条主义地对待马克思主义哲学的诉求。换句话说,正是这场讨论的未完成性,才赋予它以丰富性和开放性。正如新中国马克思主义哲学研究史所昭示的:人的价值问题的凸显构成价值论研究的重要来源;对人的问题的持续关注直接导引出体系化的人学研究;将人文关怀确证为马克思哲学的一个根本性维度[②],并基于这一维度重新探究马克思的思想起源期[③]等。

随着真理标准问题大讨论的进一步展开,问题导向之于过去教科书体系改革意义上的体系建构的成效,表现得越来越清晰。20世纪70年代末到80年代末,认识论研究的深入、价值论研究的勃兴、人学研究的起步,抑或马克思主义哲学原理教材改革和马克思主义哲学史学科建设,都是"鲜活"的例证。

---

① 参见胡乔木《关于人道主义与异化问题》,人民出版社1984年版。
② 参见俞吾金《人文关怀:马克思哲学的另一个维度》,《光明日报》2001年2月6日;孙麾《人文关怀与实践概念》,《光明日报》2002年12月26日。
③ 参见聂锦芳《滥觞与勃兴——马克思思想起源研究》,中国人民大学出版社2018年版。

具体而言,中国学界彼时关于认识论研究的论著可谓汗牛充栋[①],既有对人们当时熟知的基本范畴(实践、认识、真理、思维等)的重新阐释,又从中提炼出表征人类认识现象的新范畴(认识中介、事实认识、价值认识、人工智能、人工主体等);不仅有关于认识的本质、源泉和发展阶段等基本理论的争鸣,还有对以往认识论基本框架("三环节"和"两飞跃")的突破,提出"主体—中介—客体"的分析模式;不但开辟包括认识发生论、认识过程论、认识系统运行论等专题性研究,而且拓展研究对象和建立分支学科,诸如社会认识论、科技认识论、文化认识论、生活认识论等。此外,学者们还对西方哲学认识论发展史作了一定程度的整理和概括,翻译、推介了较多的研究成果,特别是科学哲学、皮亚杰的认识发生论与后现代认识论[②],极大地扩展了中国认识论研究者的视野,推进了认识论研究的深入。

若进一步剖析上述成果,就不难发现其无不反映着变革以往哲学教科书体系的深层诉求。一方面,扬弃了以往哲学教科书体系只在辩证唯物主义范围内探讨认识论的传统观念,按照认识主客体的社会性和历史性的观点,将历史唯物主义的基本原理作为马克思主义认识论的理论前提与科学证明,提出唯物史观就是历史认识论;

[①] 在此择要枚举如下:吴江著《认识论十讲》,上海人民出版社1982年版;高清海著《论辩证法就是认识论》,《社会科学战线》1983年第2期;张恩慈著《人类认识运动》,上海人民出版社1984年版;陈中立著《真理过程论》,中国社会科学出版社1984年版;肖前主编《马克思主义认识论研究与我国社会主义现代化建设》,中国人民大学出版社1986年版;夏甄陶著《认识论引论》,人民出版社1986年版;夏甄陶主编《认识发生论》,人民出版社1988年版;齐振海著《认识论新论》,上海人民出版社1988年版;陈志良著《思维的建构和反思》,中国人民大学出版社1989年版;李景源著《史前认识研究》,湖南教育出版社1989年版。

[②] 参见[瑞士]皮亚杰《发生认识论原理》,王宪钿译,商务印书馆1981年版;[法]列维-布留尔《原始思维》,丁由译,商务印书馆1981年版;[苏联]科普宁《马克思主义认识论导论》,马迅、章云译,求实出版社1982年版。

另一方面，基于对"辩证法也就是（黑格尔和）马克思主义的认识论"[①]的再考察，依循认识论的基本框架，从哲学的基本问题即意识与存在的关系出发展开相关内容的研究，在哲学教科书体系改革上取得了重大突破[②]。

随着哲学教科书体系改革的持续进行，如何正确理解马克思主义哲学的实质精神即变革意义，作为关键问题而凸显出来。以往的哲学教科书体系既没有体现马克思主义哲学的本质，也没有贯穿逻辑与历史相统一的原则，这很快成为当时中国学者的共识。20世纪80年代初，在把实践范畴看作马克思主义认识论基本范畴及历史观基础的前提下，不少论者进一步提出实践是全部马克思主义哲学的基础。加之哲学现代化对概括时代精神的需要、《1844年经济学哲学手稿》中文版的出版、南斯拉夫和民主德国的实践唯物主义思潮的传入等因素，关于实践唯物主义问题的讨论呼之欲出。到了20世纪80年代后期，一些有影响力的全国性专题会议相继召开，研究成果迅速增加，研究队伍旋即扩大，使实践唯物主义一时成为中国哲学界的最热门话题之一。其中，"马克思主义哲学原理体系改革"课题组多次召开会议，围绕"哲学与时代精神""哲学体系改革"等，集中讨论了实践唯物主义的内涵及其在哲学教科书体系改革中的意义，形成了各种不同的看法[③]。关于实践唯物主义问题的讨论在20世纪80年代末虽有过较为短暂的沉寂，但又很快"升温"，其后虽

[①] 《列宁选集》第2卷，人民出版社2012年版，第559页。
[②] 参见高清海主编《马克思主义哲学基础》（上、下册），人民出版社1985、1987年版。
[③] 参见夏甄陶、欧阳康《试论马克思主义哲学体系的建构原则——一个马克思主义哲学新体系的初步构想》，《天津社会科学》1988年第3期；肖前《论实践的唯物主义对现行哲学体系改造的意义》，《天津社会科学》1988年第3期；陈晏清《按照"实践唯物主义"的原则改造哲学体系》，《天津社会科学》1988年第3期；黄楠森《不能把实践唯物主义和辩证唯物主义对立起来》，《天津社会科学》1988年第4期；陈志尚《革新体系要坚持唯物主义世界观的原则》，《天津社会科学》1988年第4期。

有所"冷却",却时至今日仍未中止。尽管充满着各种争议乃至一定的消极作用,但这场讨论对于打破以往哲学教科书体系"唯我独尊"的积极作用不言而喻,20世纪90年代涌现的马克思主义哲学原理新教材就是很好的例证。[①]

与认识论研究的深入相伴随,特别是主体性问题的凸显,价值论研究在20世纪80年代开始兴起。众所周知,价值论研究在以往的哲学教科书体系中并无一席之地,甚至曾在政治批判的作用下成为不敢触碰的禁区。因此,它的勃兴很大程度上也体现着打破以往哲学教科书体系的诉求。以探讨认识中的事实与价值之分[②]为起点,中国学界就价值在认识论中的地位和作用、价值与认识的关系、价值与真理的关系等[③],进行了初步的探讨。尔后直到20世纪90年代初,价值论研究逐步走向深入[④],学者们不仅就价值范畴的界定、本质和主要理论依据,哲学价值范畴与经济学价值范畴的关系,价值与存在的关系等问题,作了较为深入的阐释,还对一些当时较为流行的观点,如以使用价值来概括哲学价值范畴、从价值与实践主体的关联中找寻价值存在的依据等展开了争鸣。

20世纪80年代中期以后,人的现代性同人的主体性一道,成为

---

① 参见肖前主编《马克思主义哲学原理》(上、下册),中国人民大学出版社1994年版;李秀林等主编《辩证唯物主义和历史唯物主义原理》(第4版),中国人民大学出版社1995年版;辛敬良主编《马克思主义哲学导论——实践的唯物主义》,复旦大学出版社1991年版;陈晏清、王南湜、李淑梅《现代唯物主义导引》,南开大学出版社1996年版。

② 参见杜汝辑《马克思主义论事实的认识和价值的认识及其联系》,《学术月刊》1980年第10期。

③ 参见刘奔、李连科《略论真理观和价值观的统一》,《光明日报》1982年9月18日;李德顺《真理与价值的统一是马克思主义的重要原则》,《中国社会科学》1985年第3期;李连科《世界的意义——价值论》,人民出版社1985年版。

④ 主要代表性著作有:李德顺著《价值论——一种主体性的研究》,中国人民大学出版社1987年版;王玉樑著《价值哲学》,陕西人民出版社1989年版;李德顺主编《价值论译丛》(12册),中国人民大学出版社1989—1993年版;袁贵仁著《价值学引论》,北京师范大学出版社1991年版。

迫切需要研究的问题，从而推动人学研究的起步。在"哲学教科书体系改革"的旗帜下，众多马克思主义哲学研究者致力于揭示马克思主义哲学的人学意蕴，并继续从不同侧面展开对人的问题的哲学思考。部分学者直指以往哲学教科书体系对人本身、对历史主体的创造和选择作用的忽视，强调社会历史过程是历史决定论与历史选择论的统一。① 有的学者将哲学观念的变革聚焦于人的问题，即改变过去单纯物质自然决定论的观念，把人作为主体性活动的作用灌输进去。② 还有学者从人的本质、人的活动和人的发展等方面系统阐释了人的问题。③ 由此，一些学者进一步提出建立一门相对独立的人学学科，并通过分析人的问题研究趋势，指明已具备了相应的主观条件和客观条件，初步阐释了人学研究的对象、性质、基本框架和方法论原则等。④

更为重要的是，为了克服以往哲学教科书体系"重原理、轻历史"的弊端，比如将马克思主义哲学看作现成的结论（原理）而非思想发展的过程，孤立地研究若干马克思主义哲学经典著作，或者教条主义式死抠经典著作中的只言片语等，作为分支学科的马克思主义哲学史于20世纪70年代末应运而生。首先，相关的研究组织、教学机构和学术团体不断建立。1977年，中国社会科学院哲学研究所率先成立马克思主义哲学研究室；北京大学哲学系则于1980年在高校系统内最早成立马克思主义哲学史教研室；部分省（市、自治区）社会科学院、全国各级党校、其他高校哲学系也陆续建立起类似的教学与研究机构。以此为依托，中国马克思主义哲学史研究会在1980年正式成立（1984年更名为中国马克思主义哲学史学会）。

---

① 参见王东《历史唯物主义主体论的生长点（论纲）》，《哲学动态》1987年第10期。
② 参见袁训剑《哲学观念变革集中于一个问题：人》，《社会科学报》1988年12月8日。
③ 参见袁贵仁《人的哲学》，工人出版社1988年版。
④ 参见高清海、孟宪忠《人学论纲》，《吉林社会科学》1988年第1、2期；黄楠森、韩庆祥《关于构建人学的几点设想》，《社会科学战线》1989年第3期。

其次，断代史（含专题史、人物思想史）与通史研究相结合。举凡：围绕马克思哲学思想的理论来源、马克思世界观的转变及主要标志、马克思早期著作中的人道主义问题和异化理论等的马克思早期哲学思想研究[1]；聚焦马克思《人类学笔记》、俄国农村公社跨越资本主义"卡夫丁峡谷"、恩格斯对马克思主义哲学创立发展的贡献等的马克思中晚期哲学思想和恩格斯哲学思想研究[2]；着眼形成和发展过程、对马克思主义哲学发展的贡献、自身缺陷或不足等的列宁哲学思想研究[3]；立足广泛而深入的断代史、专题史和人物思想史的马克思主义哲学史通史研究[4]。

第四节　以学术规范问题为导向的体系形式分化

从一定意义上来说，哲学教科书体系改革的过程实乃马克思主

---

[1] 参见陈先达、靳辉明《马克思早期思想研究》，北京出版社1983年版；孙伯鍨《探索者道路的探索——青年马克思恩格斯哲学思想研究》，安徽人民出版社1985年版；徐琳《恩格斯哲学思想研究》，北京出版社1985年版；赵常林《马克思早期哲学思想研究》，北京大学出版社1987年版；冯景源《马克思异化理论研究》，中国人民大学出版社1987年版。

[2] 参见荣剑《马克思"人类学笔记"学术讨论会综述》，《马克思主义研究》1987年第1期；徐俊忠《跨越"卡夫丁峡谷"理论的多维透视》，《学术月刊》1989年第8期；本书编写组《恩格斯和马克思主义》，中国人民大学出版社1985年版。

[3] 参见黄楠森《〈哲学笔记〉与辩证法》，北京出版社1984年版；中国人民大学马列主义发展史研究所编《列宁思想史》，上海人民出版社1988年版；王东《辩证法科学体系的"列宁构想"》，中国社会科学出版社1989年版。

[4] 参见中山大学、中国人民大学编《马克思主义哲学史稿》，人民出版社1981年版；庄福龄主编《马克思主义哲学史纲要》，中国青年出版社1983年版；黄楠森、庄福龄主编《马克思主义哲学史教学资料选编》（3册），北京大学出版社1984年版；黄楠森等主编《马克思主义哲学史》（3卷本），北京大学出版社1987年版；孙伯鍨等主编《马克思主义哲学的历史和现状》（第1—3卷），南京大学出版社1988、1989、1992年版。

义哲学研究的渐进学术化。进入20世纪90年代,"思想淡出学术凸显""少谈体系多谈问题"成为中国马克思主义哲学研究中的主流。相较于以哲学教科书体系为框架的基本理论探讨很大程度上属于意识形态的范围,真理标准问题大讨论等仍然或多或少带有意识形态性质,对学术规范问题的强调与争论,才真正标志着中国马克思主义哲学研究的学术转向的开始。究其实,整个当代中国哲学社会科学研究的学术转向,一定程度上就是由一场关于学术规范问题的讨论引起的,中国马克思主义哲学研究亦不例外。撇开这场讨论中的争议性内容不谈,单论重视学术规范之于哲学社会科学研究的根本保障、展示被近代学术体制边缘化的思想的意义、突出国家权力和社会权利之间的个体学术的价值这三种基本倾向,无不指向学术规范的重要性。

在学术规范问题的导向下,中国马克思主义哲学研究的体系建构从意识淡化逐渐过渡到形式分化,即不再拘泥于哲学教科书体系改革,转而从社会现实和现代哲学知识体系中提炼、讨论、解决问题,形成具有内在规范性的领域(部门)哲学研究,并进一步激活对马克思哲学观及其变革意义的重新反思。这种研究转向并非对体系建构本身的彻底扬弃,而是从封闭的宏大体系建构变为开放的中观体系建构。

首先,马克思主义哲学基础理论和马克思主义哲学史等研究稳步推进。

到了20世纪90年代,中国马克思主义哲学研究者突破了西方哲学认识论以个人及其心理为分析对象的限制,同时研究整个人类系统认识的发生和发展及其社会历史机制,特别是原始思维、认识的起源和实践的发生[①];考察了社会认识系统的结构及其悖论,并深入社会认识思维形式的分析,尝试性提出了诸如"整合性思维形式"

[①] 参见夏甄陶《认识发生论》,人民出版社1991年版;《中国认识论思想史稿》(上、下卷),中国人民大学出版社1992、1996年版。

之类的概念①；根据科学技术和社会生活迅猛发展所提供的材料，对反映论的基本原理作了新的概括和表述②。此外，与传统认识论相对，一些学者主张让认识论研究回归生活世界，设定关于生活世界的认识之于整个人类理性认识论的优先地位，阐明生活世界内的意识形态对于认识的现行作用，通过展现人类全部认识的最终基础、揭示作为人类生活完整本质的知情意和真善美的自然联系、彰显生活实践领域中事实与意义的相互作用、突出认识与生活的基本价值的关联，构建一种基础性、综合性、实践性和规范性意义上的生活认识论③。

无独有偶，价值论（价值哲学）也在此时期走向深入的过程中，不断得到丰富。除了进一步研讨价值在马克思主义哲学体系中的地位与性质、价值的本质等基本问题之外④，中国价值论研究者还一方面将研究重点扩展到价值评价论、价值观念论等领域⑤，系统研讨了评价的含义、本质、特点和形式，评价的合理性、真理性及其检验问题，从价值观念的含义和内容、改革开放与价值观念的变革和建设，对价值观念论作了理论和现实层面的探讨；另一方面反思价值论的研究方法，重视从人类生活和实践角度提炼出价值论需要解决

---

① 参见景天魁《社会认识的结构和悖论》，中国社会科学出版社 1990 年版；欧阳康《社会认识论导论》，中国社会科学出版社 1990 年版。

② 参见陈中立等《反映论新论——马克思主义反映论及其在现时代的发展》，中国社会科学出版社 1997 年版。

③ 参见丁立群《生活世界：一个非经典认识论领域》，《天津社会科学》1997 年第 4 期。

④ 参见袁贵仁《价值学引论》，北京师范大学出版社 1991 年版，第一章绪论；李德顺《马克思主义价值论》，《江海学刊》1992 年第 5 期；刘奔《从否定性辩证法看价值》，《人文杂志》1994 年第 4 期；陈新汉《评价论导论——认识论的一个新领域》，上海社会科学院出版社 1995 年版，第一章。

⑤ 参见李德顺《关于价值学的几个问题》，《人文杂志》1992 年第 5 期；江畅《现代西方价值理论研究》，陕西师范大学出版社 1992 年版；马俊峰《评价活动论》，中国人民大学出版社 1994 年版；陈新汉《评价论导论——认识论的一个新领域》，上海社会科学院出版社 1995 年版。

的问题，突出价值论研究的应用性①，如怎样适应社会主义市场经济体制的需要实现价值观念的变革，如何建设有中国特色的社会主义价值观念体系，如何引导人们在社会主义市场经济条件下树立正确的价值观，怎样认识社会发展中的代价，等等。

在这一时期，人学研究（人的哲学）进入全面展开的阶段，既在抽象理论层面得到拓展，也在社会现实层面得到发展②，尽管关于这一学科的名称及性质的争论始终没有完全停止。相关的研究成果不仅涵盖人学的对象、性质、内容和体系，以及人学与时代的关系、人学与哲学的关系、人学与具体社会科学的关系等基础性问题，还囊括人学思想发展史、中西人论及其比较、人的存在论等。更为重要的是，结合社会主义市场经济与人的发展、中国现实化建设实践和世界新科技革命浪潮、市场经济的负面效应等当时的重大现实问题，人学研究者们广泛探讨了人的价值观和道德观变革、人格塑造及其转型、人的主体性与现代性、人的发展与社会进步等内容。与此同时，人学研究队伍不断壮大，研究机构和学术团体相继建立。全国和地方性人学学会开始筹建，部分党校和高校也设立人学研究博士点和开设相关课程。

同样，中国的马克思主义哲学史研究也在学术规范意义上逐步完善，乃至在国际学界中享有盛誉。这一成就的达成，既源于前述阶段的研究积累，更来自对当时所处环境的反思，即如何在学术研究的日益国际化和不同研究范式之间竞争不断"白热化"的格局中，保持自身研究风格的特色或独立性。其一，鉴于过去研究中"史论

---

① 参见李德顺《以实践的思维方式研究价值》，《人文杂志》1998 年第 1 期；王永昌《社会主义市场经济与社会主义价值观念的统一》，《马克思主义研究》1997 年第 1 期；马俊峰《社会转型期的价值观念与对策选择》，《江海学刊》1997 年第 6 期。

② 参见高清海《人学研究与哲学》，《江海学刊》1996 年第 1 期；黄楠森《人学与哲学》，《江海学刊》1996 年第 1 期；黄楠森主编《人学原理》，广西人民出版社 2000 年版；袁贵仁《马克思的人学思想》，北京师范大学出版社 1996 年版；韩庆祥《马克思主义人学思想发微》，中国社会科学出版社 1992 年版。

分离"的状况，从多角度提出并尝试论证"史论结合"及其方法，诸如"哲学就是思想中的历史""哲学就是哲学史"、立足于历史上哲学的本来意蕴来阐发其现代意义等①。其二，基于对马克思主义哲学自身发展的特殊性与多元化的把握，以开放的态度对待中国马克思主义哲学研究的诸范式，特别是将国外马克思主义哲学纳入马克思主义哲学史研究中，通过通史研究与个案研究的结合，力求全面且客观地呈现马克思主义哲学发展的面貌②。其三，结合关于社会现实所蕴含的重大理论问题的提炼与探索，如资本逻辑问题、人的物化问题、人的自由个性问题等，重新发掘马克思主义哲学经典著作中启蒙和现代性批判因素。其四，在与国外马克思主义哲学研究的"对话"中，深入回应或重新阐释包括所谓"两个马克思的对立"、马克思与恩格斯的关系、马克思主义哲学与其"三个来源"的关系等"尖锐"问题，彰显马克思主义哲学的创立不只是外在的继承与发展，更是内在的自我批判与超越。

其次，社会哲学、文化哲学、经济哲学等研究方兴未艾。

社会主义市场经济建设于 20 世纪 90 年代中期在中国的全面开展，使得中国乃至世界发展中的社会问题、文化问题、经济问题等进入中国马克思主义哲学研究者的视野。相应之下，过去"屈居"中国马克思主义哲学研究"末流"的部门哲学，如社会哲学、文化哲学、经济哲学等的重新定位问题，成为当时马克思主义哲学研究的理论创新过程中绕不开的环节。除了社会经济发展和社会科学繁荣的"反衬"之外，应用哲学、跨学科或交叉学科的哲学、各领域"准哲学"的出现，也昭示着整个传统哲学的"危机"。社会哲学等

---

① 参见朱德生《史论结合反思前进》，《哲学动态》1996 年第 5 期；欧阳康《哲学史研究的方法论问题》，《哲学研究》1998 年第 9 期。

② 参见黄楠森、林利、庄福龄主编《马克思主义哲学史》（八卷本），北京出版社 1989—1996 年版；徐崇温《应该怎样看待"西方马克思主义"?》，《求是》1993 年第 20 期；俞吾金、陈学明《国外马克思主义哲学流派》，复旦大学出版社 1990 年版；张一兵《折断的理性翅膀——"西方马克思主义"哲学批判》，南京出版社 1990 年版。

部门哲学研究的开展，一定意义上正是破解上述"危机"的产物。围绕马克思主义哲学特别是唯物史观的方法和基本问题，从提出概念到拓展向度，部门哲学的兴起不仅改变了中国马克思主义哲学研究的观念与结构，即不再作为纯粹的具体的理论科学，而是成为马克思主义哲学的基础学科；还立足于中国的现实并从中觅得中国社会转型的内在根据和未来走向。①

以构筑于社会发展理论的社会哲学研究为例。在对发展这一时代主题进行哲学追问的过程中，结合中国改革开放和现代化建设的实践需要，中国马克思主义哲学研究者重新探讨了社会形态、社会结构和社会规律等唯物史观的重要范畴，形成了作为有机整体的社会发展理论②，从而形成社会哲学③。此时，辨明唯物史观与社会哲学的关系成为前提性问题。诚然，学者们在这个问题上尚有分歧，将社会哲学看作是历史唯物主义研究的扩展和核心内容，使后者的理论框架超过解决社会历史问题的范围，而广泛应用于社会生活的

---

① 由韩庆祥主编的"哲学理论创新丛书"（云南人民出版社 2001—2003 年版），可谓上述研究动向的集中呈现。具体有：《生存哲学：走向本真的存在》（张曙光著）；《实践诠释学：重新解读马克思哲学与一般哲学理论》（俞吾金著）；《社会哲学：现代实践哲学视野中的社会生活》（王南湜著）；《人学：人的问题的当代阐释》（韩庆祥、邹诗鹏著）；《文化哲学：理论理性和实践理性交汇处的文化批判》（衣俊卿著）；《历史哲学：关于历史性概念的哲学阐释》（韩震、孟鸣岐著）；《社会认识论：人类社会自我认识之谜的哲学探索》（欧阳康著）；《经济哲学：从历史哲学向经济哲学的跨越》（张雄著）；《主体性哲学：人的存在及其意义》（郭湛著）；《交往实践的哲学：全球化语境中的哲学视域》（任平著）。

② 参见高清海、孟宪忠《改革呼唤着中国自己的社会发展理论——对十年改革的消化与思考》，《高校社会科学》1989 年第 1 期；孟宪忠、丛大川《发展哲学论纲》，《哲学动态》1991 年第 8 期；丰子义《拓展马克思主义社会发展理论研究的新视野》，《天津社会科学》1993 年第 1 期；高清海等《社会发展哲学——中国现代化的理性思考》，高等教育出版社 1999 年版；刘森林《发展哲学引论》，广东人民出版社 2000 年版。

③ 参见吴元梁《社会系统论》，上海人民出版社 1993 年版；王锐生等《社会哲学导论》，人民出版社 1994 年版；陈晏清主编"社会哲学研究丛书"（10 册），山西教育出版社 1998—1999 年版。

各个领域①；抑或把唯物史观和社会哲学等同对待，主张前者以人类历史的一般本性和一般规律为研究对象，后者直接关注具体社会形态的结构和人们的现实生活过程②。但是，绝大多数学者都从社会结构及其转型出发切入社会哲学研究，既突破了静止的、僵化的"偏见"，拘泥于经济基础与上层建筑的决定与反作用关系，赋予社会结构及其基本要素以动态的历史的内涵；又基于纵向、横向和交叉，实体性、规范性和关系性，制度化、利益化和阶层化等不同的维度，深化了对社会结构的理解，并联系改革开放和社会主义现代化建设的实际，对当时中国社会结构转型问题提出了颇具价值的见解。此外，学者们还从现代性批判、实证科学借鉴和文化价值选择等层面，系统考察了社会哲学的方法论问题。

同社会哲学相比，文化哲学和经济哲学在这一时期的发展亦不遑多让。前一种研究出于西方文化强势背景下中国文化如何迈向现代化的需要，寻求破解传统与现代之间、理论与现实之间、失范与建构之间张力的方式，建立起真正表征着中国社会现实和中国人生活世界的文化哲学体系。与此同时，适应于20世纪文化发展的多元化特征，中国马克思主义研究者充分运用多元化的理论资源，一方面诉诸辩证法、解释学、现象学、分析哲学和结构主义等哲学思潮的理论框架，另一方面借鉴社会心理学、文化社会学、文化人类学等相似学科，以及包括传播学、生态人类学、系统论、信息论在内的新兴学科，对文化的内涵与本质、文化与共同体的关系、文化共同体的个性形式与活动结构、文化变革的内在动力与外部机制等，

---

① 参见《关于社会哲学的对话——访〈社会哲学导论〉课题负责人王锐生》，《哲学动态》1996年第1期。

② 参见陈晏清、王南湜等《社会哲学的观念——关于社会哲学的对话》，《哲学动态》1998年第9期。

作了系统的且丰富的阐释①。后一种研究为了回答社会市场经济实践所提出的一系列重大而复杂的问题，运用逻辑与历史相统一等马克思主义哲学的主要观点，透视和把握人们的社会经济现象及活动，揭示其本质和规律，并通过实现哲学理性思维与社会经济实践的最佳结合，来为社会主义现代化建设和改革开放中的经济实践，提供一定的科学的方法论支撑。尽管中国学者就经济哲学研究的对象、方法和内容而争鸣不断，但围绕一系列概念范畴，如市场经济与人的关系、公有制经济与人的主体地位、市场经济的意识形态化、经济行为的道德评判、计划调节与市场调节、公平与效率等，作出了知识层面与经验层面的双向系统思考。②

最后，马克思哲学观再反思和现代性批判等研究深入展开。

究其实，从宏观体系建构到中观体系建构的改变，是对哲学观这一元问题的追问的集中体现。延续20世纪80年代围绕"实践唯物主义"进行的马克思主义哲学精神实质的探讨，马克思哲学观的变革意义自然而然成为20世纪90年代中国马克思主义哲学研究的焦点。所谓哲学观，浅而言之就是哲学的自我理解；它绝非人的头脑中内在封闭的"苦思冥想"或自我确定，而是在同由各式各样的思潮、流派和观点构成的广阔开放视野的比较研究中，"激活"了对马克思在哲学史上所实现的变革的深刻理解，诸如马克思哲学的理论特质、研究对象、思维方式、存在形态、现实基础及社会功能等

---

① 参见许苏民《文化哲学》，上海人民出版社1990年版；李德顺等《社会转型时期的价值观念和文化》，《中国社会科学》1994年第3期；李鹏程《当代文化哲学沉思》，人民出版社1994年版；邹广文《文化哲学的当代视野》，山东大学出版社1994年版；陈筠泉、刘奔主编《哲学与文化》，中国社会科学出版社1996年版。

② 参见刘修水主编《经济哲学》，陕西师范大学出版社1992年版；余源培《开展经济哲学研究之我见》，《学术月刊》1997年第5期；余红、陈新汉《经济哲学：问题及其当代建构——"当代市场经济中的经济哲学学术研讨会"综述》，《学术月刊》1997年第12期；张一兵《科学的批判的历史现象学——马克思经济哲学的本质》，《学术月刊》1999年第9期。

问题。① 这种变革绝不只是对过往既有的哲学观及其问题的深刻把握和实质超越，更是使马克思的哲学观"活在"中国的"当下"，也就是在马克思主义哲学、中国哲学与西方哲学的比较中，在科学主义思潮与人本主义思潮的比较中，在中国文化与西方文化的比较中，实现再造、融合与转化。②

关于中国学者对马克思哲学变革意义的探讨与争鸣，在此择若干要点略述一二。众所周知，马克思从未对自己的"新哲学"作规范性的定义，而是更多地通过与其同时代具有深刻影响力的哲学思潮的论战中表述出来的。尽管如此，研究者们还是能够从中得出马克思哲学变革性的清晰认识。举凡：从实践的观点而非先验本性、永恒原则、概念规定出发来理解人，也就是通过基本生存方式、历史生成过程、正否双重性质而诠释人的本性、存在状态及其同世界的关系，从而实现哲学思维方式由传统转向现代；以历史的、具体的和现实的社会实践为逻辑基点，在深层上解决了消除唯心主义以发扬辩证法能动性、消除自然唯物主义机械性以坚持唯物主义基本立场、批判资本主义以使共产主义成为科学等多重难题；将思维与存在的关系这一哲学基本问题，从根本上转变为实践主体与实践对象的关系问题，使得哲学达到了一个更高的形态；对资本主义社会的哲学批判和探寻无产阶级解放的道路重

---

① 参见张奎良《马克思哲学的基本前提和总体特征》，《学术交流》1991年第2期；高清海《哲学思维方式的历史性转变——论马克思哲学变革的实质》，《开放时代》1995年第6期；王德峰《论马克思哲学对现象学原则的包含与超越》，《复旦学报》（社会科学版）1996年第5期；吴晓明《论马克思哲学的当代性》，《天津社会科学》1999年第6期。

② 参见侯才《从主、客体关系的理解来看的马克思哲学——对马克思哲学的一种历史透察》，《哲学研究》1991年第5期；张曙光《科学与人文：马克思哲学的双重维度及其统一》，《理论探讨》1998年第4期；仰海峰《人本主义、科学主义与马克思哲学的当代阐释》，《社会科学辑刊》1999年第5期；俞吾金《对马克思哲学与西方哲学关系的再认识》，《天津社会科学》1999年第6期。

建，这两个维度的逻辑互动，构成了马克思哲学变革的理论主题，同时即在扬弃人本主义异化史观的基础上建立自己的"新哲学"及其话语转换；正是对人文和科学的双重视角及思维向度的批判性把握与创造性整合，才使得马克思哲学同时兼具认识世界和改造世界的统一性功能，等等。

随着关于马克思哲学观的探讨由"幕后"到"台前"，从背景知识成为前沿问题，前述原理式的哲学教科书体系改革"退场"，一些对"哲学本身"作系统阐释的教材与课程开始涌现：有的学者主张以真正哲学的方式研究和发展哲学，基于对元哲学问题的探讨和对哲学思维方式的回溯，详尽考察了马克思主义哲学的发展历程、基本规定、当代视野与建构原则，并试图诉诸分支哲学研究和问题哲学研究，探寻有中国特色的哲学研究路径[1]；或是在全部哲学史和当代哲学形态的宏观思想图景中，围绕"哲学为何"和"哲学何为"的主线，根据时代发展与时代精神的转变，全面梳理了哲学的自我理解、思维方式、生活基础、主要问题、派别冲突、历史演进及修养锻造，达到理论兴趣的激发、理论视野的拓宽、理论思维的碰撞和理论境界的提升[2]；抑或注重哲学的自身逻辑发展及其同人生的关联，通过对哲学的实质、哲学的诞生、本体论与形而上学、认识论与先验哲学、历史哲学等疑难问题的新理解，生动呈现了"哲学究竟为何物"，实现哲学的当代变革[3]。

与此同时，对马克思哲学的再反思还不可避免地指向了现代性批判这一时代之问。其所以如此，正在于"任何真正的哲学都是自己时代的精神上的精华"[4]，从而出现哲学的世界化与世界的哲学化

---

[1] 参见欧阳康《哲学研究方法论》，武汉大学出版社1998年版。
[2] 参见孙正聿《哲学通论》，辽宁人民出版社1998年版。
[3] 参见王德峰《哲学导论》，上海人民出版社2000年版。
[4] 《马克思恩格斯全集》第1卷，人民出版社1995年版，第220页。

之时代。20世纪90年代，正值现代化的历史进程对人与世界关系的全面改变，可持续发展问题、人摆脱物的依赖实现自由个性问题、虚无主义的文化危机问题，构成了极其严峻和极为紧迫的时代问题。此时，"中国问题"不再仅仅是民族性与地域性的问题，而是当代中国所面临的时代性与世界性的现代性问题。当时"面向世界，面向现代化，面向未来"的诉求即为最好的佐证。在这种境遇下，许多中国马克思主义哲学研究者达成了如下共识：通过对马克思哲学观的再反思，将马克思主义哲学确证为社会主义超越市场经济的"物的依赖性"、克服资本现代性的抽象建制、追求人的自由个性的全面发展的世界观和方法论，进而"建设有中国特色的社会主义"的指导思想。从当时中国马克思主义哲学界对历史唯物主义的特定表述[①]的普遍关注和经常引证，以正确理解与合理阐释现代性问题中，可见一斑。另一方面，无论是深入探讨作为历史性变化标志的现代性的基本特征，抑或是系统阐发社会主义公有资本概念，也皆为上述达成现代性批判目标的有益尝试。

第五节　以思想阐释问题为内容的研究路径转换

学术规范即形式是通往思想阐释即内容的必由之路。以学术规范问题为导向的宏观体系建构分化为中观体系建构，在逻辑上指向以思想阐释问题为内容的研究路径转换即微观体系建构。21世纪以来的中国马克思主义哲学研究的历史进程也昭示着这一点。进言之，

[①] "人类始终只提出自己能够解决的任务，因为只要仔细考察就可以发现，任务本身，只有在解决它的物质条件已经存在或者至少是在生成过程中的时候，才会产生。"（《马克思恩格斯文集》第2卷，人民出版社2009年版，第592页。）

如何使思想真正切入现实，发展21世纪中国的马克思主义哲学，使其超越关于经验常识的思考而成为在思想中把握的时代，是中国马克思主义研究者的第一要务。这就是说，既要适应建设中国特色社会主义与构建人类文明新形态的需要，提出和解决中国道路中的重大理论问题；又要在实践发展和理论创新的互动中，推进马克思主义哲学的中国化、时代化和大众化，实现马克思主义哲学的当代价值。在上述过程中，不论是"论坛哲学"、文本研究、国外前沿追踪、学术形态探析、哲学对话等的方兴未艾，还是唯物史观、资本批判、经济哲学、政治哲学等的重新阐释，都蕴含着研究路径的转换。

面对东欧剧变、苏联解体后国际理论界充斥着的马克思主义被埋入"柏林墙瓦砾"中的各种论调，诸如"冲动论""困境论""过时论"乃至"终结论"之类的嘲讽，或者以西方哲学概念"解马"以证明马克思的思想"不在场"的观点，以彰显"马克思主义哲学的当代价值"为出发点，实现科学答疑、批判回应、创新发展的有机统一，由中国社会科学杂志社牵头，全国各马克思主义哲学博士点轮流主办，一年一度的"马克思哲学论坛"于2001年正式启动。尔后，关于"马克思的本体论思想及其当代意义""马克思哲学与当代国外马克思主义最新进展""马克思哲学与当代中国现代性建构""中国化的马克思主义哲学形态研究""马克思主义政治哲学：阐释与创新""马克思主义哲学研究范式：创新与转换""马克思主义哲学中国化与当代中国哲学建设""马克思主义文化哲学研究""历史唯物主义与中国问题""马克思主义哲学与中国共产党90年""马克思的文化观与当代中国文化建设""马克思主义哲学史研究：经典与当代""马克思主义哲学创新的国际视野""唯物史观视域中的现代性问题""方法论自觉：发展21世纪中国的马克思主义哲学""经济变革中的哲学问题""新时代社会认识与国家治理"等主题的研讨接踵而至①，几乎每次都成为引领当年马克思主义哲学研究热点的标志性事件，有力地推动了马克思主义哲学研究的丰富和完善。

无独有偶，由青年哲学论坛、《哲学研究》编辑部发起的"马克思主义哲学创新论坛"也在21世纪初成立，迄今已举办15届。该论坛旨在通过对中国马克思主义哲学研究状况的评估，在提出和分析问题的基础上，找出实现马克思主义哲学创新的有效途径，并根据时代和实践的需要，坚持和发展中国特色的马克思主义哲学。

---

① 参见孙麾《马克思的本体论思想及其当代意义——第二届"马克思哲学论坛"述要》，《中国社会科学》2002年第9期；胡大平、张亮《从马克思哲学到当代国外马克思主义——第三届"马克思哲学论坛"综述》，《哲学研究》2004年第2期；大为《全国第四届"马克思哲学论坛"综述》，《哲学研究》2005年第1期；赵剑英、孙麾《推进马克思主义哲学新形态建构的重要平台——第四届"马克思哲学论坛"的学术回顾与展望》，《马克思主义与现实》2005年第3期；王福生《范式转换与中国化的马克思主义哲学新形态的建构——第五届"马克思哲学论坛"学术综述》，《吉林大学社会科学学报》2005年第9期；谢永康《马克思主义政治哲学：阐释与创新——第六届"马克思哲学论坛"述评》，《哲学研究》2006年第12期；柯锦华《新时期中国马克思主义哲学研究范式：反思与前瞻——第七届"马克思哲学论坛"述评》，《社会科学战线》2007年第11期；熊进《马克思主义哲学中国化与当代中国哲学建设——第八届全国"马克思哲学论坛"学术综述》，《哲学动态》2008年第12期；《"马克思主义文化哲学研究"暨第九届"马克思哲学论坛"召开》，《求是学刊》2009年第11期；臧峰宇《历史唯物主义与中国问题——第十届"马克思哲学论坛"述评》，《哲学研究》2011年第2期；王远龙《马克思主义哲学与中国共产党90年——第十一届"马克思哲学论坛"综述》，《南京政治学院学报》2011年第4期；杨丽珍《马克思的文化观与当代中国文化发展——第十二届"马克思哲学论坛"综述》，《哲学动态》2012年第12期；杨洪源《马克思主义哲学史研究：经典与当代——"第十三届马克思哲学论坛"综述》，《教学与研究》2014年第1期；王玭《"第十四届马克思哲学论坛"综述》，《光明日报》2014年11月19日第15版；刘烨《唯物史观视域中的现代性问题——"第十五届马克思哲学论坛"综述》，《理论探索》2015年第11期；张佳琳《方法论自觉：发展21世纪中国的马克思主义哲学——"第十六届马克思哲学论坛"综述》，《辽宁大学学报》（哲学社会科学版）2016年第6期；王海锋、李潇潇《第十七届马克思哲学论坛举行 构建与时代发展水平相符合的哲学》，《中国社会科学报》2017年9月4日；熊治东《新时代马克思主义哲学的使命与境界——第十八届"马克思哲学论坛"暨纪念马克思诞辰200周年》，《华中科技大学学报》（社会科学版）2018年第4期。

在坚持哲学"生于对话,死于独白"的原初特性下,由中国社会科学院哲学研究所组织的"马克思哲学青年对话会"在中国学界开始"崭露头角"。该对话会以论题为内容、论辩为形式,突破传统学术会议设立主题发言人、宣读学术论文的局限,力求论域的接轨和视域的交叉,在思想交锋中发现差异,在差异论辩中寻找共识,得到了中国青年马克思主义哲学者的广泛认同。这些全国性规模的"论坛哲学"凭借其思想的活跃性而极大地突破了"讲坛哲学"的束缚,增强了中国学者的理论自信,更加积极地选择各种有益的成果,尝试创造出切合中国实际的、我们中华民族自己的马克思主义哲学理论,尽管"论坛哲学"与"讲坛哲学"的有效接榫尚须解决。

世纪之交,马克思主义哲学著作研究的独立性越发明显,以"返本开新"为意旨的文本研究日趋兴盛,并与马克思主义哲学的当代性阐释逞"一时瑜亮"。围绕马克思文本解读而最初产生的以下三种典型研究路径,就是上述思想争论的集中体现。从还原马克思思想生成的历史语境出发,"回到马克思"力求破除过去用原理"肢解"思想的长期桎梏,通过"人本主义社会现象学"、广义历史唯物主义、"历史现象学",揭示马克思哲学思想深层转换的动态过程。[①] 基于对文本研究合理性限度的追问,特别是彻底还原语境是否必要、拘泥于烦琐的文献细节考证所导致的"误读"乃至独断论的可能,"重读马克思"主张以文本为中介(而非主体)同马克思"对话",通过重新领会传统解释模式与自身的深度体认来实现"接着讲",从而满足逻辑与时代的双重诉求,彰显马克思哲学的内在强大生命力即批判性和开放性。[②] 针对追"新"逐"异"、用晦涩语

[①] 参见张一兵《回到马克思:经济学语境中的哲学话语》,江苏人民出版社1999年版;《"回到马克思"的原初理论语境》,《中国社会科学》2001年第3期。

[②] 参见何中华《重读马克思:一种哲学观的当代诠释》,山东人民出版社2009年版;《"重读马克思":时代与逻辑的双重诉求——访何中华教授》,《哲学动态》2000年第11期。

言和差异思维把马克思哲学退回到脱离社会历史的经院哲学,以及使用西方现代哲学的概念或术语"包装"马克思哲学的"赶时髦","走进马克思"运用文本学的方法,系统梳理和深入分析了历史唯物主义的产生与发展过程,围绕"实践""历史"与"社会"等主要概念,来分别表征马克思哲学的逻辑起点、理论视野与核心内容,在反思当代重大现实问题及批判西方主要社会思潮的双重维度下,展现马克思哲学的实践性、革命性与科学性相统一的性质。[1]

究其实,"回到马克思""重读马克思""走进马克思"都是一种"方法论自觉",后者同时作为这种"文本研究"模式有别于过去"原著解读"模式的理论前提和理论特质。面对相同的研究对象,一方立足于论证思想的完成形态却极易通向自我封闭乃至教条主义,另一方则致力于阐释思想的未完成形态亦即开放性,故而更加切合马克思主义哲学的根本特征,孰是孰非,高下立判。自此至今,在经历了迅速"升温"的方法论论争的"外部反思",特别是围绕如何建构"中国马克思学"的讨论之后[2],中国马克思主义哲学文本研究进入"内部反思"阶段,由文本个案研究[3]纵深推进到系列文本所组成的有机整体建构,并于2018年马克思诞辰之际向国内外学

---

[1] 参见孙伯鍨、张一兵《走进马克思》,江苏人民出版社2001年版;张亮《〈走进马克思〉学术研讨会综述》,《高校理论战线》2002年第9期。

[2] 参见聂锦芳《马克思文本研究史的初步清理与方法论省思》,《哲学研究》2002年第6期;张一兵、胡大平《从本真性到中国特色:马克思哲学研究中的"解释学"转向》,《江海学刊》2003年第1期;王东《为什么要创建"中国马克思学"?》,《马克思主义与现实》2007年第3期;鲁克俭《中国马克思学:哲学抑或科学》,《北京行政学院学报》2007年第3期;姚顺良《马克思研究:"历史科学"化,还是"马克思学"化?》,《南京社会科学》2007年第10期。

[3] 参见魏小萍《探求马克思——〈德意志意识形态〉原文文本的解读与分析》,人民出版社2010年版;聂锦芳《批判与建构:〈德意志意识形态〉文本学研究》,人民出版社2012年版;韩立新《〈巴黎手稿〉研究》,北京师范大学出版社2014年版。

界集中展示了这一成就①。

在新中国马克思主义哲学研究的历程中,"史""论""著"的结合,抑或文本、历史、理论和现实的有机统一,虽实属老生常谈,却在不同时代中呈现迥异而逐步深入的态势。毋庸置疑,文本研究是理论阐释的基础工作和基本依据。马克思哲学文本研究的滥觞与勃兴,势必带动中国学者对既有理论的重新考察,首先是关于历史唯物主义的再理解。从另一个角度来说,思想的未完成性与开放性,决定着对马克思哲学变革意义的理解是常维新的。针对20世纪80年代提出的"实践唯物主义"所面临的解释困境,以及如何破解全球化、现代性、公共性等现实问题,加之对世界历史、社会形态、人的发展等理论的持续探索,部分中国马克思主义哲学研究者提出了"广义历史唯物主义"或者"大唯物史观"概念②,以示同过去以《〈政治经济学批判〉导言》中的所

---

① 参见聂锦芳主编《"重读马克思:文本及其思想"》(12卷本),中国人民大学出版社2018年版。该套书系主要包括:《滥觞与勃兴——马克思思想起源探究》(聂锦芳著)、《"苦恼的疑问"及其解决——〈莱茵报〉—〈德法年鉴〉时期马克思文献及思想再研究》(黄建都著)、《思想的传承与决裂——以"犹太人问题"为中心的考察》(李彬彬著)、《异化的探寻及其扬弃——"巴黎手稿"再研究》(刘秀萍著)、《思想的剥离与锻造——〈神圣家族〉文本释读》(刘秀萍著)、《在批判中建构"新哲学"框架——〈德意志意识形态〉文本学研究》(聂锦芳著)、《政治经济学的形而上学——〈哲学的贫困〉与〈贫困的哲学〉比较研究》(杨洪源著)、《"革命"的非模式化解读——1848—1852年马克思恩格斯政治文献研究》(彭宏伟、崔爽著)、《政治经济学批判的逻辑建构——"1857—1858年手稿"再研究》(杨洪源著)、《"资本一般"与政治经济学批判——"1861—1863年手稿"再研究》(王嘉著)、《资本社会的结构与逻辑——〈资本论〉议题再审视》(彭宏伟著)、《求解资本主义的史前史——"人类学笔记"与"历史学笔记"的思想世界》(王莅著)。

② 参见张一兵《回到马克思:经济学语境中的哲学话语》,江苏人民出版社1999年版;俞吾金《重新理解马克思》,北京师范大学出版社2005年版;安启念《通往自由之路:马克思哲学思想研究》,中国人民大学出版社2016年版。

谓"经典表述"① 为代表的"狭义历史唯物主义"的区别。诚然，关于"广义唯物主义"和"狭义唯物主义"的区分的反对声音始终断断续续地存在②，有的中国学者直接建构马克思主义历史哲学来取消这种区分③。但是，它所体现出的对马克思哲学变革意义的持续深究理应得到充分肯定。此后，若干具有热点效应的理论探索，例如历史唯物主义究竟为哲学还是实证科学、资本逻辑与历史唯物主义、历史唯物主义与中国道路等④，无不昭示着对历史唯物主义的理论性质、主要内容和当代价值的系统且深入的思考。这些探讨的时代意义绝不局限于称谓正名或文本新解之类的纯粹学术层面，而在于理论创新与实践发展的互动，即有效地运用唯物史观阐释中国道路的世界历史意义，并在此基础上进一步丰富和发展了历史唯物主义。

在文本研究与理论阐释的有机结合方面，21世纪中国马克思主

---

① "人们在自己生活的社会生产中发生一定的、必然的、不以他们的意志为转移的关系，即同他们的物质生产力的一定发展阶段相适合的生产关系……"（《马克思恩格斯文集》第2卷，人民出版社2009年版，第591—592页。）

② 参见王金福《"广义历史唯物主义"、"狭义历史唯物主义"概念的规定及其与马克思主义哲学的关系——论马克思主义哲学的实质，兼与张一兵同志商榷》，《南京社会科学》2000年第6期；段忠桥《"广义的历史唯物主义"辨析——兼答俞吾金教授》，《河北学刊》2007年第6期；赵家祥《完整准确地理解马克思及其唯物史观——对"广义历史唯物主义"和"狭义历史唯物主义"区分的质疑》，《北京行政学院学报》2018年第6期。

③ 参见赵家祥主编《马克思主义历史哲学》，吉林人民出版社2006年版。主要包括：《历史过程论和历史动力论》（赵家祥著）、《历史决定论和主体选择论》（刘曙光著）、《历史进步论和历史代价论》（林艳梅著）、《普遍交往论和世界历史论》（席大民著）、《历史认识论和历史方法论》（袁吉富著）。

④ 参见段忠桥《重释历史唯物主义》，江苏人民出版社2009年版；陈新夏《唯物史观与人的发展理论》，江苏人民出版社2013年版；王峰明《历史唯物主义——一种微观透视》，社会科学文献出版社2014年版；杨耕《重建中的反思——重新理解历史唯物主义》，北京师范大学出版社2017年版；郝立新、陈世珍《我们为什么需要历史唯物主义》，江苏人民出版社2018年版。

义哲学研究的典型成果无外乎《资本论》哲学思想研究①。与国际学界《资本论》哲学思想研究的前沿成果相比，中国学界的相关理论探索也不逞多让，可谓代表着中国马克思主义哲学经典著作研究的最高水准。

回溯中华人民共和国成立以来的《资本论》哲学思想研究，可以清晰地呈现出21世纪初至今的相关探索所具有的阶段性特征。从1949年到20世纪70年代末，受过去教科书哲学体系的影响，中国马克思主义哲学研究者主要围绕《资本论》的逻辑结构、主要范畴、唯物史观、辩证法思想和政治经济学批判等进行研究。到了20世纪八九十年代，中国学者们基于新的问题意识对中国社会历史发展进行反思，从而突破了过去哲学教科书体系的束缚，并逐渐抹去国外相关研究的印记，极大地拓展了《资本论》哲学思想研究的理论空间。具体来说，他们一方面通过重新思考物质生产的基础性地位及作用、生产力与生产关系的辩证关系，以及提出和论证社会有机体理论等，既丰富了《资本论》的唯物史观内涵，又进一步从哲学与政治经济学内在结合的总体视角对《资本论》加以审视；另一方面以实践的主体性为起点，对《资本论》中的社会存在、经济的社会

---

① 限于篇幅，在此将中国马克思主义哲学界老中青三代关于《资本论》哲学思想研究的代表性论著列举如下：王东：《〈资本论〉的哲学意义》，《哲学动态》2008年第11期；何萍：《马克思〈资本论〉的历史性解读》，《哲学动态》2008年第11期；孙正聿：《"现实的历史"：〈资本论〉的存在论》，《中国社会科学》2010年第2期；丰子义：《〈资本论〉唯物史观的呈现方式与独特作用》，《中国高校社会科学》2015年第6期；王南湜：《〈资本论〉的辩证法：历史化的先验逻辑》，《社会科学辑刊》2016年第1期；吴晓明：《〈资本论〉方法的当代意义》，《教学与研究》2018年第7期；孙承叔：《资本与历史唯物主义——〈资本论〉及其手稿当代解读》，复旦大学出版社2013年版；鲁品越：《鲜活的资本论：从〈资本论〉到中国道路》，上海人民出版社2016年版；聂锦芳主编：《〈资本论〉及其手稿再研究：文献、思想及其当代性》，经济科学出版社2013年版；仰海峰：《〈资本论〉的哲学》，北京师范大学出版社2017年版；白刚：《回到〈资本论〉：21世纪的"政治经济学批判"》，人民出版社2018年版；王庆丰：《〈资本论〉的再现》，中央编译出版社2015年版。

形态、人的价值及其发展等作出有益探讨。

进入21世纪,中国学界在融通"哲学中的问题"和"问题中的哲学"的前提下①,将"资本逻辑"确证为马克思主义哲学的解释原则之一②,并使之迅速成为《资本论》哲学思想研究的重要标识。其主要表现为:第一,重新反思《资本论》与马克思哲学的内在关联,以复归它作为哲学著作而非经济学著作的定位,并且这种复归不是回到过去将《资本论》作为唯物史观的检验与运用的狭窄视野,或者哲学原理与经济学原理的简单对照式结合,而是在政治经济学批判视域中理解马克思哲学;第二,全面展示、提炼出新的哲学基本理念、方法论原则及研究范式,举凡:《资本论》的理论旨趣、《资本论》的方法论、《资本论》与历史唯物主义、《资本论》与辩证法、《资本论》中的话语革命等,在这一时期成为引领学术潮流的热门话题;第三,进一步拓展《资本论》哲学思想的解释力,积极尝试使它内在延续而非直接照搬到分析和解决具有时代意义的重大现实问题上,围绕资本逻辑与现代性、资本逻辑与中国道路、《资本论》与金融资本、《资本论》与人类文明新形态等展开的广泛探讨即为明证。当然,中国学界虽然始终没有脱离围绕时代性的现实问题来开掘《资本论》的思想资源,但远未切中现实问题的深处,《资本论》哲学思想研究仍然任重道远。

以《资本论》为文本依据从政治经济学批判视域中理解马克思哲学,不可避免地带来另一种研究路径的转换,或者毋宁说是一种彻底的颠覆——不再从作为部门哲学的经济哲学的角度或框架,包括概念、原则和方法等,来重新理解马克思主义哲学;转而将经济哲学定位为马克思主义哲学的基础学科,即马克思哲学在一定意义

---

① 参见陈先达《哲学中的问题与问题中的哲学》,《中国社会科学》2006年第3期。

② 根据中国知网(http://kns.cnki.net/kns/brief/default_result.aspx)中检索显示,2000年以来直接以"资本逻辑"为题的论文有500余篇,以它为关键词的论文有近1500篇。

上就是经济哲学。不论是运用《马克思恩格斯全集》历史考证版的最新权威资料对马克思著述的细致考证,还是在哲学上阐释马克思的价值、货币、拜物教和对象化等概念中蕴含的资本批判向度,都体现出经济哲学与唯物史观的内在融合。① 秉承相似的思路,中国马克思主义哲学界此时期关于政治哲学的研究,与关于经济哲学的研究,有过之而无不及,且越发呈现异军突起之势。与此同时,世界哲学图景中的"政治转向"也加速了上述进程。一些中国马克思主义哲学研究者认为,马克思主义哲学之所以能够开显当代价值,很大程度上就在于唯物史观作为政治哲学来解决人类社会生活的最为基本的问题。从关于马克思主义哲学的理论定位,到关于马克思哲学思想及其当代价值的深入探讨,再到关于国外马克思主义政治哲学理论的扩展研究,都昭示着中国学者在思想上超越现时代的本质维度去领会马克思主义哲学的当代性。②

值得注意的是,经过中国学者多年的努力,国外马克思主义哲学研究逐渐脱离马克思主义哲学史的领域而获得较强的独立性,从是否必要的论证转向如何运用的阐释,特别是它之于中国马克思主义哲学的丰富发展和现代转型的意义,并且取得了一些较为突出的成果,"以翻译带研究"的规模效应日趋凸显。截至目前,国外马克思主义哲学的绝大部分代表性著作已被成系统地翻译为

---

① 参见何萍、薛冬梅《中国经济哲学的问题与前景——一种方法论反思》,《马克思主义与现实》2019 年第 2 期。

② 限于篇幅,在此将中国学者关于马克思主义政治哲学研究的代表性成果列举如下:陈晏清:《政治哲学的兴起与当代马克思主义政治哲学的建构》,《中国社会科学》2006 年第 6 期;李淑梅:《政治哲学的批判与重建》,人民出版社 2014 年版;王新生:《马克思政治哲学研究》,科学出版社 2018 年版;张文喜、臧峰宇:《马克思主义政治哲学史》,中国人民大学出版社 2019 年版;欧阳英:《马克思政治哲学思想探析——历史、变迁与价值》,中国社会科学出版社 2018 年版;李佃来:《马克思的政治哲学:理论与现实》,人民出版社 2015 年版。

中文①，带有通论性质的专著或教材，以及关于思想专题、人物流派、主要思潮等的研究成果亦层出不穷②。

21世纪以来的显著变化，也使得马克思主义中国化的内容不断得到丰富，构建马克思主义哲学中国化新形态自然成为题中之义。③中国马克思主义哲学研究者普遍认识到，中国特色社会主义实践还在不断向前推进。这既为马克思主义哲学提供了新的实践基础，同时又对理论本身提出了急迫的需求。例如，在全球化、信息化浪潮中，中国已经与世界紧密地联系在一起，正在崛起的中国的所思所想、所作所为，总是牵动着世人的神经，如何恰当地处理与世界的关系，需要一种新的"世界观"和方法论；中国内部的经济体制改革已进入建立健全社会主义市场经济体制阶段，文化体制改革正在深入，但政治体制改革尚待"攻坚"；中国的工业化尚在推进，信息

---

① 这些译著主要有："马克思主义研究译丛"（中国人民大学出版社）；"当代英美马克思主义研究译丛"（高等教育出版社）；"东欧新马克思主义译丛"（黑龙江大学出版社）；"国外马克思学译丛"（北京师范大学出版社）；"当代学术棱镜译丛"和"当代激进思想家译丛"（南京大学出版社）；"马克思与当代世界"（东方出版社）；"马克思与西方传统"（华东师范大学出版社）；"现代性研究译丛"（商务印书馆）；"人文与社会译丛"（译林出版社）。

② 参见陈学明《西方马克思主义教程》，高等教育出版社2001年版；张一兵、胡大平《西方马克思主义哲学的历史逻辑》，南京大学出版社2003年版；王雨辰《当代西方马克思主义哲学研究》，中国财政经济出版社2001年版；仰海峰《西方马克思主义的逻辑》，北京大学出版社2010年版；张秀琴：《西方马克思主义发展史》，人民出版社2017年版；张一兵：《文本的深度耕犁：西方马克思主义经典文本解读》，中国人民大学出版社2004年版，《文本的深度耕犁：后马克思思潮哲学文本解读》，中国人民大学出版社2008年版；汪行福：《走出时代困境——哈贝马斯对现代性的反思》，上海社会科学院出版社2000年版；王凤才：《蔑视与反抗——霍耐特承认理论与法兰克福学派批判理论的"政治伦理转向"》，重庆出版社2008年版；张亮：《阶级、文化与民族传统——爱德华·P. 汤普森的历史唯物主义思想研究》，江苏人民出版社2008年版。

③ 参见吴元梁主编《马克思主义哲学形态史》（7卷本），中国社会科学出版社2018年版；安启念主编《马克思主义哲学中国化研究》，中国人民大学出版社2006年版；郭建宁《马克思主义哲学中国化的当代视野》，人民出版社2009年版。

化又已经如火如荼地展开，如何抓住机遇，实现跨越式发展？……新型实践的史无前例、空前规模和极其复杂，对作为理论基础的马克思主义哲学创新充满期待，期待得到新的哲学观念、理论和思维方式的指导。因此，现时代马克思主义哲学新形态的构建，必须既坚持马克思主义哲学的本真精神，又以发展和创新为核心，构建马克思主义中国化新形态。这种独立自主、与时俱进的构建本身，既是批判的革命的马克思主义哲学本身的内在要求，也是中国特色社会主义理论建设的有机组成部分。

特定思想的深邃性既来自自身逻辑上的合理性，更显现于与不同思想的比较、对话和融合中。进入21世纪以来，马克思主义哲学同中国哲学、西方哲学之间对话的趋向成熟有目共睹，从而使其自身越发具有开放性，成为切入中国道路的有力视角。[①] 人类文明的诸多形态造就了哲学的各种样态，而当今时代人们的生活方式趋于统一。既然如此，不同的思想形态也极有可能融合为一种新的哲学样态。当前，中国学界虽然在"马""中""西"哲学对话的原则、方法、路径、平台等方面尚未达成广泛的共识，但在一些具体思想议题上还是有所突破。例如，作为全球化与现代化的关键词"发展"的问题、"人"的问题、对"后形而上学"的重构问题、构建人类文明新形态的问题等。古今中外的各种哲学思想资源在新时代中国特色社会主义的伟大实践中碰撞，以及中国道路自身所取得的瞩目成就，使得中国马克思主义哲学研究当之无愧地成为重要的思想"试验场"。

---

① 参见赵剑英《深刻变化的世界与当代马克思主义哲学的使命》，《中国社会科学》2004年第1期；彭永捷《中哲、西哲、马哲互动与建立中国新哲学》，《中国社会科学》2004年第1期；贺来《马哲、中哲、西哲的"功能统一性"与当代中国哲学的探索》，《吉林大学社会科学学报》2004年第2期；孙利天《朴素地追问我们自己的问题和希望：中国哲学、西方哲学和马克思主义哲学会通的基础》，《吉林大学社会科学学报》2005年第5期；张曙光《论当代中国学术研究的思想立足点：从哲学界中西马的对话说起》，《哲学动态》2008年第3期。

第六节　问题导向与体系建构有机互动的未来展望

　　问题导向与体系建构的有机互动只有进行时，没有完成时。纵览新中国 70 年的马克思主义哲学研究历程，我们形成了一些具有国际学术影响力的研究范式，例如以实践为导向的马克思主义哲学基础理论研究、以反思为前提的元哲学问题研究、以文本为基础的马克思主义哲学史研究、以现实为根据的马克思主义哲学中国化研究、以前沿为旨趣的国外马克思主义哲学研究等；取得了诸如正确处理学术与政治的关系、坚持实事求是和理论联系实际的思想路线和优良学风、从教条主义的羁绊中解放出来之类的宝贵经验。但与此同时，问题始终没有消失也不可能消失。不同的研究范式走向独断论的可能也好，如何实现由"照着讲"到"接着讲"的过渡和转变也罢，凡此种种无一不指向加快构建中国特色马克思主义哲学学科体系、学术体系和话语体系，抑或构建中国特色马克思主义哲学知识体系。究其实，这一问题是马克思主义哲学中国化、时代化和大众化在中国特色社会主义新时代的最新表述。

　　全面把握哲学与时代的关系是整个马克思主义哲学研究的永恒课题。自近代西方启蒙运动以降，历史进化论的时代观，即一种线性的时间观念的进步意识，逐渐成为主流。相应地，时代被人们看作是走向进步的历史环节。它不仅意味着不断解决问题而与过去决裂的历史进步，还意味着不断面临新问题而在通向未来的过程中包含的各种可能性。如此一来，哲学与时代的关系问题，就演变为哲学的历史性问题从而成为哲学的本质问题。进言之，追问哲学与时代的关系，关涉当前重新理解马克思主义哲学这个重要前提。只有在对上述问题的追问过程中，才能把握马克思主义哲学的根本特质。否则，马克思主义哲学的时代化很可能由于缺乏根基而沦为空谈。

表面看来，哲学的历史性本身包含着一个内在的矛盾，也就是真理的永恒性与历史的暂时性之间存在着矛盾。关于这个问题的解答，可以追溯到黑格尔那里。黑格尔认为，在他所生活的时代之前，哲学家们大多将哲学的产生归结为人的头脑或神的启示，与它所处的具体时代无关。作为哲学的目的之真理由于超越时代而具有永恒性。于是，就会产生这样的矛盾：若以真理的永恒性为前提，则真理不会展开为变化无常的范围而形成历史；若把历史所"讲述"的东西理解为只在一个时代存在而在另一个时代被其他东西取代的事物，那么在这样的历史中必然不会发现真理，因为后者绝非消逝了的东西。

黑格尔不仅以上述方式表述了这个表面上的内在矛盾，而且从哲学与时代的内在关系出发来消解这个矛盾。他指出，哲学在同时代和时代精神的关系上，表征着形式与内容的统一。从内容上看，作为一个时代的精神的思维和认识，哲学在本质上是时代的产物，要受到外在历史条件的支配。思想虽然摧毁了外在的必然性并意识到自身处境，但还没有达到完全的现实性。在一般情况下，一个民族的精神文明只有达到一定阶段才会产生哲学。这种产生同时也是消灭。"当哲学自身产生出来时，是以自然的阶段作为它加以否定的出发点的。哲学是在这样一个时候出发：即当一个民族的精神已经从原始生活的蒙昧混沌境界中挣扎出来了，并同样当它超出了欲望私利的观点，离开了追求个人目的的时候。"[①] 另一方面，从形式上看，哲学作为知识，即对时代精神的实质的思维，是以这个实质为对象的。而时代精神的实质又是普遍精神在一定阶段上的特殊表现。这样一来，哲学便在一定程度上把握了贯穿于一切时代中的普遍精神，从而能够超越特定的时代，成为人类文明的活的灵魂。

---

① ［德］黑格尔：《哲学史讲演录》第 1 卷，贺麟、王太庆译，商务印书馆 1959 年版，第 54 页。

由此可见，黑格尔是在时代精神的现实性与超越性相统一这个前提下，强调了哲学的重要性。当然，这种超越性的限度仍在于解释世界，是在现实世界已经改变的基础上所作的体系化形式的解释。诚如黑格尔所言，哲学在教导世界应当如何存在时总是"来得很迟"："哲学作为有关世界的思想，要直到现实结束其形成过程并完成自身之后，才会出现。概念所教导的也必然就是历史所呈现的。这就是说，直到现实成熟了，理想的东西才会对实在的东西显现出来，并在把握了这同一个实在世界的实体之后，才把它建成为一个理智王国的形态。"①

借鉴黑格尔的上述理解，马克思虽然在哲学与时代的关系问题上也强调哲学作为时代精神之精华的重要性，但是突破了黑格尔哲学的局限性，更为注重哲学冲破单纯解释现实世界所形成的封闭体系，实现改变现实世界的作用。如果说黑格尔旨在说明"密涅瓦的猫头鹰"要在"高卢雄鸡的鸣叫"之后才能起飞，让哲学去把握法国大革命所开启的世界历史新时代的精神，那么，马克思则认为法国革命的时代精神本身就已经构成一种新的哲学，"一切内在条件一旦成熟，德国的复活日就会由高卢雄鸡的高鸣来宣布"②。这种真正的哲学冲破了封闭体系的"外壳"，以"世界公民"的姿态屹立于世。"各种外部表现证明，哲学正获得这样的意义，哲学正变成文化的活的灵魂，哲学正在世界化，而世界正在哲学化。"③ 上述意义上的哲学不再是充斥着各种晦涩语言的封闭系统，也不再是现实性与超越性相统一基础上形成的静态逻辑架构，而是开放的结构替换与动态的内容更迭。

马克思深刻认识到，在本质上作为人与世界关系的活动的实践，

---

① ［德］黑格尔：《法哲学原理》，《黑格尔著作集》第 7 卷，商务印书馆 2009 年版，第 13—14 页。
② 《马克思恩格斯文集》第 1 卷，人民出版社 2009 年版，第 18 页。
③ 《马克思恩格斯全集》第 1 卷，人民出版社 1995 年版，第 220 页。

是重新把握和理解哲学与时代关系的重要环节。这里的实践准确地说是历史性实践。究其实,包括哲学在内的人的全部思维及其形式是否具有客观的真理性,从根本上说绝非一个理论的问题,而是一个实践的问题。马克思对此指出:"人应该在实践中证明自己思维的真理性,即自己思维的现实性和力量,自己思维的此岸性。"[1] 然而,马克思主义哲学诞生前的关于哲学与时代关系的诸多认识,普遍将其归结为理论问题而不是实践问题,且存在极度抽象的还原论倾向。唯心主义和旧唯物主义皆是如此。它们在以哲学的方式观照时代、把握社会历史时,都先将形形色色的经验事实抽象为物质和意识这两类,再进行二度抽象。由此产生的建构哲学体系的一般方式是:确立先验的基本原则—选择核心概念或基本判断—作概念或判断间推演—得出结论。这样一个静态的、僵死的逻辑架构,无疑是对实践的极大限制和阻碍,因为它把全部实践发展的结果都归结为不断证明既有结论的注脚。其中,唯心主义只强调主观性或能动性原则,从观念或自我出发来构建体系,用它们的发展来规范人与社会的发展,并以此说明实践。而旧唯物主义则只坚持客观性或直观性原则,以纯粹的物质为起点来建构体系,用它的发展来规范人与社会的发展,以此来诠释实践,并将认识理解为简单的反映论。

与上述纯理论化的处理方式和还原论倾向不同,马克思主义哲学始终在"倾听"实践的"呼声",将哲学与时代的关系同时也是人与其所处的现实世界的关系,理解为随着实践的进程而不断改变自身形式的生成过程。除了从实践出发来说明物质之外,马克思主义哲学还将人类实践已经达到的范围看作是人与社会发展程度的决定因素。实践格局的时代性转换,将必然导致新的哲学结构的更迭。与之相适应,哲学的功能和哲学家的社会角色也会发生变化,即不再局限于只是用不同的方式解释世界,而是真正去

---

[1] 《马克思恩格斯文集》第 1 卷,人民出版社 2009 年版,第 500 页。

改变世界。

时间推序到 21 世纪的今天，随着中国特色社会主义进入新时代，改革创新已成为时代精神的核心。正如习近平同志所说："改革创新始终是鞭策我们在改革开放中与时俱进的精神力量。"① 此时，哲学以切中现实和改革创新的面貌出场，必须紧扣新时代中国特色主义的历史性实践与指导思想。这也是继承与发展马克思主义哲学的内在要求和应有之义。众所周知，马克思主义哲学将社会历史的发展看作包含着各种不同阶段的过程。在上述过程中，人的历史性实践活动会不断向前推进，从而使得在特定历史阶段中概括、凝练出新理论的重要性，越发凸显出来。按照这种理解，中国特色社会主义作为一种历史性实践，其展开过程应当始终与马克思主义的中国化的最新成果，以及不断丰富和发展着的中国特色社会主义理论体系的指导相伴随。因此，新时代中国特色社会主义的实践进程，从根本上离不开习近平新时代中国特色社会主义思想的指导作用。这一判断同时也是我们基于马克思主义哲学的基本理论对所处的时代的准确理解。在这个时代中产生的和需要的真正哲学，必然构筑于如下基石之上：认真学习领悟习近平新时代中国特色社会主义思想，把握其精髓及要义，从而深刻理解新时代本身以及它的性质和转变。如若不然，就只会产生脱离时代的、与马克思主义哲学背道而驰的经验哲学。

从哲学与时代的关系出发，不难发现哲学的时代化、民族化和大众化在某种程度上是同一个命题的不同侧面。准确地说，哲学与时代的关系问题就是哲学的历史方位问题，换句话说，哲学在历史发展中具有特定位置。这个特定位置既是时间的，又是空间的。时间赋予哲学以发展的各种可能的空间，空间则将哲学发展的结果在形式上固定下来。对于已经世界化的哲学而言，其空间位置即为它在特定民族的具体表述。在黑格尔生活的普鲁士王国，就是让哲学

---

① 《习近平谈治国理政》第 1 卷，外文出版社 2014 年版，第 4 页。

说"德语";在当今中国,就是让哲学讲"汉语"。关于马克思主义哲学的中国化和大众化,最直白的一种解释就是:用中国人的日常语言来表述马克思主义哲学中蕴含的深邃思想。

哲学与语言在本质上都是人类思维活动的产物,从而为这两者的结合提供了可能性。这一点不难理解。难的是如何发现可能性中包含的必然性。在实现哲学思维和民族思维的融合过程中,"言不尽意"或"言过其实"可谓是常态。做到"言""意"合一的关键在于,找到这两者之间具体的内在一致性,将叙述形式中所包含的内容与试图表达的思想"无缝对接"起来。不仅如此,哲学的理性逻辑给人们的理解上带来的"沟壑",很容易就会被感性直观的语言表达所填平。在这一方面,马克思无疑起到了典范作用,并且使之成为马克思主义哲学的一个特色。他在《资本论》中经常"引经据典",信手拈来诸多神话故事,旁征博引莎士比亚、歌德、巴尔扎克等文学巨匠的作品,运用隐喻的手法来诠释具体观点。在此凡举一二:

为了深刻地阐释机器的否定辩证法,描绘机器大工业生产方式下工人的劳动状态,马克思借用了恩格斯在《国民经济学大纲》中使用的"息息法斯的苦刑"这一古希腊神话典故。相传,科林斯国王息息法斯惯于玩弄诡计,甚至欺骗神灵,最终因惹怒众神而被罚做这样一种苦役:推滚一块巨石上山,但每当就要到达山顶时,巨石就会重新滚回山下,不得不重新开始。如此反复,永无止境。在资本主义社会中同样存在相似的场景。随着机器在工业生产中的大量使用,工人被固定在生产流水线的特定位置上,一遍一遍地重复完成着同一个简单的机械过程。这样的劳动重负,不正如同巨石一般反复不断地落在疲惫不堪的工人身上吗?

在马克思看来,机器不是使工人摆脱劳动,而是使工人的劳动毫无内容。甚至减轻劳动也成为折磨人的手段。在息息法斯式苦刑的工作状态下,工人的神经系统受损,其肌肉的多方面运动也受限,进而被夺去了身体上和精神上的一切自由活动。不仅如此,息息法斯式的苦刑使工人身陷一座"人间地狱",一个类似于但丁笔下的地狱的世俗形态,甚至比后者更为严重。假使但丁还活着,恐怕会发现他所想象的最残酷的地狱也赶不上资本主义社会的这种场景:"一大群不同职业、年龄、性别的各种各样的工人,争先恐后地向我们拥来,简直比被杀者的鬼魂向奥德赛拥去还要厉害。即使不去参看他们腋下夹着的蓝皮书,我们也可以一眼看出他们劳动过度。"①

由此可见,运用人们所熟知的神话、俗语、谚语等来阐述哲学观点,不失为实现哲学的民族化与大众化的有效形式。诚然,通过日常语言诠释哲学思想具有诸多益处。可如果运用不好,也容易导致严重的后果。这种做法一定程度上将表达哲学思想的方式复杂化了,将其扩展为"语言的形式—语言的内容—哲学的思想"。一旦上述过程的某个中间环节出现断裂,特别是语言的形式无法准确承载其内容时,势必将陷入形式主义的泥淖,只追逐作为形式的各种修饰与辞藻。在马克思主义哲学中国化与大众化的过程中,形式主义同经验主义一道,构成了实现哲学思维与民族思维融合的"大敌"。它们轻则使哲学思想的阐释失去任何意义,使哲学解释世界和改造世界的功能失效,重则给改造世界的社会运动带来灾难性的损害。大众化绝不意味着庸俗化。

以历史为镜鉴。马克思恩格斯早就意识到形式主义给传播与发展整个马克思主义(包括哲学)带来的危害。面对法国工人党内部派系将思想沦为斗争工具的做法,马克思甚至发出了"我只知道我自己不是(这些人所谓的)马克思主义者"②这样的怒斥。恩格斯则引用了德国诗人海涅的名言"我种下了龙牙③,收获的却是跳蚤",来讽刺当时法国的所谓"马克思主义者"。可以说,这一表述切合了马克思的思想精髓。"种龙牙"是古希腊神话中较为有名的一

---

① 《马克思恩格斯文集》第5卷,人民出版社2009年版,第294页。
② 《马克思恩格斯全集》第10卷,人民出版社2009年版,第586页。
③ 目前通行的做法是将此意译为"我播下的是龙种"。

个。相传,勇士卡德摩斯曾凭一己之力屠杀毒龙,并在女神雅典娜的指引下,将有毒的龙牙埋在地里。很快,一群全副武装的战士从地里长了出来,他们互相厮杀,直到只剩下五个人才住手。后来,在这五名"龙牙武士"的帮助下,卡德摩斯建立了承载着人类文明的一座新城,将它命名为忒拜城。至今在英语俚语中还保留着"种龙牙"(sow dragon's teeth)的用法,意指"引起争端"。由此不难发现,恩格斯的本意为:马克思在他所处的时代掀起了足以引发人类思考自身命运的思想大论战,从而能够像卡德摩斯那样得到人类文明新形态的建设者;然而,他收获的却是只关注作为形式的斗争或论战而忽视思想、如跳蚤一般上蹿下跳与人不停争论是否为正统的"狂热分子"。对此,马克思又怎能不深恶痛绝呢?

思想本身始终重于作为其载体的形式。鉴于此,我们需要在更深的层次上探究实现哲学思维与民族思维融合的方式,甚至有必要做一些肯定性的前提批判。

毋庸置疑,马克思主义哲学的中国化和大众化是中国革命、建设和改革的实践长期发展的结果。然而,当我们满足于这个前提式的结果,并围绕它找出各种现实条件而停滞不前的时候,这只是在做类似于"存在即合理"的解释,从而陷入由各种解释所组成的循环论证。这种做法显然是与马克思主义哲学背道而驰的。稍微比较马克思主义哲学的思维方式与中国式思维,就会看到它们在历史观和辩证法方面具有一致性。例如,马克思主义哲学将现实的个人视为历史的"剧中人"与"剧作者",强调社会历史发展的阶段性和规律性;中国式思维强调个人作为"历史的人"应当学会把握贯穿于整个社会历史中"道",以史为鉴、知古鉴今。再如,《周易》阐述的一切事物都随着"时"与"位"的变化而变化,不正是与唯物辩证法关于事物发展过程的解释如出一辙吗?

若循此再做进一步的考察,就会发现一种更为"有趣"的高度相似性。马克思的哲学思想发展大致经历由创立唯物史观,再到批判和改造辩证法,最后实现逻辑学、辩证法和认识论的统一。同样,百余年来的马克思主义哲学中国化和大众化进程，也包括从接受唯物史观到阐释矛盾辩证法和发展认识论这样的顺序。从早期的共产主义者在《新青年》上译介唯物史观，再到毛泽东同志《矛盾论》和《实践论》，直至真理标准问题大讨论等，清晰地表征着上述发展路径。这一高度相似性的表象，是由科学的思维过程决定的。从认识世界到改造世界，某种程度上就可以简化为从揭示规律到运用规律。

需要指出的是，找到合适的方式以实现哲学思维和民族思维的结合，只是过程的中间环节，远没有到达终点。马克思主义哲学时代化、中国化和大众化的最终目的在于其成果能够摆脱外部反思式的"学徒状态"，形成"自我意识"或"自我主张"。"这个获得自我主张的一个最基本标志，就是我们的哲学社会科学能够深入到中国的社会现象当中去，通过对中国社会现实的研究、理解和把握，来推进我们自身的哲学社会科学。"[①] 当今中国马克思主义哲学研究，一方面应当深入社会现实中，研究中国特色社会主义进入新时代的社会主要矛盾及其变化，给人们提供世界观和方法论层面的指导；另一方面，阐发中国特色社会主义道路所具有的世界历史意义，即它不仅仅是一些具体的路线、方针和策略，而且是一种思想体系和基础理论的建树。

哲学是时代精神的精华，问题是时代的标识。习近平总书记反复强调，坚持问题导向是马克思主义的鲜明特点。问题是创新的起点和动力源，只有认真研究解决重大而紧迫的现实问题才能真正推进理论创新。一方面，世界格局在加快演变的历史过程中，正产生着大量深刻复杂的现实问题，亟须对此作理论解答；另一方面，中国道路所取得的重大成就，为超越资产阶级所开辟的道路、探讨人类社会发展的新模式和人类文明新形态，提供了强有力的佐证。对

---

① 吴晓明：《新时代的中国，我们的哲学任务是什么？》，复旦大学文化新闻网（http：//news.fudan.edu.cn/2017/1031/44625.html）。

中国道路的世界历史意义这一重大现实问题的阐释,必须借助于对马克思主义哲学的深刻理解和当代全球化态势的准确把握。唯此,才能真正破解理论创新落后于实践发展的困境,复归真正的哲学作为时代精神的精华的本质!

第 二 章

新中国中国哲学研究 70 年

第一节 导言：知识积累与范式反思
——中国哲学史研究的主调

中华人民共和国的成立，不仅是 20 世纪划时代的政治历史事件，在思想领域也产生了无与伦比的深远影响。哲学这个术语所意味的特定知识形式进入中国至今已逾百年，其在新中国的历史时期更展现出独特的复杂样态，尤其就面向传统的中国哲学史研究而言，其在古今中外的张力中既获得了深厚的积淀，有时亦似乎成为无序的思想市场或教条主义的实验园地，更在较为极端的情况下，完全屈从于意识形态的片面要求。如站在 21 世纪新时代的历史节点，回顾 70 年来中国哲学史学科发展的总体历程，毫无疑问，在重新揭示古代中国漫长的理性与思辨传统的道路上，研究者们取得了巨大的成就，也遗留下大量仍然有待解答的问题，定于一尊的简单思考可以被无所适从的理论选择所取代——某种程度上两者具有类似的盲目性，但作为知识系统的中国哲学史的应有面貌，似乎依然远未获得理论共识。现代意义的哲学史研究，是在反思和对反思的不断反思中成长的学术样式，而中国哲学史学科正是在上述意义上对自身学科地位与基本学术范式的探讨中坎坷前行，在积累了大量面对古典文本的新知识的同时，学科自身发展也难免历经曲折与歧路彷徨。

在具体的文本诠释、历史人物评价和思想背景分析方面，不同视角的学者和不同时段的研究可能会得出完全不同甚至针锋相对的结论，但贯穿70年来中国哲学史学科发展始终，仍然有若干条不容回避的基本线索可循。首先从积极的、传承性的角度来看，中国哲学史研究的最大特点，就是在对基础研究范式的不断的、有意识的主动反思中，明确相关知识积累的边界和古代文本的现代意义，虽然对于后者学术共同体当中未必总能取得一致，但研究范式问题从来都是思考的焦点、枢纽和学科建设的理论增长点。这一特点，不但使70年来的中国哲学史研究成为一个不可分割的整体，也体现出了此一历史阶段的学科发展与新文化运动以来的中国哲学史原有研究的连续性。无论金岳霖、陈寅恪为冯友兰《中国哲学史》撰写的"审查报告"所关注的中心问题，还是1957年中国哲学史座谈会上对日丹诺夫的哲学史定义衍生出的研究方法的反思，乃至近十数年来的中国哲学"合法性"讨论，其共同的潜在关切，实际上均在于学科的基本范式，而后者正是推动学科走向成熟、使有关古代思想的现代知识不断得到积累的根本内在动力。其次，马克思主义作为指导性理论在学科范式层面的全面导入产生了巨大的解释效力，而其带来的分析、评估中国传统哲学知识的视角变化，亦是新中国的中国哲学史研究与以往相比的最重大不同所在。值得注意的是，马克思主义的立场方法对中国哲学史研究范式与学科地位的影响，绝不应被窄化为备受争议的日丹诺夫范式所带来的种种理论后果，在教条化的对于两条路线斗争的极端表达之外，马克思主义在学科范式层面的意义尚需得到更为全面、严谨的分析与消化，而如何使马克思的哲学所表现出的历史洞察力成为陈述传统时不可或缺的话语要素，并由此将古代思想资源活化为未来知识体系的必要部分，无疑仍是有待承担的思想任务。事实上，在马克思主义被以官方的姿态引入中国哲学史的讨论之前，在思想史的研究领域，以郭沫若的早期工作为代表的对于先秦思想状况的复杂社会理由的讨论已经对如何看待传统哲学产生了巨大的启发性，相关研究所揭示出的使哲学史知识成立的那些政治的、经济的、社会生活的非话语因素与特定思想理论建构之间的关系，最终必将是任何一种哲学追问都无法回避的学理硬核。最后是 70 年来持续不断的、知识积累意义上研究视野的扩大和学术史补白工作的进展。即使在日丹诺夫范式以极为简单化的方式发挥作用的时代，针对中国古代哲学范畴的研究、多种新的哲学通史的撰著和对历史上重要哲学家思想的深入探讨，均在很大程度上发以往研究之未发；近三四十年来，大量新出土文献的面世和由此带来的相应的对古书形成情况的重新判断，以及基于此种文献研究而引申出的思想讨论，更成为先秦哲学研究的主要知识增长点，类似如对于孔孟之间儒家思想传承和作为战国思想汹涌伏流的黄老学的讨论，大大补充了以往哲学史研究的空白。近年来，某些基于中国哲学原有重要概念的新诠释的建构性工作的尝试之所以可能，大约是上述持续的哲学史知识积累工作的自然延续——如冯友兰所言，只能先"照着讲"才有可能"接着讲"。

与上述正面成就相对，从消极的、否定性的角度来看，70 年来的中国哲学史研究，始终存在两方面相互关联的、仍然需要我们继续严肃思考的问题。其一是如何处理学术研究与特定现实社会政治目标之间的关系，这关涉学术工作的自身地位，虽历经反复思考但犹悬而未决。此问题的出现，实际上近可回溯到新文化运动时期以"文学革命"的方式教育青年、改良社会的主张，远与中国思想传统中总不放弃"明经致用"的古代士人抱负亦有内在联系，在特定时期，学术研究更因被完全视为现实社会政治斗争的直接组成部分而走向自主地位的整体消解。希望并要求学术工作具有回应某种现实社会要求的能力，包含着以知识创造服务社会生活的潜在意图，直至近年，这种对学术回应现实、服务社会的期待，仍然存在于学术共同体的集体无意识当中，或许将学术研究与特定时期的、"左"的政治目的直接联系起来的做法已经受到广泛反思，但此种反思并未有效深及上述潜在意图的合理性，从价值信念立场的角度强调传统思想的某些优长并进而认为相关理论探讨应产生必要的社会实践效果才意味着对其现代意义的实现，仍然阻碍学界明确建立评估古代思想遗产的客观知识标准。毫无疑问，从学术史研究的角度来看，"纯粹"的哲学思想或者说与权力运作绝缘的话语系统从来不曾存在，我们总可以揭示出知识与权力、思想与利益、哲学家与压力集团之间或明或暗的种种相互作用，但我们自身的研究工作仍然需要假设某种客观而单纯的知识标准作为其前提，从而保障以获取知识为目标的学术工作得到相对完整而独立的运作。其二是由以上问题引申出的，如何建立关于中国哲学史知识的具有可公度性的研究、诠释标准，这涉及现代中国哲学史学科的分析上的严谨性、建制上的专业性和交流上的世界性。中国哲学史知识的标准问题，在冯友兰早年的学科奠基性著作《中国哲学史》当中已经出现，其核心即如何建立哲学史知识的形式系统或金岳霖所谓"思想的架格"，中华人民共和国成立后马克思主义以研究范式的面貌出场，理论焦点亦在于提供更为"科学"的古代思想分析工具。近 30 年来，继续以形上学或宇宙论为标志的哲学史研究，依旧体现了以可分析的论证而非神秘化的体悟来处理古代文本的基础性学科要求，只不过，以确立具有普遍适用性的知识评估标准为诉求的讨论，随着实际研究中文本解释维度的增加而模糊了其应包含其中的后设性质，甚至出现牺牲知识的可公度性而主动使中国哲学史研究自外于世界知识体系的倾向。如何克服以上思想缺陷，并将中国哲学真正纳入世界哲学的知识图景中而使之获得普遍理解，应是未来所有研究者需要努力的共同目标。

尽管曾有坎坷，但以范式反思为出发点的知识积累工作，仍是 70 年来中国哲学史研究的主调，而对其历程的总体回顾，亦必将有助于在未来以更为融贯的方式展现中国哲学史的知识系统。

第二节　科学化的新方向

中华人民共和国成立伊始，以冯友兰为代表的中国哲学史研究界，即表现出主动拥抱马克思主义思想，并以之作为未来研究范式的愿望。如冯友兰1949年10月5日便致信毛泽东，表示"准备在五年内用马克思主义的立场、观点、方法重新写一部中国哲学史"①。机缘巧合，在哲学史研究领域，所谓"日丹诺夫范式"亦于同时期进入国内的学术视野，并在实际上被视为马克思主义立场的哲学史研究范式典范。日丹诺夫范式源于苏共中央主管意识形态的书记日丹诺夫1947年6月代表苏共中央在亚历山大洛夫所著《西欧哲学史》一书的讨论会上发表的讲话②，该范式最强烈的新主张，或在于一方面强调哲学史是唯物主义与唯心主义斗争的历史，另一方面则在要求哲学史研究必须在直接联系现实的基础上，将其写作转化为具有政治意义的革命任务。早在中华人民共和国成立之前，日丹诺夫的哲学史研究范式，已经受到郑昕、金岳霖等学者的主动关注，其在1950年年初，更引发了全面的讨论，当时中国哲学界的一线学者基本都参与其中。中国哲学史研究界对日丹诺夫范式，或者说对以其为代表的马克思主义哲学观表现出热情，并不能被简单理解为出自向新政权示好的态度或某种政治上的无奈，学者们在随后有组织地开展的思想改造运动中相当真诚地主动尝试将其作为自己研究的新指引。究其前因，冯友兰对马克思主义表现出同情可回溯至20世纪30年代，而这无疑与唯物史观对于影响历史演变的非精神性力量的揭示所展现出的强大解释效力有关，类似的同情，无形中为中

---

① 冯友兰：《三松堂自序》，生活·读书·新知三联书店1984年版，第156页。
② 关于日丹诺夫范式及其被引入初期的理论状况，本书参考了乔清举《当代中国哲学史学史》（上海古籍出版社2014年版）的相关论述。

国哲学史研究中新范式的引入作了思想准备。但归根结底,马克思主义的哲学史观之所以具有强大的吸引力,终究与日丹诺夫所宣称的由其视角出发的对待哲学史的"科学性"密不可分,正如艾思奇在总结1950年年初北京哲学界讨论日丹诺夫讲话与哲学史研究问题时指出,其所代表的马克思主义,"以全部人类认识发展的历史做基础,以一切人类科学的成就作为基础",因此"马克思主义本身,就成为一种科学"[1]。此种"科学性",正是现代意义上中国哲学史学科自成立以来,在对古代思想传统加以重新刻画时最核心的追求。民国学术相对于晚清的更新,关键便在于新文化运动所标举的更高的科学性,后者意味着为中国古代思想转型为现代知识体系提供了堪与世界对话的可公度性,而这正是使百年来中国哲学史研究成为一个连续不断的整体的枢纽性追求,亦是学界乐于拥抱马克思主义的内在隐秘逻辑。拥抱以日丹诺夫范式为代表的马克思主义,即意味着拥抱具有更高科学性的研究范式,在此基础上,中华人民共和国成立初期的诸多学者均意欲通过由此促成的研究范式与学术话语体系的转化来给中国哲学史研究带来新气象。

以日丹诺夫范式为代表的马克思主义的科学性,同样体现在毛泽东的经典著作《实践论》当中,中国哲学史研究界对后者的学习与接受,进一步促进了新研究范式的全面落地。总体而言,在以冯友兰为代表的研究界看来,新范式在方法论层面上相对于以往最重大的更新,在于两个方面:其一是辩证唯物主义的方法在理论论证上打破了单纯的逻辑演绎;其二是对哲学史的研究应与对特定社会背景的考察结合起来。如冯友兰所言,辩证法对于思想问题的处理,与革命实践相结合,实际上是科学地解决了中国哲学史上重要的传统知行问题,而金岳霖则同样从辩证法的角度出发检讨了自己以往对形式逻辑偏爱和由此发生的形而上学倾向,并指出后者是"反科学的"。此后,将辩证法与形而上学相对立,将理论的实践性格与描

---

[1] 艾思奇:《关于几个哲学问题》,《新建设》1950年第1期。

述性的概念演绎相对立，将成为中国哲学史研究界重要的方法论资源。至于对思想问题与其社会背景之间关系的考虑，无疑将增加分析知识问题的新角度，而在中国哲学史的亲缘性学科中国思想史研究领域，贯彻上述思路的研究范式早已获得了丰富成果，亦出现了如侯外庐等重要学者，经过日丹诺夫范式的洗礼，对古代思想家阶级立场的分析和现代研究者对自身阶级立场的反思，将成为中国哲学史研究中长时期内不可或缺的话语。

伴随上述新范式的全面展开，中国哲学史研究界首先开展了对胡适和梁漱溟的集体批判。毫无疑问，对此种批判均带有强烈的政治背景，在进步与落后、革命与反动的大前提下面呈现单向的片面性。就学理层面而言，批判胡适主要集中在对其"资产阶级唯心论"的揭露，如认为他的《中国哲学史大纲》中存在实用主义、主观主义和庸俗进化论等。如果暂时悬置批判中反复出现的对于胡适反动的阶级性和服务帝国主义等立场性判断，其对胡适出于特定学术视角的中国哲学史解释工作先天缺陷的揭示，仍然是有意义的，其与后来学界反复要求警惕从特定西方哲学观点出发解释中国古代文本的疑虑如出一辙。至于对梁漱溟的批判，则集中在对其以"乡村建设理论"为主调的文化保守主义和带有神秘主义色彩的主观唯心论直觉主义的批判上，如同样暂时悬置对其"反动"属性的宣告，上述批判所体现出的，实际上正是科学性的名义下普遍适用的一般理论与本土化的地方性知识、可公度性知识所要求的论证层面的主体间的验证性与强调依赖体悟的心智能力之间的扞格，而梁漱溟所代表的那种强调中国在思想、社会、历史等方面的特殊性，在一定程度上至今仍然是需要通过分析而化解的对象。

与上述批判相呼应的，则典型如冯友兰对于自己以往哲学史研究的"自我批判"。冯友兰先后发表《学习〈实践论〉的收获》（《光明日报》1951年3月24日）、《两种反动思想支配下的文化论——从批判胡适到自我批判》（《哲学研究》1955年第2期）、《过去哲学史工作底自我批判》（《北京大学学报》1956年第2期）等文，表示自己20世纪30年代撰著的《中国哲学史》，从新的眼光来看，其立场和观点都是错误的，其方法则局限于资产阶级的历史学方法，因强调所谓"客观性"而使哲学史的写作成为资料的堆积排列，未能通过阐明哲学史的"内部矛盾"而了解其客观规律。冯友兰还反思了自己对以往哲学家何以具有不同前见的分析，将其归于"哲学家气质底不同"并进而分为"软心"和"硬心"两种，是混淆了唯物主义与唯心主义的斗争。如进一步检讨自己以往所标榜的客观主义的研究态度，冯友兰指出自己真正同情的是客观唯心主义和神秘主义。以上反思，体现了新范式带来的新的后设层次的理论评估标准的提升，在科学性的要求下，应当有对哲学史规律更具深度的把握，对文本思想更条理明晰、解释力更强的论证分析，尤其是将哲学家气质作为分析其立场前见的标准，显然不具有足够的说服力，而必将引发进一步的哲学家何以会有不同气质的疑问——对此问题的心理学解答，实难以满足严格论证的科学要求。

与批判相对，中国哲学史研究新范式下的初步成果迅速出现了。最早的具有通史意义的成果，是冯友兰1950年发表的长文《中国哲学底发展》，其写作特点基本展现了后来相当长时期内新范式下中国哲学史研究的共同之处。该文从整体上将中国哲学史的发展亦视为唯物主义与唯心主义的斗争史，将大量得到积极评价的古代哲学家划归唯物主义思想阵营，强调古人具备的辩证法思想，并指出哲学史发展的方向是辩证唯物主义必将取得胜利。同时，该文还加入了对中国历史上不同时期阶级特点的分析，并将其与特定的思想家或思想流派联系起来。如研究者所言，该文体现了一种哲学史研究领域在新范式下"元语言体系的转换"[①]，即开始运用奴隶社会、封建社会、阶级、劳动人民、唯物论、唯心论、反动、革命等新的术语对社会历史、个体身份、思想形态进行描述与评价。稍后的20世纪50年代中期，张岱年、任继愈、朱伯崑为北京大学哲学系联合编写

---

① 参见乔清举《当代中国哲学史学史》，上海古籍出版社2014年版，第80—81页。

了《中国哲学史讲授提纲》，亦运用新范式和新的术语系统，对中国历史上的每个时代都作出了相应的阶级状况分析，对每个涉及的哲学家也作出了阶级定性，并在贯穿唯物主义和唯心主义的斗争线索的架构下，突出说明了哲学与科学的联系，尤其是科学技术和生产力发展与唯物主义的关系。上述这些典型的新范式下的通史性质的成果，虽然因毫无保留地引入了日丹诺夫式的马克思主义术语体系而显示出与以往研究相比的巨大差异，但在对待古代思想的时候仍然保持了较多的温情，还原到历史语境当中对其加以评价的时候，所持欣赏和赞扬的态度亦居多，这与该范式下后期的研究走向相比，在某种程度上体现了更高的客观性。

中国哲学史研究界日丹诺夫范式的引入所带来的启发性无疑是巨大的，从其"科学性"的底色着眼，正与1956年中央发出的"向科学进军"的号召形成呼应。但中国哲学史研究领域这种对于更高水平的科学性的寻求，作为初步的探索，既包含着一些正常的误解，也潜藏着难以摆脱的缺陷，并均对随后的中国哲学史研究产生了负面影响。首先，来自苏联并带有鲜明政治色彩的日丹诺夫范式，是否具备充分反映马克思主义哲学所具备的那种科学性的资格，从未得到任何应有的讨论，考虑到当时来自苏联的观点或许被视为具备无须申明的正确性，从此角度要求前贤或对前人要求过高，但此问题在随后的各个时代均未得到反思，则不能不说是学界憾事，这使马克思主义哲学及其解释效力，即使对于当今的中国哲学研究界也仍然是相对隔膜的，而打破这种隔膜，亦仍是未来必须面对的遗留问题。其次，在对政治与学术之间关系缺乏必要切割的情况下，新范式贯穿的不断涌现的对于古代思想的革命或反动、进步或落后的价值判断，实际上严重冲击着新文化运动以来刚刚获得初步独立的知识地位，而思想的发展必将走向辩证唯物主义的预定道路，也封闭了继承中国哲学史遗产的其他可能性。政治与学术的关系，在近三四十年得到广泛的反思，学界普遍同意不能把两者简单地联系起来，使后者完全直接服务于前者的特定目标。但对学术与政治之间附庸关系的反思,却因仍然忽视了知识与价值之间的必要区分,往往走向两种不同的极端:或彻底否认话语的知识化过程必定涉及的现实要素,或在对传统思想的评价上完全倒向拒绝论证的复古主义,而这种态度同样无助于哲学史知识的健康积累。最后,新范式的运用在多数情况下显然是较为粗糙的,给人物贴上阶级标签、给概念增补唯物或唯心的前缀、给思想附加起源于生产力和生产关系的因果性说明,在很多情况下并未真正成功地进一步丰富或深化我们对于古代文本的原有理解,反而倾向于掩盖思想关系中的某些复杂性。对于这一点,中国哲学史研究界迅速地有所觉察,并在1957年"百家争鸣"的大环境中适时地加以反思,而其影响甚至一直远及当下。

第三节 新范式反思:困境与启发

日丹诺夫范式及其术语体系被实际运用于中国哲学史研究之后,无论在教学还是研究工作中均引发了一系列困惑,随着1956年下半年"百花齐放、百家争鸣"政策的实施及更广阔的科学思想领域内相对自由争论的声音的出现,中国哲学史研究界亦在此气氛下开始针对日丹诺夫范式及由其展开的对于中国古代文献的具体解释进行了全面而富有创造性的反思。1956年10月,冯友兰、朱伯崑先后于《人民日报》撰文,提出了他们所观察到的中国哲学史研究当中存在的若干问题,诸如如何理解哲学史上唯物主义思想与唯心主义思想的斗争、如何确定中国哲学史研究的对象和范围、如何评价历史上的唯心主义哲学和哲学家等,冯友兰更在当年11月于中国人民大学哲学系所作的讲演中,首次提出了中国哲学史中思想抽象意义的继承性问题。这些声音,无疑可被视为随后开展的有组织的系统反思的先声。

1957年1月22—26日由北京大学哲学系中国哲学史、西方哲学史教研室举行的"中国哲学史问题"座谈会,集中展示了中国哲学史研究界对日丹诺夫范式及相关哲学史解释加以反思的努力,反思在很大程度上接续了较早时冯、朱二文的问题意识,而当时中国哲学史研究界的主要学者几乎均贡献了自己的智慧。座谈会的未尽之意在1957年5月10—14日由北京大学哲学系中国哲学史教研室、中国科学院哲学研究所和中国人民大学哲学系中国哲学史教研室共同举行的中国哲学史工作会议中得到延续,会议继续讨论了中国哲学史研究的方法论问题,话题更涉及哲学与自然科学的关系、自然观与政治思想的关系等当时中国哲学史研究中出现的重大问题,并提出了如何整理出版中国哲学史资料的问题。[①] 两次会议均以范式或方法论为核心反思方向,充分体现了自新文化运动以来,该层次问题对于中国哲学史研究持续不衰的动力性作用。

以上反思的主要对象,是日丹诺夫范式运用于中国哲学史文献解释后产生的实际效果,在多数成熟的中国哲学史研究者看来,其对文献的解释往往过于简单化,阵营分明的划分,时常掩盖了历史上复杂的思想互动,也就是说,需要克服1949年以来中国哲学史教学和研究当中因新范式的引入而出现的教条主义倾向。

将教条主义与日丹诺夫范式联系起来,几乎是当时众多学者的共识。相关思考,在冯友兰对较早的文章《关于中国哲学史研究的两个问题》的补充意见中表达得甚为明确:"这几年,我们讲哲学史,认为既然哲学史是唯物主义的发展史,因此,对于唯物主义的思想就要多讲。有时实在没有材料,就硬凑一些来充数……有些唯心主义体系中,也有其合理的内核。但是我们在这一方面,也没有进行分析。由于这些原因,就把中国哲学史讲得很贫乏、呆板。这

[①] 有关1957年中国哲学史座谈会的讨论实录及前后出现的相关文献,本书参考了赵修义、张翼星等编《守道1957:1957年中国哲学史座谈会实录与反思》(上海人民出版社2012年版),后文对座谈会内容与相关文献的引用均出自此书,简便起见,不再另注。

不是由于日丹诺夫的定义的错误，这是由于我们对于这个定义理解不够。"贫乏、呆板的原因，则在于"我们过去只看见'两军对垒'……就是把'发展'看得太简单"。出现这种哲学史解释中的"简单"，基本的理由便在于教条化地理解唯物和唯心的界限，如朱伯崑在较早的《我们在中国哲学史研究中所遇到的一些问题》中所言："有的哲学家的思想，既有唯物主义的成分，又有唯心主义的成分，二者很难说哪一方面是基本的……阵营清楚了，但有人又指出，这样做，太简单化了，划到唯心主义阵营的，有人认为有许多唯物主义成分；划到唯物主义阵营的，有人又认为有许多唯心主义的成分。"此种日丹诺夫范式教条主义的核心，实际上在于是否可以用唯物主义与唯心主义的斗争来完整表述哲学史的全部发展过程，而亦兼及对历史上唯心主义哲学和哲学家如何估价的问题。冯友兰在《关于中国哲学史研究的两个问题》中对上述问题进行了集中反思："第一，在哲学史里唯物主义思想与唯心主义思想底斗争是在哪些范围内进行的？第二，这样的斗争是怎样进行的？"冯文指出："我们又都承认，哲学史中的唯物主义思想是代表先进阶级利益的思想；唯心主义思想是代表落后的或反动的阶级利益的思想。可是，在与阶级利益直接有关的社会政治思想和历史观中却没有唯物主义与唯心主义底斗争，这是甚么道理呢？自然观和认识论方面的唯物主义思想和社会政治、历史观方面的进步思想，自然观和认识论方面的唯心主义思想和社会政治、历史观方面的保守或反动思想，怎样联系起来呢？在逻辑上是否必然都有联系呢？在事实上是否果然都有联系呢？"为说明哲学史解释的复杂性，冯文还举如下例子：韩非把人口增长和国家统治模式联系起来"跟用'大人物'或'上帝意志'解释历史的唯心主义的理论比较起来，这种企图用社会生活物质条件解释历史的理论，似乎还应该认为是原则上的区别"。《管子·水地》篇"说社会中事情底变化，决定于人民底性格……说水决定人民底性格，这虽然也是错误的，但也是企图用社会生活物质条件解释历史的理论，似乎还不能就说它是唯心主义的"。冯友兰在反思中揭示出的哲学史解释工作的复杂性，无疑对日丹诺夫范式以两条路线、两个对子的方式切分思想，并分别将其贴上唯心/唯物、进步/落后的标签，再与特定的阶级属性相关联的方法提出了严肃的挑战。简化的解释无法融贯地回应历史上思想互动的复杂，而这或许正源于日丹诺夫范式理解马克思主义时的教条化，现实研究如无法有效突破"两个阵营"的先天局限，将既遮蔽马克思主义哲学的丰富性，也会使中国哲学史的研究与解释陷入困境。在1957年的反思中，教条主义的局限虽被明确提出，但对其并未有所突破与扬弃。毫无疑问，晚近的反思早已对其缺陷有充分思考，中国哲学史的实际研究与解释也全面超越了"两军对垒"的教条与局限，从这个角度看，1957年的反思无疑具有前瞻的指向性意义，但此批评性的角度绝不能对上述反思作出完整概括。从建设性的角度，并将此次反思至于百年来持续不断的中国哲学史研究方法论反思的整体过程中来看，两次座谈会更提出了若干富于启发性的重要问题，并将对此后的中国哲学史研究产生积极的远期影响。

上述反思中的建设性因素，首先仍然是对中国哲学史作为一门现代学科的科学性的确认，日丹诺夫范式所具有的"科学性"的潜台词，被中国哲学史工作者敏锐地捕捉到。任继愈在《中国哲学史的对象和范围》一文中，明确从"一门科学"的角度定义中国哲学史，而这意味着，中国哲学史的解释当中一定包含对一般意义上的哲学问题的发现，以及对相应的普遍的哲学表现形式的重构。上述问题本应延续冯友兰20世纪30年代中国哲学史工作的基调，但在1957年的方法论反思中却出现了不同的声音，诸如中国哲学史的特点问题，以及相应的更大尺度上的中西哲学之间的差异问题被提出，而由此延伸出的经学与哲学的传统问题也再次出现。任继愈《在中国哲学史的研究中所遇到的几个困难问题》中谈道："也有人主张：中国哲学史所讲的，完全和西洋不同；因为中国古人只讲人生修养，道德实践，很少讲到求知的问题……这种看法，表面似乎认为中国哲学有它特定的范围，但实质上却是认为中国哲学有它特定的对象。"他敏锐地观察到,如果我们从内容或对象的角度,而不是从方法和形式的角度来看待某学科,便有可能带来对学科自身地位的模糊认识。当然,从方法和形式上看,哲学是否只能是有关世界观的学问,是否是自然知识和社会知识的概括和总结,是否仅讨论唯心论和唯物论、形而上学观和辩证法观,无疑还可以再讨论,但我们不能因此否认现代意义上的哲学史研究的普遍性。似是而非的中国哲学史的特点问题,往往和中西哲学的关系问题捆绑在一起。如朱伯崑在《我们在中国哲学史研究中所遇到的一些问题》中主张:"过去,我们讲授中国哲学史时,强调了哲学史的一般规律,因而,看不出中国哲学的特色……不能简单地用西方哲学发展的过程,来比附中国哲学发展的过程……总之,这方面的问题也是很多的,很需要大力开展研究。不然的话,很容易把中国哲学史讲成西方哲学史的翻版。"对依附西方哲学来进行中国哲学史研究的焦虑,是中国哲学史学科的传统担忧,在1957年的反思语境中,这种担忧正确地和对特定西方哲学史研究成果的中国运用联系了起来,如石峻在《论有关"中国哲学史"的对象和范围的讨论及其目前存在的一些问题》中指出,早期中国哲学史的研究者受到"西方资产阶级教育影响","参考了西方哲学史研究的成果","难免把西方资产阶级学者编排外国哲学史的形式,依主观意图制成套子强加在中国哲学史的研究上,一般只是简单地从字面上摘取可以比附西方哲学术语的片断来加以发挥"。这种批评如抛开其对特定阶级立场的引申无疑是正确的,直到当前的学术反思,仍不断有学者从类似角度反思中国哲学史研究对西方理论的比附,但是,这种反思往往会因将西方哲学史中的一些特定的范畴与概念和哲学史的普遍性问题混为一谈,而在谈论中国哲学史特点的时候走向另外的极端。这在汪毅的《一个问题,一点意见》中表达得最为突出。汪文指出:"自新文化运动以来,中国资产阶级的哲学史家开始运用西方哲学史中一些基本的范畴和概念来整理中国哲学史,他们工作的成就,是把浩如烟海的中国哲学史的一部分,弄得眉目分明,在一定程度上能够与西方哲学史相呼应；可是另一方面，却使中国哲学史变成了西方哲学史的极其拙劣的翻版，让人感觉到中国哲学惊人的贫乏，因为，从西方哲学史的角度来看，中国哲学家很少讨论到西方哲学家所津津乐道的问题。""不论是老子或孔子，他们对于哲学的基本的理解是一致的，他们都认为对于哲学真理的循求，只有依靠实践，只有依靠体验。""中国哲学与西方哲学的传统不同：中国哲学是注重实践的，西方哲学是注重求知的。"戴震反对程颐"以理杀人"，"这种反对不合客观实际的谬误的行动指南的斗争，实质上便是唯物主义反对唯心主义的斗争。我们循着这条路线在中国哲学史上去探求，我们才可以真正发掘到中国哲学无限丰富的宝藏"。这种将西方哲学的特定成分与普遍的哲学史问题相混淆的看法，极大地窄化了中国哲学史研究的视野——如将其归于"实践"或"体验"，反而更不足以反映中国哲学史发展的真实情况。对此，张岱年在《关于中国哲学史的范围问题》中有恰切评价："汪毅同志看重中国哲学的特殊性，反对硬把西洋哲学的模式套在中国哲学思想上，这是很好的。但是他过分夸大了中国哲学的特殊性，因而就不正确了。"中国古代思想家固然无论在问题意识还是问题解答方面，均有自身的特殊性，而我们对这些问题意识及其解答的现代解释也不应对以某种特定西方哲学体系的了解为前提，但是，诚如王太庆在《哲学史研究的方法与目的问题》中所言，哲学史作为一门科学，"在于要从具体的东西里面说明其普遍的必然的意义"，"揭示出普遍必然的客观本质规律"。中国哲学史研究界接纳日丹诺夫范式时，对马克思主义哲学的衷心期待，或许就在于希望后者在超越任何已知的西方哲学体系的意义上，能像为西方哲学史那样为中国哲学史研究提供必要的普遍性规律。以上角度的反思，却因日丹诺夫式教条的遮蔽与干扰，未能对哲学史研究的普遍性作出有效的清晰定位，致使类似的对于中西问题的反思在后来的长时期内以几乎同样的话语方式反复出现在中国哲学史研究领域当中，且未能得到适当的解决。

与中西问题的涌现相关，哲学与经学的老问题，也在反思中受到任继愈的关注,并在他的《中国哲学史的对象和范围》中得以讨论。如果说现代意义上的中国哲学史学科就是在摧毁经学的权威地位的前提下建立起来的,那么时至今日仍然有学者尝试将对经学的盲信带入中国哲学史的研究当中,不能不说是"非常可怪"的,从这个角度看,任继愈的思考带有回答后来者诸多困惑的前瞻性。在任继愈看来,与经学笼罩下的中国古代学术分工不细相反,哲学史的写作,应"把古代无所不包的'浑然一体'的'经学'给打散了,使各种科学开始从古代的'经学'中独立出来",而不能不加分别地把经学所统摄的一切都写进哲学史,这意味着,必然不能"照着古人的学术体系写下它的历史"。这种态度对于当今的中国哲学史研究仍然具有警示作用,但由于该问题在1957年的反思大潮中较为边缘化,而未能发生应有的影响。

1957年范式反思留给我们的另一笔重要遗产,则是冯友兰最早提出的中国哲学史遗产的继承问题。这一般被表述为"抽象继承法",即冯友兰较早在中国人民大学的讲演中所谈到的继承哲学命题的抽象意义。但这种说法本身,存在一些缺陷,很容易被理解为抽空哲学命题的具体意义,即其在特定历史语境的实际运用所具备的意义,而这会使哲学命题萎缩为空洞的话语。赵俪生在《论哲学遗产的具体意义与抽象意义的区分——对冯友兰先生一些看法的商榷》一文中敏锐地意识到了这一点:"哲学史上……有着不同的(甚至是敌对的)阶级利益的不同的(甚至是敌对的)阶级对于同一哲学命题之互不相同的解释。……在冯先生看来,这是同一事物的两种不同作用;在我看来,这已不是同一事物,而是在同一或类似的语言文字的形式(外壳)中所包括着的两种不同的事物(命题或遗产)了。"哲学命题一旦沦为空洞的话语,则难逃被出于不同立场的人们随意解释的命运,而在这种情况下讨论哲学命题的继承实际上毫无意义。随后冯友兰意识到"抽象"和"具体"的说法可能带来理解上的麻烦,而在《关于中国哲学遗产继承问题的补充意见》中将相应表述调整为哲学命题的"一般意义"与"特殊意义",并指出此两者并非与形式和内容相对应。但这种调整，在当时的理论环境中，对回应批评"抽象继承法"的主要角度，即混淆了哲学的阶级性或进步/落后的性质，并无实质性帮助。"抽象继承法"内含的问题意识则是中国哲学史研究始终不能回避的，即我们怎样看待以往思想传统的现代价值，从面向未来的角度看，重述古人的思想对以后的哲学发展是否有意义？对这种问题意识的回应，无论在1957年的反思，还是后来延伸出的讨论中，主要的解决问题的方式是将哲学遗产的继承问题，转化为如艾思奇在《对〈中国哲学遗产的继承问题〉的一些意见》中强调的"去其糟粕、取其精华"的思想筛选问题，而筛选的标准可以是理论的，如萧萐父在《关于继承祖国哲学遗产的目的和方法问题》中所言，"研究和继承祖国哲学遗产的目的，就在于运用马克思主义的理论原则来整理和研究历史上的哲学遗产，揭示出中国哲学思想发展的某些特点，摄取其中的优秀思想成果"，或如张岱年在《关于哲学遗产的继承问题》中和朱启贤在《关于中国哲学遗产的继承问题》中所言，以更为宽泛的"科学性"作为标准；而继承的目的或是为了思想的完善，即"进而使马克思主义哲学这一普遍真理与中国人民优秀的思想传统相结合，与中国几千年来哲学发展的历史特点相结合"，或是为了适合社会主义事业的要求，即以"民主性"为诉求。从去粗取精的角度考虑哲学遗产，长时期内成为中国哲学史研究界考虑如何面对以往思想遗产的基调，至今仍然发挥作用，但这种思想筛选实际上未能回应如何使以往的哲学话语摆脱后人的任意语义赋予，相比之下，从思维规律的角度讨论问题或许更有启发性。朱启贤在《关于中国哲学遗产的继承问题》中注意到，"哲学的普遍性表现在思维结构形式上"，但对于继承问题又回到思想筛选的老路，而关锋在《关于继承哲学遗产的一个问题》中，则在承认前者的意义上，较好地摆脱了后者的束缚。他明确反对找寻"好东西"，把它拿来为社会主义建设服务的哲学遗产继承。虽然他的理由，即这些"好东西"不可能比马克思主义达到的水平更高，"拿过来"对于发展哲学思想没有意义，或可再讨论，但他对哲学史工作任务的理解却是有见地的。"哲学史研究工作，却更像一个成熟的思想家，反省他自己从幼年以来的思想过程本身。这种'反省'不是对过去的懊悔或留恋（或欣赏？）而是以现在达到的思想水平，对这个过程进行科学的分析。进行这种分析的目的，不在于或主要的不在于从幼年的想事方法中找寻现在自己的思想方法中所没有的'好东西'……对以往思想形式结构层面发展规律的科学总结，或许就是真正意义上的对于哲学遗产的'抽象继承'。"

遗憾的是，由于大的社会环境影响，1957 年的中国哲学史方法论反思，其大部分思考仍然退回到"两个阵营"的内部，反复纠结于对特定学派、人物、观点的唯物/唯心评价，进而尝试对后者给出存在的合理性说明，反而未能将反思直接对准日丹诺夫范式是否足以体现马克思主义哲学史观这一根本问题。被过多局限于教条主义内部问题的反思，其最重要的缺陷实际上在于哲学史知识的讨论中，无论部分支持唯心主义哲学的历史价值的学者，还是他们强调唯物主义哲学的进步意义的对立面，均未能提出有效地对"两军对垒"中的双方立场、范围、关系以及科学价值等的确切判定标准，朱伯崑提出的对特定学者或思想的评价往往摇摆于两极之间的问题未能得到实质性解决，而这逐步使对中国哲学史的讨论因偏离知识积累的方向而陷入僵局。更为令人惋惜的是，反思的努力本身也最终在"反右"和反对"修正主义"的声浪中黯然退场。当学术研究成为政治运动的一部分，对哲学史研究中的教条主义的反思难以上升到设法在更高层次上揭示出其中的"科学性"的层面，反而如杨宪邦在《关于中国哲学史的科学性和党性——对于中国哲学史的对象和范围问题的意见》中，较简单地将后者归结到唯物主义理论，"科学的哲学史必须是科学唯物主义世界观，即辩证唯物主义世界观的胚胎、发生和发展的历史"。如此，对学理的讨论屈从于非学术因素的干扰，针对研究范式的方法论反思虽然揭示了丰富的问题意识，但未能顺利深入，而随后 20 年的中国哲学史研究也因此未出现实质的突破。

被中止的反思对中国哲学史学科的影响是多方面的,较近形成了日丹诺夫范式的教条主义气氛在随后20年研究中的统治地位,而其发展在政治环境的影响下不断走向极端,最终溢出了知识追求的范围之外;较远则使对中国哲学史研究范式的"科学性"的深入探讨被搁置下来,并在20世纪80年代和21世纪反复发酵成为对"认识史"与"中国哲学合法性"问题的讨论。

第四节 通史与话题的更新:新范式的成果

即使在日丹诺夫教条的笼罩之下,引入新的元语言体系的中国哲学史研究,在1958—1965年,仍然产生了一系列具有深远影响的成果,其中最为重要的,就是那些至今仍然产生影响的哲学通史。

首先是张岱年的《中国哲学大纲》于1958年正式出版。本书虽然属于张岱年20年前的成果,却已经有预见性地阐发了中国哲学史当中蕴含的唯物主义和辩证法思想,这或许是此书应时而出的主要理由。此书正式出版另外的理由,或与其对中国哲学特点的鲜明凸显有关,张岱年以问题意识和哲学范畴为线索,分类而非单纯依据时间线索重建了中国哲学史的整体形象,并有意识地采用了一些与来自西方哲学的翻译术语不同的术语概念指称中国哲学中的某些基础性问题,如本根论、大化论等术语与由翻译而来的本体论、宇宙论等术语相比,更有力地显示了作者对中国哲学自身特色的有意识寻求。这一点,在一定程度上恰与1957年范式反思当中对中西哲学关系和中国哲学特点的讨论相呼应。《中国哲学大纲》对于此后的中国哲学史研究的影响是持续的,尤其是作者主张的范畴研究作为一种解析中国哲学概念的重要方法,至今仍发挥不可替代的作用。

随后则有任继愈主编的《中国哲学史》于1963年作为全国文科统编教材问世,该书作为第一部贯彻新的日丹诺夫化的马克思主义哲学史研究范式的高校教材，完全以唯物主义和唯心主义、辩证法与形而上学的斗争史来看待作为人类认识发展史的哲学史，基本的研究立场陷入以中国哲学史的知识论证马克思主义哲学之正确性的局限，更认为研究哲学史的目的不是纯粹的学术，而是为无产阶级政治服务。这部教材的上述立场实际上背离了主编任继愈在1957年范式反思中所达到的思想深度，而作为教条主义的产物放弃了对真实的学术研究的"科学性"的基本追求。与此类似，则是侯外庐同年基于其已经主编完成的《中国思想通史》而主编的《中国哲学简史》，该书延续了前书的思路观点，简化了对思想的社会基础的讨论，但更突出了民族文化中进步与反动的对立、唯物主义和唯心主义的斗争，这种写法，反而降低了以马克思主义哲学史观看待思想演化的非话语力量的应有价值，而退缩到更狭隘的日丹诺夫范式的视野当中。

最为重要的，则是冯友兰开始实现他重写中国哲学史之宏愿的前期成果，《中国哲学史新编》第1、2册分别于1962年与1964年问世。冯友兰在稍早时为两卷本《中国哲学史》再版所撰写的序言中，已经将此作品称为出于资产阶级立场的反面教材，等于完全放弃了以往对中国哲学史的诠释与评价，在"新编"的"自序"中，他则声明自己在马克思主义的指引下，才真正走上科学的研究道路。毫无疑问，唯物主义和唯心主义的关系仍然是冯友兰"新编"的基本话语线索，但他对两者关系的看法并非泾渭分明，转而强调斗争的统一和对立面的相互转化，这与同时期的通史性质著述相比，显然更能体现出哲学史研究的复杂性，亦与1957年的范式反思形成了一定的对照。在此种强调统一与转化的态度下，冯友兰的"新编"虽然无可避免地调用日丹诺夫式的话语系统并将哲学史本身也作为阶级斗争的工具，但他仍然能够给历史上的唯心主义留下更多篇幅，更好地保存了中国哲学史发展的全貌。此外，贯穿在"新编"中的哲学史观，还体现在对"逻辑和历史的统一"和对"观点和资料的统一"的阐释，前者显示了历史过程辩证发展的逻辑规律所揭示的必然性与历史实际中大量偶然性的堆积的一致性，而历史学正是通过对个别的、生动活泼的东西的分析来表现历史的规律；后者则强调充分占有史料才能认识历史发展的曲折与复杂，而历史唯物主义的原则绝非预先给定的，只需要利用事实加以说明的结论，其资料的统率性地位恰形成于与史料的相互作用当中。[①] 这两方面内容，同时代通史性著述亦未加以关注，而其真正在学术界发生广泛影响，甚至成为诸多研究的指导性原则，则有待20世纪80年代之后。冯友兰的"新编"虽然带有明确的时代印记，但作为中国哲学史学科的重要奠基人，他在书中对研究本身复杂性的揭示，在某种程度上是对何谓新的、科学的研究道路在其时代最恰当的诠释，亦在客观上具有超越教条主义的深远意义。

在通史的写作之外，亦有从新范式出发对中国哲学史上的重要人物与典籍的重新审视。较早时曾有冯友兰的《孔子思想研究》、张岱年的《张横渠的哲学》等文章问世。冯文增加了对于孔子阶级立场的分析，指出了孔子在思想上保守与进步相交织的矛盾态度，这一点恰揭示了孔子身处旧制度崩溃而新制度逐步确立的时代夹缝之中，而此社会变革的意义，对于孔子思想的影响无疑是值得正面考虑的因素。至于文中对孔子具体观念的讨论，则更类似对其加上进步的、人民性或辩证法的之类评价式的前后缀，而对如何在逻辑论证的层面运用新范式似乎还未能有更有效的探索。张文相比之下对如何将唯物论的解释贯穿于对张载思想的研究表现得更为成熟，文章从范畴研究的角度指出张载在历史上首次对唯物论的基本范畴"气"进行了较为详细的论述，而他据此提出的关于事物变化规律的学说，构成了中国古代辩证法发展史的重要环节。与此独立的研究不同，20世纪50年代末，围绕老子哲学的性质，则在新范式之下出现了多位学者参与其中的争论。争论的核心，在于确定老子哲学是

---

① 参见乔清举《当代中国哲学史学史》，上海古籍出版社2014年版，第369—371页。

唯物的或唯心的，而最终学者大多接受了老子哲学是唯心主义的观点，但争论对老子所代表的阶级、老子其人其书的时代等问题并未达成一致。争论中的各方面，围绕上述问题对老子的主要观念几乎均有详细探讨，尤其对道与万物的生成关系、道与一的同异、老子所谓"冲气"是否即《管子》中所谓"精气"等问题细节的研究，与以往的讨论相比均有较大的深入，很多观点实际上在后来已经在不同程度上成为学界看待老子思想的共识。但争论当中也出现了以黑格尔的"绝对精神"来解释老子之"道"的特定观点，而这恰体现了1957年范式反思时意图尝试克服的以西方概念来比附中国哲学时可能产生的偏差，实际是相关学者未能清晰分辨特定西方哲学体系与普遍的、科学性的哲学史视角之间本质区别的表现。20世纪60年代初，则出现了围绕孔子思想的大规模讨论，其中对于孔子的天命观、孔子所谓"仁"的内涵等问题的讨论，均具有知识积累的价值，尤其是讨论中出现的"仁"是否具有超阶级的"普遍性形式"的问题，即冯友兰所说的孔子"爱人"的主张是否意味着抽象地承认人与人之间的平等关系，更与他提出的"抽象继承法"相呼应。该主张的反对者明确认为"仁"应当放在特定历史语境中考察，而不能对其抽象的形式作出孤立的分析，这种反对意见更接近马克思主义哲学史观，而历史语境中的特定观念并不具有可继承的普遍形式，其不同条件下的话语实践效果恰是服务于不同话语使用者目标的明证。此外，1960年前后，还出现了关于庄子哲学、王夫之哲学的讨论。关于庄子哲学的视野较狭义地集中在其唯物/唯心的性质、阶级根源与形而上学等方面，值得关注的是任继愈提出的与传统相颠倒的对《庄子》书内外杂篇地位和时代的看法，虽然他提出的《庄子》"内篇"晚出且为庄子后学著作的观点或难以获得广泛认同，但其努力无疑丰富了庄子研究的整体图景。关于王夫之哲学的讨论罕见地几乎未发生分歧，所有学者基本都同意其具备反理学启蒙色彩的唯物主义性质，而与此具体评价相比，讨论具体意义的方面大概在于将这位以往受到学界相对轻视的思想家，重新纳入研究视野之内,并使之在后来的哲学史研究中逐步占据越来越重要的地位。同时期,还出现了围绕《周易》哲学的争论,其焦点在于对《周易》中蕴含的辩证法因素的揭示是否属于将现代思想挂在古人名下的做法,而为了揭示这种辩证法所采用的将《周易》经传一体看待的方式,则显然是违背历史事实、经不起推敲的。将某些古代观念以比附性的方式赋予现代意义的研究方法,与前述1957年所反思的以西方概念来比附中国哲学的方式有相当类似的地方,亦与在"继承"的名义下抽离哲学史上特定观念之历史语境意义后对其抽象形式的随意使用异曲同工,其操作方法的核心均涉及对古代观念的过度诠释,而后者之所以难以获得普遍认可,则与解释者对自己的做法缺乏必要的逻辑与历史层面的前见的有效的证明有关,而类似的科学性解释的规范与标准问题不但困扰着1957年范式反思的参与者,至今也未能在学界达成较高的共识。

第五节 走向极端化:偏离知识的追求

1966年之后的中国哲学史研究一度完全被日丹诺夫范式所演化出的教条主义和"文化大革命"气氛中极"左"的政治运动所笼罩,彻底偏离了对科学性的追求,丧失了知识积累的意义。"文化大革命"后期,中国哲学史的研究一方面融入了荒诞的"批林批孔"运动,完全服务于政治命令、为特定权力人物的目的罗织批判材料;另一方面罔顾学术史事实,将日丹诺夫范式所包含的教条主义在哲学史解释中发挥到前所未有的粗暴程度,发展出在知识意义上根本经不起任何检验的"儒法斗争史观"。中国哲学史研究的这种发展,从逻辑上讲与研究范式反思在1957年后的完全停滞有内在联系,无论日丹诺夫范式刚刚在中国哲学史研究界落地后引起的学者们出于对该范式的主动接受而展开的对自己以往学术立场的批判反思,还是1957年以中国哲学史座谈会为标志的针对日丹诺夫范式本身教条主义的缺陷所展开的反思，即使在一定程度上未能完全摆脱政治形势的影响，但其反思的基底仍然是学理化的，讨论亦主要围绕中国哲学史解释当中出现的知识安排与论证困境进行，而这使得相关思考在今天的回顾中仍有值得思索的意义。1957年的反思因政治因素的介入而终止后，中国哲学史研究范式方面随后20年中再未出现任何新的观点，而这也意味着，在知识积累的层面，在教条主义的完全笼罩下大概不会再有新的进步。更为严峻的是，在1966年以后的极"左"气氛下现实政治环境不断恶化，并开始将中国哲学史的知识直接作为服务特定政治目标的话语要素，而这在破坏了学术研究应有的独立性的同时，亦葬送了其应有的严肃性而使之成为满足少数人政治目的的工具，在此意义上，中国哲学史研究的发展在中华人民共和国成立后的前30年中最终走向某种意义上的自我否定。

这种自我否定，一方面显示为以批判孔子为核心的、立场先行的对于儒家哲学在价值层面上的全面否定；另一方面显示为从特定非学理性前提出发的对于哲学史进程的简单虚构。就前一方面而言，一般来说，对于某些思想在价值层面的否定，本与对其在知识层面表现形态的把握没有必然的关系，我们完全可能对某一理论对象加以知识上的深入的分析但同时并不认同其所欲传达的价值诉求。但这种知识与价值的适当切分，在日丹诺夫范式里却发生了混淆与渗透，其在对"科学性"的承诺中掺入了"进步/落后"这样的鉴别思想之"好、坏"的价值判断，并实际上将后者置于科学的分析性标准之上——只有在好坏鉴别的基础上，哲学史的写作才可能具有政治意义的革命任务，而相应地，哲学史的研究也只是为价值的鉴别提供资料。当中国哲学史的研究从上述角度服务于特定政治运动的要求，在"批林批孔"运动中表现出对孔子和儒家哲学在价值层面上的彻底批判和全面否定，而无须再去追究其知识构造的细节，是十分自然的。当上述思路进一步向极端推演，即意味着可以完全以价值判断覆盖、取代知识分析，或者说为了服务于特定的预设价值目标可以据此任意调用、裁剪哲学史知识。在批判孔子与儒家的基础上，在中国哲学史研究领域内发展起来"儒法斗争"史观，可谓日丹诺夫范式指导下的研究与极"左"的政治要求结合后最典型的后果，即以伪科学的方式在价值优先的前提下达成了一种潜在地满足特定政治目标的哲学史虚构。集中反映该史观的著作，20 世纪 70 年代中期面世的杨荣国的《简明中国哲学史》，尝试以儒法斗争的线索贯穿整个中国哲学史的写作，大体将法家定位为进步的唯物主义而儒家为反动的唯心主义，而其他先秦诸子与历史上的其他思想家，均被分别依附于以上两条对立斗争的思想线索，这种虚构中国哲学史而服务现实的方式，已经丧失了知识的意义，并与中国哲学史研究对于"科学性"的追求背道而驰。由此或可见，日丹诺夫范式最核心的缺陷，在于其教条主义的立场中天然地包含着对于知识与价值的混淆，而这最终破坏了其所宣称的"科学性"，但无论在较早还是晚近的反思中，对于上述混淆似乎均着力不足。

自 1949 年后日丹诺夫范式在中国哲学史研究界逐步落地以来，无论该范式还是对其的反思，均有力地塑造着哲学史知识的面貌，实际上扩大了中华人民共和国成立后中国哲学史研究的视野。当学术界于 1978 年"真理标准"大讨论后，正常的研究秩序得以渐次恢复之后开始真正部分地有效摆脱其教条主义的负面影响，此前 30 年中国哲学史研究中出现的如中国哲学范畴问题、儒家是不是宗教的问题、哲学遗产继承问题、中西哲学关系问题等，将在新一轮的范式更新中重新发挥其学术效果。这些问题对今天的哲学史思考仍然继续产生形塑作用，而这意味着范式更新推动下知识积累的连续性，把握住这种连续性进而由此清晰定位未来研究工作的努力方向，正是我们仍然需要回到那个较早的思想现场的根本理由。

第六节　马克思主义指导下的中国哲学研究

中华人民共和国成立以后，马克思主义成为官方意识形态，其不但在政治上指导一切，而且对于学术研究也有着全面指导的"话语权"。当时各个学科的研究都要以马克思主义的观点、立场和方法为指导来进行研究，中国哲学的研究也不例外。但当时对于马克思主义的理解存在着简单化、片面化和教条化的倾向，而且受到苏联学者对于马克思主义理解的影响甚重。因此，在运用马克思主义的过程中，"左"的教条主义倾向越来越明显，严重地脱离了科学研究的轨道。这一点在"文化大革命"时期达到了顶峰。"文化大革命"期间，唯心主义盛行，形而上学猖獗，片面夸大主观意志和阶级斗争，宣扬"上层建筑决定论"，大搞影射史学。在中国哲学史领域，主要表现为把"批孔"与"批林"放在一起，把中国哲学史歪曲、篡改为一部"儒法斗争史"。[①]

1978年的"真理标准"大讨论，冲破了长期以来马克思主义"左"倾教条主义束缚，推动了全国范围内的思想解放。在中国哲学研究方面，这种思想解放首先表现在对孔子的评价方面。"文化大革命"期间，孔子被同林彪绑定在一起，受到了极大的批判和诬蔑。1978年8月，庞朴在《历史研究》上发表了《孔子思想的再评价》一文，最先在对马克思主义的反思中重新认识和评价孔子。在他看来，从历史唯物主义的角度来看，社会存在决定社会意识，不同时代的思想产生的历史条件不同。因此，不能把一个人物在后世发生的影响和后人对他的利用同一个人物本人的思想混同起来。对于孔子也是如此。批判孔子首先要真正弄清孔子，分辨孔子本来的东西和后世发生的东西，这样才"不致无的放矢，李代桃僵"。他指出："作为一个意识形态方面的历史人物，孔子创建了一个学派，提出了一些错误见解，也认识到了一些真理，从而留下了许多为后人由以出发并得以利用的思想材料。后人对孔子思想作过种种解释，并由之发挥出成套的新见解。"对于这些，我们必须从历史发展的过程中

---

① 杨春贵主编：《中国哲学四十年》，中共中央党校出版社1989年版，第235—237页。

寻找说明，不能不分青红皂白而胡乱加以评价。在这一思想指导下，他认为批判孔子不是完全否定孔子，而是用"扬弃"的办法，批判其错误的、不符合时代发展的内容，继承其合理部分。只有这样，才能否定一切旧的思想和文化，建设社会主义的新文化。① 庞朴的这些论述虽然还夹杂着时代烙印，但毕竟从"文化大革命"否定孔子的氛围中迈出了一大步，为后来的孔子和儒学研究奠定了基础。现在看来，这些说法似乎很平常，但在当时却冒着很大的风险。随后，对于孔子的评价基本走出了"文化大革命"中完全否定的立场，大多都从一分为二的角度对其进行研究和评价。较为重要的文章有李泽厚的《孔子再评价》、金景芳的《关于孔子研究的方法论问题》、严北溟的《要正确评价孔子》等。② 如李泽厚从文化—心理结构出发，分析了孔子的"礼""仁"思想，认为孔子思想已经构成了我们这个民族的某种共同的心理状态和性格特征，"不管你喜欢或不喜欢，这已经是一种历史的和现实的存在"。他还指出，历史主义固然不能脱离阶级分析，但阶级分析等并不能取代整个历史主义。在文化继承问题上，阶级性并不是唯一的甚至有时也不是主要的决定因素。只有这样，才能具体分析研究各个民族的文化传统和民族性格，才能看清每个民族文化的精华和糟粕。对于孔子的思想也是如此。只有站在广阔的历史视野和中国文明与世界文明的交融会合的前景上才能对孔子有真正的认识。

如果说对于孔子评价只是对用马克思主义意识形态来研究中国哲学反思的一个序曲的话，那么1979年的"中国哲学史方法论问题讨论会"则标志着从方法论上对用马克思主义意识形态来研究中国哲学反思的全面展开。这次会议由中国社会科学院哲学研究所、北京大学哲学系、中国人民大学哲学系、山西哲学社会科学研究所联

---

① 庞朴：《孔子思想的再评价》，《历史研究》1978年第8期。
② 分别见《中国社会科学》1980年第2期、《哲学研究》1979年第11期、《齐鲁学刊》1980年第6期。

合主办，于 1979 年 10 月在太原召开。会上主要讨论了中国哲学史的特点、对象、任务、哲学遗产的批判继承、如何评价唯心主义、哲学与阶级斗争的关系等问题，其中哲学史研究中的方法论问题是这次会议讨论的重点。① 这次会议一个重要参照就是 1957 年 1 月在北京大学哲学系召开的"中国哲学史座谈会"，其讨论的正是哲学史方法论问题。②

1957 年会议召开的背景主要针对当时中国哲学史教学研究中存在着的教条主义倾向，其主要涉及中国哲学史的对象和范围、对历史唯心主义哲学的估价、关于中国哲学的特点和中国哲学遗产的继承等问题，其根本问题则是唯物主义与唯心主义的关系问题。③ 而其实质是对以日丹诺夫为代表的苏联学者所理解的马克思主义关于哲学史基本问题的反思。日丹诺夫对于哲学史的一个基本观点就是："科学的哲学史，是科学的唯物主义世界观及其规律底胚胎、发生与发展的历史。唯物主义既然是从与唯心主义派别斗争中生长和发展起来的，那末，哲学史也就是唯物主义与唯心主义斗争的历史。"④ 对于日丹诺夫的这种观点，当时有两派不同的看法：一派对日丹诺夫的观点提出了一定程度的质疑，当时参加会议的大部分学者都持这种看法，在中国哲学史方面以冯友兰、任继愈等人为代表；一派则维护日丹诺夫的观点，以关锋为代表。冯友兰认为，哲学史是唯物主义与唯心主义的斗争历史，是哲学史的一般性。其在各时代和各民族哲学史中围绕着不同的问题进行，这是各民族各哲学的特殊

---

① 中国社会科学院哲学研究所中国哲学史研究室编：《中国哲学史方法论讨论集》，前言，中国社会科学出版社 1980 年版。

② 张志强：《时代·传统·中国哲学——时代课题与中国哲学史研究三十年来的演进逻辑》，《中国哲学史》2008 年第 3 期。

③ 赵修义、张翼星等编：《守道 1957：1957 年中国哲学史座谈会实录与反思》，上海人民出版社 2012 年版，第 11 页。

④ ［苏联］日丹诺夫：《在关于亚历山大洛夫著"西欧哲学史"一书讨论会上的发言》，李立三译，人民出版社 1954 年版，第 4—5 页。

性。研究哲学史,应该在特殊中显示一般,这样的一般才是有血有肉的具体真理。中国哲学史的研究也必须如此,才能显示它的丰富内容和特点。而在中国哲学史研究中划分唯物主义和唯心主义"两军对垒"的做法,只看到问题的一面,没有看到唯物主义与唯心主义相互影响、相互渗透的一面,是有片面性的。因此,冯友兰特别指出唯心主义也有"合理的内核","它底合理的部分,应该说是唯物主义的,因为它是与客观事物相符合的"①。按照日丹诺夫的观点研究中国哲学史,任继愈认为会出现三方面的缺点:一是会在社会历史观方面留下空白,使人偏重自然观和认识论;二是忽略辩证法战胜形而上学的斗争;三是没有给唯心主义哲学流派以应有的历史地位。②冯友兰、任继愈的看法虽然不同,但都看到了以日丹诺夫观点来硬套中国哲学史研究的不足。关锋则与冯友兰等人针锋相对,认为"唯物主义和唯心主义是敌对的;其界限是分明的,斗争是尖锐的、没有妥协余地的。我们研究它们的相互渗透时必须坚持这个原则,否则就会混淆唯物主义和唯心主义的界限"③。

1979年会议讨论的重点也是中国哲学史方法论问题,其中一个核心内容就是对日丹诺夫观点的检讨。在这一点上自觉地回到1957年会议讨论的问题。在这次会议上,很多学者对日丹诺夫的观点提出了质疑,认为日丹诺夫的定义在哲学史研究工作中起到了很多不好的作用,不以原则服从实际,却让实际服从定义,出现了教条主义、公式化、简单化等情况,使哲学史的研究工作一直受到极"左"

---

① 冯友兰:《关于中国哲学史研究的两个问题》,载赵修义、张翼星等编《守道1957:1957年中国哲学史座谈会实录与反思》,上海人民出版社2012年版,第67—70页。
② 任继愈:《中国哲学史的对象和范围》,载赵修义、张翼星等编《守道1957:1957年中国哲学史座谈会实录与反思》,上海人民出版社2012年版,第91—92页。
③ 关锋:《关于哲学史上的唯物主义和唯心主义的斗争问题》,载赵修义、张翼星等编《守道1957:1957年中国哲学史座谈会实录与反思》,上海人民出版社2012年版,第211页。

思潮的影响。① 因此，这次会议就是从马克思主义的观点和方法重新反思日丹诺夫的观点，即哲学史绝不是唯物主义与唯心主义斗争那么简单的事情，而是有着锻炼我们理论思维能力的作用。因此，对于唯心主义思想家，不能仅仅判断其思想是唯心论为止，而要"仔细研究他的著作，分析他的论证，才能判断他是在哪一方面失足的。只有这样做，才能提高我们的理论思维能力"②。"我们就要为建立科学的'中国哲学史'提供理论和方法的指导。这个指导思想是什么，就是要完整和准确地掌握马列主义、毛泽东思想体系。……只有从客观历史事实出发，……理论联系实际，总结中国过去认识史的发展，特别是哲学思想战线上两条路线斗争的规律，但决不能将二者断然对立起来，用以提高我们理论思维的能力。"③

可以看出，不论 1957 年会议，还是 1979 年会议，都是站在马克思主义立场上对马克思主义意识形态固有研究模式的一种反思，反对马克思主义指导中国哲学史研究中的教条化、简单化和形式化的做法。在 1979 年会议中，很多学者都从马列主义经典中寻找依据，如重视恩格斯"学习哲学是为了锻炼理论思维"的看法、用列宁关于哲学史"就是整个认识的历史"的论述来反对日丹诺夫的观点，等等。其实，当时对于马克思主义教条化的反思是中国哲学界比较普遍的现象。可以说，已经成为一种必然的时代趋势。在冯友兰、任继愈、冯契、肖萐父等人的著作中，我们都能看到类似的反思。

冯友兰是中国哲学史学科的奠基者。中华人民共和国成立以后，冯友兰接受了马克思主义，并试图用马克思主义的立场、观点和方法重写一部《中国哲学史》。但在运用马克思主义的过程中走了很多弯路：先是向苏联"学术权威"学习，但学到的却是寻找一些马克

---

① 汪子嵩：《谈怎样研究哲学史》，载《中国哲学史方法论讨论集》，中国社会科学出版社 1980 年版，第 2 页。

② 同上书，第 3—4 页。

③ 石峻：《有关中国哲学史研究方法论的几个问题》，载《中国哲学史方法论讨论集》，中国社会科学出版社 1980 年版，第 59 页。

思主义的词句作为条条框框，生搬硬套。后来又按照"评法批儒"的种种说法，致使工作走入歧途。经过这两次折腾，冯友兰自己开始对马克思主义进行反思。在他看来，"路是要自己走的；道理是要自己认识的。学术上的结论是要靠自己的研究得来的"①。因此，他要按照自己理解的马克思主义来撰写《中国哲学史新编》。冯友兰在1980年为此书写的"自序"中说："吸取了过去的经验教训，我决定在继续写《新编》的时候，只写我自己在现有的马克思主义水平上所能见到的东西，直接写我自己在现有的马克思主义水平上对于中国哲学和文化的理解和体会，不依傍别人。……用马克思主义的立场、观点和方法，并不等于依傍马克思主义，更不是抄写马克思主义。"② 那么冯友兰所说的"现有的马克思主义水平"指的是什么呢？从《新编》的"全书绪论"中可以知道其指的主要是他对列宁关于哲学史的相关理论的理解。因此，他对于哲学史的描述不是日丹诺夫式的而是列宁式的，即"哲学史还有它自己的一般规律，那就是唯物主义和唯心主义，辩证法和形而上学这些对立面的斗争和转化，以至于唯物主义和辩证法的不断胜利。但是，在不同民族的哲学史中，在同一民族的哲学史不同阶段中，这个斗争和转化各具有不同的内容和形式。……必须对于这些丰富的内容和变化多端的形式有充分的认识，才可以更好地了解这个规律的意义，更好地认识马克思主义哲学史的方法和原则的正确性"③。除此之外，冯友兰还接受了列宁用辩证法方法研究哲学史的思想，其说："哲学史是哲学的发展史。它是无限地近似一圈圆圈，近似于螺旋的曲线。每一个圆圈都是这一发展的一个环节。"④ 但在写作上，冯友兰采取的主要还是唯物主义与唯心主义的分析模式。从形式上看，尽管冯友兰

---

① 冯友兰：《中国哲学史新编》（1980年修订本）（第一册），人民出版社1982年版，自序第1—2页。

② 同上书，自序第2页。

③ 同上书，第6—7页。

④ 同上书，第34页。

还没有完全走出唯物主义与唯心主义二元对立的思维模式，但从内容上其却表现出了从马克思主义教条主义的束缚中解放出来的趋势。这种解放首先表现在他对哲学概念的理解上。冯友兰认为，哲学就是人类精神的反思。不但康德的"三大批判"、黑格尔的《精神现象学》如此，马克思的《关于费尔巴哈的提纲》、恩格斯的《自然辩证法》也都分别是人类精神对于认识及政治生活、自然科学研究的反思。在中国哲学史中，每个哲学家的哲学也都是这种人类精神的反思，如孔子的哲学就是他对于古代精神生活的反思。正因如此，冯友兰在《新编》中特别强调中国哲学家对于精神境界的描述，如专门讨论孟子对于人类精神生活的理解和体会、从"越名教而任自然""心不违乎道"两个层次来论述嵇康的精神境界、对于二程"气象"和"孔颜乐处"的论述以及从人的精神境界来讨论张载的《西铭》，等等。

1979年会议反对日丹诺夫观点的一个主要理论根据就是列宁的"哲学史就是整个认识的历史"。与日丹诺夫的唯物主义与唯心主义斗争的观点不同，列宁更强调"认识论和辩证法"，即更加重视辩证法和形而上学的对立统一。冯契就是在接受了列宁的这种哲学史观情况下研究中国哲学史的。他的《中国古代哲学的逻辑发展》是20世纪80年代较有代表性的中国哲学史著作。从书名上就可以看出其注重辩证法的特点。在"绪论"的一开始，冯契就表明了他自己的研究方法："本书试图用马克思主义的辩证方法来研究中国古代哲学史。"[①] 在他看来，只有用马克思主义立场、观点和方法来研究中国哲学的逻辑发展，才能建立科学的中国哲学史。对于在中国哲学史领域如何具体运用马克思主义的辩证方法，冯契提出了四点要求：把握哲学历史发展的根据、历史的方法与逻辑的方法相结合、运用科学的比较法、站在发展的高级阶段回顾历史。其一个主要看法就是在运用马克思主义研究中国哲学史时，既要看到马克思主义的一

---

① 冯契：《中国古代哲学的逻辑发展》（上），上海人民出版社1983年版，第1页。

般规律，又要注意马克思主义在中国哲学方面的具体表现。与冯友兰不同，冯契的中国哲学史依据的主要是列宁所说"哲学上的'圆圈'"理论。在他看来，与黑格尔、列宁所说的西方哲学史近似一串"圆圈"和螺旋式曲线的过程一样，中国哲学史也是一个否定之否定的过程，也可以比喻为一个由许多小圆圈构成的大圆圈。冯契认为，中国哲学史总体上可以分为两个"圆圈"：第一个"圆圈"开始于原始的阴阳说，经过先秦时期的"天人""名实"关系问题的争论，最后由荀子做了比较正确、全面的总结，达到了朴素唯物论和朴素辩证法的统一，仿佛回到了起点；第二个"圆圈"则是秦汉以后哲学上关于"有无""理气""形神""心物"等问题的争论，由王夫之做了比较正确、比较全面的总结，在更高阶段达到了朴素唯物论和朴素辩证法的统一。然后各个大"圆圈"又包含若干小"圆圈"，中国哲学史就是在这种看似不断被否定的历史中螺旋式上升的过程。

其实在冯契此书之前，肖萐父、李锦全主编的《中国哲学史》教材中就已经开始用列宁"哲学史是认识论和辩证法的历史"的理论来编写中国哲学史了。此书是由教育部组织编写的，当时参与的有武汉大学、中山大学、南开大学、南京大学等九所院校的老师，后来长期被用作中国哲学史的教学教材。因此，此书在当时无疑有着某种示范作用。此书的一个主导思想就是以马克思主义的哲学史观为指导来科学地研究中国哲学史。其所说的马克思哲学史观主要指列宁所说的认识论和辩证法的"圆圈"理论。因此，在研究方法上，他们特别强调历史与逻辑的统一。在这种理论和方法指导下，他们认为中国哲学史就是"中华民族的哲学智慧在艰苦曲折中发展的合规律的必然历程"[①]。与冯契不同，他们认为早期稷下道家的"精气说"的宇宙观和"静因之道"的反映论是先秦时期哲学运动的逻辑起点，经过孟子、庄子、公孙龙、惠施等环节，最后由荀子加以批判总结，在更高思维水平上扬弃了孟子、庄子、公孙龙、惠

[①] 肖萐父、李锦全主编：《中国哲学史》，人民出版社1982年版，第11页。

施而向稷下道家"静因之道"复归,逻辑地标志着这一哲学发展"圆圈"的终结。第二阶段哲学发展的"圆圈"则始于张载,中间经过朱熹、王阳明,最后由王夫之通过扬弃朱熹、王阳明而复归到张载,完成了宋明时期哲学矛盾运动的大螺旋。

可以看出,尽管冯契、肖萐父等人对于中国哲学史的逻辑发展过程有着不同的认识,但都是在接受了列宁"哲学史就是整个认识的历史"的理论情况下研究中国哲学史的。这种研究现在看来似乎有些牵强,但却反映了当时学者对于突破日丹诺夫教条主义的某种努力。

任继愈也是在接受了列宁哲学史观点的基础上编写中国哲学史的。在1983年出版的《中国哲学发展史(先秦)》的"导言"中,任继愈说:"哲学史是整个认识的历史,这是列宁给哲学史下的定义。同时列宁也指出,在两千年的哲学发展过程中,唯心主义和唯物主义的斗争、柏拉图的和德谟克利特的倾向或路线的斗争不会陈腐。苏联日丹诺夫根据列宁的后一种说法否定了苏联亚历山大洛夫的哲学史定义,其实亚历山大洛夫把哲学史看作是认识史也是根据列宁的说法而来的。哲学史是认识史,哲学史是唯物主义和唯心主义的斗争史,这两个说法本来是互相补充、并不排斥的。"[①] 在他看来,无论是日丹诺夫,还是亚历山大洛夫,其观点都是片面的。日丹诺夫只看到哲学史上的两军对垒,没有注意人类认识螺旋上升的曲折复杂的发展过程;亚历山大洛夫则忽视了哲学史上唯物主义和唯心主义的斗争,从而把认识的发展看成一种和平的量的渐进过程。因此,只有列宁的观点才是最全面完整的。在这种思想指导下,他认为哲学史就是哲学发展的历史,其研究对象就是整个人类认识的历史。因此,任继愈特别强调哲学家对于人类认识发展的贡献,"先进的哲学家所以称为先进,就在于他们站在当时人类认识的尖端,

---

① 任继愈主编:《中国哲学发展史(先秦)》,人民出版社1983年版,第9页。

给后来人提供了精神财富"①。

从上面的论述可以看出，在20世纪80年代初期，对于马克思主义意识形态"话语"教条主义的反思是中国哲学史研究中较为普遍的现象。这种反思体现了当时中国哲学史研究者在马克思主义固有"话语"体系下认识中国哲学的某些尝试和努力。虽然他们一再强调马克思主义普遍性与中国哲学特殊性之间的关系，但毕竟不能超出唯物与唯心、辩证法与形而上学"两个对子"斗争的框架。因此，随着研究的不断深入，势必要突破这个框架，寻找新的角度来认识中国哲学。

第七节 西方哲学参照下的中国哲学研究

在对马克思主义意识形态"话语"反思的过程中，研究者逐渐觉得仅仅在马克思主义框架内来研究中国哲学是不能完全认识中国哲学的，因此要寻找新的角度来认识中国哲学。中国哲学这门学科一开始就是在参照西方哲学的标准下建立起来的，因此，在马克思主义研究范式不能完全认识中国哲学的情形下，西方哲学就自然而然地进入中国哲学研究的视域，成为认识中国哲学的"他者"。大致来看，当时西方哲学对于中国哲学研究的影响主要有两种方式：一种是以马克思主义为中介的西方哲学影响下的中国哲学研究；另一种是西方哲学大量翻译与传入影响下的中国哲学研究。

我们在前面曾指出，"文化大革命"之后的中国哲学研究是在对马克思主义教条主义反思中展开的。这种反思的一个重要成果就是以列宁关于"哲学史就是整个认识的历史"的理论取代了日丹诺夫唯物主义与唯心主义二元对立模式。除了认识论外，列宁对于哲学史还有一个重要的观点，即特别重视概念和范畴。他在《黑格尔

---

① 任继愈主编：《中国哲学发展史（先秦）》，人民出版社1983年版，第11页。

〈逻辑学〉一书摘要》中说："从逻辑的一般概念和范畴的发展和运用的观点出发的思想史——这才是需要的东西！"① 在西方哲学史上，范畴一直受到重视。早在古希腊时期，亚里士多德《范畴篇》就提出十范畴说，后来著名的有康德的十二范畴说。黑格尔对于哲学中的范畴也特别重视："每一个哲学系统即是一个范畴。""既然文化上的区别一般地基于思想范畴的区别，则哲学上的区别更是基于思想范畴的区别。"② 列宁上述对于概念范畴思想的重视就直接源于黑格尔。受到列宁重视西方哲学史中概念范畴的影响，中国哲学史界在20世纪80年代兴起了概念、范畴研究的浪潮。这种研究在当时是由张岱年首先发起的。

张岱年在1935年撰写《中国哲学大纲》时就对中国哲学的概念范畴作了一定的探索。1978年党的十一届三中全会之后，他就打算写一本专门论述中国哲学概念范畴的书。1981年撰写了"天""道""气""理"等范畴。③ 1983年，张岱年出版的《中国哲学史方法论发凡》一书中也有专门讨论"如何分析哲学的概念范畴"的内容。该书实际根据1979年的"中国哲学史方法论"课程讲义整理而成。④ 1982年，张岱年还发表了《开展中国哲学固有概念范畴的研究》一文，说明概念范畴在中国哲学史研究中的重要作用。⑤ 张岱年虽然在1978年就有撰写中国哲学概念范畴一书的想法，但由于种种原因，其在1987年年底才完成此书。这就是1989年出版的《中国古典哲学概念范畴要论》一书。该书是20世纪80年代用概念范畴研究中

---

① 《列宁全集》第五十五卷，人民出版社2017年版，第148页。
② ［德］黑格尔：《哲学史讲演录》第一卷，贺麟、王太庆译，商务印书馆1959年版，第38、47页。
③ 张岱年：《中国古典哲学概念范畴要论》自序，载《张岱年全集》第四卷，河北人民出版社1996年版，第449页。
④ 张岱年：《中国哲学史方法论发凡》，载《张岱年全集》第四卷，第103页。
⑤ 张岱年：《开展中国哲学固有概念范畴的研究》，《中国哲学史研究》1982年第1期。

国哲学的代表作，全书不但对中国古代哲学概念范畴的名称作了辨析，论述了中国古代哲学范畴体系的层次和演变，而且对中国古代哲学的概念范畴的总体系及其分类也作了深入的探讨。作者认为，中国古代虽无概念范畴的名称，但中国古代哲学却有一套自己的范畴。对于中国古代哲学概念范畴的总体系，作者认为既要看到范畴从普遍到特殊的逻辑顺序，又要照顾历史上范畴出现的先后顺序。这样中国古代哲学范畴总体系可以分为单一范畴和对偶范畴两大类。单一范畴可以分为最高范畴（如天、道、气等）、虚位范畴（如德、善、美等）和定名范畴（如命、五行、阴阳等）。对偶范畴则可以分为天道范畴（如天人、本末、有无等）、人道范畴（如道德、仁义、美善等）和知言范畴（如名实、知行、是非等）。对于中国古代哲学概念范畴的分类，作者划分了自然哲学、人生哲学、知识论三大部分。每部分下又包含若干概念范畴，如自然哲学概念范畴下包含"天""道""气""理""太极"等35类，人生哲学概念范畴下包含"德""仁""兼""公"等15类，知识论概念范畴下包含"知""名""思"等10类。

1981年，汤一介发表了《论中国传统哲学范畴体系的诸问题》一文，也指出研究中国哲学的范畴体系是中国哲学史的重要任务，是揭示中国传统哲学发展规律及其特点和发展水平的根本途径。除了指出研究中国传统哲学范畴体系的意义外，汤一介还指出应该从分析概念范畴的含义及其发展、分析哲学家的概念范畴体系、分析中外哲学概念范畴的异同等几个方面来研究中国传统哲学的概念范畴，并在此基础上提出了以天道、人道为核心的中国传统哲学范畴体系的构想。[①] 随后，汤一介还把这种概念范畴研究运用到郭象和魏晋玄学的研究中，从概念范畴的角度对郭象的哲学体系作了深入的

[①] 汤一介：《论中国传统哲学范畴体系的诸问题》，《中国社会科学》1981年第5期。

分析①，代表了当时郭象和魏晋玄学研究的最高水平。

此后中国哲学的概念范畴研究便开始流行起来，较有代表性的著作有葛荣晋的《中国哲学范畴史》、张立文的《中国哲学范畴发展史》和蒙培元的《理学范畴系统》。葛荣晋的《中国哲学范畴史》出版于1987年，其把中国哲学的范畴体系分为天道、人道、天人关系三大部分，然后分别加以论述。此书后来又先后修订增补为《中国哲学范畴导论》《中国哲学范畴通论》二书。张立文的《中国哲学范畴发展史》分为天道篇和人道篇两部，分别出版于1988年和1995年。该书全面地探讨了中国哲学范畴的产生、形成和发展的文化背景、中间环节和演变规律，阐述了中国哲学范畴研究的对象、范围和特点，勾勒了天道、人道的范畴体系。全书包括绪论、天道篇和人道篇。绪论对于中国哲学范畴系统的构想、解释、中国哲学范畴史的考察及特点等问题作了深入的论述。天道篇包含天论、五行论、常变论、气论、聚散论、物论、阴阳论、动静论、无极太极论、道器论、变化论、无有论、一二论、理气论、心物论、体用论和形神论17个部分；人道篇则包含人论、心性论、中和论、义利论、公私论、消长论、理欲论、仁义论、健顺论、善恶论、未发已发论、性情论、名实论、格致论、知行论、相须互发论、能所论、王霸论、经权论、理势论20个部分。除此之外，张立文还主编了"中国哲学范畴精粹丛书"，如《道》《气》《理》《性》《心》等，大大地推动了当时中国哲学的范畴研究。1989年出版的蒙培元的《理学范畴系统》则是一部断代研究中国哲学范畴的著作，该书从理气、心性、知行、天人四个部分探讨了宋元明清时期理学的范畴系统。

可以看出，20世纪80年代中国哲学概念范畴的研究虽然很流行，但在整体上并未超出张岱年20世纪30年代《中国哲学大纲》"宇宙论""人生论""致知论"的基本架构。随着改革开放的不断深入、西方哲学的不断传入，中国哲学研究越来越受到西方存在主

---

① 参见汤一介《郭象与魏晋玄学》，湖北人民出版社1983年版，第291—313页。

义、现象学等哲学思想的影响。

西方哲学大量翻译与传入影响下的中国哲学研究主要表现在两个方面，一个方面是随着西方哲学的不断传入，中国哲学研究者开始借助西方哲学的视角来认识中国哲学，其在20世纪90年代最具代表性的成果是陈来和杨国荣关于王阳明的研究著作。陈来的《有无之境——王阳明哲学的精神》以"有与无"为基本线索引入西方的存在主义观点来分析王阳明的心学思想。在作者看来，从"理学"到"心学"的转向，类似于西方哲学从理性主义到存在主义的转向，认为黑格尔之后强调主体性的存在主义哲学为我们理解王阳明哲学提供了一个新的视野。作者指出："在存在哲学中，主体性原则取代了客体性原则，心物的对立被消解，情感的本体压倒了知识的本体。虽然，存在主义哲学家之间差别甚大，但这一思潮的一般特点在阳明心学中都有不同程度的表现。"[1] 尽管作者一再强调王阳明哲学与西方存在主义哲学不能完全画等号，存在着较大的差异，但其在方法上毫无疑问借助了西方存在主义哲学。杨国荣的《心学之思：王阳明哲学的阐释》也是在受到康德和海德格尔思想的影响下从心体重建的角度对王阳明哲学作了新的探讨。作者认为，程朱一系的正统理学挺立性体，以性说心，在某种意义上从形而上的层面展开了本质与存在之辩，其基本立场则是本质压倒存在。王阳明心学则除了对普遍本质关注外，对于存在的感性之维及多重样式亦多有注意。因此，王阳明以心体转换性体，蕴含着从形而上的本质向个体存在的某种回归。[2] 可以看出，这显然也受到了存在主义哲学的影响。

西方哲学对于中国哲学研究的影响还表现在一些西方哲学研究者从西方哲学角度出发对中国哲学的研究，其代表人物有张世英、

---

[1] 陈来：《有无之境——王阳明哲学的精神》，人民出版社1991年版，第15页。
[2] 杨国荣：《心学之思：王阳明哲学的阐释》，生活·读书·新知三联书店1997年版，第4—6页。

张祥龙等人。张世英是我国著名的德国古典哲学研究专家，其在1989年就开始把老庄与尼采放在一起进行比较研究，从尼采的"利己"与《老子》的"贵身"、尼采的"善于无知"与《老子》的"绝圣弃智"、尼采的"醉境"与老庄的"道"、老庄的"玄览""坐忘"与尼采的"远观"四个方面来比较二者的异同。[①] 1992年，张世英又发表了《程朱陆王哲学与西方近现代哲学》一文，从存在论角度对中国古代哲学的"天人合一"论与西方主客统一论及存在论作了比较，认为中国古代哲学的"天人合一"论既不同于西方近代哲学中的主客统一论，前者侧重存在论上的"合一"，后者则注重认识论上的"统一"；也不同于存在论哲学家如海德格尔说的"原始的统一"，因为后者受过西方哲学主客关系思想的影响。[②] 西方哲学研究者中对中国哲学研究最为着力的当数张祥龙。1996年他的《海德格尔思想与中国天道》一书出版，该书把海德格尔思想与中国天道观作了比较研究，认为"源于人生的原初体验视野的、纯境域构成的思维方式"是二者的相通之处，而二者所处的文化、时代不同又造成了它们之间的差别，这种差别反而"成了引发新鲜对话的解释学的'距离'"[③]。而2001年出版的《从现象学到孔夫子》一书则运用现象学方法对中国古代哲学中的"构成"思想、天时观以及《论语》"学而时习之"章等作了深入的分析。

可以看出，无论是马克思主义指导下的中国哲学研究，还是西方哲学影响下的中国哲学研究，都是通过外在的"他者"来认识中国哲学的。毫无疑问，这种情况下的中国哲学是缺乏自主性的，于是就出现了21世纪初的中国哲学"合法性"问题大讨论。

[①] 张世英：《尼采与老庄》，《学术月刊》1989年第1期。
[②] 张世英：《程朱陆王哲学与西方近现代哲学》，《文史哲》1992年第5期。
[③] 张祥龙：《海德格尔思想与中国天道：终极视域的开启与交融》，生活·读书·新知三联书店1996年版，第13—16页。

第八节 中国哲学的"合法性"危机与中国哲学研究的自觉

1999年,陈来在《中国哲学史》上发表了《世纪末"中国哲学"研究的挑战》一文,对中国哲学撰述的内容、范围及中国哲学史与其他研究中国思想进路之间的同异等问题作了深入的检讨。在作者看来,到了20世纪将要结束的时候,中国哲学研究本身在某些方面和某种程度上面临着世界范围内的冲击。在此情况下,中国哲学研究发生了重新定位和自我辩护的需要。他认为,与受到西方学术分类标准建立起来的其他学科相比,"中国哲学"显得有些尴尬,即在中国古代学术体系的分类中,并没有一个独立的系统与西方所谓的哲学完全相当。中国哲学研究的另外一个挑战就是受到中国思想史和其他历史学研究的影响而研究范围有着越来越模糊的倾向,以致中国哲学史研究者面临着"同行迷失"的困难。[①] 陈来虽然没有明确提出中国哲学的"合法性"问题,但其实已经触及这一问题。2001年,中国哲学的"合法性"问题正式爆发,在学界产生了广泛的影响,不但中国哲学学界内部的很多学者卷入其中,而且引起了中国哲学学界以外学者的极大关注。

其实,中国哲学的"合法性"问题并非20世纪末才出现的问题,而是在中国哲学这门学科建立之初就已经存在的问题。中国古代并无"哲学"这一名称,其是通过日本传入我国的。由于梁启超、蔡元培等著名思想家的推动,使得"哲学"在当时成为一门"显学"。不过当时清政府中的一些保守派对哲学则持排斥态度,如1902年颁布的由张百熙拟定的《钦定京师大学堂章程》和1904年颁布的由张百熙、荣庆、张之洞拟定的《奏定学堂章程》中均未设

[①] 陈来:《世纪末"中国哲学"研究的挑战》,《中国哲学史》1999年第4期。

立"哲学"一科。王国维1906年写了《奏定经学科大学文学科大学章程书后》一文，对张之洞等人的分科大学章程进行了批评，认为其最大缺点即在于没有设立"哲学"一科。

清政府的学堂章程虽然遭到批评，但出于"尊经卫道"的立场，"哲学"并没有进入当时的大学学堂。直到辛亥革命以后，"哲学"才作为一门独立学科进入中国的教育体制。1912年，北京大学成立哲学门。1913年民国政府颁布的《教育部公布大学规程》中把"哲学"单独立科，并在"哲学门"下分中国哲学和西洋哲学两大类。"中国哲学类"下包括中国哲学、中国哲学史、宗教学、心理学、伦理学、论理学、认识论、西洋哲学概论、印度哲学概论等科目，其中"中国哲学"包括《周易》《毛诗》《仪礼》《礼记》《春秋公羊传》《春秋穀梁传》《论语》《孟子》、周秦诸子、宋理学等。[①] 这里"中国哲学"与"中国哲学史"的区分应该相当于现在所说的"论"与"史"的区别，而"西洋哲学类"中亦有"西洋哲学"与"西洋哲学史"的区分。在这一《规程》中，"经学"的大部分划入哲学门，其余部分则划入文学门和历史学门，如《尔雅》划入文学门，《尚书》《左传》《周礼》等划入历史学门。这说明"经学"在新的教育体制下已经解体了，被分化到各个新兴学科中。

虽然在制度上"中国哲学"的身份已经确定，但在学科上，"中国哲学"并没有被真正建立起来。因为当时北京大学讲中国哲学史的陈黻宸、陈汉章都是按照传统学术（如《宋元学案》《明儒学案》）的方式讲的，除了名称外，其余与传统学术并没有太大区别。1916年，谢无量出版了中国第一部《中国哲学史》，谢氏虽然认为"哲学"一词源于西方，但认为西方所说的"哲学"大致不出我国的"六艺""九流"范围。在研究方法上，谢氏也并没有采取西方哲学的标准，而采用我国古代传统的学术研究方法，如朱熹的《伊洛渊源

[①] 璩鑫圭、唐良炎编：《中国近代教育史资料汇编·学制演变》，上海教育出版社1991年版，第697—698页。

录》，黄宗羲的《宋元学案》《明儒学案》等。在他看来，这些研究体例"皆近于今之所谓哲学史者也"[1]。可以看出，谢氏只是借用了"哲学"之名，但实际上并未采用"哲学"的方式来书写中国哲学史。因此，这部著作实际上并非一部真正哲学意义上的中国哲学史。

中国哲学史的真正奠基之作是1919年出版的胡适的《中国哲学史大纲》。蔡元培在"序"中指出该书有四大长处，即证明的方法、扼要的手段、平等的眼光和系统的研究，并认为编写中国哲学史有两层困难：一是材料问题，二是形式问题。所谓形式问题，就是中国古代学术没有系统的记载。因此，"我们要编成系统，古人的著作没有可依傍的，不能不依傍西洋人的哲学史"[2]。在蔡元培看来，编写中国哲学史必须兼备"汉学"和"西学"两方面的才能，《中国哲学史大纲》的成功之处就在于胡适二者兼备。胡适在此书中对哲学的定义、哲学史、中国哲学在世界哲学史上的地位、中国哲学史的区分以及哲学史的史料等问题作了比较详细的论述。他认为："凡研究人生切要的问题，从根本上着想，要寻一个根本的解决：这种学问叫做哲学。"[3] 胡适还认为，研究人生切要的问题不止一个，因此，哲学也有宇宙论、知识论、伦理学、教育哲学、政治哲学、宗教哲学等不同种类。胡适明确指出要以西方哲学为参照来撰写中国哲学史："我做这部哲学史的最大奢望，在于把各家的哲学融会贯通，要使他们各成有头绪条理的学说。我所用的比较参证的材料，便是西洋的哲学。"[4] 这就是说，中国哲学并无条理系统，需要以西方哲学为参照来把这种条理系统揭示出来。

胡适的《中国哲学史大纲》只出版了上卷，并不是一部完整的中国哲学史，但在方法上却有着开创之功。冯友兰1931—1934年出

---

[1] 谢无量：《中国哲学史》，中国人民大学出版社2011年版，第4—5页。
[2] 胡适：《中国哲学史大纲》（卷上），载《胡适学术文集·中国哲学史》，中华书局1991年版，第1页。
[3] 同上书，第8页。
[4] 同上书，第28页。

版的《中国哲学史》上、下册就是沿着这一道路继续前进的。冯友兰也认为中国哲学史的写作要参照西方哲学,其说:"哲学本一西洋名词。今欲讲中国哲学史,其主要工作之一,即就中国历史上各种学问中,将其可以西洋所谓哲学名之者,选出而叙述之。"① 那么西方哲学是什么呢?在他看来,西方哲学主要包含宇宙论、人生论、知识论三大部分。这样西方哲学就与中国的魏晋玄学、宋明理学以及清代的义理之学研究对象大略相当。既然如此,那么为什么不写一部中国义理学史呢?冯友兰认为,这一做法在原则上本无不可,但从近代学问发展来看,中国义理学史则不能与近代的学问相联系,"若指中国或西洋历史上各种学问之某部分,而谓为义理之学,则其在近代学问中之地位,与其与各种近代学问之关系,未易知也。若指而谓为哲学,则无此困难。此所以近来只有中国哲学史之作,而无西洋义理之学史之作也"②。在这种情况下,中国哲学是受到西方哲学的影响而建立起来的哲学,"所谓中国哲学者,即中国之某种学问或某种学问之某部分之可以西洋所谓哲学名之者也"③。

可以看出,中国哲学本来就是中("中国")西("哲学")交流下的产物,其在创建之初就参照了西方哲学的标准。这样就会产生"中国哲学"是否成立的问题。金岳霖在1930年给冯友兰《中国哲学史》写审查报告的时候就已经意识到这一问题。他说:"哲学有实质也有形式,有问题也有方法。如果一种思想的实质与形式均与普遍哲学的实质与形式相同,那种思想当然是哲学。如果一种思想的实质与形式都异于普遍哲学,那种思想是否是一种哲学颇是一问题。有哲学的实质而无哲学的形式,或有哲学的形式而无哲学的实质的思想,都给哲学史家一种困难。'中国哲学',这名称就有这个

---

① 冯友兰:《中国哲学史大纲》(上),载《三松堂全集》第二卷,河南人民出版社2011年版,第245页。
② 同上书,第249页。
③ 同上书,第249页。

困难问题。所谓'中国哲学史'是中国哲学的史呢？还是在中国的哲学史呢？"① 所谓"中国哲学的史"也就是关于"中国哲学"的历史，"在中国的哲学史"则是在中国发现的"哲学史"。金岳霖认为，在这种情况下，写中国哲学史至少有两种根本态度：一种是把中国哲学当作中国国学中一种特别学问，与普遍哲学不必发生异同关系；另一种则是把中国哲学当作在中国发现的哲学。在他看来，前一种态度不易办到，因为中国当时已经不可避免地要受到西学的影响，而且按照这一态度写出来的也不是哲学史。因此，只能按照在中国发现的哲学来写中国哲学史，即按照"普遍哲学"的方式来写中国哲学史。其所说的"普遍哲学"无疑指的是西方哲学。这样写出来的中国哲学史实际并非一部"中国哲学的史"，而是一部"在中国的哲学史"。这无异是否定了"中国哲学"的存在。

当时与中国哲学"合法性"问题讨论相关的还有中国哲学研究方法上的"以西释中"问题。2006年，刘笑敢先后发表了两篇关于中国哲学研究中"反向格义"问题的文章。所谓"反向格义"就是指自觉地以西方哲学的概念体系、理论方法以及思维框架来研究中国本土的经典和思想。在他看来，"用西方哲学作理论框架来分析中国哲学本质上都是反向格义，都会面临凿枘不合的问题。事实上，只要是透过西方的哲学概念，特别是透过笛卡尔以来的西方的对立二分的概念体系来透视中国哲学的思想观念，即使没有政治压力或意识形态干扰，也会造成不必要的困扰或尴尬"②。"用西方近代的哲学概念来'格'中国古代思想之'义'总是不能契合。"③ 在刘笑敢的基础上，张汝伦进一步指出，按照西方哲学的门类划分来"反向格义"中国哲学，对中国哲学有着极为重大的影响。它甚至是中

---

① 金岳霖：《冯友兰〈中国哲学史〉审查报告》，载《金岳霖全集》第二卷，人民出版社2013年版，第408页。
② 刘笑敢：《"反向格义"与中国哲学研究的困境》，《南京大学学报》（哲学·人文科学·社会科学）2006年第2期。
③ 刘笑敢：《反向格义与中国哲学方法论反思》，《哲学研究》2006年第4期。

国哲学研究中一切"反向格义"和"汉话胡说"的根本原因。① 如果说刘笑敢讲的"反向格义"是狭义上的,即以西方哲学的某些具体概念来分析中国哲学,那么张汝伦说的"反向格义"则是广义上的,即按照西方哲学的本体论、认识论等门类来研究中国哲学。这种对中国哲学研究中"以西释中"方法的反思,实质上也涉及了中国哲学的"合法性"问题。

综上可知,中国哲学的"合法性"问题在其诞生之初就已存在,但当时的大多数学者认为以西方哲学为参照书写中国哲学史是理所当然,势所必至,并不存在什么问题。与诞生之初中国哲学是否成立的问题不同,20世纪末以来的关于中国哲学"合法性"问题的讨论一方面说明中国哲学这门学科在面对西方哲学情况下存在的某种尴尬性,另一方面则说明随着研究的深入,学者对于中国哲学研究现状产生不满,开始对中国哲学研究本身进行深入反思。

对于中国哲学的"合法性"问题,不同的学者提出了不同的解决方式。有的学者认为应该讲述中国哲学自己,自我定义,自立标准,采取"以中解中"的和合诠释方法,以中国哲学的核心灵魂解释中国哲学。如张立文说:"中国哲学决不能照猫画虎式地'照着'西方所谓哲学讲,也不能秉承衣钵式地'接着'西方所谓哲学讲,而应该是智能创新式地'自己讲'。'自己讲'讲的主体无疑是'自己','自己讲'也很可能是'自己照着讲'或'自己接着讲'。"② 关键是如果没有一个参照,这种"自己讲"是不是中国哲学。何况在现代学术话语体系下不可能有纯粹的"自己"。因为现在的"自己"已经是吸收了外来文化之后的"自己"。与此相似的还有一种观点,即认为解决中国哲学的"合法性"危机应该回到经学和子学

---

① 张汝伦:《邯郸学步,失其故步——也谈中国哲学研究中的"反向格义"问题》,《南京大学学报》(哲学·人文科学·社会科学)2007年第4期。
② 张立文:《中国哲学的"自己讲"、"讲自己"——论走出中国哲学的危机和超越合法性问题》,《中国人民大学学报》2003年第2期。

中去。如郭晓东说:"中国哲学要解决其'合法性'危机,要摆脱其'反向格义'的宿命,今天看来似乎只能回到其本应的问题意识中去,即回到中国思想传统本身的问题中去。既然我们所用的'中国哲学'之名,指的是过去经学与子学曾经思考的那个东西,那么,我们不妨就让它'名'符其'实',在'中国哲学'之'名'下,回归到经学与子学中去。"① 我们知道,现代学术的建立是以哲学、历史学、文学、社会学等学术分科代替我国古代的经、史、子、集四部分类为基础的。以哲学取代经学则是其最重要的表现之一。在古代社会,经学是国家的意识形态,背后有着封建皇权制度的保障。随着封建皇权制度的解体,经学的瓦解也是必然的过程。因此,在现代社会回到古代的经学研究既不可能,也无必要。因为现代的经学、子学研究不可能回到纯粹的古代研究方法中去,其不可避免地要受到现代学术方法的影响。从内容来看,经学、子学与中国哲学并不完全相同,它们之间有交叉、有重合,但也有区别。因此,二者的研究内容和方法并不能完全等同。正如任继愈所说:"古人没有今天我们所理解的哲学的观念。我们不应该勉强古人屈从今人;如照着古人的学术体系写下它的历史,那就势必非把'哲学史'写成为'经学史'不可。从科学的要求出发,我们不赞同把中国哲学史的对象和中国古代学术思想、政治思想浑然不分的'经学史'等同起来。不然,就不是中国哲学史。"② 还有的学者认为中国哲学必须以西方哲学为参照,因为其本来就是某种"比较哲学"。如彭国翔说:"作为一门现代意义上的学科建立以来,'中国哲学'就一直处在与西方哲学的关系之中。进一步来说,现代意义上的'中国哲学'之不同于传统的以'经学'和'子学'为主要表现形式的'中国哲

---

① 郭晓东:《也谈中国哲学的研究方法——对"中国哲学的合法性问题"及"反向格义"说的回应》,载朱刚、刘宁主编《欧阳修与宋代士大夫》,上海人民出版社2007年版,第327—328页。

② 任继愈:《中国哲学史的对象和范围》,载赵修义、张翼星等编《守道1957:1957年中国哲学史座谈会实录与反思》,上海人民出版社2012年版,第90页。

学'，正在于其诠释和建构的一个不可或缺的重要资源和参照是'西方哲学'。……自从创制以来，现代学科意义上的'中国哲学'可以说是某种'比较哲学'。"[1] 这种看法名义上把中国哲学当成一种"比较哲学"，实际上还是西方中心主义的立场，这也就弱化了中国哲学存在的自主性。可见以上的几种看法都有一定的局限，或仅看到"中国哲学"的"中国"方面，或仅看到"中国哲学"的"哲学"方面，从而都不能真正解决中国哲学的"合法性"问题。

这样看来，解决中国哲学的"合法性"问题既要看到其普遍性（"哲学"），又要看到其特殊性（"中国"）。张岱年在《中国哲学大纲》中就已经从此角度说明中国哲学的正当性。在他看来，如果哲学专指西方哲学，与西方哲学的态度方法不同者即是另一种学问而非哲学，那么中国思想当然不能称作哲学。但如果把哲学看作一个类称，而非指西方哲学，那么中国哲学的名称便不成问题了。其说："有一类学问，其一特例是西洋哲学，这一类学问之总名是哲学。如此，凡与西洋哲学有相似点，而可归入此类者，都可叫作哲学。以此意义看哲学，则中国旧日关于宇宙人生的那些思想理论，便非不可名为哲学。中国哲学与西洋哲学在根本态度上未必同；然而在问题及对象上及其在诸学术中的位置上，则与西洋哲学颇为相当。"[2] 既然哲学是一个"类称"，西方哲学和中国哲学都是其"特例"，那么中国哲学的成立也就不存在问题了。但关键是张岱年是通过西方哲学来认识哲学这个"类称"的。因此，虽然张岱年看到了哲学的普遍性与特殊性的关系，但不自觉地又通过西方哲学这个"特殊性"来规定哲学的"普遍性"。

那么如何看待哲学的"普遍性"呢？很多学者从西方哲学对于

---

[1] 彭国翔：《中国哲学研究方法论的再反思——"援西入中"及其两种模式》，《南京大学学报》（哲学·人文科学·社会科学）2007年第4期。

[2] 张岱年：《中国哲学大纲》，载《张岱年全集》第二卷，河北人民出版社1996年版，第2—3页。

"哲学"的考察入手，最后得出一个结论，即认为在西方对于"哲学"也是言人人殊，并没有统一的规定。因此，有学者从维特根斯坦"家族相似"的观点出发来说明中国哲学的"合法性"。比利时鲁汶大学的戴卡琳就是这样认识的。在她看来，"我们课程中讲到的哲学思想相互之间似乎并没有共同的本质，而是各种不同的、特殊的东西，就像家庭成员之间大量重合的一致性与相似性。由此，哲学似乎是一个遍及全部话语并且不断相互联系的整体，有着文化的弹性和多样性"①。既然哲学是一个"家族相似"的观点，那么中国关于宇宙、人生的理论思考，当然可以称作中国哲学。正如陈来所说："我们应当立基于全部人类化，把'哲学'看作一共相，一个'家族相似'的概念。是西方关于宇宙、人生的理论思考（西方哲学）、印度关于宇宙、人生的理论思考（印度哲学）、中国关于宇宙、人生的理论思考（中国哲学），是世界各民族对超越、自然、社会与人之理论思考之总名。在此意义上，西方哲学只是哲学的一个殊相，一个例子，从而西方哲学的问题和讨论方式并不是哲学所以为哲学的标准。因此，'哲学'一名不应当是西方传统的特殊意义上的东西，而应当是世界多元文化的一个富于包容性的普遍概念。因此中国的义理之学即是中国哲学，虽然其范围与西方哲学有所不同，其问题亦与西方哲学有所不同，这不仅不妨碍其为中国的哲学，恰恰体现了哲学是共相和殊相的统一。"② 李存山也指出："中国哲学与西方哲学不仅有'异'，而且有'相似点'。因为有'相似点'，所以才有'哲学'这个类名。'哲学'之名本身就与西方的 philosophy 有一种'连类'的关系，如果中国之'哲'与西方之'智'完全不搭界，那么就只有 philosophy，而没有'哲学'。我们现在讨论中国哲学的'合法性'问题，带有反对西方文化的'话语霸权'的意味。有此意味，就不应把西方哲学当做'唯一的哲学范型'。更何

---

① ［比］戴卡琳：《究竟有无"中国哲学"?》，《中国哲学史》2006 年第 2 期。
② 陈来：《关于"中国哲学"的若干问题浅议》，《江汉论坛》2003 年第 7 期。

况从事实上说,西方哲学在上个世纪20年代以后的发展(如怀特海的过程哲学、胡塞尔的现象学以及由此衍生出的海德格尔和莱维纳斯哲学等等),为中西哲学提供了更多的'相似点',甚至'在根本态度上'也有向东方靠近的倾向,中国古代有'哲学'当是无疑义的。"① 既然哲学是一个"类称",一个"家族相似"的概念,那么就没有理由以西方哲学的标准来衡量中国哲学的"合法性"问题。

从哲学的普遍性和特殊性的关系来认识中国哲学,中国哲学的成立已不成问题。那么中国哲学的觉醒如何展开呢?也就是说,中国哲学如何展现其特殊性呢?对于这点,不同的学者表现出了不同的方式。有的学者从中国哲学的起源来说明中国哲学的特殊性。余敦康从夏、商、周三代宗教的角度探讨了中国哲学的形成。他说:"唯独中国的宗教可以由三代一直往上追溯到五帝,再往上追溯到三皇,从而构成了一个自然生成的连续性的发展系列。这种连续性的宗教文化发展到周代趋于成熟,自成体系,其所凝结的中坚思想和核心主题,通过宗教的形式对宇宙的本质以及人类处境本身所作的认识和解释,为后来的哲学的突破做了层次历然脉络清晰的重要铺垫。"② 在他看来,中国、希腊和印度的哲学虽然都是围绕着对天人问题的研究而展开的,但处理天人关系问题的不同导致它们选择了不同的逻辑理路。印度宗教取消天人界限规定了其后来哲学的选择方向。希腊宗教则是一种天人截然二分的传统,对其后来的哲学也产生了决定性的影响。中国宗教则选择了一种天人不离不杂的道路,这也决定了其后来哲学的选择。有的学者从中国哲学的内涵来认识中国哲学的特殊性。李存山认为:"中国哲学的'实质上的系统'可以说主要就是讲明'天道'与'人道',中国哲学的主题就是'究天人之际',中国哲学的一个主要特点就是'天人合一'。……

---

① 李存山:《中国哲学的系统及其特点》,《北京行政学院学报》2008年第2期。
② 余敦康:《宗教·哲学·伦理》,中国社会科学出版社2005年版,第4—5页。

中国哲学是'天人之学',而其中心和宗旨则是'知人'和'爱人'。"[1] 杨国荣也指出:"中国哲学既包含哲学之为哲学的普遍性品格,也有自身的独特形态。从实质的方面,不管以智慧之思为形态,还是表现为性道之学,哲学都关乎天道和人道。但比较而言,中国哲学更多地关注人道这一层面,往往由人道而把握天道,即使考察天道,也每每为了给人道提供某种形上的根据。"[2] 这都指明了中国哲学关乎"天人之道"而重在"人道"的特点。有的学者从方法论角度探讨中国哲学的特殊性。陈少明认为,中国哲学研究不能局限于传统的注疏之学,也不能偏向西方的格义之学,"而是要直接面对经典世界的生活经验,把观念置于具体的背景中去理解;或者更进一步,从古典的生活经验中,发掘未经明言而隐含其中的思想观念,进行有深度的哲学反思"[3]。郭齐勇也提出中国哲学研究的方法论是"不以西方范型为框架的中国人文的方法论,破除将西方社会科学与哲学方法作为普遍方法的迷信,理解中国哲学范畴、价值、意境的特殊性及其普式化"[4]。有的学者则从"原创性叙事"的角度来谈中国哲学的特殊性。王中江认为在中国哲学思考中必须克服只看到普遍性或差异性的"单向度"思维方式,他指出,"中国哲学决不只是'普遍性'的注脚,也决不只是一系列偶然特殊事件的相加。哲学家及其所处的时代,他们的思考和行动,他们的生活都是一次性的,正像天下没有完全相同的'事体'一样,我们也没有完全相同的哲学家。每一个哲学家的生平和文本都是惟一的,正是这种'惟一性',构成了哲学事件和文本的众多性,也构成了哲学的多样性和

---

[1] 李存山:《中国哲学的系统及其特点》,《北京行政学院学报》2008年第2期。
[2] 杨国荣:《再思中国哲学》,《船山学刊》2017年第6期。
[3] 陈少明:《做中国哲学:一些方法论的思考》,生活·读书·新知三联书店2015年版,第112—113页。
[4] 郭齐勇:《中国哲学:问题、特质与方法论》,《中国哲学史》2018年第1期。

差异性"①。

以上几种认识中国哲学的方式,都从不同角度反映了中国哲学研究过程中对于认识中国哲学的某种自觉。毫无疑问,这些方式对于认识中国哲学本身都起到了某种深化作用。但这些方式都是对于中国哲学研究状况的反思,其都注重中国哲学的特殊性。除了认识中国哲学的特殊性外,我们还需要探讨这种特殊性对于世界哲学普遍性的贡献。

第九节 从哲学史到哲学:中国哲学的当代建构

对于中国哲学的认识,仅仅从哲学史的角度来研究还是不够的,因为中国哲学的生命力不仅在于"返本",而且在于"开新"。也就是说,研究中国哲学的目的,不仅是为了了解过去哲学家的思想,而且也是为了给我们现代的社会生活提供借鉴。正如黑格尔所说:"哲学工作的产物并不是寄存在记忆的庙宇里,作为过去年代的古董,而它们现在仍同样地新鲜,同样地生动,如它们初产生时一样。哲学的著作和效果是不会为后继者所推翻和摧毁的,因为其中的原则不是业已过去了的;我们自己也是出现在其中的。……哲学史所研究的是不老的、现在活生生的东西。"② 因此,除了哲学史方面的研究外,还需要对中国哲学进行当代的建构。

其实在中国哲学创建之初,很多哲学家已经开始从事中国哲学方面的建构,较为著名的如冯友兰、金岳霖、马一浮等人的"新理

---

① 王中江:《中国哲学的"原创性叙事"如何可能》,《中国社会科学》2004年第4期。

② [德]黑格尔:《哲学史讲演录》第一卷,贺麟、王太庆译,商务印书馆1959年版,第42—43页。

学"，熊十力、梁漱溟、贺麟等人的"新心学"等。改革开放以后，李泽厚、冯契、张立文等人也都先后提出了自己的哲学学说。与这些哲学建构相比，中国哲学"合法性"问题讨论之后的中国哲学建构则标志着中国哲学在理论形态上的自主与自觉。在当代中国哲学建构过程中，牟钟鉴、陈来、杨国荣等人的学说最具代表性。

2013年，牟钟鉴的《新仁学构想——爱的追寻》一书出版，提出"新仁学"的哲学学说。在他看来，提出此学说的背景有两个：一是经济全球化情形下普遍伦理的呼声，二是一神教原教旨主义、物质功利主义和社会达尔文主义的横行，导致族群冲突空前加剧，社会危机、道德危机、生态危机空前严重，人类处在方向迷失和困境之中。牟氏认为在这种情况下呼唤新人文主义出来推动文明对话，而孔子仁学最具博爱精神和协调智慧，经过创造性阐释充实新人文主义内涵，可以起到引导世界潮流的重要作用。他说："当此传统断裂、德性缺失、物欲泛滥、人心混乱之际，自己不揣浅陋，本着'至诚无息'、'和而不流'的精神，……上承孔学之源，探讨仁学，创新仁学，赋予它当代理论形态，针对重大现实问题，发出仁和的呼声，应当于世有所裨益。"[1] 新仁学构想的基本思路是"以仁爱为核心理念，突出生命哲学的主线"，"以孔子儒家为主，吸收诸子百家之长而加以综合创新"，"以孔子儒家为主，吸收西方文化之长，使新仁学具有鲜明的当代精神"；新仁学的基本理论框架是"以仁为体，以和为用"，"以生为本，以诚为魂"，"以道为归，以通为路"；新仁学的义理分疏则包含仁性论、仁修论、仁德论、仁志论、仁智论、仁礼论、仁事论、仁群论、仁力论、仁艺论十大部分。最后牟氏还针对当今世界存在的问题，从新仁学的角度提出了解决方案，指出新仁学在当代人生困境的出路、民主政治的进步、市场经济的健全、公民道德的重建、国民教育的改革、文明对话的开展以及生态文明的建设等方面都能作出重要贡献。如针对当代人生困境，新

---

[1] 牟钟鉴：《新仁学构想——爱的追寻》，人民出版社2013年版，序第4页。

仁学能够给人们提供一种情理兼具的人生信仰，以养德为主，兼养情欲、才智和勇力，从而使人摆脱人生困境，发展文明人性；针对当代市场经济，新仁学能够为建设新型企业文化、努力实现达则兼善天下的社会主义市场经济的目标发挥积极作用；针对当代公民道德，新仁学以仁爱为核心的儒家伦理能够为新道德的建设提供主要资源，等等。

与牟钟鉴"新仁学构想"相似，陈来于2014年也提出了"仁学本体论"的新仁学哲学体系。他在《仁学本体论》一开始就说："本书之宗旨，是欲将儒家的仁论演为一仁学的本体论，或仁学的宇宙论。在此意义上，本书的目的亦可谓将古往今来之儒家仁说发展为一新仁学的哲学体系。此新仁学哲学之要义在'仁体'之肯定与发扬，从而成为一仁学本体论，或仁体论哲学。"① 那么如何建构仁学本体呢？在作者看来，仁学本体论的建构必须要从仁学建构发展的历史上才能实现。仁学在儒学发展史上不断被论说，本身就表明了仁体是不断显现的。如果不依据原有的仁学的基础和传统，那么新仁学的建构是不可能的。因此，陈来通过对儒学仁说历史的叙述来展现仁体发展的阶段和地位。这样历史上各个时段的仁说就不是儒学思想史的论述，而是仁学本体论展开的不同时期的论证，仁学本体论则是这一过程的完成。对于仁说历史的回溯是为了当代仁学建构提供理论基础和根据，"没有对原仁的显现，就没有当代仁学建构的伦理基础；没有以生为仁的宇宙论意义，没有朱子以仁为流行统体的思想，也就没有仁体的当代建构的来源和根据"②。那么仁学本体论如何对待现代社会所需要的其他社会价值和道德价值呢？如何处理仁与这些价值之间的关系呢？他在传统仁、义、礼、智、信五德的基础上提出了仁爱、自由、平等、公正、和谐"新五德"，并指出仁爱在此五德中具有统摄地位。他认为，轴心时代儒家文化形

---

① 陈来：《仁学本体论》，生活·读书·新知三联书店2014年版，第1页。
② 同上书，第26—27页。

成的基本价值成为中国文明后来的核心价值，其主要内容有：仁爱高于一切、责任先于权利、义务先于自由、社群高于个人、和谐高于冲突和天人合一高于主客二分。对于仁爱与和谐的关系，他也主张"以仁为体，以和为用"，这无疑与牟钟鉴的观点不谋而合。陈来最后指出，面对当今世界存在的种种问题，仅仅依靠西方现代性价值（如自由、民主、法律等）去解决是不可能的，"我们必须开放各种探求，包括重新发掘中国文明的价值观和世界观，发挥仁的原理、关联性、交互性伦理，发挥道德和礼教意识，使当今这个令人不满意的世界得以改善"①。

与牟钟鉴、陈来从仁学的角度建构中国哲学学说不同，杨国荣则从"具体的形上学"的角度建构中国哲学学说。2011年，北京大学出版社出版了杨国荣"具体的形上学"三书，即《道论》《伦理与存在——道德哲学研究》和《成己与成物——意义世界的生成》。这三部书构成了"具体的形上学"的哲学体系，"《道论》着重从本体论方面阐释具体的形上学，《伦理与存在——道德哲学研究》以道德形上学为侧重之点，《成己与成物——意义世界的生成》则主要关注于意义领域的形上之维，三者既相互关联，又各有侧重，其共同的旨趣，则是走向真实的存在"。按照杨国荣的说法，"具体的形上学"既基于中国哲学的历史发展，又吸收了世界哲学背景下的多重哲学的智慧，其内在的旨趣在于从本体论、道德哲学、意义理论等方面阐释人与人的世界。与西方抽象的形而上学和"后形而上学"不同，"'具体的形上学'以存在问题的本源性、道德的形上向度、成己与成物的历史过程为指向，通过考察存在之维在真、善、美以及认识、价值、道德、自由等诸种哲学问题中的多样体现，以敞开与澄明人的存在与世界之在"②。

以上几种当代的中国哲学建构虽然角度不同，但都以中国哲学

---

① 陈来：《仁学本体论》，生活·读书·新知三联书店2014年版，第499页。
② 杨国荣：《具体的形上学》，《哲学分析》2011年第4期。

为基础来推动中国哲学在当代的自主发展，同时也为中国哲学对于世界哲学的普遍性、多样性发展贡献了力量。

第十节 中国哲学研究的未来展望

综上可知，70 年来中国哲学研究的过程就是一个中国哲学自主性逐渐加强的过程。这个过程现在还在进行中，还没有完成。未来的中国哲学研究也要沿着这一方向继续前进，这就需要我们进一步加强中国哲学的自主性。经过近些年的讨论，大家在中国哲学的自主性方面基本上达成了共识，关键在于如何建立中国哲学的自主性。

2016 年 5 月 17 日习近平总书记《在哲学社会科学工作座谈会上的讲话》为我们指明了方向。他说："绵延几千年的中华文化，是中国特色哲学社会科学成长发展的深厚基础。我说过，站立在 960 万平方公里的广袤土地上，吸吮着中华民族漫长奋斗积累的文化养分，拥有 13 亿中国人民聚合的磅礴之力，我们走自己的路，具有无比广阔的舞台，具有无比深厚的历史底蕴，具有无比强大的前进定力，中国人民应该有这个信心，每一个中国人都应该有这个信心。我们说要坚定中国特色社会主义道路自信、理论自信、制度自信，说到底是要坚定文化自信。文化自信是更基本、更深沉、更持久的力量。"这就是说，中国特色哲学社会科学的成长发展离不开中国优秀传统文化。我们对于自己的优秀传统文化要有自信。如果说文化自信在中国特色社会主义"四个自信"中处于核心地位的话，那么哲学自信则又是文化自信中的重中之重。就中国哲学来讲，哲学自信就是要充分建立中国哲学的自主性，体现中国哲学的民族性，深入挖掘中国传统中的优秀哲学思想，积极参与到世界哲学的多元对话中，发出中国哲学自己的声音。

强调中国哲学的自主性、民族性，并不是回到文化保守主义立场，排斥其他外来文化。相反，我们要在中国哲学自主性的基础上，以开放的心态,充分吸收一切适合我们自己的优秀外来文化。当今世界已经是一个全球化、信息化的世界,各国在政治、经济、文化等方面都高度联系,你中有我,我中有你,任何国家都不可能在封闭孤立的状态下生存发展。文化方面也是如此。正如习近平总书记所说:"强调民族性并不是要排斥其他国家的学术研究成果,而是要在比较、对照、批判、吸收、升华的基础上,使民族性更加符合当代中国和当今世界的发展要求,越是民族的越是世界的。解决好民族性问题,就有更强能力去解决世界性问题;把中国实践总结好,就有更强能力为解决世界性问题提供思路和办法。这是由特殊性到普遍性的发展规律。"[1]

强调中国哲学的自主性、民族性,不仅要对过去的中国哲学思想在同情理解的基础上深入研究,而且要推动其"创造性转化、创新性发展",使其更加符合我们当前的社会发展,能够在解决当前社会重大问题的过程中起到重要作用。习近平总书记说:"要推动中华文明创造性转化、创新性发展,激活其生命力,让中华文明同各国人民创造的多彩文明一道,为人类提供正确精神指引。要围绕我国和世界发展面临的重大问题,着力提出能够体现中国立场、中国智慧、中国价值的理念、主张、方案。我们不仅要让世界知道'舌尖上的中国',还要让世界知道'学术中的中国'、'理论中的中国'、'哲学社会科学中的中国',让世界知道'发展中的中国'、'开放中的中国'、'为人类文明作贡献的中国'。""要按照立足中国、借鉴国外,挖掘历史、把握当代,关怀人类、面向未来的思路,着力构建中国特色哲学社会科学,在指导思想、学科体系、学术体系、话语体系等方面充分体现中国特色、中国风格、中国气派。"[2] 习近平总书记的讲话同样适合中国哲学的未来发展。

---

[1] 习近平:《在哲学社会科学工作座谈会上的讲话》,《人民日报》2016年5月19日第2版。

[2] 同上。

第 三 章

新中国西方哲学研究 70 年

第一节 导言：西方哲学研究 70 年的阶段及特点

从中华人民共和国成立以来至今，西方哲学的研究可划分为三个阶段：1949 年至 1978 年改革开放前夕；改革开放至 20 世纪末；21 世纪至今。下面分阶段综述各阶段的特点。

一 改革开放前

"文化大革命"开始前，正值商务印书馆出版"汉译世界名著"的黄金时期，1949 年前培养起来的老一辈学者凭借深厚的学养和扎实的外语功底，虽历经思想改造和诸多群众运动非学术因素的干扰，跨越十余年，为"汉译名著"贡献了一大批高质量的经典哲学著作的经典汉译本。在新译本不断涌现的今天，这些译本无论在翻译的水准和诠释的深度方面，仍然是不可替代的，这些进入"汉译世界名著"的作品不啻是 20 世纪中国哲学史上浓墨重彩的一笔。除了贺麟、王玖兴、杨一之等老一辈学人翻译的黑格尔著作外，20 世纪 60 年代，由北京大学外国哲学史教研室陆续编译了《西方古典哲学原著选辑》，由商务印书馆出版，其中包括《十八世纪末—十九世纪初德国哲学》（1960年）、《古希腊罗马哲学》（1961年）、《十六—十八世纪西欧各国哲学》（1961年）、《十八世纪法国哲学》（1963年）。中国科学院哲学研究所西方哲学史组编辑出版了《现代外国资产阶级哲学资料选辑》，同样由商务印书馆出版，包括《存在主义哲学》（1963年）和《现代美国哲学》（1963年）；与此同时，洪谦主编了《现代西方资产阶级哲学论著选辑》（1964年），三本资料汇集了现代西方哲学的主要流派及其代表人物的著作选辑。这些译本和西方哲学资料选辑培养了几代学人，为汉语西方哲学研究奠定了基础；更为重要的是，老一辈学人从作为本原文化的中国哲学传统出发，对西方哲学的主要概念进行了汉语转化，丰富了汉语思维，塑造了20世纪中国的学术和思想史。与此同时，这项工作也为非教条的西方哲学研究指明了方向，即深入的研究离不开对原典的解读，只有这样，才能避免简单地把哲学史划分为唯物、唯心两大阵营的偏颇，更是摆脱"扣帽子、打棍子"的错误的前提。

在受日丹诺夫把哲学史定义为唯物主义与唯心主义两条路线斗争的影响之下，这个时段的西方哲学研究工作主要围绕着宣传唯物主义、批判唯心主义以及探索马克思主义的理论来源的政治任务而进行。北京大学哲学系承担了教材编写的任务，1957年洪谦、任华、汪子嵩、张世英、陈修斋、朱伯崑等编著的《哲学史简编》（人民出版社），1961年任华主编的《西方哲学史》，1972年汪子嵩、张世英、任华等编著的《欧洲哲学史简编》（人民出版社），这些教材不可避免地带有意识形态批判的印记，虽然也包含了中国学者自己的研究成果。但在"文化大革命"后期，《欧洲哲学史简编》成为当时爱好哲学的苦闷青年的引路者。

在研究方面，中国科学院哲学研究所西方哲学史组于1974年编辑出版了论文集《欧洲哲学史上的先验论和人性论批判》（人民出版社），收录了汝信、叶秀山、傅乐安、王树人撰写的7篇论文，内容涉及对古希腊、中世纪和德国古典时期的先验论和人性论的批判，典型地折射出了20世纪70年代中国西方哲学研究界的学术生态。

"文化大革命"期间，西方哲学史组还组织编著了《马克思主义的三个来源》一书（汝信主编，王树人、叶秀山、余丽嫦、李凤鸣、汝信、侯鸿勋、薛华编著），该书最终在1978年由人民出版社首版。

二 随改革开放一起成长（1978—1999年）

1978年10月，中国社会科学院哲学研究所与北京大学、商务印书馆、人民出版社和安徽劳动大学联合，在芜湖召开了第一届"全国外国哲学讨论会"。因是"文化大革命"结束后的第一次全国性外国哲学研讨会，吸引了外国哲学专业之外的其他哲学工作者，参会者多达240人，大大超出预期。老一辈学者如贺麟、严群、江天骥、熊伟、苗力田、周辅成等踊跃参会。与会代表第一次就日丹诺夫的哲学史定义、哲学的党性原则、如何正确评价唯心主义哲学、哲学研究的方法论等问题展开批判性的自由学术讨论。这是一次思想解放和焕发学术生机的重要会议，它标志着西方哲学研究的春天的到来。正是在这次会议上，酝酿了今天的"中华全国外国哲学史学会"的成立。

1979年11月，由中国社会科学院哲学研究所、北京大学哲学系和北京大学外国哲学研究所、四川大学、山西大学、商务印书馆和人民出版社在山西太原联合组织了"全国现代外国哲学讨论会"，这是中华人民共和国成立以来讨论现代外国哲学的第一次全国规模的学术会议，在会议上成立了"中国现代外国哲学学会"。

在打破了唯物、唯心两条路线的束缚和泛政治化、教条主义等思想桎梏之后，西方哲学研究界开始步入了学术成长和发展时期。一方面，这是一个从学术上搭建西方哲学研究的点、面、线结合的立体知识网络框架的时期，西方哲学史上的重要人物、重点学派及核心论题都已经开始"讲汉语"，这个时期的很多研究专著工作都具有填补空白的意义，具体成就将按时段详论。另一方面，这也是一个思想解放、思想启蒙的时期，长期的封闭造成人们求知若渴，在西方正流行的和早已不再流行的思潮和学派打破了正常的时序关系一同涌入中国,一时间西方哲学的译介热闹非凡。用学术的标准看,当时的很多译介水平参差不齐,学术性相对比较欠缺,但它们的确为80年代的思想启蒙起到了不可否认的推动作用,因而它们也是20世纪八九十年代的学术生态。

这段时间还涌现出重写西方哲学通史教材的热潮。从1984年开始至1987年,中国社会科学院哲学研究所西方哲学史研究室联合全国西方哲学研究界的精英,合作出版了八卷本《西方著名哲学家评传》(山东人民出版社1984—1985年),汝信、王树人、余丽嫦主编,第一、二卷为"古希腊罗马和中世纪哲学"(叶秀山、傅乐安编),第三、四卷为"文艺复兴和十八世纪早期哲学"(钟宇人、余丽嫦编),第五卷为"十八世纪法国哲学"(王树人、李凤鸣编),第六卷为"十九世纪德国哲学"(王树人、李凤鸣编),第七、八卷为"十九世纪和二十世纪上半叶部分"(侯鸿勋、郑涌编),从西方第一个哲学家泰利斯一直写到罗素。后又出版"续编"上、下两卷(侯鸿勋、姚介厚编,山东人民出版社1986—1987年),上卷增补了之前哲学史研究中几乎为空白的安瑟伦和邓斯·司各脱等人物,下卷则收录了包括胡塞尔、海德格尔、维特根斯坦、波普尔等现代哲学家,撰写者多为中青年学者。丛书的写作凝聚了老、中、青三代中国西方哲学研究者的力量,老一代学者像贺麟、洪谦、杜任之、杨一之、温锡增、汪子嵩、苗力田、王玖兴、管士滨、庞景仁、王太庆、齐良骥、熊伟和朱光潜都亲自写稿,决定了这套丛书代表了80年代中国西方哲学界的最高水平,在学术资料和对外交流有限的时代,很多篇章都是中国学术史上的填补空白之作。所有评传主要依据西文原始材料,言出有据,在突出知识性和学术性的同时,还有意识地加入对哲学人物的生平和学术活动的分析评价,包含了不同观点的争鸣。因而这套丛书完全可以看作在破除教条主义和现代迷信的思想解放背景之下,以哲学史人物为中心所撰写的一部片断式的西方哲学史。

与《西方著名哲学家评传》先后出现的还有一些高等院校推出

的西方哲学通史教材,被广泛接受的版本有全增嘏主编的《西方哲学史》(上、下卷,上海人民出版社1983年版),和冒从虎等主编的《欧洲哲学通史》(上、下卷,南开大学出版社1985年版)。

三 成熟发展和机遇挑战(21世纪至今)

进入21世纪以来,西方哲学研究已经逐渐规范化,在研究的深广度上均有长足的进步,呈现一种从带有偶然性的片面接受到主动的全面理解,从批判借鉴到融会贯通的局面。这个新气象首先表现在哲学史多卷本的写作之上。

进入新世纪伊始,叶秀山、王树人即发起以中国社会科学院哲学研究所研究人员为主、整合全国学界精英的大型多卷本哲学史的写作项目,2004—2005年,这套8卷11册、总字数近600万的《西方哲学史》学术版完成了出版(凤凰出版集团、江苏人民出版社),叶秀山、王树人总主编,姚介厚、黄裕生、周晓亮、尚杰、张慎、谢地坤、江怡担任分卷主编,开启了中国学者撰写哲学史多卷本的热潮。这是中国迄今为止规模最大的西方哲学史通史,较全面地体现了我国几代学人研究和阐释西方哲学的总体面貌和学术成果。多卷本坚持"融会中西、贯通古今"的原则,涵盖了西方古代至当代哲学的主要发展,根据西方哲学发展的实际内容,加强或填补了以往国内研究的一些薄弱领域或空白;在博采众长的基础上,注意总结和汲取百余年来几代中国学者研究西方哲学的积极成果,并用一定篇幅对"西学东渐"的历史进程进行了描述和反思,努力从中国学术视野出发研究和阐述西方哲学,比较鲜明地体现了"中国学术特色"。

刘放桐、俞吾金主编出版了复旦大学版《西方哲学通史》9卷本(人民出版社2005—2011年),它们是:《古希腊哲学》(黄颂杰、章雪富,2009年),《中世纪文艺复兴时期哲学》(佘碧平,2011年),《十七世纪形而上学》(汪堂家、孙向晨、丁耘,2005年),《德国古典哲学》(俞吾金等,2009年),《西方近现代过渡时期哲学》(刘放桐,2009年),《二十世纪德国哲学》(张汝伦,2008

年),《二十世纪法国哲学》(莫伟民等,2008 年),《二十世纪英美哲学》(张庆熊、周林东、徐英瑾,2005 年),《二十世纪西方马克思主义哲学》(陈学明、张双利、马拥军、罗骞等,2012 年)。

由中国人民大学出版社组织翻译出版了十卷本英文哲学史《劳特利奇哲学史》(*Routledge History of Philosophy*),冯俊担任中文版总主编,自 2003 年推出第 1 卷《从开端到柏拉图》后,历时 15 年,至 2018 年已完成全部十卷的翻译出版工作。这部大型哲学史是西方学界在走向 21 世纪时出版的一部代表当今世界西方哲学研究最高学术水平的著作,它从现当代哲学的立场和问题出发讨论哲学史上的人物和问题,对中国学界具有启发作用。

在研究领域方面,随着对西方哲学研究从古至今的全线展开,"填补空白"在今天的西方哲学研究界越来越没有意义,学界克服了早期研究中以介绍和推广为特点的研究范式,向细致的文本解读和在此基础之上的整体考察的范式靠拢。更进一步,在保证研究的科学性、学术性的前提下,一种以哲学问题为导向、以古今中外所有哲学思想为共同资源的研究范式正逐渐出现。越来越多的学者不满足于对哲学作技术性的分析,他们关注对哲学问题本身的思考,意识到建设汉语西方哲学的重要性,希望从中国学者的视野和立场出发,对西方哲学的问题作出自己的思考和回答,与西方哲学进行深层的对话,解答西方哲学想答却又不能回答的问题,发挥中国思想的本源性力量。在这方面,贺麟是开路先锋,张世英的《进入澄明之境——哲学的新方向》(商务印书馆 1999 年版),王树人的《回归原创之思——"象思维"视野下的中国智慧》(凤凰出版集团、江苏人民出版社 2005 年版),叶秀山的《科学·宗教·哲学——西方哲学中科学与宗教两种思维方式研究》(社会科学文献出版社 2009 年版)和《哲学的希望》(凤凰出版集团、江苏人民出版社 2018 年版),都在这方面作了有益的示范性工作,中青年学者赵汀阳的著作如《第一哲学的支点》(生活·读书·新知三联书店 2013 年版)等也走在这条道路上。

第二节 古希腊哲学研究

一 1949—1978年

在西方古代哲学家当中，赫拉克利特、德谟克利特和伊壁鸠鲁被视为唯物主义的代表而受到重视和肯定，而毕达哥拉斯学派、埃利亚学派、柏拉图和学园派乃至新柏拉图主义等哲学流派则被视为唯心主义的代表而更多地受到冷落和批判。对于赫拉克利特的重视尤其体现在下面这个例子中，也就是，为了纪念这位哲学家诞生2500周年，中国科学院（当时还没有设立"中国社会科学院"）哲学研究所西方哲学史组和辩证唯物主义与历史唯物主义组于1961年联合举行了学术座谈会，并且将会议部分文章结集出版，即《赫拉克利特哲学思想》（商务印书馆1962年版）。

在古希腊罗马哲学著作的译介方面，除了严群翻译的柏拉图《泰阿泰德·智术之师》（商务印书馆1963年版）之外，最值得提及的是北京大学哲学系外国哲学史教研室编译的《古希腊罗马哲学》（商务印书馆1961年版，从属于"西方古典哲学原著选辑"系列）。《古希腊罗马哲学》选译内容涵盖了古希腊罗马哲学从早期到晚期各个阶段的代表性哲学家的著作残篇或重要段落，译者和校者具有良好的现代西文功底和扎实的哲学训练，翻译质量总体较高。

二 1978—2019年

改革开放以来，国内学界关于西方古代哲学的教学与研究得到了恢复和发展，进入了系统介绍、深化研究的时期。

（一）基础理论研究

古代希腊与罗马哲学年代跨度大，涉及任务多，概念演进复杂，研究难度也大，因此，撰写一部材料翔实、有一定研究深度、能较好体现国内外研究成果的古代哲学史，就成为西方哲学研究的基础性工作,这方面最重要的成就就是汪子嵩、范明生、陈村富和姚介厚等人历经20多年完成的《希腊哲学史》(共四卷,其中第四卷新增包利民和章雪富两位作者)。这部作品共近400万字,堪称鸿篇巨制。第一卷论述了从希腊哲学的产生到前苏格拉底自然哲学这一时期的哲学发展;第二卷论述了智者、苏格拉底和柏拉图的哲学;第三卷论述亚里士多德的哲学思想,并简要介绍早期漫步学派的情况;第四卷论述了伊壁鸠鲁学派、斯多亚学派、怀疑派、普罗提诺与新柏拉图主义的哲学。这部巨著参考了丰富的希腊哲学文献,注重探索希腊哲学思想演进的内在逻辑,吸收近现代西方主流学者的研究成果并比较分析他们的见解,详尽地研究了希腊众多哲学家与流派的思想,在史料鉴别、人物与思想评价、探究希腊哲学思想演变等方面,提出了不少新见解。

杨适的《哲学的童年》(1987年)细致追溯了从泰勒斯到亚里士多德的希腊哲学螺旋式上升的发展线索,多有独特见解。他的另一部著作《古希腊哲学探本》(商务印书馆2003年版)叙述了从希腊哲学前史到罗马斯多亚派哲学的基本脉络,特点是强调了Ontology问题在希腊哲学中的特殊地位,并且在开头部分用大量篇幅重点分析了Being概念的语源学意义。姚介厚的《西方哲学史》(学术版)第2卷"古代希腊与罗马哲学"(2005年),王晓朝的《希腊哲学简史——从荷马到奥古斯丁》(2007年首版)和邓晓芒的《古希腊罗马哲学讲演录》(2007年)也各有特色,分别代表了国内学者新近关于希腊哲学的三种理解方式。前两者特别强调从文化和历史的视野来考察哲学史,而后者则从黑格尔主义视野出发更加关注观念之间的逻辑关联。宋继杰的《逻各斯的技术:古希腊思想的语言哲学透视》(清华大学出版社2013年版)以现代语言哲学为进路深入考察了巴门尼德、高尔吉亚和柏拉图这三位希腊哲学家的思想,尤其阐述了柏拉图理念论中蕴含的描述与命名、意义与指称和专名与通名的混淆,解释了Being概念的多重含义及其关系。聂敏里的《西方思想的起源——古希腊哲学史论》(中国人民大学出版社2017年版）是新近出现的一部古希腊哲学史论，其重点不在知识的介绍而在思想的分析，试图揭示古希腊哲学内在的本体论和认识论根基并阐明其思想史意义，颇有创见。

（二）学术热点与理论创新

1. Being 问题研究

Being（希腊文 to on，德文 Sein）是西方形而上学的核心概念。关于这个概念的翻译和理解问题一直是汉语学界的难题。20 世纪上半叶陈康等人曾就此做过一些探讨，但未形成定论。到了 90 年代，这个问题终于成为争论热点。这场讨论主要提出了两种观点，一种主张用汉语的"是"来翻译和理解 Being，另一种主张用汉语的"存在"或"有"来翻译和理解 Being。主张前一种观点的学者强调必须用"是/是者"取代原来主导性的译名"存在/有"，争论由此而形成针锋相对之势。主张用"存在/有"译法的学者更加从形而上学的视野看问题，因此强调 Being 表示"存在""存有""本体"和"活动/生命"等方面的含义；而主张采用"是/是者"译法的学者则更加重视逻辑和语言结构的维度，强调 Being 直接关联于系词 to be，因而其谓述用法和表真用法相较于存在用法而言是更根本的。值得注意的是，争论双方都试图到古希腊哲学的原典中寻找证据，多位学者对巴门尼德、柏拉图和亚里士多德的相关文本进行了重新解读，对关键术语进行了重新诠译，得出了不少新的结论。这场讨论的意义不限于一个哲学范畴的译法，它一方面表明了古希腊哲学确实关涉西方哲学的全局，另一方面也表明了西方哲学的终极视阈正在向汉语敞开。

2. 早期希腊哲学研究

哲学发端时期的许多开创性思想对后世思想有重大影响，早期哲学家的一些术语和思维模式甚至成为后来希腊哲学乃至整个西方哲学的内核。国内学界对早期希腊哲学一直都比较关注。从总体上看，关于赫拉克利特的"逻各斯"和巴门尼德的 Being 概念的讨论最为热烈。除了从"对立统一"的所谓朴素辩证法角度去解释和评价赫拉克利特的逻各斯学说的通常观点外，还有一些学者试图把"逻各斯"和老子的"道"沟通起来，比较分析中、西形而上学在开端处所反映出来的同一性与差异性，颇多创见。"逻各斯"与"真理""存在""自然"等希腊哲学的核心概念之间的内在关联，以及它们在形而上学和逻辑学方面的意义等方面的研究仍显薄弱，需要进一步深入探讨。

关于早期希腊哲学研究，特别应提到叶秀山的《前苏格拉底哲学研究》（生活·读书·新知三联书店1982年版）。该书梳理了希腊早期哲学发展的基本线索，一方面深入剖析了各个哲学家和哲学流派的基本特征和思想渊源，另一方面围绕核心的哲学范畴（如"始基""存在""逻各斯"和"努斯"等）展开了细致入微的讨论。在讨论过程中，作者既能直接面对古希腊哲学残篇的具体文本进行分析，又能与西方现代阐释者展开对话并且提出不少独到见解，使得本书从形式和内容上都堪称古代哲学研究的典范之作。

在原始资料的翻译编纂方面值得一提的是聂敏里翻译的《前苏格拉底哲学家》（华东师范大学出版社2014年版），这是几位著名剑桥学者编辑和评注的古希腊早期哲学家著作残篇和证言辑本，即通常说的KRS本，中译本保留了古希腊原文和英译文，对研究者而言具有很好的文献价值。

3. 苏格拉底、柏拉图和亚里士多德哲学研究

苏格拉底在希腊哲学史上的特殊地位被许多研究者所认可，通常认为他把哲学"从天上拉回到人间"。叶秀山的《苏格拉底及其哲学思想》是国内苏格拉底研究的代表作。作者以中国学者特有的立场深入地探讨了苏格拉底的政治立场与社会活动，同时从现代哲学视野出发对苏格拉底的哲学思想（如"自识"问题、理念论和辩证法）展开细致的讨论，高度评价了苏格拉底在西方思想史上的贡献。

柏拉图和亚里士多德是西方哲学史上为数不多的具有典范意义的哲学家。国内学界关于他们的研究开始得比较早，陈康和严群等

人的开拓性工作为后来的研究打下了基础。改革开放以来，这个领域取得了新的进展。严群、王太庆和王晓朝等人关于柏拉图著作的翻译，吴寿彭和苗力田等人关于亚里士多德著作的翻译，使国内学界完整地拥有了这两位哲学家著作的中文译本，而且一些重要著作还出现了多个译本乃至注释本或评注本，这也促进了国内学界对其哲学的深入研究。

关于柏拉图哲学的研究有两种基本的路径，一种是按本体论、认识论、伦理学、政治学等进行分类研究，另一种是把单篇的柏拉图对话录当作独立的统一体进行逐一诠释和论述。范明生的专著《柏拉图哲学述评》采用了前一种路径，而他与汪子嵩等人合撰的《希腊哲学史》（第2卷）中关于柏拉图的论述则采用了后一种路径，前者反映了20世纪80年代的研究成绩，其中的观点现在看来显得较陈旧，不过同一作者在后一部著作中提出了许多新阐述，更能反映柏拉图哲学的实际面貌。不少学者告别以往宏大叙事式的整体性研究，开始对柏拉图对话录进行单篇的注解和诠疏，例如，吴飞译注的《苏格拉底的申辩》（华夏出版社2007年版），詹文杰对《智者》的诠释性著作《真假之辨》（江苏人民出版社2011年版），等等。此外，分析哲学、现象学、哲学解释学、古典语文学和比较哲学等方法得到越来越多的应用，而且研究领域也扩展到了柏拉图对于数学、心理学、逻辑学和文艺理论等方面的影响。近年来，国内学界关于柏拉图知识论的研究成为重要热点。宋继杰、詹文杰和先刚等人就此发表了多篇专论，在细致文本分析的基础上探讨了柏拉图的技艺、知识、信念和经验等概念，为更全面和深入认识柏拉图哲学提供了有益的探索。与此同时，学界出现了两种倾向：一种是受施特劳斯学派影响而重视柏拉图的政治哲学，并主要从文学和意识形态的视野来阅读柏拉图著作，另一种是受图宾根学派影响而强调柏拉图的未成文学说，希望从学园派传统的记载片段中重构柏拉图的所谓"本原学说"。尽管这些倾向各有其一定的合理性，但也存在严重局限：前者往往对柏拉图的形而上学和知识论等方面的思想不得要领，后者过分贬低柏拉图成文著作对于我们理解柏拉图思想的根本意义。

亚里士多德哲学的体系庞大，论者往往针对某一领域或某一著作进行专门研究，论题涉及形而上学、认识论、逻辑学、伦理学、政治学、美学和自然哲学等各个领域。汪子嵩的《亚里士多德关于本体的学说》（人民出版社1982年版）在仔细分析亚里士多德《形而上学》文本的基础上，以"本体"（ousia，也译作"实体"）概念为线索，对亚里士多德形而上学思想的发展作了深入的解释。此外，王路的《亚里士多德的逻辑学说》（中国社会科学出版社2005年版）和廖申白的《亚里士多德友爱论研究》（河南人民出版社2000年版）分别对亚里士多德的逻辑学和伦理学进行了专题性的研究，多有创见。近年来，关于亚里士多德形而上学的研究又成为重要热点，出现了一批新的专论。余纪元的《亚里士多德〈形而上学〉中being的结构》（中国社会科学出版社2013年版）考察了"范畴之是"和"潜能与现实之是"的重要区分，认为前者表达了主谓关系概念构架中的实存结构，而后者表达了实在之动态性，两者结合提供了一个动静兼具的实在世界，这个诠释有助于进一步廓清亚里士多德的being概念。聂敏里的两本著作《存在与实体——亚里士多德〈形而上学〉Z卷研究（Z1-9）》（华东师范大学出版社2011年版）和《实体与形式——亚里士多德〈形而上学〉Z卷研究（Z10-17）》（中国人民大学出版社2016年版）是对亚里士多德《形而上学》Z卷的研究，其中前者主要针对Z卷第1—9章，而后者主要针对第10—17章，作者从Z卷所涉及问题的内在逻辑出发，分篇章依次解析，尤其针对"实体"概念的形而上学意义进行了深入的论证和梳理。曹青云的《流变与持存——亚里士多德质料学说研究》（北京大学出版社2014年版）考察了亚里士多德形而上学中的质料学说，尤其对"质料在实体生灭中是否持存"这一颇有争议的问题提出了自己的看法。

4. 晚期希腊哲学研究

晚期希腊哲学主要包括希腊化时期哲学和罗马时期哲学，其中希腊化时期哲学主要有伊壁鸠鲁学派、斯多亚学派和怀疑主义学派。国内学界对这时期的哲学过去重视不够、研究较少,不过这种情况正在得到改善。包利民和章雪富主持的"两希文明哲学经典译丛"收入了伊壁鸠鲁、斐洛、普罗提诺、普鲁塔克、恩披里柯、奥古斯丁以及其他一些代表性哲学家的重要著作,徐开来和熊林等人翻译出版了《名哲言行录》和《伊壁鸠鲁主义的政治哲学》等一批著作,崔延强新近翻译出版了恩披里柯的《皮浪学说概要》(商务印书馆2019年版),这些翻译工作为更深入研究晚期希腊哲学提供了便利。

杨适的《伊壁鸠鲁》(东大图书公司1996年版)是中国学者第一部研究伊壁鸠鲁的专著,比较系统地介绍了伊壁鸠鲁的思想,并且在与德谟克利特、亚里士多德、斯多亚学派、基督教哲学和中国古典思想的比较中阐述伊壁鸠鲁的历史地位和当代意义。总体而言,学界渐渐淡化了伊壁鸠鲁对原子论的贡献,而更关注他在伦理学方面的成就。王来法的博士学位论文《前期斯多亚学派研究》描绘了前期斯多亚派的概况,分析了前期斯多亚派的逻辑学、自然哲学、伦理学以及它们之间的内在关联。以崔延强为代表的一些学者追溯了"怀疑主义"的词源,指出 skepsis 的本原含义是"探究",并且梳理了希腊怀疑主义的历史和逻辑线索,为怀疑主义在理论和实践中的重要作用作了辩护。

范明生的《晚期希腊哲学和基督教神学——东西方文化的汇合》(上海人民出版社1993年版)论述了希腊化—罗马哲学和早期基督教神学的发展脉络,重点讨论了新柏拉图主义和基督教神学的先驱、犹太神学家斐洛以及给基督教神学以巨大影响的普罗提诺,把斐洛和普罗提诺看作希腊主义和犹太主义结合的两个典型,并且把奥古斯丁看作多股思潮的集大成者。该书为我们提供了一种观察晚期希腊哲学的有益视野。叶秀山在《希腊哲学从宇宙论到伦理学的过渡》(载《江苏行政学院学报》2001年第1期)一文中讨论了希腊哲学经过怀疑论冲击以后所出现的由知识论—宇宙论到伦理学的论题上的转化,在这个视角下研究了亚里士多德伦理学的意义,试图阐明不同于"主—客"关系的"主—主"关系的特点,并由此引导出斯多亚学派与伊壁鸠鲁学派之间的关系,以及哲学伦理学的兴起对于基督教及其神学在罗马的传播所产生的作用,很富有启发意义。

三 总结与评论

在研究内容上,以往对希腊早期和古典时期哲学的研究比较多,而希腊晚期哲学研究略显薄弱,不过这种情况正在得到改善。柏拉图和亚里士多德哲学的经典性地位应该得到强调。但是,对前苏格拉底哲学和后亚里士多德哲学的研究不能偏废,因为前者能让我们看到原创性思想的独特力量,后者则能帮助我们看清楚各门科学分化的逻辑线索以及思想介入实践领域之后的各种可能性。国内学者从哲学史的角度进行大视野研究的情况比较多,对经典文本的细致注解与深度诠释相对缺乏,这种情况后来得到了改善,逐渐出现了一些专人和专题的研究。我们应该把古希腊罗马哲学放到西方文化的大背景来解读,凸显它在科学理性和人文精神两方面的奠基性地位,从而将其中蕴含的巨大生命力阐发出来,以促进当代汉语思想文化事业的建设。

第三节 中世纪哲学研究

西方中世纪哲学通常指以西欧经院哲学为主体的哲学,它以奥古斯丁和波埃修的思想为先声,13世纪进入黄金时期,在托马斯·阿奎那的哲学体系中登峰造极,在邓斯·司各脱和奥康的威廉之后走向没落,15世纪中叶为文艺复兴学说所取代。当代中国中世纪哲学的研究起步较晚,主要原因有三:一,从西方哲学史上深受启蒙思想影响的西方学者从事哲学研究的思想认识来讲,"中世纪哲学"被视为"黑暗时代的思想",黑格尔主张"穿七里靴尽速跨过这一时期"的方式成为不少哲学史家（哲学家）的共同看法，影响了中国学者的研究兴趣。二，西方中世纪哲学本身所蕴含的基督宗教思想与当代中国无神论的社会现实、中国传统的儒释道理论缺乏足够的对话条件。三，拉丁语、希腊语、希伯来语等古典外语条件限制。即便如此，1963 年，商务印书馆出版了马清槐翻译的《阿奎那政治著作选》以及奥古斯丁著、周士良译的《忏悔录》。

一 主要作品

20 世纪 80 年代之后，中国大陆相继出版了一些关于中世纪哲学研究较有影响的著作（按出版时间列举）：《中世纪哲学研究》（傅乐安著，上海人民出版社 1985 年版）；《阿奎那》（安东尼·肯尼著，黄勇翻译，中国社会科学出版社 1987 年版）；《基督教哲学 1500 年》（赵敦华著，人民出版社 1994 年版）；《经院哲学的集大成者——阿奎那》（江作舟、靳凤山著，安徽人民出版社 2001 年版）；《阿奎那》（约翰·英格利斯著，刘中民译，赵敦华、张世英主编《世界思想家译丛》，中华书局 2002 年版）；《爱的福音——中世纪基督教人道主义》（杜丽华著，华夏出版社 2005 年版）；《理性与信仰——西方中世纪哲学思想》（唐逸著，广西师范大学出版社 2005 年版）；《中世纪哲学史》（黄裕生主编；叶秀山、王树人任总主编的《西方哲学史》之第三卷，江苏人民出版社 2005 年版）；《记忆与光照——奥古斯丁神哲学研究》（周伟驰著，社会科学文献出版社 2001 年版）；《奥古斯丁的基督教思想》（周伟驰著，中国社会科学出版社 2005 年版）；《托马斯·阿奎那自然法思想研究》（刘素民著，人民出版社 2007 年版）；《阿奎那自然神学思想研究》（翟志宏著，人民出版社 2007 年版）；《阿奎那存在论研究——对波埃修〈七公理论〉的超越》（董尚文著，人民出版社 2008 年版）；《犹太哲学史》（上、下卷）（傅有德等著，中国人民大学出版社 2008 年版）；《宗教与哲学的相遇——奥古斯丁与托马斯·阿奎那的基督教哲学研究》（黄裕生著，江苏人民出版社 2008 年版）；《阿奎那的灵魂学说探究——从基督教哲学角度的一种解释》（徐龙著，上海人民出版社 2008 年版）；《自由、心灵与时间——奥古斯丁心灵转向问题的文本学研究》（张荣著，江苏人民出版社 2010 年版，次年再版）；《意愿与自由——奥古斯丁意愿概念的道德心理学解读》（吴天岳编写，北京大学出版社 2010 年版）；《阿奎那人学思想研究》（白虹著，人民出版社 2010 年版）；《忏悔录》（英汉双语版）（奥古斯丁著，任小鹏译，中国对外翻译出版社 2010 年版）；《论自由意志——奥古斯丁对话录二篇》（奥古斯丁著，成官泯译，上海人民出版社 2010 年版）；《天主之城（拉丁文中文全译本）》（上、下册，奥古斯丁著，吴宗文译，吉林出版集团有限责任公司 2010 年版）；《驳朱利安》（奥古斯丁著，包利民、章雪富等译，中国社会科学出版社 2010 年版）；《论四福音的和谐》（奥古斯丁著，S. D. F. 萨蒙德英译，许一新译，生活·读书·新知三联书店 2010 年版）；《阿奎那变质说研究》（濮荣健著，人民出版社 2011 年版）；《吉尔松哲学研究》（车桂著，人民出版社 2012 年版）；《阿奎那》（刘素民著，云南教育出版社 2012 年版）；《神学大全》第 1 集（5 册）（托马斯·阿奎那著，段德智译，商务印书馆 2013 年版）；《中世纪哲学》（上、下卷，赵敦华、傅乐安主编，商务印书馆 2013 年版）；《尼撒的格列高利基督教哲学思想研究》（罗耀军著，人民出版社 2013 年版）；迈蒙尼德《迷途指津》选译、托马斯《论存在者与本质》、艾克哈特《上帝慰藉之书》选译［段德智译，见《中世纪哲学》（上、下卷，赵敦华、傅乐安主编，商务印书馆 2013 年版）］；《哲学的宗教维度》（段德智著，商务印书馆 2014 年版）；《托马斯·阿奎那伦理学思想研究》（刘素民著，中国社会科学出版社 2014 年版）；《中世纪哲学研究》（段德智著，人民出版社 2014 年版）；《托马斯难题——信念、知识与合理性》（翟志宏著，中国社会科学出版社 2014 年版）；《中世纪哲学——历史与哲学导论》（约翰·马仁邦著，吴天岳译，北京大学出版社 2015 年版）；《阿奎那语言哲学研究》（董尚文著，人民出版社 2015 年版）；

《爱、自由与责任——中世纪哲学的道德阐释》(张荣著,社会科学文献出版社 2015 年版);《圣托马斯·阿奎那与自然法传统——当代视角》(约翰·戈耶特、马克·拉特科维奇、理查德·迈尔斯编,杨天江译,商务印书馆 2015 年版);《论法律》(阿奎那著,杨天江译,商务印书馆 2016 年版);《托马斯·阿奎那情感理论研究》(黄超著,人民出版社 2016 年版);《论独一理智——驳阿维洛伊主义者》(托马斯·阿奎那著,段德智译,商务印书馆 2018 年版);《阿奎那三一学说研究》(车桂著,人民出版社 2018 年版);《托马斯·阿奎那爱的学说研究》(张祎娜著,人民出版社 2018 年版)。

早期某些著作的观点具有一定的思想局限性,与当时人们的文献稀缺、研究水平有限、意识形态影响、研究方法不当等都有一定的关系,这恐怕也是早期西方哲学史研究中的"通病",从内容上考察,有些早期著作尚属研究起步阶段探索性的产物——整体把握和宏观研究较多,而深入地诠释、分析和微观探讨的专题较少。随着研究条件的改善(特别是翻译和学术交流)这种不足很快得以改善,出现了不少优秀作品。

在中国大陆中世纪哲学的起步阶段,拥有良好拉丁文功底的傅乐安先生于 1990 年出版了《托马斯·阿奎那基督教哲学》一书,他将基督教哲学近 2000 年的历史划分成三个历史时期和三种不同的形态,而"托马斯主义表现得最为突出而独占鳌头"。傅乐安先生不仅全面地介绍了托马斯哲学体系的建立及其具体内容,而且还指明了其影响以及当时天主教哲学发展的最新趋势。这本书对于纠正学界传统观念对中世纪哲学、对阿奎那本人的误解与偏见起到了一定的作用。1997 年,傅乐安先生著《托马斯·阿奎那传》出版,该著介绍了托马斯·阿奎那的生平、两部巨著——《反异教大全》和《神学大全》、上帝存在的五种证明、托马斯与亚里士多德的关系、托马斯的哲学和神学以及托马斯主义和新托马斯主义等。整部著作资料充分,内容翔实,成为当时中国大陆研究托马斯的又一重要成果。这两部著作是傅乐安先生及其所在的中国社会科学院哲学研究所对于当代中国托马斯·阿奎那研究、中世纪哲学研究的重要贡献。

二 开拓者

当代中国中世纪哲学研究的开创者除了前文提到的中国社会科学院哲学研究所的傅乐安先生,还有两位重要人物:北京大学的赵敦华教授和武汉大学的段德智教授。前者写过一本影响深远的书即《基督教哲学1500年》,还主持编译了傅乐安先生生前倾力的《中世纪哲学》(上、下卷),出版和发表了大量相关著作、文章;后者主持翻译了托马斯·阿奎那的《神学大全》《反异教大全》《论存在者与本质》等著作,出版和撰写了大量相关著作、文章。巧的是,这两位教授曾是同门师兄弟,而他们共同的导师陈修斋先生(1921—1993年)堪称当代中国中世纪哲学翻译和研究的先行者和设计者,其学术影响深广,在当代中国中世纪哲学翻译和研究领域的学术地位和影响无可替代。

早在1957年,陈修斋先生就以对中世纪哲学的独到见解力排众议,批判"左"倾教条主义,说明唯心主义与唯物主义可以兼容,在哲学史上"可以有进步作用"。我国著名西方哲学史专家汪子嵩先生在谈到这一点时,曾由衷感慨道:"在有这点觉悟上,修斋比我至少要早十几年。""文化大革命"期间,陈先生身处逆境,痴心不改,他与人编辑的《欧洲哲学史稿》,中世纪哲学部分非但没有压缩,反而大幅扩容。1978年之前,中世纪哲学在我国是西方哲学史领域中的一个"险区"。陈先生不畏艰险,旗帜鲜明地创造性地深入开展这一研究,非常难得,他是我国当代中世纪哲学研究的一位杰出的先行者。

"文化大革命"以后,陈修斋先生萌生了组建中世纪哲学翻译和研究队伍的构想。为了改变我国中世纪哲学极其薄弱的现状,培养我国中世纪哲学学科带头人,陈修斋先生在武汉大学开始招收出国研究生,并于1982年派遣时为其硕士研究生的赵敦华赴鲁汶大学学习和研究中世纪哲学。与此同时，他还鼓励和推动武汉地区的中青年学者翻译和研究中世纪哲学。1988—1990 年，他亲自组织武汉地区多个中青年学者翻译中世纪哲学，并亲自校订了相关译稿（30 多万字），为日后武汉地区中世纪哲学的翻译和研究培养了骨干，奠定了基础。实践表明，陈先生生前的这两项重大举措对他身后的中国当代中世纪哲学翻译和研究产生了深广影响。陈先生是中国当代中世纪哲学翻译和研究的一位卓越的设计者。

陈修斋先生对当代中世纪哲学研究的深广影响首先体现在赵敦华教授身上。赵敦华不负陈先生的学术重托，在比利时鲁汶大学获得博士学位学成回国后，干了两件大事。第一件是他于 1994 年出版了他的中世纪哲学专著《基督教哲学 1500 年》。该著不仅思想深邃、视野开阔，史料也相当丰富和扎实。在国内出版的同类著作中，其旁征博引原始史料之多，至今无出其右。可以说，该著是当代中国中世纪哲学研究最重要、最权威的学术成果之一。第二件是他花了十年工夫主编了两卷本《中世纪哲学》——此前，中国社会科学院哲学研究所的傅乐安先生曾以 6 年时间（1988—1994 年）完成了"初稿"；赵敦华教授为了编译、出版该著，却花了 10 多年时间（2002—2013 年），不仅对初稿的选目做了大规模调整和充实，而且还提出了"现代外文译本和拉丁文（希腊文）原著相互参照"的翻译要求，对选用的部分初稿重新做了校订。该书于 2013 年出版后，商务印书馆学术研究中心曾以"几代学人，半世心血"为题，《中国社会科学报》曾以"将成为研究西方哲学重要参考"为题报道了该著的出版，足见中国出版界和学界对该著的重视。由此看来，当年陈先生执意派遣赵敦华出国研究中世纪哲学实在是一项富有远见卓识的举措。

与此同时，武汉地区中世纪哲学团队也做了一些工作。首先，在中世纪哲学翻译方面，他们先后出版了段德智教授翻译托马斯·阿奎那著的《论存在者与本质》、《神学大全》第 1 集（5 册）、《论独一理智》和《反异教大全》（5 册）四部译作。此外，他们还参编了赵敦华和傅乐安主编的《中世纪哲学》一书（约50万字），主编了"经院哲学与宗教文化研究丛书"，至今已经在人民出版社出版了10余部学术专著。此外，他们还撰写了其他一些学术专著。

陈修斋先生有着深广影响的上述两个维度并非孤立而是有一定的交集的，首先表现为课题负责人的交集。2002年，赵敦华教授和段德智教授共同申报了一个教育部重点研究基地重大研究项目（项目批准号为02JAZJD720001），其意义无疑是重大的：一方面是因为课题内容是《西方哲学文献选编（中世纪卷）》，另一方面是因为本课题的两个负责人均为陈修斋先生的学生，而这也意味着北京大学中世纪哲学团队与武汉地区中世纪哲学团队首次"直接"合作。其次，还表现为课题内容的交集。按照当初的课题设计，该课题有两个基本子课题：一个是《中世纪哲学》编译，由赵敦华教授负责，另一个是《神学大全》翻译，由段德智教授负责。但在实际运作中，他们是有分有合的。例如，武汉团队就参加了赵敦华教授主编的《中世纪哲学》的翻译工作。《中世纪哲学》首先收录了陈修斋先生直接组织翻译的译稿。这部分稿件当初是由段德智教授直接寄给傅乐安先生的，有近30万字。再次，是该著收录了赵敦华教授接手主编后安排曾经在武汉大学师从段德智教授获得博士学位、当时在北京大学博士后流动站跟随赵敦华教授从事博士后研究的刘素民博士和段德智教授翻译的译稿。赵敦华教授给刘素民博士安排的任务是翻译西格尔的《论世界的永恒》，给段德智教授安排的任务则有4项，分别是：（1）校傅乐安先生的《神学大全》译稿（节译）；（2）校傅乐安先生的《反异教大全》译稿（节译）；（3）译阿奎那的《论存在者与本质》；（4）译埃克哈特的《上帝慰藉之书》。

作为当代中世纪哲学的领军者，赵敦华教授与段德智教授不仅在中世纪哲学的翻译方面有所合作，而且在中世纪哲学研究方面也有所合作。例如，他们就曾联合写作了《试论阿奎那特指质料学说的变革性质及其神哲学意义——兼论 materia signata 的中文翻译》一文。该文后来发表在《世界宗教研究》上，共有 5 个部分：（1）阿奎那特指质料学说的提出：对传统质料学说的重大变革；（2）质料的类型学分析与特指质料的实存论性质；（3）质料的发生学分析与特指质料的生成机制和生成功能；（4）materia signata 的中文翻译；（5）阿奎那特指质料的神哲学意义。

三 任重道远

当代中国中世纪哲学研究虽然取得了一些有价值的研究成果，但比起欧美国家更丰富的先进研究成果，我们任重而道远。当然，今天我们所面对的主要问题已不再是 20 世纪研究起步前后学者们疑惑不解的"应不应该研究"的问题，而是"如何更好地研究""如何更快地与国际接轨"的问题。为此，我们需要从许多方面作出努力：第一，我们需要更加深入地翻译与研究中世纪哲学的文本。第二，我们的研究视域有待加宽。从当代中国大陆中世纪哲学研究现有的成果来看，阿奎那与奥古斯丁思想研究所占比重较大，而相关的阿拉伯哲学、犹太教哲学的研究则有待加强。第三，需要多角度的研究方法。在诠释中世纪哲学文本时，我们首先应当做到回归经典的原意，根据经典，以经解经，力求义理之通达一贯，在忠实诠释的基础上再作出有创造性的诠释，以发掘藏在文本表面结构底下的深层结构，显现思想家原本的哲理意涵。同时，将西方中世纪哲学置于西方哲学史、西方宗教史、中国传统文化等思想结构中来分析，不仅可以深化西方中世纪哲学本身的研究，同时还可以拓展出相关的研究领域与研究方向，对相关学科的发展也会起到促进作用。第四，专业队伍培养和专业外语训练有待加强。多方面的问题需要多角度、多层次的解决办法，绝非是上述几个方面所能涵盖的。在我们积极传承前辈的优良思想传统、促进当代中世纪哲学研究更加繁荣昌盛的同时，希望不久的将来中国能够涌现出更多的中世纪哲学研究优秀作品。

第四节　早期现代哲学研究

早期现代哲学，指文艺复兴至德国古典哲学之前欧洲16—18世纪的哲学，它的另一个称谓就是近代西方哲学。用"早期现代"（early modern）与国际学界的通行用法是一致的。在70年的历程中，对早期现代哲学的研究可以划分为三个阶段，现逐一阐述。

第一个阶段是从1949年至1978年改革开放前，以宣传唯物主义为目标的翻译和研究，例如法国18世纪唯物主义哲学和反对神权、提倡理性的斯宾诺莎哲学，被商务印书馆纳入其汉译世界名著的书目中。

1958年贺麟翻译了斯宾诺莎的《伦理学》。该书原以拉丁文写成，贺麟从英文本并参照德译本翻译，后由汝信对照俄译本校对。

管士滨翻译了18世纪法国唯物主义哲学家、"百科全书派"重要代表人物之一霍尔巴赫的《自然的体系》，这是一部系统、科学、全面地阐述唯物主义思想的巨著。上卷出版于1962年，下卷于1978年出版。1964年起，管士滨用马克思主义的观点撰写了专题论文《霍尔巴赫的"自然的体系"》，指出霍尔巴赫的《自然的体系》充分利用了当时自然科学的成果，总结了过去先进的唯物主义思想，第一次科学、系统而全面地阐述了唯物主义的世界观。管士滨还站在马克思主义的立场上，批判霍尔巴赫唯物主义源于笛卡尔的机械性以及用普遍的永恒人性来解释道德的理解缺陷。类似的论文还有《读霍尔巴赫的〈袖珍神学〉和健全的思想》和《谈狄德罗的〈拉摩的侄儿〉》。

温锡增翻译了斯宾诺莎的《神学政治论》，该书是《伦理学》的补充和延伸，书中体现的理性批判精神可被视为是欧洲启蒙运动的先声。因涉及大量《圣经》内容，翻译的难度很大。《神学政治论》自1963年首版后多次重印。

围绕着对唯物主义的宣传，以哲学所西方哲学史组集体名义编辑出版了《培根哲学思想——培根诞生四百周年纪念文集》（商务印书馆1961年版），共收录了7篇文章，它们是：贺麟的《关于研究培根的几个问题》，讨论了培根哲学的方法论、斯宾诺莎对培根的批评以及培根的二重真理论。温锡增在《培根及其哲学思想简介》中简要地叙述了培根的生平与主要著作，重点对培根的归纳法与穆勒的归纳法做比较分析。姜丕之的《论培根的〈新工具〉》全面介绍了培根的代表作《新工具》；沈有鼎的《唯物主义者培根如何推进了逻辑科学》和汪奠基的《培根的归纳逻辑》阐述了培根在逻辑学方面的贡献；余丽嫦的《关于培根的知识论》讨论了培根的知识论；叶秀山的《关于培根对亚里士多德哲学观点的批判》一文从宇宙论和认识论两个角度论述了培根对亚里士多德的批判及其意义。

第二个阶段是改革开放至21世纪初期。在这个百废待兴的时期，一批早期现代哲学陆续进入商务印书馆汉译世界名著，很多都是老一辈学者所为，如关文运所译洛克的《人类理解论》（1981年），休谟的《人类理解研究》（1981年）和《人性论》（1982年）；顾寿观译、王太庆校的法国哲学家梅特里著《人是机器》（1981年）；江天骥、陈修斋、王太庆合译的《狄德罗哲学选集》（1981年）；单志澄、周以宁译霍尔巴赫的《袖珍神学》（1981年）；陈修斋译莱布尼茨的《人类理智新论》（1982年）；庞景仁译笛卡尔的《第一哲学沉思集——反驳和答辩》（1986年）；何兆武译帕斯卡尔的《思想录》（1986年）；贺麟译斯宾诺莎的《知性改进论》（1986年）；洪汉鼎译《斯宾诺莎书信集》（1996年）。这些译作为早期现代哲学研究搭起了基本的框架。

研究与翻译工作同时进行。在突破了把哲学史简化为唯物主义和唯心主义两条路线的斗争之后，这一时段的早期现代哲学研究力主从哲学原著的解读出发，以经验主义和唯理主义两种认识论的对立为线索，梳理16—18世纪的欧洲哲学。这时的早期现代哲学研究追求全面系统的宏大叙事风格，注重认识论的发展线索。这方面的代表作品当推陈修斋主笔的《欧洲哲学史上的经验主义和唯理主义》（人民出版社1986年版）一书。该书以认识论为主线，从认识的对象、主体、起源、方法和真理性五个方面，系统阐述了两种思想方法的对立、发展和理论意义。

李凤鸣、姚介厚合著的《十八世纪法国启蒙运动》（北京出版社1982年版），这是改革开放后较早出现的关于18世纪法国哲学的研究专著；葛力1991年出版的《十八世纪法国哲学》（社会科学文献出版社），比较全面系统地研究了这一时段的法国哲学。斯宾诺莎从政治哲学到哲学的"上升之路"正是一条现代性的理性启蒙、解放和拯救之道：人凭借自己的理性不仅走出了传统启示宗教的"黑暗王国"，而且获得了真理、真正的自由和幸福；人不仅认识了神，而且甚至通过理性最终把自己变成了神。就这一点来说，斯宾诺莎的哲学和政治哲学作为一个思想整体，恰恰体现了现代性和现代理性启蒙的自我筹划、自我解放和自我肯定精神。冯俊的《近代法国哲学》（同济大学出版社2004年版）增补了一些过去未曾出现在哲学史当中的法国启蒙思想家如波舒哀、拉普拉斯等，该书曾多次再版。

与这种断代史研究相匹配的是一批以早期现代哲学史上的重点人物为中心的专题研究著作，经验主义和理性主义两派的代表性人物均有涉及。这些著作注重对哲学家自身概念和思想的考证与辨析，力求对其时代背景、思想来源、生平著作、哲学思想和历史影响等进行全方位的研究，很多专著都收入了人民出版社的"哲学史家文库"，如余丽嫦的专著《培根及其哲学》（1987年），该书用十四章的篇幅全面而详细地介绍了培根哲学，丰富了英国经验论研究的内容。侯鸿勋的《孟德斯鸠及其启蒙哲学》（1992年）全面介绍了孟德斯鸠的哲学、法学、政治学、社会学等思想，最后一章"孟德斯鸠与中国"，记述了孟德斯鸠对中国的看法，以及他的思想在中国被接受的情况。洪汉鼎的《斯宾诺莎哲学研究》（1993年）特别强调对斯宾诺莎主要概念的历史考察，强调考察其哲学体系的内在逻辑和局限性。傅有德的《巴克莱哲学研究》和周晓亮的《休谟哲学研究》(1999年），都具有资料翔实丰富、分析细致入微的特点。这些研究专著多为填补空白之作，它们的出现为西方哲学史点、线、面相结合的立体网络的构建添砖加瓦。

第三个阶段，即从进入21世纪以来至今，由于对西方现代哲学的深入了解，尤其是对基督教思想与西方哲学之间的隐显互动关系线索的发现，加之对欧洲现代政治制度的历史溯源的兴趣，伴随着改革开放成长起来的一代学者不再追求全面系统的早期现代哲学研究，也不再关注经验主义和唯理主义两条认识论路线之争，他们带着现当代哲学的视角而返诸早期现代哲学当中的政治哲学理论，通过对历史和文化背景的分析，揭示出早期现代政治哲学在当今社会的理论意义，通过不断与哲学史对话的方式，复活了哲学史作为思想资源的意义。在这方面出现了一些有思想深度的成果。

孙向晨通过论文《基督教的政治化理解——近代西方政治哲学解读基督教的一种基本思路》(《学术月刊》2007年第7期），揭示了近现代西方社会中基督教的政治作用。论文从历史的线索出发指出，从马基雅维利到卢梭有一条渐进的基督教政治化理解的思路。具体言之，马基雅维利深刻领悟了宗教对于政治的重要作用，并从罗马社会汲取思想资源来加以解决；霍布斯和洛克分别对《旧约》和《新约》进行政治化解读，以使《圣经》思想符合并服务于现代政治哲学；卢梭最终提出"公民宗教"的概念，汇集了之前各个线索，显示出宗教对于政治社会的全面价值。这篇论文对于深入理解西方社会中政治与宗教、政治稳定与价值形态相互依存的关系具有重要的启示作用。

吴增定在早期现代哲学研究方面撰写了两部专著：一部是《斯宾诺莎的理性启蒙》（上海人民出版社2012年版），该书提出斯宾诺莎的哲学和政治哲学是一个思想整体，体现了现代性和现代理性启蒙的自我筹划、自我解放和自我肯定精神。另一部是《利维坦的道德困境——早期现代政治哲学的问题与脉络》（生活·读书·新知三联书店 2017 年版），系统梳理了早期现代哲学的问题、背景和内在困境。

黄裕生在论文《一种基于权利原则之上的政治理论——论洛克的政治哲学》（《求是学刊》2018 年第 6 期）中分析了洛克的"自然状态学说"，认为它既是对自然法的展示，同时也是对（自由）权利的证明。由此，洛克不仅明确地确立起了权利原则，而且自觉地以权利原则为基础去确立政治共同体的合法性来源及其界限。

这种研究进路进一步说明，哲学史研究并非是在"钻故纸堆"，哲学史是一门"长青"的学科，前世哲学家的问题永远不会过时，它们将被后世哲学家和学者们重新思考和解答。尤其值得注意的是，学者们在研读古代哲学著作时，有意识地将其与当今社会和时代的问题联系起来，不仅突出了古代哲学的恒久"魅力"，而且为如何从古代哲学思想中开掘出现实性意义提供了诸多启示，有力地纠正了社会上对于西方哲学研究的错误认识和偏见。

第五节　德国古典哲学研究

德国哲学对于中国人似乎有天然的吸引力，中国学人进入西方哲学最早就是通过康德、叔本华和尼采等德国哲学家。仅就德国古典哲学而言，"西学东渐"史上，思想文化界和学术界在康德和黑格尔之间的偏重次序至少出现过三次转换，排除早期接受史中的偶然因素，这种偏重多与时代精神的需求相关。1949 年至改革开放前，西方哲学整体上被划入资产阶级哲学的阵营，但由于宣传唯物主义和无神论的政治要求，更由于黑格尔与马克思主义的渊源关系，西方哲学史上的唯物主义和德国古典哲学的翻译和研究还在进行，尤其是居于西方思辨哲学顶峰的黑格尔哲学甚至一直处于显学地位。改革开放后，中国哲学界抓住了重新审视德国古典哲学的机遇，德国古典哲学研究焕发了生机，研究的范围扩大，学界对康德哲学的兴趣超出了对黑格尔的兴趣,并且这种热度持续不衰,甚至愈演愈烈。而且在打破了批判德国古典哲学当中的唯心主义倾向的思想桎梏的前提下,同是康德、黑格尔研究,过去比较偏重理论哲学或知识论问题,现在则更关注其实践哲学或政治哲学。第三次转换是,德国古典哲学的研究范围进一步扩大至费希特和谢林,其著作的翻译和研究均已初具规模,改变了过去对西方思辨哲学的巅峰时期的笼统认识,向更全面、更深入的方向发展。下文的叙述顺序将依据中华人民共和国成立以来,学界对德国古典哲学家的依次重视程度而进行。

一 黑格尔研究

黑格尔研究在 1949 年中华人民共和国成立之前即已开始进行。贺麟早在"西南联大"时期,就积极促成了中国哲学会"西洋名著编译委员会"的成立,准备有系统、有计划地引进西方哲学。中华人民共和国成立后,中国科学院哲学研究所西方哲学史组成员中的贺麟、杨一之、王玖兴的专业方向都是德国哲学,老一辈学者因成长于旧社会,思想尚需改造,但他们又有海外留学经历,外语能力强,因此组织要求他们以文献和学术资料整理工作为主;而新中国培养起来的年轻学者的任务是从事研究和写作工作。特殊时代的特殊需求使得这项计划暂时缩小到与马克思主义哲学相关的德国古典哲学,尤其是黑格尔哲学。第一部被翻译的黑格尔著作是《小逻辑》,即 1817 年出版的黑格尔《哲学科学百科全书》中第一部分"逻辑学"。贺麟自 1941 年为配合教学即开始着手翻译此书,1950 年出版,1973 年出版修订版。这本书在西方哲学类著作中发行量较大,它确立了黑格尔哲学基本概念的汉语译名,如"概念""共相""知性""自在""存在""变易""定在""尺度""实存""反思""理念";而"有无""对立""统一""差异""扬弃"等概念,早已成为对现代中国人的哲学启蒙,有机地融入了现代中国哲学的系统当中。

1956 年,贺麟启动并主持黑格尔《哲学史讲演录》的翻译。这是黑格尔用自己的观点对哲学史资料进行梳理的作品,是哲学家书写的哲学史的经典之作。该书时间跨度大，所涉及的哲学流派和人物繁多。贺麟与王太庆合作，该书第一卷于1956年出版，至1978年全部四卷的翻译和出版完成，每卷均附有术语或专名索引，为读者阅读和研究提供了线索。

1962年，贺麟与王玖兴合作翻译的黑格尔《精神现象学》上卷出版，下卷的出版则到了1979年。该书被视为是黑格尔逻辑学和整个哲学体系的导言，其问题和理路有助于整体理解德国古典哲学的发展脉络。为了对这部艰涩难解的作品进行导读，贺麟撰写了2万多字的导言与上卷同时出版，浓缩了他对黑格尔哲学的研究心得。

杨一之1961年开始翻译黑格尔的《逻辑学》，1966年出版上卷，下卷的翻译完成于"文化大革命"的艰难岁月当中，1976年出版完毕。《逻辑学》是黑格尔哲学体系中的重要组成部分，全书共分"有论""本质论""概念论"三篇，内容广博、艰涩，歧义词较多。杨一之采用直译法，但对重要概念则做有学术见地的处理。例如Sein，一般译为"存在"，但杨一之根据黑格尔逻辑学的内容将之译为"有"，影响了学界对西方存在论的理解和研究。

在黑格尔哲学研究方面，至"文化大革命"结束前，主要围绕黑格尔哲学与马克思主义哲学的批判性继承的关系而展开。1956年，张世英的《黑格尔的哲学》（上海人民出版社）出版，至1972年第三版时，该书印数已超过20万册。这本以批判黑格尔唯心主义思想为立场的小书成为当时青年人了解黑格尔思想的门径。1961年，由姜丕之与汝信合作、汝信执笔的《黑格尔范畴论批判》（上海人民出版社）一书出版，这本书用马克思主义哲学的观点对黑格尔逻辑学进行了批判。《马克思主义的三个来源》一书由王树人、叶秀山、余丽嫦、李凤鸣、汝信、侯鸿勋、薛华编著，汝信主编。该书虽然于1978年由人民出版社首版，但其主体工作是"文化大革命"期间完成的。

改革开放初期，对黑格尔哲学自身的研究终于可以登堂入室，当时的黑格尔研究中心仍然在以贺麟为中心的中国社会科学院哲学研究所。汝信较早关注对黑格尔早期著作的研究,他于1978年发表了两篇论文,一篇是5万多字的《青年黑格尔的社会政治思想》(《外国哲学史研究集刊》第1辑,1978年),另一篇为《青年黑格尔关于劳动和异化的思想——关于异化问题的探索之一》(《哲学研究》1978年第8期),两篇论文提供了当时不为学界所熟知的黑格尔作品的材料,而且在探究马克思主义与黑格尔哲学的关系问题上有所突破。1988年,贺麟翻译出版了《黑格尔早期神学著作》(商务印书馆),为了解黑格尔实践哲学提供了新的材料和视角。1989年宋祖良出版了他的博士学位论文《青年黑格尔的哲学思想》(湖南教育出版社),梳理了黑格尔在写作《精神现象学》之前的思想。

这段黑格尔哲学的研究热潮中,对黑格尔哲学自身的关注和研究范围进一步扩展。薛华首先翻译出版了《黑格尔政治著作选》(商务印书馆1981年版),为黑格尔研究领域的拓展提供了文本支持。薛华1983年出版的小书《自由意识的发展》,对《精神现象学》中有关自由的学说进行了阐述和探索性思考,这个方向在当时颇为新颖。这本书是在洪堡基金的资助下在"黑格尔档案馆"完成的,选题和写作过程中都曾与奥托·珀格勒尔(Otto Pöggeler)讨论过,是改革开放初期国际学术交往的较早体现。1986年,薛华又出版题为"黑格尔与艺术难题"的小薄书(中国社会科学出版社),该书将现代哲学的视角融入,追问了黑格尔艺术终结命题对20世纪诸家如弗洛伊德、胡塞尔、维特根斯坦、海德格尔、伽达默尔、阿多诺等的思想的影响,是一部围绕问题展开研究的著作,至今仍有思想价值。

1982年,侯鸿勋著《论黑格尔的历史哲学》(上海人民出版社)出版。1985年,王树人著《思辨哲学新探》(人民出版社)出版,该著从黑格尔原著出发,批判性地探讨了黑格尔哲学体系和其中的具体概念如历史主义、整体观的合理内涵和价值,打破了国内长期以来从马列经典论述出发诠释黑格尔哲学的思想禁锢,为黑格尔哲学研究注入了新鲜的活力。该书一经出版即受到学界的广泛关注,后多次重印、再版。

1986年，贺麟著《黑格尔哲学讲演集》（上海人民出版社）出版，收集了贺麟对黑格尔整个哲学思想体系的研究论文及演讲共24篇，包括1930年的《朱熹与黑格尔太极说之比较观》和1944年的《黑格尔理规学简述》两篇早期著作。这些论文涵盖了贺麟对黑格尔思想背景、哲学体系全貌、黑格尔早期著作的研究，不仅意味着黑格尔研究步入正轨，而且也重新开启了中西哲学比较和对话的研究方向。

1988年，王树人著《历史的哲学反思——关于〈精神现象学〉的研究》（中国社会科学出版社）出版，系统探讨了"主奴关系"、恐惧与劳动等问题。

1997年，张慎的《黑格尔传》（河北人民出版社），结合黑格尔思想产生的文化背景，揭示了黑格尔著作的产生过程和思想发展脉络，为全面理解黑格尔哲学提供了一把钥匙。

除了中国社会科学院哲学研究所在黑格尔研究方面的领军作用外，张世英在黑格尔逻辑学研究方面，注入了对历史文献和文本的分析，这主要体现在他的《论黑格尔的逻辑学》（首版1959年，二版1964年，修订版1981年，这是中华人民共和国成立后30年中最系统地研究黑格尔逻辑学的著作）和《黑格尔〈小逻辑〉绎注》（吉林人民出版社1982年版）当中。他还主编了《黑格尔辞典》（吉林人民出版社1991年版），这是一部研究黑格尔的重要资料。张世英还把研究重心从黑格尔逻辑学转向了精神哲学，出版了《论黑格尔精神哲学》一书（上海人民出版社1986年版），强调哲学的中心课题是"人"，并且用"自由"来概括黑格尔精神哲学的本质。这个思想倾向与80年代思想解放的浪潮中对人的重视是分不开的。

邓晓芒的《思辨的张力——黑格尔辩证法新探》1992年出版（湖南教育出版社），突破了长期以来只讲求辩证法的合理内核的局限性，将研究的视角扩展到辩证法的语源学和生存论起源。1996年赵林的《黑格尔的宗教哲学》（武汉大学出版社）和2004年高全喜的《论相互承认的法权——〈精神现象学〉研究两篇》（北京大学出版社）的出版，使国内黑格尔研究的覆盖面进一步扩大，对宗教哲学和法权哲学、承认理论的重视，表明学界开始意识到黑格尔实践哲学的价值。

进入 21 世纪以来，梁志学 2002 年翻译出版黑格尔《逻辑学——哲学全书第一部分》，该书是继贺麟黑格尔《小逻辑》经典译本之后的优秀译本。作为研究性译著，书中有 180 余条译者注，提升了译本的知识性和专业性。2005 年，梁志学建立了"历史考订版"《黑格尔全集》翻译课题组，这套书的蓝本为北莱茵—威斯特法伦科学院版《黑格尔全集》，目前由商务印书馆出版了 5 卷，它们是：《黑格尔全集》，第 6 卷《耶拿体系草稿（I）》（郭大为、梁志学译，2015 年），第 7 卷《讲演手稿 II（1816—1831）》（沈真等译，2012 年），第 10 卷《纽伦堡高级中学哲学教程与讲话（1808—1816）》（张东辉、卢晓辉译，2012 年），第 17 卷《宗教哲学手稿》（梁志学、李理译，2011 年），第 27 卷·第 1 分册《世界史哲学讲演录（1822—1823）》（刘立群、沈真、张东辉、姚燕译，2015 年）。这项翻译计划仍在进行之中。

与此同时，张世英领导翻译二十卷本"理论著作版"《黑格尔著作集》，现由人民出版社出版了第 3 卷《精神现象学》（先刚译，2013 年），第 10 卷《精神哲学》（杨祖陶译，2015 年），第 16 卷和第 17 卷《宗教哲学讲演录》（燕宏远、张国良译，2015 年），第 7 卷《法哲学原理》（邓安庆译，2016 年）以及第 2 卷《耶拿时期著作（1801—1817）》（朱更生译，2017 年）。

二 康德研究

康德作为德国古典哲学的开创者，对德国哲学乃至哲学本身的发展起到了决定性的作用。多种史料表明，康德哲学在中国的传播更早，影响更广泛，梁启超、王国维、章太炎都涉猎过康德哲学。1946 年，郑昕出版了从新康德主义的观点来理解康德的专著《康德学术》（商务印书馆），贺麟认为"这可能是当时中国唯一的一本专论康德哲学的著作"。该书把康德的认识论视为康德哲学大厦的基石，同时指出康德的认识论的最终旨归是道德实践。中华人民共和国成立以后至改革开放前，康德认识论却一直被当作唯心主义而遭到批判，那时关于康德哲学的论述都只是在康德思想梳理的基础上加上批判的帽子而已。1949 年，郑昕发表了新中国第一篇关于康德哲学的论文《康德哲学批判》，以马列主义为指导，肯定了康德哲学中的合理成分，同时，批判康德哲学中"理性"与"物自体"的分裂，批判康德认识论忽视了社会实践的重要性。1957 年，齐良骥发表了康德研究著作——《康德唯心主义的认识论及其形而上学思想方法批判》（人民出版社）。这本书准确叙述了康德哲学的思想背景和基本精神，但囿于那个特殊年代的要求，该书不得不对康德哲学进行了带有鲜明意识形态色彩的批判。

对康德哲学的真正热情伴随着"科学的春天"的到来。1979 年，李泽厚推出《批判哲学的批判》（人民出版社）一书，唤醒了人们对康德哲学的重新审视和高度热情。这本书具有 20 世纪 80 年代思想解放运动中的作品的全部特点，其学术性在今天看来或许有较多问题，但书中对康德哲学的"主体性原则"的意义的阐发却激发了整个知识界的兴趣，其原因与"文化大革命"惨剧对人性的泯灭后对人的重新发现和关注密切相关。从此，哲学界对康德的热情一发不可收拾，不仅在德国古典哲学研究领域内部出现了先黑格尔、后康德的现象，后来甚至提出了"宁要康德不要黑格尔"的极端口号。1981 年，值康德《纯粹理性批判》出版 200 周年和黑格尔逝世 150 周年之际，"中华全国外国哲学史学会"依托中国社会科学院哲学研究所举办了一次国际学术研讨会，邀请到了时任国际黑格尔协会主席一职的柏耶尔（Bayer）教授、国际康德学会主席冯克（Funk）教授和国际黑格尔联合会主席亨利希（Henrich）教授出席会议并作学术报告。这次会议之后，以哲学所的名义编辑出版了纪念文集《论康德黑格尔哲学》（上海人民出版社 1981 年版），17 篇论文中，康德研究占 7 篇，包括李泽厚的《康德哲学与建立主体性论纲》、叶秀山的《康德的先验宇宙论的二律背反》、陈元晖的《康德的时空观批判导论》、郑涌的《本体论意义上的新形而上学导论——康德的〈纯粹理性批判〉》等，在一定意义上标志着哲学界研究康德哲学的新起点，尽管该文集"编者的话"称此书的目的仍是"批判地继承他们的丰富的思想遗产"，因为"我们感兴趣的应该是从康德、黑格尔继续向前的运动，从唯心辩证法到唯物辩证法的前进运动，而决不能回到康德去，回到黑格尔去"。2004年学术界迎来了杨祖陶和邓晓芒集7年劳作之力推出的康德《纯粹理性批判》《实践理性批判》《判断力批判》的最新中文译本（人民出版社）。中国人民大学李秋零花费十年心血，推出了9卷本《康德著作全集》，"全集"以普鲁士王家科学院本为蓝本。2018年，商务印书馆推出了王玖兴主译的《纯粹理性批判》，该书虽因王玖兴于2003年去世而未能全部完成，但王玖兴在德国哲学研究和翻译上的精深造诣，使得这部译著一经出版即受到学界的推崇，它为西方哲学的汉语转化树立了一个新标杆。这些译本不仅为更多的人阅读康德提供了可能，而且也代表着中国学者对康德哲学的理解和诠释。

与黑格尔研究相比，康德研究之前的不受重视似乎也给改革开放后的康德研究带来新的契机。当人们抛弃了意识形态色彩浓厚的批判之后，康德研究从一开始就比较关注在文本解读基础上讨论康德哲学当中的基本问题，首先是认识论问题。较早的专题研究成果有1990年韩水法出版的博士学位论文《康德物自身学说研究》（台北商务印书馆1990年版；商务印书馆2007年版）。该书既重视了理论分析和文本考证，吸收了西方已有的康德研究成果，具有较强的学术性；同时也注重批判性地考察康德之后西方哲学中"物自身"学说的问题线索。陈嘉明发表了《建构与范导——康德哲学的方法论》（社会科学文献出版社1992年版），把康德思想的方法论发展划分为四个阶段。张志伟《康德的道德世界观》（中国人民大学出版社1995年版）从整体性角度出发进行分析，指出康德批判形而上学的目的乃在于重建形而上学，这种形而上学是一种以自由为基础、以道德法则为形式、以至善为根本目的的"道德世界观"。这本书为深入理解康德哲学开辟了新途径。

随着改革开放的深化,现代西方哲学进入人们的视野,促使康德哲学研究有了更多的思想路径,康德哲学全面开花,进一步凸显了康德哲学作为重要思想资源的当代意义。黄裕生的专著《真理与自由——康德哲学的存在论阐释》(江苏人民出版社 2002 年版)较早地直接提出摆脱把康德哲学当作认识论来理解的传统的主张。受海德格尔哲学影响,黄裕生尝试从存在论的角度出发,揭示出了康德哲学中真理与自由相统一的面向,明确了自由原则作为西方早期现代社会的根基的认识。

赵广明的《康德的信仰——康德的自由、自然与上帝理念批判》(凤凰出版集团、江苏人民出版社 2008 年版)从宗教信仰的角度整体性地考察康德的批判哲学,指出在可能现场无人范围内知识是有效的,而在知识或经验之外则是信念、信仰的领域,道德或宗教的领域,后者之所以可能皆因自由的理念。这是较早关注康德宗教哲学的书。

叶秀山多年研读康德哲学的论文以"启蒙与自由"为题结集出版(凤凰出版集团、江苏人民出版社 2012 年版),24 篇论文中多篇为进入 21 世纪以来的新作,如《康德的法权哲学基础》和《试析康德"自然目的论"之意义》。叶秀山把康德置于整个欧洲哲学的发展史上,通过对理性僭越自身的、因而也是自由的"自然倾向"的讨论,牢固确立了"自由"概念在康德哲学中的地位。对于《判断力批判》,叶秀山不再拘泥于其审美著作的共识,认为它是沟通《纯粹理性批判》和《实践理性批判》所涉及的两个独立领域的"桥梁",《判断力批判》所涉及的正是人作为自由者的真实的"生活场所",也就是胡塞尔、海德格尔提到的"生活"的"世界",打通了德国哲学从古典到现代的一个发展环节。论文集还一反过去认为批判哲学的意义在于从传统的本体论向知识论的转向之上,提出经过批判的形而上学也能够成为一门具有"范导性"作用的"基础

"科学",开启了重新考察"本体论—存在论"在德国古典哲学中的地位的契机。

借助英美分析哲学视角研讨康德是近年来的热点。陈嘉明在《概念实在论：康德哲学的一种新解释》(《哲学研究》2014年第11期)一文中,从布兰顿提出的"概念实在论"出发,提出康德哲学是实在论的,因为它坚持承认对象的独立存在;同时康德哲学又是概念实在论的,因为康德的实在是经我们的概念构造后的结果。

与此同时,对康德政治哲学的现当代意义的重新开掘也吸引着很多康德研究者。康德并不只是个"纯粹"的书斋型学者,按德国当代哲学家赫费的说法,康德的理论哲学在历经200年后依然能够成为"现代哲学的基石",其实践哲学中世界主义的法权哲学与和平理论在全球化的今天对世界保持强大的吸引力。康德的世界公民理论为当代全球化提供了一种理性而高端的哲学、政治学和法学理念。关于"永久和平"的思想也得到了讨论,如郭大为的论文《政治的至善——康德的永久和平思想与当代世界》(《云南大学学报》2004年第4期)。郭大为提出,永久和平是贯穿整个康德哲学及其发展历程的一个重要主题。康德在政治—法哲学领域完成了一场哥白尼革命,用和平的国际法替代了战争的国际法,永久和平从而成为判断和衡量人类的道德进步和现世幸福的最高尺度,它是政治的至善,是康德政治—法哲学的拱心石。尽管康德的许多提法在今天需根据时代变化作出修正与拓展,但他所确立的原则与精神在今天仍显出其特有的理论生命力。

邓晓芒从康德道德哲学的视角出发对儒家思想的批判和"拯救"引人注目,尽管来自儒家学者圈的批评不断。邓晓芒指出,儒家伦理具有一种结构性的伪善。对此,康德通过现象和自在之物的区分构成了这种结构性"乡愿"的解毒剂,也就是我们应该从根本上摒弃"替天行道"的思想,在我们所敬重的道德律面前保持谦卑。儒家视道德为"治国安邦"的手段,一味地强调有德者得天下,但是却不去考虑"天下"—国家体制本身是否有道这一政治学当中应当考察的首要问题，这种政治功利主义立场进一步地把结构性的"乡愿"变成了体制性的"乡愿"。从康德的立场出发，这种把道德建立在经验性原则基础之上的做法摧毁了道德及其崇高性，而康德对此所开的"药方"是把道德的根基建立于不可知因而也不可限定的自由意志之上，使得人心兼有本性的恶和人格的自由独立。这种建立在自由意志基础之上的道德才是真正的道德，它能够在面临危机的时候进行自我修复和更新，从而避免全面的崩溃。康德对伪善的批评则是从人性和人格中生来就伴随着的自欺结构入手的。儒家的大部分道德范畴在康德那里都可以保留，但它们的根基应该变成理性和自由意志，而不是那种狭隘的自然情感如孝、悌。这样一来，儒家的道德观就不再是那种自我纯洁感和自恋，而是包含有彻底的反躬自省成分。儒家伦理在今天日益走入困境，特别是日益暴露出其乡愿的本色，其根本症结在于他们的人性观中缺乏自由意志的深层次根基，因此需要经过一番理性的加工和阐释，而这种加工在康德哲学里面可以找到更多的理论工具和资源。①

三 费希特研究

汉语费希特研究始于20世纪80年代，其中心在中国社会科学院哲学研究所。1986年，王玖兴翻译出版了费希特的《全部知识学基础》一书（商务印书馆）。这本书是费希特哲学体系的基石，也是理解德国古典哲学从康德到黑格尔的思想演变的必读书，其内容之艰深、语言之晦涩对于德语母语的人来说也是共识。王玖兴的翻译越在晦涩难解之处，越见功夫，为学界有目共睹。

1988年，梁志学组建了《费希特著作选集》翻译课题组，确立了"翻译基础上研究，研究指导下翻译"的原则，在与国外同行不断交流的前提下，先后翻译出版了费希特的四部著作：《论人的使

---

① 邓晓芒：《从康德的道德哲学看儒家的"乡愿"》，《西南政治大学学报》2005年第1期；《论康德哲学对儒家伦理的救赎》，《探索与争鸣》2018年第2期。

命 学者的使命》（梁志学、沈真译，1984年），《伦理学体系》（梁志学、李理译，1995年），《现时代的根本特点》（梁志学、沈真译，1998年）、《对德意志民族的演讲》（梁志学、沈真、李理译，2003年）。这些高质量译本为中国的费希特研究奠定了基础。尤其是《论人的使命　学者的使命》一书因译笔精纯而多次印刷，它已成为有良知的纯粹知识分子的思想纲领。洪汉鼎翻译了费希特书信集《费希特：行动的呐喊》（1988年）。

梁志学领导和亲自参与的费希特翻译和研究工作填补了国内费希特研究的空白，并为其向纵深方向发展奠定了坚实的基础。梁志学在翻译的基础上，先后完成了三本具有宏大叙事风格的著作的写作：《费希特青年时期的哲学创作》（中国社会科学出版社1991年版）、《费希特耶拿时期的思想体系》（中国社会科学出版社1995年版）和《费希特柏林时期的体系演变》（中国社会科学出版社2003年版）。这三本书以费希特思想发展的时间线索为出发点，以翔实的材料准确而有序地展开了费希特思想的内在理路和发展历程，讨论范围几乎涵盖了费希特思想的全部范围。同时，程志民的《绝对主体的构建——费希特的哲学》（湖南教育出版社1990年版），谢地坤的《费希特的宗教哲学》（中国社会科学出版社1993年版），郭大为的《费希特伦理思想研究》（中国社会科学出版社2003年版），李文堂的《真理之光——费希特与海德格尔论SEIN》（江苏人民出版社2002年版）都是在以费希特为对象的博士学位论文基础上修改成书的专著，对费希特宗教哲学和伦理学的系统研究在国内尚属首次，至此，费希特哲学研究初具规模。2004年，谢地坤、程志民还合作翻译了费希特《自然法权基础》（商务印书馆），这是费希特应用知识学原理对法学领域所做的研究，是德国古典哲学中对民主原则阐述最深刻、最全面的名著。

四　谢林研究

相比于康德、黑格尔研究，谢林研究一直相对薄弱。梁存秀、薛华于1973年春起翻译反映谢林青年时期的思想的著作《先验唯心论体系》，1975年冬完成，最终发表于1978年。梁存秀结合这本书的翻译，研读了谢林的重要代表作，写出长篇译者前言，向广大读者介绍了这位德国古典哲学家从拥护法国革命到充当封建专制辩护士的思想历程。

青年学者先刚近年来在谢林的翻译和研究方面作出了成绩。他主编的21卷本《谢林著作集》自2016年起由北京大学出版社陆续出版，现已出版的卷册有：《近代哲学史》（2016年），《哲学与宗教》（2017年），《世界时代》（2018年），《学术研究方法论》（2018年），《论人类自由的本质及相关对象》（2019年）。与著作集翻译同时进行的还有谢林哲学思想研究，先刚已出版专著两部，它们是：《永恒与时间——谢林哲学研究》（商务印书馆2008年版）和《哲学与宗教的永恒同盟——谢林〈哲学与宗教〉释义》（北京大学出版社2015年版），打开了谢林研究的格局。

邓安庆翻译出版了谢林的《论人类自由的本质及其相关对象的哲学研究》（商务印书馆2008年版）和《布鲁诺对话——论事物的神性原理和本性原理》（商务印书馆2008年版）两部著作。

王建军关注谢林后期哲学思想，出版有专著《灵光中的本体论——谢林后期哲学思想研究》（南开大学出版社2004年版）。这个研究方向与国际学界是一致的，研究者注意到晚期谢林思想中的非理性因素对于从德国古典哲学向晚期现代哲学的转换环节的意义。

五 小结

德国哲学对中国学人的吸引力本身就是一个值得研究的课题。从康有为、梁启超等清末学人对康德学说的介绍起，今天的中国德国古典哲学研究至少历经四代人，我们拥有一大批出色的德国哲学的研究者，人员组成涵盖了不同年龄段。在研究成果方面，三代学者的努力为我们打造了重要著作的经典译本，用汉语理解和阐释德国古典哲学的基本框架也已搭建起来，很多中国学者的研究成果并不比英语世界的成果逊色。难能可贵的是，从老一辈学者贺麟、张世英，经叶秀山、王树人一直到邓晓芒，他们将德国哲学作为思想资源，自觉地将之与中国哲学传统相结合，丰富了我们对西方哲学的整体认识，更深化了我们对自身文化传统的反思。相信在未来，世界范围内的德国哲学研究领域将听到更多的来自中国的声音。

第六节　现当代欧洲大陆哲学研究

现当代欧洲大陆哲学主要包括当代德国哲学、当代法国哲学、当代俄罗斯东欧哲学。这只是按照国别和地域进行的简单划分，而在每一国别和地域中，又可以分出很多流派，而有些流派又是跨越国别和地域的。因此，对现当代欧洲大陆哲学的研究至少可以在国别和流派两条线索上展开。本节将主要以国别和地域为线索，围绕这样一条单一的线索展开的论述当然是有其缺陷的，这种缺陷主要表现在对研究对象的把握缺乏横向的超越空间的维度。此外，由于篇幅限制，即便是对某一个国家的哲学的研究状况的梳理，也无法做到面面俱到，一些重要的人物和流派不得不付之阙如，如德国哲学我们只聚焦现象学，但实际上，这远不是我国对当代德国哲学研究的全部，以叔本华和尼采为代表的意志哲学、以伽达默尔为代表的诠释学、以哈贝马斯为代表的法兰克福社会批判理论，等等，我国的哲学界对这些人物和流派的翻译和研究都取得了丰硕的成果，但都没有包含在本节的论述中。对东欧哲学的翻译和研究虽然取得了一些成就，但研究队伍人数较少，研究成果还较为薄弱，因此，也没有予以专门论述。西方马克思主义的翻译和研究是我国哲学界十分关注的课题，并且取得了诸多令人瞩目的成就，但传统上这部分内容被纳入马克思主义哲学的发展史当中，本节也不予专门论述。

这样，本节主要围绕三个部分展开，一是现象学，二是当代法国哲学，三是当代俄罗斯哲学。

一 现象学研究

现象学"作为一种运动，它在很多方面代表了二十世纪欧洲哲学的历程"[1]。"任何哲学现在都试图使自己顺应现象学方法，并且用这种方法表达自己。它现在是严肃批评的绝对必要条件"[2]。按照现象学创始人胡塞尔给《不列颠百科全书》撰写的词条，现象学标志着19世纪末20世纪初"在哲学中得以突破的新型描述方法以及从这种方法产生的先天科学，这种方法和这门科学的职能在于，为一门严格的科学的哲学提供原则性的工具并且通过它们始终一贯的影响使所有科学有可能进行一次方法上的变革"。

现象学在现当代欧洲大陆哲学中既然占有如此重要的地位，它受到中国哲学界的关注和重视就是自然而然的了。

（一）现象学在中国的传播

现象学思潮虽然早在20世纪20年代就经由日本传入中国，30年代更有沈有鼎、熊伟等先后来到弗莱堡大学参加海德格尔的研讨班和讲座，但是，从30年代末一直到70年代，除去香港和台湾地区的个别例外，中国的现象学研究几乎处于停顿状态，只是偶尔在一些刊物（主要是50年代中期以后的《现代外国哲学社会科学文摘》）上可以看到零星的翻译和介绍的文章，如1960年的《胡塞尔的逻辑学和现象学思想》，1963年的《纪念伟大哲学家埃德蒙·胡塞尔》，1978年的《评海德格尔的〈现象学的基本问题〉一书》。进入80年代以后，关于现象学的论文逐渐多了起来，这个时期的一个主要研究者是罗克汀，他发表了多篇关于现象学的论文，其中主要是关于胡塞尔的，如《胡塞尔现象学是对现代自然科学发展的反动》

---

[1] Dermot Moran, *Introduction to Phenomenology*, London and New York, 2000, p. xiii.

[2] Herbert Spiegelberg, *The Phenomenological Movement: A Historical Introduction*, Kluwer Academic Publishers, 1994, p. xxiii.

(1980年)、《论胡塞尔现象学的基本观点》(1981年)、《胡塞尔论人和科学》(1981年)、《现象学运动与哲学基本问题》(1983年)、《从胡塞尔到萨特现象学本体论的演变》(1983年)、《评现象学的人道主义》(1983年)、《胡塞尔现象学的"欧洲危机论"剖析》(1983年)、《论所谓现象学"革命"的实质》(1984年)、《再评现象学的人道主义》(1984年),他还出版了关于现象学的专著《现象学理论体系剖析》(1990年)。此外范明生等人也做过一些现象学的译介工作。

80年代,在现象学的译介方面,值得注意的一个成果是:海德格尔的《存在与时间》由陈嘉映和王庆节翻译成中文出版,这也是海德格尔的这部最重要的著作的第一个中译本。次年,胡塞尔的两部著作《现象学与哲学的危机》《欧洲科学危机和超验现象学》(该书的前两章于1980年在台北出版)也分别被翻译出版。1981年,邬昆如的《现象学论文集》在台北出版。1989年,尚杰出版了《语言、心灵与意义分析》,这是大陆出版的第一部关于胡塞尔的专著,同年,由倪梁康翻译的胡塞尔的《现象学观念》在台北出版。

90年代以来,关于现象学的翻译和研究逐渐走向深入,胡塞尔的《纯粹现象学通论》(中译本)、熊伟的《现象学与海德格尔》、倪梁康的《现象学及其效应》、涂成林的《现象学的使命》、张灿辉的《海德格尔与胡塞尔现象学》等著作相继在大陆或台湾出版。

而进入21世纪以来,现象学更是在中国呈现出蓬勃发展的势头,主要表现在:现象学的著作被大量翻译成中文;现象学的研究成果层出不穷;现象学的观念广为人知;现象学的方法几乎被运用到一切领域;现象学人才辈出;现象学的讨论会接连不断;现象学的研究中心遍布各地;中国现象学界与国际现象学界的交流频繁而活跃。

(二) 中国现象学研究的机构、活动和成就

中国的现象学研究经过几代学人的努力,其整体面貌在今天已经发生了决定性的改变,这种改变表现在各个方面。

从建制方面，早在1994年，就在倪梁康、靳希平等学者的倡议和努力下，在中国现代外国哲学学会下面成立了现象学专业委员会，这也是中国现代外国哲学学会最早成立的两个分支机构之一。此外，北京大学、中山大学、中国美术学院、华中科技大学、山东大学、同济大学、西南政法大学、南京大学、浙江大学等高校还成立了现象学研究中心。在大陆之外的港台，也有这样的学会和机构。在香港，1996年，香港现象学会成立；2002年，香港中文大学成立了现象学与人文科学研究中心。在中国台湾，也先后成立了一些现象学的研究机构和中心。这些有关现象学的社团与中心的成立为推动中国的现象学研究以及促进与国际现象学研究的合作与交流起到了重要作用。香港现象学界还于2004年创办了自己的核心刊物《现象学与人文科学》杂志。

现象学专业委员会在推动中国的现象学研究方面功不可没，它从成立伊始就对自己的使命有明确的意识，那就是努力让中国的现象学研究乃至哲学研究走上一条规范化、专业化的道路，最终出现现象学的中国学派，或者一种汉语现象学。

现象学专业委员会创办了自己的刊物《中国现象学与哲学评论》，这个刊物的名字很容易让人联想到1913年胡塞尔创办的《哲学与现象学研究年鉴》。《中国现象学与哲学评论》每辑设立一个主题，迄今已出版23辑，它已成为中国现象学论文发表的重要阵地，集中展现了中国现象学研究的最近的和重要的成果。

现象学专业委员会每年举办一次学术年会，最近几年，每届年会的参会人数都逾百人，参会者有来自不同高校和研究机构、不同年龄段的学者。

除了每年一届的年会之外，现象学专业委员会还举办了形式多样的学术活动，尤其在最近一二年，有关现象学的各种形式的学术活动几乎令人眼花缭乱。这些活动有的以地域名义命名，有的针对青年人群，有的围绕某个具体的问题；有的是论坛，有的是工作坊，有的是主题报告，有的是对谈。

现象学专业委员会还策划主编了"现象学文库",它既包括现象学经典著作的翻译,也包括国内学者撰写的研究性著作,迄今已经出版多种著译,引人注目的《胡塞尔文集》《海德格尔文集》就属于"文库"系列。此外,《梅洛-庞蒂文集》《舍勒著作全集》的汉译也都列入国家重大招标项目,并已取得重要进展。

现象学在中国的影响已经越出了哲学界,辐射到文学、历史、法律、艺术、医学、建筑、教育等领域。70年来,中国出版的现象学专著已有百余部,这些著作主要是90年代以后出版的。进入21世纪以来,每年在各种报纸杂志发表的关于现象学的学术论文激增,以现象学为题的学位论文呈现不断增长的势头。

到目前为止,一些经典现象学家的主要著作基本上都已译成中文,这些翻译作品受到了学界广泛欢迎并对中国的哲学研究产生了巨大影响。胡塞尔、海德格尔、舍勒、列维纳斯、萨特和梅洛-庞蒂、许茨等现象学家的著作和思想得到持久和深入讨论。

中国的现象学研究虽然起步较晚,又长期处于停滞状态,但是自20世纪90年代以来发展迅速,成绩斐然,是中国哲学界成就最大、研究水平最高的领域之一。学者们在这个领域所做的工作既包括对现象学经典文献的翻译和阐释,也包括现象学方法在诸多学科领域的应用。尤其值得注意的是,近年来,一些研究者把现象学的研究与中国自身的文化资源相比较与会通,并取得了不俗的成果,这些比较与会通包括:现象学与唯识学(倪梁康、张庆熊),现象学与儒学的心性哲学(倪梁康、张祥龙、张伟),海德格尔与道家(张祥龙),舍勒、梅洛-庞蒂与儒家(张祥龙、卢盈华、张伟),等等,这种融合工作是汉语现象学走向成熟和自觉的良好开端,也是汉语哲学在现象学领域的可贵尝试,它表明汉语哲学完全可以开辟自己的视野和进路。此外,还有一些学者注重现象学与分析哲学的融合(李忠伟、张浩军),(日本)京都学派与现象学的关联(王俊、廖钦彬)。近年来,中国的现象学研究涌现出了不少从国外留学归来的青年学者,他们专业的学术素养、规范的学术训练、前沿的学术方法、敏锐的问题意识、良好的外语能力给这个学科带来了活力和希望。

中国的现象学研究越来越注意与国际接轨，这不仅表现在中国学者频繁地参加和主办现象学的国际会议，邀请国外著名的现象学家来华讲学和交流，翻译和引介国际现象学家的最新发现的文献和研究成果，而且一些年轻学者开始逐渐在国际现象学界崭露头角，在主流刊物发表研究论文，他们的成果正在引起国际现象学界的关注和重视，有国外学者甚至开始整理中国现象学研究的成就。[①] 国际哲学团体联合会主席、著名现象学家莫兰预言"现象学在中国将具有一可观的前景"，他甚至断言中国将成为未来现象学的中心。

这种国际化的视野加上信息时代的便捷，使得中国的现象学界打破了时空的限制，可以迅速了解和掌握国际现象学界的最新研究成果和动向，并少走乃至避免一些弯路。比如在对胡塞尔的研究上，中国的研究者一方面关注分析哲学、解构主义和社会批判理论的解读；另一方面由于胡塞尔在中文世界的主要译介者与国际现象学界的著名专家耿宁、黑尔德和贝尔特等人的密切联系，特别是由于威尔顿《另类胡塞尔》的翻译出版，有效避免或纠正了对胡塞尔的"标准解读"的片面性。

中国的现象学研究无论是在学科建制上（现象学研究中心、现象学学会），还是在出版上（专业刊物、经典和二手文献翻译、研究性专著、博士学位论文），或者是活动组织上（年会、论坛、工作坊、系列讲座、对谈、课程班），或者国际交流上都已呈现出了勃勃生机和繁荣气象。中国的学者们不仅在现象学的基础建设方面做了很多扎实的工作（译介现象学经典、阐发现象学精神、推广现象学

---

① 如乌克兰科学院东方研究所的 B. O. Kiктенко 研究员就曾梳理了从 20 世纪 20 年代至今现象学在中国发展的历程。见"ICTOPИЧH？ ETAПИ POЗBИTKY ФEНOMEНOЛOГIÏ B KИTAÏ"（现象学在中国发展的历史阶段），*Kitaêznav？ ì doslìdžennâ*, 2018, No. 2, pp. 15 – 34。

方法、诠释现象学概念），而且开辟和深化了不少具有中国元素的领域，特别是把现象学的方法运用到对中国传统哲学和文化的研究当中，在这方面已经取得了一些令人瞩目和值得称道的成果。除了西欧和美国等现象学主流国家，近年来，中国的学者们也开始关注日韩、俄罗斯、南美等国家和地区的现象学研究状况。

中国的现象学研究在不同年龄段都有一批很优秀的代表人物，时间跨度覆盖了"30后"到"80后"，像倪梁康、靳希平、陈嘉映、张祥龙、王庆节、张庆熊、邓晓芒、庞学铨、张志伟、尚杰等这批"50后"几乎尽人皆知，像孙周兴、黄裕生、方向红、张廷国、王恒这样的"60后"也自不必说，像朱刚、张伟、王俊、吴增定、丁耘、柯小刚等这批"70后"也已取得了不俗的成就。我们这里特别应该提到的是已85岁高龄的王炳文先生在今年还翻译出版了胡塞尔三卷本的《共主观性的现象学》，同样年逾八旬并已有多部现象学译著问世的李幼蒸先生在2017年还翻译出版了莫兰的《现象学：一部历史的和批评的导论》。而作为"80后"的张浩军、李忠伟等人已经分别在国际和国内最权威的学术刊物上发表现象学研究的论文，还有一批"90后"正在欧美一些著名高校攻读现象学专业的博士学位。

（三）中国的现象学研究聚焦的方向

中国学者对现象学的译介和研究可以概括为两个方向：

第一个方向主要是基础性的工作。包括三个方面：一是对最重要的现象学家的著作的翻译和介绍，这样的哲学家包括胡塞尔、海德格尔、舍勒、列维纳斯、萨特、梅洛-庞蒂等。二是对重要的二手文献的翻译和介绍，这主要涉及一些重要的研究性著作，如施皮格伯格的《现象学运动》、莫兰的《现象学：一部历史的和批评的导论》、恩布里的《现象学入门》、弗格森的《现象学社会学》、达瓦马尼的《宗教现象学》、索科拉夫斯基的《现象学导论》、黑尔德的《世界现象学》《时间现象学的基本观念》、威尔顿的《另类胡塞尔》、扎哈维的《胡塞尔现象学》、保罗·利科的

《论现象学流派》、伊格尔顿的《现象学、阐释学、接受理论》、威尔汉斯的《现象学和拉康精神分裂症》、科耶夫的《法权现象学纲要》、许茨的《现象学哲学研究》、施密茨的《新现象学》、施密特的《梅洛-庞蒂与结构主义之间》、索科罗斯基的《现象学十四讲》、恩布里的《现象学入门——反思性分析》、耿宁的《心的现象》，等等。三是对现象学主要思想和方法、现象学基本精神的阐发，对现象学基本术语和概念的含义的梳理，如张祥龙的《现象学导论七讲——从原著阐发原意》、倪梁康的《现象学及其效应》《现象学的始基》《面对实事本身》和《胡塞尔现象学概念通释》、丁耘的《现象学之基本问题》，等等。

第二个方向可以看作是创造性的。主要表现为在现象学与中国传统思想的融合与会同所做的努力，这主要包括现象学与儒学、现象学与道家、现象学与佛教的比较研究。现象学以"回到事物本身"作为旗帜，强调要以一种彻底性的精神寻求一切知识的最后基础，从而获得一种"没有前提"的哲学。这就为克服特定文化的偏见以及开启一种跨文化的哲学研究提供了可能。现象学与中国传统文化的融合与会同既是传统思想的当代化，也是现象学的中国化。前者重在于汉学宋学之外寻求一种新的方法，通过援引胡塞尔、海德格尔、列维纳斯、梅洛-庞蒂等经典现象学家的学说，使中国传统思想获得新意和新的生命力；后者则重在植根于我们自身的思想传统，为现象学注入新的研究主题和问题意识，志在开辟现象学的中国时刻。

（四）结语

现象学在中国学界普及和受重视程度不仅表现为诸如"还原""直观""悬置（悬搁）""意向性""生活世界""回到事物本身"这样一些现象学术语和方法对于许多不专门研究现象学的人来说也耳熟能详，更在于以胡塞尔为代表的现象学精神深入人心，这种精神实际上是一种科学的精神，是一种对理性的使命和能力的信仰，它表现为两个似乎相互冲突的方面，一方面是解放，另一方面是持守。所谓解放就是摆脱习惯思想的影响，反对把凝固的信仰和理论当作哲学思想的出发点，让人们从成见中解放出来；所谓持守则是对思想的清晰性和连贯性的追求和执着，是对社会和文化的责任，是哲学家作为人类公仆的献身精神。胡塞尔告诉我们，一切现成的理论无论多么重要，它都不是第一位的，作为哲学研究开端和出发点的只能是现象和问题。这样的说法当然也适用于现象学本身，现象学是哲学乃至许多学科研究的一种方法，但并非唯一的方法，更不是教条。"将现象学与其他方法区别开来的并非它发展或增加的任何特定步骤，而是作为哲学事业的首要标准的哲学崇敬的精神。"[1]这种精神现在无疑也深刻地渗透到了中国哲学研究的其他领域了。

二 当代法国哲学研究

当代法国哲学家阿兰·巴迪欧认为20世纪下半叶的当代法国哲学是继古希腊哲学、启蒙时期的德国哲学之后的第三个重要哲学阶段，在他看来，所谓"当代法国哲学"以萨特的《存在与虚无》（1943年）拉开序幕，以德勒兹的《什么是哲学?》（1991年）告一段落，中间历经巴什拉、梅洛-庞蒂、列维-斯特劳斯、阿尔都塞、福柯、德里达、拉康，而巴迪欧自己则是其最后的代表。其实，当代法国思想大家远不止这些，我们至少还可以列出马利坦、巴塔耶、罗兰·巴特、加缪、波伏娃、利科、利奥塔、鲍德里亚、布伦什维格、伊波利特、杨凯莱维奇、阿隆、科耶夫、科瓦雷、华尔、克里斯蒂娃、马塞尔、吉尔松、布尔迪厄、莫林（Edgar Morin）、马里翁、南希、费里（Luc Ferry）等人的名字。如果当代法国哲学以20世纪为起点的话，还应该把柏格森包括进来。当代法国哲学极富创造性和活力，新的思想、观点和流派层出不穷，各种主义竞相登场，令人有目不暇接之感。按照杨大春教授的说法，20世纪法国哲学大

---

[1] Herbert Spiegelberg, *The Phenomenological Movement*: *A Historical Introduction*, Kluwer Academic Publishers, 1994, p. 717.

致可以分为四个阶段。第一阶段即自 20 世纪初至第二次世界大战前,是布伦什维格的新观念论和柏格森的生命哲学相互竞争的时代;第二阶段即自第二次世界大战前至 60 年代初,是以萨特和梅洛-庞蒂为代表的现象学—存在主义占据主导地位的 3H 时代;第三阶段即自 60 年代初到 70 年代末,是以列维-斯特劳斯为代表的结构主义和以福柯、德里达等人为代表的后结构主义起支配作用的 3M 时代;第四阶段即自 80 年代初以来至今,是由后结构主义的延续(德里达、福柯等)、后现代主义的兴盛(利奥塔、布尔迪厄等)与现象学的复兴(列维纳斯、利科、亨利、马里翁)共同构成的多元共生的综合时代。①

1949 年中华人民共和国成立至改革开放前,对当代法国哲学虽偶有零星的译介,但是对当代法国哲学从整体上真正开始重视并大规模进行译介和研究是在 20 世纪 80 年代以后,而到了 90 年代则已经蔚为大观。今天,当代法国哲学在国内学术界的活跃气象大有超过德国哲学的势头。

(一) 对当代法国哲学的整体性译介和研究

对外国哲学的研究,译介总是第一步,对当代法国哲学的研究也不例外。这种译介既包括综合性的、全局性的和整体性的,也包括专题性的和具体人物的。整体性的译介有助于读者全局性地把握研究对象。在这方面,中国的学者做了很多工作,一些优秀的著作被翻译成中文出版。如美国学者祁雅理的《二十世纪法国思潮:从柏格森到莱维·施特劳斯》,1987 年就由商务印书馆出版,该书主要阐述了法国现象学以及柏格森、梅洛-庞蒂、萨特、马塞尔、马利坦、加缪、西蒙娜·薇依、德日进、巴谢拉尔、列维-斯特劳斯、福柯、阿尔都塞等哲学家的思想;德贡布的《当代法国哲学》则追踪了从迷恋"三 H"(黑格尔、胡塞尔和海德格尔)的一代,到大约 1960 年以来受"三个怀疑大师"(马克思、尼采和弗洛伊德)影响

---

① 参见杨大春《20 世纪法国哲学的现象学之旅》,《哲学动态》2005 年第 6 期。

的一代的思想演化历程；加里·古廷的《20世纪法国哲学》清晰而全面地讲述了从1890年到1990年的法国哲学历史，尤其对存在主义现象学以及随后的结构主义和后结构主义发展进行了详细阐述；特罗蒂尼翁的《当代法国哲学家》1992年就被翻译出版，该书主要论述了萨特、梅洛-庞蒂的思想以及存在主义和现象学思潮；约翰·斯特罗克主编的《结构主义以来——从列维-斯特劳斯到德里达》对法国结构主义和后结构主义思潮的五位代表人物（列维-斯特劳斯、罗兰·巴特、米歇尔·福柯、雅克·拉康和雅克·德里达）的学术思想进行了评述，并揭示了这几位思想家之间的分歧与关联；于斯曼主编的《法国哲学史》是新近翻译成中文出版的一部涉及当代法国哲学的著作，该书为20世纪的法国专辟一章进行介绍。

我国学者自己在这方面也有一些重要的著述。高宣扬的《当代法国哲学导论》从多学科综合角度，对当代法国哲学思想的整个发展历程进行了总结，陆兴华的《哲学当务之急——当代法国思想六论》则围绕当代法国思想中一些中心话题进行了深入的讨论。尚杰有两部相关专著，其中《归隐之路——20世纪法国哲学的踪迹》主要对柏格森、普鲁斯特、萨特、梅洛-庞蒂、列维纳斯、福柯、德勒兹、米歇尔-塞尔、利奥塔、德里达等人的哲学思想进行了研究；而《当代法国哲学论纲》则以法国当代哲学思想为骨架，对法国当代学术进行了全面解析，内容涉及哲学、美学、宗教、政治学、人类学、伦理学、历史学、语言学、社会学、文艺理论、数学中的哲学问题等。杨大春的《语言·身体·他者——当代法国哲学的三大主题》试图在现代哲学进程中，尤其是在现代哲学的转折进程中来探讨当代法国哲学，从身体、语言、他者及其相互关系的角度突出地展现当代法国哲学以瓦解意识哲学为目标的感性之旅。作者还对什么是当代法国哲学、当代法国哲学的分期、当代法国哲学的整体图景进行了界定、阐述和描绘。莫伟民、姜宇辉、王礼平合著的《二十世纪法国哲学》是刘放桐、俞吾金主编的《西方哲学通史》的一卷，该书选取了18位比较有代表性的当代法国哲学家和思想家，对他们的思想进行了探讨。冯俊的《从现代走向后现代——以法国哲学为重点的西方哲学研究》的上篇是关于法国哲学的，论述了法国哲学"从现代主义向后现代主义"的转向，内容几乎涵盖了法国哲学发展的每一个历史时期，读者可以从中对法国哲学有一个相对完整的了解。莫伟民和姜宇辉的《战后法国哲学与马克思思想的当代意义》则从第一手法文原著和马恩经典著作出发，力求对"二战"以后法国哲学家们的马克思观进行全面探讨，并透过诸种马克思思想的解释视野来挖掘马克思思想的当代意义。杨大春、尚杰主编的《当代法国哲学诸论题——法国哲学研究》是一次法国哲学年会的论文集，该书涉及法国近当代哲学的主要问题，包括理性启蒙的批判、19 世纪新批判学派、法国现象主义运动、存在主义、解释学、知觉理论、结构主义、后结构主义、解构主义、精神分析、政治哲学、符号学等。

（二）经典著作和二手文献的翻译

柏格森、萨特、梅洛-庞蒂、德勒兹、列维纳斯、德里达、福柯等一些主要哲学家的主要著作被翻译成中文出版，这方面成果众多，列举出来将是一个长长的书单。一些关于法国哲学的重要的研究性著作也被陆续翻译过来，如贝尔纳-亨利·列维的《萨特的世纪》，科拉柯夫斯基的《柏格森》《列维纳斯：与神圣性的对话》《德勒兹：关键概念》，等等，尤其是关于德里达的著作，数量非常之多，斯蒂芬·哈恩、克里斯蒂娜·豪威尔斯、克里斯托弗·诺里斯、斯图亚特·西姆、高桥哲哉、尼古拉斯·罗伊尔等人关于德里达的导读性或研究性的著作都被翻译成中文出版。还有一些是比较性的研究成果，如罗伊·博伊恩的《福柯与德里达》、恩斯特·贝勒尔的《尼采、海德格尔与德里达》、弗朗索瓦·库塞的《法国理论在美国》，等等。

（三）人物研究

这方面的成果可谓丰硕，涉及当代法国几乎所有最重要的哲学家和最主要的研究领域。

在当代法国哲学家当中，德里达也许是最受追捧的一位，关于他的研究成果也最多，尚杰、陆扬、陈晓明、汪汤家、赵一凡、方向红、朱刚、肖锦龙、王庆丰、卢德友、蔡新乐、李天鹏、李永毅、周荣胜、孟宪清、戴登云、岳梁等都有这方面的著作出版，这些著作涉及德里达思想的各个方面、各个时期，以及德里达与其他思想家的关系。此外，还有众多研究德里达的著作被翻译过来。

福柯是德里达之外又一位广受关注的思想家，就像德里达一样，对他的研究越出了单纯哲学的圈子，社会学、心理学、法学、文学等不同学科的学者都在关注、阅读和研究福柯的著作。汪民安、吴猛、刘北辰、高宣扬、莫伟民、赵福生、李晓林、杨凯麟、黄华、张一兵等都有关于福柯的专著问世，而被译成中文出版的研究福柯的著作更是难以计数。

梅洛-庞蒂是当代法国现象学的最重要的代表人物之一，杨大春、杜小真、佘碧平、刘国英、姜宇辉等都是梅洛-庞蒂的主要研究者，吴晓云、刘连杰、燕燕、朱姝、龚卓军、刘胜利、张颖、唐清涛、宁晓萌、王建华、王亚娟、李海燕等都有关于梅洛-庞蒂的著作发表。

列维纳斯在中国也受到了较多关注和研究，叶秀山、杜小真、高宣扬、杨大春、尚杰、黄裕生、朱刚、孙向晨、王恒、莫伟民、汪堂家、佘碧平、江怡、孟彦文、顾红亮等学者都发表过关于列维纳斯的文章或著作。中国还成功举办过列维纳斯思想国际学术研讨会，《法兰西思想评论》还出版过一个纪念列维纳斯百年诞辰的专集。很长一段时间以来进展缓慢的列维纳斯著作的汉译工作近年来也取得了令人瞩目的成果，他的两部最重要的代表作《整体与无限》以及《另外于是，或，在超过其所是之处》（Autrement qu'être ou Au-delà de l'essence）都已经翻译成中文出版。

萨特虽然早在1955年9月就与波伏娃一起访问中国，并且在11月2日的《人民日报》发表文章《我对新中国的感受》，但是在当时的中国，除了几个法国文学专家外，人们对萨特几乎一无所知。从中华人民共和国成立到"文革"时期，对萨特的译介是在阶级论立场下进行的，而"文革"时期的十年对萨特的译介陷于停滞。萨特真正在中国兴起热潮是在70年代末和整个80年代，这股热潮对当时中国的知识青年产生了重要的影响，萨特被当作一个存在主义者、一个人道主义者在当时的启蒙思潮中风靡一时。90年代之后萨特热逐渐退潮，学界对萨特依旧重视，但已经是作为众多法国哲学家当中的一个来对待了。杜小真是萨特哲学的一个主要研究者，她不仅翻译了萨特的《自我的超越性》《想象》，还出版了研究萨特的专著《一个绝望者的希望》《萨特引论》《存在和自由的重负》，这些工作在中国学界产生了很大影响。

作为"二战"前法国最有影响的哲学家柏格森（1859—1941年），被视为现代西方社会思潮由理性主义向非理性主义转折的关键性人物。柏格森的哲学思想从1913年到1922年的十年间，在中国得到了较为系统地传播并在中国思想界产生了巨大影响。不同思想取向的哲学家和思想家都从柏格森那里汲取资源，反传统的启蒙思想家重视其创造进化论，梁漱溟、熊十力等新儒家则注意吸收其生命哲学的要素，朱光潜、宗白华等的美学理论中也带有明显的柏格森思想的痕迹。1949年以后，特别是80年代以后，柏格森的主要著作都被翻译成中文，也出现了一些专门研究柏格森哲学的著作，关于柏格森哲学的论文更是难以计数，主题涉及柏格森哲学中的绵延、时间、直觉、生命等概念。柏格森哲学的引人注目之处在于既有对现代性的追求，又包含着对其的批评和反思，其限制理智推理的直觉论和非实体论的形上学引起了中国哲学家的广泛共鸣，其直觉论的最重要意义是扭转人们思维的习惯方式，激发了创造性的精神。

除此之外，巴什拉、列维－斯特劳斯、阿尔都塞、拉康、巴迪欧、马利坦、乔治·巴岱、罗兰·巴特、加缪、西蒙·德博娃、利科、利奥塔、列斐伏尔、鲍德里亚等哲学家都受到较多关注，并得到了较为深入的研究。

（四）主要流派研究

法国现象学、萨特的存在主义、结构主义、后结构主义、解构主义、诠释学、符号学、意识形态理论、语用学等在中国得到集中讨论。限于篇幅，下面只简要介绍该书其中几个流派的研究状况。

1. 对法国现象学的研究

萨特、列维纳斯、梅洛-庞蒂、福柯、德里达等这些最主要的法国哲学家，无一例外都受到过现象学的启发，但是法国的现象学表现出了明显区别于德国现象学的特点。按照倪梁康、方向红的概括，迄今为止，法国现象学已经经历了三代。第一代的代表人物是萨特和梅洛-庞蒂，其主要任务是接受德国现象学并对其进行接受、拓展和改造；第二代的代表人物是德里达、列维纳斯和利科等哲学家，他们突破了传统现象学的基本命题和方法，提出了一些全新的现象学概念，把现象学的研究领域和应用范围大大扩展了；而法国现象学的第三个阶段则兴起于20世纪80年代，这一代现象学家把现象学的基本概念推向极端，重新审视现象学的基本方法，对传统哲学尤其是形而上学进行反思和批判，试图走出一条既不同于传统范式又拒绝后现代方案的道路。[①] 中国的法国哲学研究者对法国现象学予以高度重视，理解法国现象学已经成为进入和研究当代法国哲学的关键，当代法国哲学的主要研究者都有这方面的著述发表。如杜小真对萨特、梅洛-庞蒂、列维纳斯的研究，尚杰对胡塞尔与法国现象学关系的梳理，杨大春对"20世纪法国哲学的现象学之旅"的考察，方向红对德里达的现象学的解读，等等。而高宣扬则对20世纪80年代以来法国现象学出现的新转折进行了总结，在他看来，这种新转折主要朝着两大方向展开，一是不断地对现象学自身及其历史发出回问，从而进行历史的反思；二是遵循"回到事物本身"的原则，面对现实的生活世界所提出的问题，开创和扩大其理论视野，尝试改善原有的方法。[②]

[①] 倪梁康、方向红：《现象学在中国与中国现象学》，《中国社会科学评价》2016年第4期。

[②] 参见高宣扬《法国现象学运动的新转折》（上），《同济大学学报》2006年第17卷第5期。

2. 对结构主义和后结构主义（解构主义）的研究

自20世纪50年代以来，结构主义作为一种有关整个世界、人类社会及历史的新的思想体系和研究方法，对整个欧洲社会的哲学、人类学、社会学、心理学、文学艺术乃至实际生活经验都产生了深远的影响。60年代，结构主义在法国达到高潮，后逐渐走向分化，出现了被称作后结构主义者的新一代批评家，他们认为结构主义是西方形而上学思想传统的最新形式，并由此揭开了对整个西方形而上学传统的批判的序幕。结构主义与后结构主义并非壁垒分明，虽然像德里达和巴特这样的思想家在后期完全抛弃了结构，但也有像福柯这样游走于两者之间的思想家。结构主义被认为"开辟了一个新的启蒙方向，就像18世纪那些启蒙思想一样，结构主义消解了不同人文学科之间的界限"[①]。而"解构"的概念则被认为是"结构"概念的一种变形，德里达的思想最先被美国学术界称作超越结构主义的"后结构主义"[②]。

我国哲学界对结构主义和后结构主义的热点研究随着法国哲学界热点的转换而不断转换，20世纪末主要聚焦于索绪尔的结构主义语言学、列维-斯特劳斯的结构主义人类学和阿尔都塞的结构主义马克思主义。21世纪初拉康的研究则成为新的热点。近年来，对巴迪欧的兴趣又激增。

这个领域不仅有众多的译著被翻译过来，而且也发表了很多国内学者的研究性论文和著作。如高宣扬的著作《结构主义》详细阐述了结构主义的渊源、形成及发展，并对其与各学科之间的联系进行了梳理。杨大春的《文本的世界——从结构主义到后结构主义》主要从文本分析的角度来论述结构主义和后结构主义。李幼蒸的《结构与意义》是作者于20世纪80年代以及21世纪10年代两个时段发表的论文合集，内容涉及现当代西方哲学、跨学科—跨文化的

[①] 尚杰：《从结构主义到后结构主义》（上），《世界哲学》2004年第3期。

[②] 参见尚杰《从结构主义到后结构主义》（下），《世界哲学》2004年第4期。

人文理论以及从跨学科认识论角度创造性运用符号学—解释学—现象学综合方法论加以重新阐释的新仁学伦理学等。徐崇温的《结构主义和后结构主义》是国内第一本系统介绍结构主义这一哲学思潮的著述，该书对结构主义、后结构主义的一些基本理论观点和人物进行了述评。夏光的《后结构主义思潮与后现代社会理论》则阐述了后结构主义的思想渊源和思维方式，以及法国后结构主义者们的理论。

3. 对后现代主义哲学的研究

后现代主义哲学是伴随着现象学、分析哲学的式微和存在主义、结构主义的衰落，以后结构主义和哲学解释学的兴起为标志而登上当代思想舞台的。后现代哲学家内部虽然流派繁多，理论来源各有不同，但有着一些共同的思想特征，它们都拒斥形而上学，反对基础主义、本质主义、理性主义。20世纪90年代以来，后现代主义风靡中国学术界，在哲学领域也不例外。德里达、福柯、利奥塔、德勒兹、鲍德里亚等进入受关注度最高的哲学家之列，他们尤其吸引了年青一代的学者和学子的注意，成为西方哲学专业博士学位论文的重要研究对象。后现代哲学的一些常用词汇，如"话语""文本""叙事""解构""颠覆"等在哲学圈之外也得到了相当程度的普及。

对后现代主义哲学的研究既包括诸如《后现代主义哲学述评》《西方后现代主义哲学思潮研究》《西方后现代哲学》这样从各个方面较为全面地介绍和讨论后现代主义哲学的著作，也包括像《从现象学到后现代》《后结构主义思潮与后现代社会理论》《后现代性的哲学话语》《后现代性与辩证解释学》这样从特定视角出发深入阐述后现代主义某一论域的专题性著作。

（五）关注的主要问题

当代法国哲学涉及非常广泛的领域和众多的问题，中国学界对法国哲学的研究自然要追随这些领域和问题。身体、他者、心身关系、结构、解构、知觉、启蒙、权力、游牧政治、现代性、后现代性、技术、主体等术语都是当代法国哲学的关键词，这些关键词也是我国对当代法国哲学研究重点关注的问题。如果按照尚杰教授的概括，萨特之后的法国哲学主要集中于这样一些主题：悬搁主体（或意识）、奇异的思、谋略（la stratégie）或策略、他者、"解释"、时间、延异（la différance）、纷争（le différend）、隐语、让"隐"的"出来"，对这些问题的阐释也自然成为中国学界对当代法国哲学研究的重要内容。

此外，国内对当代法国哲学的研究还关注如下一些重要问题，如关于人性的论战、关于启蒙的讨论、语言问题、当代法国马克思主义、当代法国哲学的转向、当代法国哲学与德国古典哲学的关系，等等。

（六）辑刊

当代法国哲学研究的队伍不断壮大，研究领域不断扩展，研究水平不断提升，与之相适应，出现了两份专门致力于法国哲学与思想的专业刊物，分别是高宣扬主编的《法兰西思想评论》（2004年开始出版，起初每年一辑，2014年改为两辑）和冯俊主编的《法国哲学》（2016年开始出版，每年一辑）。这两份刊物对于汇聚国内法国哲学研究的学术成果，引导法国哲学研究的问题意识，推动相关领域的研究走向深入具有重要意义。

（七）当代法国哲学的主要研究者

20世纪80年代以来，特别是在整个90年代乃至21世纪的最初十年，杜小真在当代法国哲学的译介和研究方面都相当活跃，对当代法国哲学研究的兴起和推进起到了巨大的作用，除了前述萨特之外，她还翻译了列维纳斯、福柯、巴什拉、加缪、德里达、薇依、于连、利科、费里、朱利安等思想家的著作，撰写的专著则涵盖了列维纳斯、梅洛-庞蒂、于连等哲学家。高宣扬是另一位较早从事当代法国哲学研究并长期旅居法国的学者，除了前述《当代法国哲学导论》之外，他还出版了结构主义、解释学、后现代主义哲学等领域以及关于福柯、利科、萨特、布尔迪厄等思想家的著作。尚杰在当代法国哲学领域著述颇丰，涉及的领域和人物众多，尤其对德里达、解构主义等的研究相当深入。此外，他的《法国哲学精神与欧洲当代社会》也具有广泛的影响，该书对18世纪以来的法国哲学精神进行了概括、勾画和梳理，深入分析了这种精神对近代以来的欧洲乃至世界文明所作出的贡献。杨大春不仅对列维纳斯和梅洛－庞蒂有精深的研究，他还致力于对结构主义、后结构主义、法国现象学的全面研究，他在20世纪90年代就出版了《解构理论》《后结构主义》《文本的世界：从结构主义到后结构主义》，而最近几年出版的《20世纪法国哲学的现象学之旅》《身体的神秘——20世纪法国哲学论丛》则着眼于整个20世纪的法国哲学，对现象学和身体哲学这两个重要的论域进行了全面而深入的考察。此外，汪堂家对德里达、利科的研究，莫伟民对福柯、利科的研究，佘碧平对福柯、梅洛－庞蒂、利科的研究，汪民安对罗兰·巴特和福柯的研究，钱捷对梅洛－庞蒂的研究，冯俊对当代法国伦理思想的研究，方向红对法国现象学的研究，朱刚对列维纳斯的研究，老一代学者李幼蒸对罗兰·巴特和列维－斯特劳斯的翻译和研究，都值得关注。

三 当代俄罗斯哲学研究

在不少中国人的心目中，俄罗斯是国际政治中的大国，哲学上的小国。俄罗斯在哲学上的成就不仅无法与其在国际政治中的影响相比，甚至也无法与其在文学、艺术、科学上的成就相提并论。这种印象并非出于偏见，就连俄罗斯哲学家们自己如尼·洛斯基和西蒙·弗兰克也承认俄罗斯哲学的晚熟和二流地位。不过，俄罗斯哲学一度在苏联的政治生活中扮演了重要的角色。鉴于当年苏联对中国的特殊影响，这种哲学也一度在中国的哲学研究中扮演了非常特殊的角色。需要说明的是，我们这里所讲的当代俄罗斯哲学也包括苏联时期的哲学。

（一）苏联哲学在中国

在今天的俄罗斯，俄罗斯哲学倾向于被看作苏联哲学的对立面，它是俄罗斯本土哲学或俄罗斯传统哲学的同义语；而苏联哲学则被理解为俄罗斯哲学的中断甚至终结,正是由于苏联的解体,俄罗斯哲学才有了走向新生的可能。这种把两者截然对立起来的观点虽不一定为中国的学界全盘接受,但是把俄罗斯哲学和苏联哲学进行一定区分,这对于描述中国学者在俄罗斯哲学研究中的重心转移还是有帮助的。

中国对苏俄哲学的研究在很大程度上受中苏(俄)关系和苏俄自身政治气候的影响。中国对苏俄哲学的热情或冷淡、中国对苏俄哲学的关注点常常不是出于学理上的原因,而是出于意识形态的考虑。不仅如此,这个国家的哲学似乎一直是以单数的形式存在的,一个时期只有一种值得关注的哲学,对其他哲学流派或思想要么视而不见,要么全部以反题出现,它们的存在只是为了衬托那种主流哲学的正确性。在20世纪50年代,中国几乎唯苏联马首是瞻,苏联哲学也理所当然地享有了至高无上的地位。可以说,当时的苏联哲学不是被当作许多哲学中的一种哲学来对待,而是哲学的哲学,是一切哲学的指导思想。日丹诺夫1947年批判亚历山大洛夫《西欧哲学史》的讲话几乎被奉为"圣经",中国哲学和西方哲学的研究都要服从于这个讲话的精神。于是不仅马克思主义被僵化、教条化、意识形态化了,而且西方哲学和中国哲学的研究也被迫纳入一个单一的轨道。为了迎合某种需要,一些哲学家和哲学思想被淡化甚至忽略,另一些则被无限抬高,还有一些则遭到有意无意的歪曲。当然,俄罗斯哲学自身也难以逃脱被简单化和歪曲的命运,俄国哲学史被描绘成唯物主义与唯心主义斗争并最终战胜唯心主义的过程,赫尔岑、别林斯基、车尔尼雪夫斯基、杜勃罗留波夫被看作比康德、黑格尔、费尔巴哈更伟大更高明的哲学家,那些对西方哲学和世界文明影响甚微的"唯物主义哲学"被赋予了"世界历史意义"。60年代以后,随着中苏关系的紧张,苏联哲学成了批判的对象,不过,即便如此,苏联哲学仍给中国的哲学研究造成了深远的影响,这种影响简单地说,它是中国人了解和接受马克思主义哲学和西方哲学的窗口,几代中国人的思维方式、中国的马克思主义哲学教科书体系，甚至给西方哲学史的结构、体例和写作方式都打上了很深的苏联哲学的烙印，20 世纪 90 年代以前出版的西方哲学史或欧洲哲学史著作，一般都会以车尔尼雪夫斯基等为代表的俄国革命民主主义哲学结束。不仅如此，中国哲学界还十分重视对苏联出版的哲学史的翻译和引进，由敦尼克、约夫楚克、凯德洛夫、米丁、奥伊则尔曼、奥库洛夫主编的规模浩大的多卷本《哲学史》的中译本从 1958 年开始就陆续在中国出版。除此之外，分别由奥伊则尔曼和亚历山大洛夫等主编的《哲学史教学大纲》的中译本也于 50 年代在中国出版。可以说，对苏俄出版的哲学史的引进在中国一直没有中断。1998 年，商务印书馆还出版了贾泽林等人翻译的叶夫格拉弗夫的《苏联哲学史》，不过这大概会成为中国乃至世界出版的最后一部苏联哲学史。

中国对苏联哲学的真正研究主要是 20 世纪 80 年代以后。但在此之前，中国已出版了不少翻译和介绍性的苏联哲学著作，如日丹诺夫的《苏联哲学问题》甚至在 1949 年以前就被翻译了过来，《哲学研究》编辑部在 20 世纪 60 年代出版了 25 辑《苏联哲学资料选辑》，北京师范大学外国问题研究所苏联哲学研究室在 70 年代出版了《苏修尊儒反华言论摘录》《沙俄尊孔侵华言论辑录》《苏修尊孔反华言论续编》以及《苏联哲学资料》等，贾泽林编译的《苏联哲学纪事》也于 1979 年出版，所有这些，在当时都具有重要的资料价值。但是中国哲学界对苏联哲学研究的标志性成果是由中国社会科学院哲学研究所贾泽林研究员牵头撰写的《苏联当代哲学（1945—1982）》（1986 年），该书不仅对中国哲学界了解苏联哲学起到了不可替代的作用，而且对中国的马克思主义哲学研究起到了重要的推动作用。该书的贡献和特色不仅在于它比较全面和深入地展现了那一时期苏联哲学界的实际状况，而且摆脱了以往甚至以后的教科书中常见的以国家最高领导人的思想为最高思想，把国家领导人的著作作为最重要的哲学著作的写作套路，哲学被还给了哲学家，哲学家成了真正的主角。除此之外，值得一提的还有安启念的《苏联哲学70年》（1989年）与《东方国家的社会跳跃与文化滞后——俄罗斯文化与列宁主义问题》（1994年）。与《苏联当代哲学（1945—1982）》相比，《苏联哲学70年》的篇幅虽不大，但涉及的历史时段却更长，从1917年一直写到1987年，是一部比较完整的苏联哲学简史。该书试图把苏联哲学的形成与演化放在苏联社会的发展中考察，从而揭示苏联哲学的发展规律，并且对其70年的历史提出合理的解释。《俄罗斯文化与列宁主义问题》的影响则超出了哲学界，该书在俄罗斯文化史的大背景中对普列汉诺夫和列宁的社会哲学思想进行了视角独特、思路清晰的研究，对于理解俄罗斯历史、俄罗斯文化以及马克思主义在俄罗斯的传播发展，具有重要的意义。20世纪80年代，是中国的苏联哲学研究比较兴旺的时期，初步形成了一个规模虽不大，却比较稳定的高质量研究群体，人员既有来自中国社会科学院的，也有来自北京大学、中国人民大学、北京师范大学等著名高校的。而且从1985年开始，每两年召开一次苏联哲学研讨会（苏联解体后改为俄罗斯哲学研讨会），迄今已经举办了16届（只有2003年中断过一次），其中大多数会议有来自俄罗斯或西方的学者参加。20世纪八九十年代集中出版了一些研究苏联哲学的成果，除去上面已经提到的著作外，还有马积华的《前苏联社会哲学若干问题透视：1980—1989》（1993年）、李尚德的《苏联社会哲学研究》（1994年）和《评价与正义——斯大林哲学体系研究》、马立实主编的《苏联哲学家论辩证唯物主义和历史唯物主义问题》（1985年）等。在苏联哲学的研究中，翻译始终发挥着不可或缺的作用，苏联时期许多重要的哲学家及其著作正是通过翻译逐渐为中国的读者所熟悉，凯德洛夫、柯普宁、伊里因科夫、康斯坦丁诺夫、伊利切夫、弗罗洛夫以及其他人的著作在中国的翻译出版对于推动中国学术界对苏联哲学的研究起到了积极作用。

（二）俄罗斯哲学在中国

如果说在20世纪80年代，中国哲学对俄罗斯哲学的研究主要集中于苏联哲学，特别是苏联的马克思主义哲学的话，那么从90年代以来，研究重心逐渐转移到俄罗斯传统哲学，特别是宗教哲学。这一时期主要的成就之一是翻译，索洛维约夫、别尔嘉耶夫、舍斯托夫、弗兰克、洛斯基、布尔加科夫等哲学家以前鲜为人知的著作被大量翻译过来，许多出版社都相继出版了俄罗斯宗教哲学丛书，俄罗斯白银时代甚至一度成为整个出版界的一个亮点和热点。

这里，特别应该提到的是别尔嘉耶夫，正是他的《俄罗斯思想》《人的奴役与自由》以及自传《自我认识》在中国掀起了俄罗斯白银时代热，而他本人也成了俄罗斯白银时代乃至整个俄罗斯精神的象征。不过，历史地看，中国人对别尔嘉耶夫思想的翻译和了解并非始于20世纪90年代。早在1936年和1937年，他的两本著作《基督教和阶级战争》与《时代的末期》（即《新的中世纪》）就被纳入吴耀宗主编的"青年丛书"，由上海青年协会书局翻译出版。在40年代，潘光旦也曾将别尔嘉耶夫的《人的奴役与自由》的一部分译成中文。1948年，在得知别尔嘉耶夫去世之后，潘光旦还专门写了一篇悼文，刊登在当时的报纸上。另外，巴金对于别尔嘉耶夫应该也是比较熟悉的，因为在巴金捐给中国国家图书馆的图书中就包括1944年出版的英文版《人的奴役与自由》，在该书的封面上有巴金的藏书章。此外，现代新儒家的主要代表之一唐君毅在其1958年于香港出版的《中国人文精神之发展》一书中，也高度评价了别尔嘉耶夫的思想，认为别尔嘉耶夫"宜推为现代西方以宗教思想与人文思想结合之思想家之首座"。此外，在20世纪六七十年代，中国台湾先后翻译出版了别尔嘉耶夫的一些著作，包括：《人在现代世界中的命运》《人的奴役与自由》《俄国共产主义的起源》。在80年代翻译出版的苏联专家编写的《哲学史》第六卷中，别尔嘉耶夫等作为资产阶级和"旧教授"的代表，他们的思想遭到了猛烈的批判。该书宣称："在别尔嘉耶夫、卡尔萨文、弗兰克以及被推翻的资产阶级的其他哲学卫士的观点中，非理性主义和悲观主义是同疯狂的反民主主义和反共主义交织在一起的。"但是，别尔嘉耶夫真正引起中国读者的广泛关注并对中国学术界产生较大影响则是90年代中期以后。从 1994 年的《人的奴役与自由》开始到 2004 年的 10 年时间里，仅在大陆别尔嘉耶夫的译著就出版了大约有 15 种，其中有的还有多个译本，如《自我认识》《人的奴役与自由》；有的则多次重印或再版，如《俄罗斯思想》。

另一位同样重要且出生年代更早的哲学家是索洛维约夫。索洛维约夫被誉为俄罗斯宗教哲学之父，俄罗斯白银时代象征主义的兴起和宗教哲学的复兴都与他的影响分不开，但是中国对索洛维约夫的译介起步很晚。索洛维约夫的第一部中文译著《爱的意义》直到 1996 年才由生活·读书·新知三联书店出版。而零星的译文出现得要早些，《哲学译丛》（后改为《世界哲学》）1990 年第 3 期选登了部分俄罗斯宗教唯心主义哲学作品，包括索洛维约夫的《哲学的历史性事业》、别尔嘉耶夫的《人、微观宇宙和宏观宇宙》和洛谢夫的《人》三篇文章，而且在附录中，还对所选的三位哲学家的生平和思想做了简单介绍。《哲学译丛》1991 年第 4 期再次组织了俄国宗教哲学专栏，选译了四位俄国宗教哲学家文章，其中包括索洛维约夫的《神人类讲座》的节译。此外，刘小枫主编、上海三联书店出版的三卷本《20 世纪西方宗教哲学文选》（1991 年）选译了索洛维约夫的三篇文章，分别取自《生命的精神基础》《善的证明》和《爱的意义》，其中第一篇译自俄文，后两篇则是从英文转译。对于索洛维约夫在中国的命运来说，1990 年是一个不平凡的年度，除去以上所提及的《哲学译丛》的译文外，索洛维约夫的名字在这一年还同时出现在多家出版物上：商务印书馆于该年出版的古留加著、贾泽林等译的《谢林传》，在"结束语"中用了不小的篇幅介绍索洛维约夫的生平和思想；董友在该年出版的《基督教文化评论》第 I 辑对索洛维约夫的思想和影响进行了全面介绍；黑龙江大学的金亚娜教授在《读书》第 7 期和《国外社会科学》第 10 期分别撰文对索洛维约夫的生平和思想做了概括性介绍。索洛维约夫到达中国的时间虽然比较晚，但是却在比较短的时间内就收获了果实，一个突出的例子是徐凤林 1995 年在中国台湾出版的思想传记《索洛维约夫》。索洛维约夫在中国的俄罗斯哲学研究中逐渐受到了重视，不仅他的一些重要著作，如《神人类讲座》（2000年）、《西方哲学的危机》（2000年）、《神权政治的历史与未来》（2001年）、《俄罗斯与欧洲》（2002年）等被翻译出版，而且在索洛维约夫逝世100周年之际，《中华读书报》和《世界哲学》还分别设置专栏，对索洛维约夫的思想进行了集中和系统介绍。但相比而言，索洛维约夫对中国学术界的实际影响，要比别尔嘉耶夫小得多，知名度也远在别尔嘉耶夫之下。在已发表的论文中，关于索洛维约夫的要比别尔嘉耶夫的少很多。这也许并非因为别尔嘉耶夫比索洛维约夫的思想更加深刻或重要，而是因为别尔嘉耶夫散文式的写作风格更容易让中国读者接近。不过，这种重"别"轻"索"的状况正在得到改变。2006年同时出现了两篇以索洛维约夫为题的博士学位论文，2007年仍有以索洛维约夫的哲学为题目的博士学位论文。

舍斯托夫是又一位受到较多关注的俄罗斯宗教哲学家，而且他的影响不光在哲学界。如果不把陀思妥耶夫斯基计算在内，就笔者所见，1949年之后中国大陆最早翻译过来的俄罗斯宗教哲学家的作品是1963年发表于《哲学译丛》的舍斯托夫的《纪念伟大哲学家爱德曼·胡塞尔》。舍斯托夫去世前不久撰写的这篇文章不仅让部分中国读者走进胡塞尔，而且甚至改变了一些中国学者对哲学的看法。正是这篇文章激发了不少中国学者对舍斯托夫的兴趣。在中国尚未兴起"俄罗斯白银时代"热之前，在别尔嘉耶夫的名字还鲜为人知的时候，舍斯托夫的《在约伯的天平上》已于1989年由生活·读书·新知三联书店翻译出版并多次重印。此后，他的《旷野呼告——克尔凯郭尔与存在哲学》《悲剧的哲学——陀思妥耶夫斯基与尼采》《开端与终结》《无根据颂》《雅典与耶路撒冷》《钥匙的统治》等也先后翻译出版。

近年来，伊万·伊里因也进入中国学者的视野，他的《法律意识的实质》与《强力抗恶论》先后被翻译成中文出版。

在此，我们还应提到巴赫金，在那些受到压制而又未被流放的思想家中，巴赫金是最负世界声誉的，中国对他的著作的翻译也较早、较多。不过，推动巴赫金走向中国读者的主要是从事文学研究的学者。1998年，河北教育出版社出版了据说是巴赫金在世界上的第一个全集（6卷，后来在2009年再版时又增补了第7卷）。值得注意的是，《哲学译丛》在1992年第1期组织了巴赫金专栏，这是第一次为一个俄国哲学家设置专栏，可见该刊对巴赫金的重视。2007年10月，北京师范大学还召开了"跨文化视界中的巴赫金"国际学术研讨会，同年还成立了巴赫金研究会。2014年11月，在南京举办了"跨文化话语旅行中的巴赫金"国际研讨会，2017年9月还在上海举办了第16届"国际巴赫金学术研讨会"。

中国学界对陀思妥耶夫斯基也投入了很大的热情，他越来越被当作一个哲学家（思想家）而不仅仅是文学家来对待。1994年，社会科学文献出版社出版了研究陀思妥耶夫斯基的译文集《陀思妥耶夫斯基的上帝》。后来东方出版社出版了德国著名学者赖因哈德·劳特的《陀思妥耶夫斯基哲学——系统论述》（1997年），劳特虽作为费希特研究专家而闻名，但这本研究陀思妥耶夫斯基的专著也具有相当水准。进入21世纪以来，华夏出版社又出版了罗扎诺夫的《宗教大法官的传说》（2002年），中华书局出版了安德森的《陀思妥耶夫斯基》（2004年），这两本著作虽篇幅都不大，但都不失深刻和精彩，前者的论述相当独到，后者对问题的把握堪称准确。此外，吉林人民出版社还出版了陀思妥耶夫斯基研究书系。

除去对俄罗斯主要哲学家的译介，中国学者也一如既往地重视对苏俄哲学史的翻译，而且选材的眼光有了重大变化。以往选取的哲学史对俄罗斯的宗教哲学家一笔带过甚至只字不提，而分别在1999年和2013年翻译出版的洛斯基和津科夫斯基的两部《俄国哲学史》则对俄罗斯宗教哲学进行了浓墨重彩的论述，向中国读者呈现了一幅完全不同的俄罗斯哲学画卷。此外，徐凤林还主持编译了《西方哲学原著选辑：俄国哲学》，该书选取了11—21世纪俄国哲学史上的32位重要思想家和哲学家，从他们的著作中选出了有代表性或有特色的篇章或片段译成汉语。该书不仅是一部俄国哲学史的翻译著作集，而且具有一定的研究和导读性质。

此外，中国的俄罗斯哲学研究也比较注意跟踪俄罗斯哲学的热点问题，贾泽林在《世界哲学》上组织翻译的有关欧亚主义的专栏（1993年第1期）、有关俄罗斯哲学传统的讨论（1997年第1、2期）可以说明这一点。此外，在索洛维约夫逝世100周年之际，在霍米亚科夫诞辰200周年之际，《世界哲学》杂志还设置了索洛维约夫（2001年第1期）和斯拉夫主义（2005年第5期）的专栏，翻译发表了相关文献。

20世纪90年代中期以来，特别是进入21世纪以后，中国的俄罗斯哲学研究取得了不少有价值的成果。比较重要和有一定反响的论文有：贾泽林的《20世纪与苏俄哲学》《九十年代的俄罗斯哲学》；安启念的《奥伊则尔曼论历史唯物主义》《奥伊则尔曼论辩证唯物主义》《苏联时期的俄罗斯哲学传统》《戈尔巴乔夫改革与弗罗洛夫哲学》《俄罗斯哲学的现状和未来》；马寅卯的《俄罗斯宗教哲学和马克思主义》《索洛维约夫对西方哲学的批判》《俄罗斯思想家对进步理念的反思》《俄罗斯理念：需要澄清的几个问题》；徐凤林的《"俄罗斯思想"及其现代境遇》《论舍斯托夫的自由思想》《"俄罗斯世界观"与俄国现代化的哲学反思》《俄罗斯哲学研究的两个维度》；张百春的《霍鲁日论个性的两个范式》《别尔嘉耶夫的末世论历史观》；张桂娜的《作为义务的自由——俄罗斯宗教哲学语境中的自由思想之管见》，祖春明的《斯拉夫主义与欧亚主义：俄罗斯文明圈重构的两种范式》，等等。《齐齐哈尔师专学报》从1994年到2002年曾连续多期刊载了张百春介绍俄罗斯哲学的系列文章，《浙江学刊》1997年以来也多次组织有关俄罗斯哲学的专栏，成了中国发表俄罗斯哲学研究成果的一个主要阵地。此外，《世界宗教研究》《东欧中亚研究》《国外社会科学》《哲学动态》《外国哲学》《博览群书》《江海学刊》等刊物也有零星地介绍和研究俄罗斯哲学的文章。2006年是中国的俄罗斯年，《社会科学辑刊》组织了3期

"俄罗斯哲学与当代"专栏;《哲学动态》分两期发表了 4 篇由徐凤林、马寅卯等中国学者撰写的论俄罗斯哲学特点的文章。此外,弗洛罗夫斯基的名著《俄罗斯神学之路》的中译本(更名为《俄罗斯宗教哲学之路》)也于同年出版。年底,在北京师范大学还召开了有关俄罗斯文化的国际学术研讨会,中国研究俄罗斯思想文化的主要学者都参加了此次会议。2007 年是俄罗斯的中国年,与之相配合,俄罗斯《哲学问题》杂志在第 5 期推出中国年特刊,并先后在俄罗斯科学院哲学研究所和中国社会科学院哲学研究所举行发布会。该期杂志全部文章均为中国学者所撰写或者内容是关于中国问题的。为一个国家举办特刊,这在《哲学问题》60 年的历史中是第一次,充分表明了俄罗斯学术界对中国问题以及中国学者对俄罗斯哲学研究的重视。2007 年 6 月,全国第 11 届俄罗斯哲学研讨会在苏州大学举行,来自中俄哲学界的许多学者参加了此次会议。此后,《浙江学刊》《福建省委党校学报》《苏州大学学报》等报纸杂志都发表了俄罗斯哲学的专栏文章。此外,徐凤林的《索洛维约夫》在做了较多的增补后由商务印书馆出版了简体字版,而雷永生的新著《东正教与俄罗斯人道主义》也于 2007 年出版。2016 年,《社会科学战线》组织"当代俄罗斯哲学专栏",发表了中俄学者的五篇论文,分别从马克思主义哲学、宗教哲学、伦理学、文化哲学、科学技术哲学的角度展现了当代俄罗斯哲学的不同面相。

  进入 21 世纪以后,中国学者有多部关于俄罗斯哲学的专著出版。这里,特别值得关注的有安启念的《俄罗斯向何处去——苏联解体后的俄罗斯哲学》(2003 年)、徐凤林的《俄罗斯宗教哲学》(2006 年)。《俄罗斯向何处去》对苏联解体以后的俄罗斯哲学进行了跟踪研究,是 20 世纪 90 年代中国学术界出版的唯一一本对俄罗斯哲学进行全景式研究的重要著作;《俄罗斯宗教哲学》是徐凤林多年心血的结晶,该书对俄罗斯 19—20 世纪最具代表性的宗教哲学家和思想主题进行了系统深入的评述,内容涉及宗教文化问题、人性问题、自由问题、真理问题、道德问题,充分体现了俄罗斯文化和哲学思维的独特风格。

黑龙江大学还组织出版了"俄罗斯哲学研究丛书",出版书目共四种,徐凤林的著作考察了舍斯托夫的悲剧哲学、张百春的著作是对别尔嘉耶夫宗教哲学的探究,陈树林则致力于索洛维约夫的历史哲学,而周来顺则从整体上对白银时代的宗教哲学进行了梳理。作为"80后"出生的年青一代学者,周来顺在上述著作之外,还出版了研究别尔嘉耶夫历史哲学的专著《现代性危机及其精神救赎——别尔嘉耶夫历史哲学思想研究》。此外,值得关注的还有夏银平博士的《俄国民粹主义再认识》、张桂娜的《心系大地 仰望天堂——别尔嘉耶夫人格主义的社会主义观》。在俄罗斯的科学技术哲学也一直有人在从事研究,这方面的成果主要有王彦君的《俄罗斯的科学哲学研究》,万长松的《歧路中的探求——当代俄罗斯技术哲学研究》等。

应当指出的是,贾泽林在20世纪90年代以后曾先后主持完成了《八十年代的苏联哲学》《苏联哲学的演变》《九十年代的俄罗斯哲学》三部重要的著作,如果再加上早年出版的《苏联当代哲学(1945—1982)》,构成了一个俄罗斯哲学研究的完整序列。

最近十年来,张百春多次邀请俄罗斯学者到北京师范大学举办系列讲座,其中有霍鲁日、古谢伊诺夫、列克托尔斯基、艾普斯坦、邱马科夫等著名哲学家,讲座录音经过整理后已经结集出版了八部著作,这个工作还在继续进行中,接下来还将有几部著作被整理出版。这些讲座的举办和著作的出版对中国学界了解当代俄罗斯哲学的基本状况起到了巨大推动作用。

此外,中国的俄罗斯哲学研究者也开始重视和译介当代俄罗斯哲学家的重要著作,最新的一个例子是梅茹耶夫的《文化之思——文化哲学概观》被翻译成中文出版。

由于东正教对俄罗斯哲学和文化的深刻影响,中国的俄罗斯哲学研究者也很注重对东正教的研究。徐凤林和张百春在这方面做了大量工作,如徐凤林翻译的《东正教》《东方教会神秘神学》《维护神圣静修者三论集》,以及撰写的《东正教圣像史》。张百春的《俄罗斯东正教神学》(2001年)一书则以人物为线索,对19世纪以来的俄罗斯东正教神学思想进行了比较系统的梳理和总结，是中国学者完成的第一部俄罗斯东正教神学著作。

这里还应提到几本并不专治俄罗斯哲学甚至是非哲学专业的学者写的著作。首先是研习宗教学多年的乐峰先生的《东正教史》，该书于1999年第一次出版，2005年又出版了修订本。其史料丰富，对于中国读者了解和掌握东正教的基本知识有着积极意义。其次是俄国史专业的戴桂菊女士的《俄国东正教会改革（1861—1917）》，这部在博士学位论文基础上修改而成的专著，堪称中国近年来俄罗斯问题研究领域的佳作。同样是历史学出身的白晓红博士的著作《俄国斯拉夫主义》也值得一读。特别应该提到的是刘小枫博士，他对中国俄罗斯哲学出版和研究的贡献有目共睹，20世纪90年代以来在这个领域的出版物中，有很大一部分与他有着这样或那样的关系。比较容易让人忽略的是上面提到的《20世纪西方宗教哲学文选》，在这部1991年就出版的由他主编的三卷本文集中，俄罗斯宗教哲学家的文章占据了较多篇幅。另外，他研究舍斯托夫的论文《从绝望哲学到圣经哲学》以及关于梅列日科夫斯基的长文《圣灵降临的叙事》引起了相当范围的关注。可以说，他既是俄罗斯宗教哲学著作出版的推动者，又是俄罗斯宗教哲学的研究者。

第七节 分析哲学研究

分析哲学诞生于19世纪末20世纪初的欧洲，其主要思想倾向是批判传统的哲学研究范式，转而把语言作为自己主要的研究对象，这也被称为"语言转向"。由于长期以来在英美哲学界占据了主导地位，人们有时也不严格地将它与"英美哲学"画上等号。分析哲学出现后不久即被引入中国，迄今已有约百年的历史。特别是中华人民共和国成立后，相关研究取得了诸多令人瞩目的成果。从总体上看，我们可以按照"翻译与研究""交流与融合"这样两条主线来概括中华人民共和国成立 70 年来的分析哲学研究。"翻译与研究"指中国分析哲学研究始于对西方哲学家作品的翻译和对其思想的介绍，并在此基础上逐步走向独具中国特色和问题意识的前沿研究；"交流与融合"指分析哲学在中国与马克思主义哲学、中国哲学、现象学等各种思想不断交流融合，产生出新的思想资源和研究范式。这两条主线的形成离不开一代代学者扎实研究的积淀。

一 启程与奠基

20 世纪二三十年代，随着罗素、杜威等哲学家来华演讲，分析哲学、维也纳学派、实用主义、科学哲学等概念逐渐进入中国学者的视野。以此为契机，当时还是一种新思潮的分析哲学思想开启了在中国的航程。这期间具有代表性的成果是张申府在 1927 年翻译的维特根斯坦的《名理论》（现在通常被译为《逻辑哲学论》），这是该书在世界范围内除英文本外最早的译本（原书为德文）。此时距离原书出版仅仅五年，足见中国学者对哲学前沿问题的关注程度和学界的活跃程度。

随着中华人民共和国的成立，分析哲学的研究也进入了新的阶段。由于各种原因，20 世纪 50—70 年代的分析哲学处于较为消沉的阶段，但其火种依然在延续着，很多学者在力所能及的范围内做着各种研究及翻译工作，其中的代表是洪谦。洪谦自 1930 年起加入维也纳学派的讨论会，成为该学派的成员，1937 年回国后一直进行相关的教学与研究，自 1952 年起则一直在北京大学从事以翻译为主的研究工作。在 20 世纪 70 年代后，洪谦重新开始了对维也纳学派思想的批判性研究。他阐述了学派成员之间在对待形而上学问题上的分歧，批评了石里克将"断定"作为人类知识大厦基础的方案，并回应了蒯因等学者对该学派的批判。这连同他之前的工作一起，为中国分析哲学的研究奠定了基础，也体现了老一辈学者深厚的学术功力。

由于研究范式和方法的关系，分析哲学与逻辑学的关系十分密切，这使得不少杰出的逻辑学家在分析哲学方面也取得了诸多成果，金岳霖就是其中的代表。除了在逻辑学上的成就外，他在分析哲学上的贡献主要是在知识论方面。尽管他的著作《知识论》一书是在1983年出版的，但相关的写作和研究在20世纪40年代即已开始。在《知识论》中，金岳霖对感觉、知觉、殊相、共相、意念、概念、经验等概念作出了缜密的逻辑分析，批判了传统的唯理论和观念论的狭隘之处，阐述了认识过程中感性认识和理性认识的统一。可以说，这是中国哲学家构建的第一个完整的知识论体系，具有重要的意义。值得一提的是，金岳霖的学术传统在中国台湾也得到了传承。他的学生殷海光在台湾大学进行了多年的逻辑学与科学哲学研究，又经过其学生林正弘等学者的继承与发展，在很大程度上影响了此后中国台湾的相关研究。

在改革开放之前，尽管研究上的条件并不便利，老一辈学者还是尽其所能地作出了诸多贡献，为后来分析哲学在中国的进一步发展奠定了基础。

二 翻译与研究

随着改革开放的到来，中国的分析哲学研究进入了新的历史阶段。以1978年在安徽芜湖举行的全国外国哲学史学术研讨会和1979年在山西太原举行的全国现代外国哲学学术研讨会为契机，中国的分析哲学家的问题意识日益觉醒，研究范式逐步从原典翻译过渡到对前沿问题的探讨。

首先作出突出贡献的仍然是老一辈学者。江天骥自1956年起一直在武汉大学从事哲学研究，在逻辑学、科学哲学等诸多方面均有建树。20世纪80年代以来，他开拓了新的领域，较早地开始了对分析哲学中语言哲学的系统研究，为研究生开设关于英美哲学和符号学的课程。他敏锐地捕捉到了语言哲学发展的趋势，对纯语言研究的立场、过分强调外延逻辑、狭隘的经验论等倾向进行了批判。此外，他还非常有见地地提出语言哲学和解释学这两种不同的传统会越来越接近的观点,而这已经被后来的学术发展所证实。从江天骥对新领域的探索可以看出,分析哲学是根植于整个西方哲学传统之中的,需要与其他思潮或学派不断互动才能继续发展。后来的中国学者总体上都很重视这一点。

同时期引领分析哲学研究的学者还有涂纪亮,他的研究工作是由翻译开始的。自1956年起,他在中国科学院哲学研究所从事俄语、德语和英语的哲学著作翻译,这种对翻译的热情贯穿其学术生涯。其代表性成果是20世纪90年代末由他主持翻译的《维特根斯坦全集》。这部12卷译本的内容甚至比同时期德文版《维特根斯坦著作集》还要丰富。在大量出色翻译工作的基础上,他先后完成《分析哲学及其在美国的发展》《英美语言哲学概论》《现代西方语言哲学比较研究》等著作,系统地剖析了多位重要分析哲学家的思想,介绍了逻辑实证主义、实用主义、日常语言学派等思潮的形成与发展过程,并批驳了它们各自的偏颇之处。此外,他还投身于欧洲大陆语言哲学与英美语言哲学的比较研究,这在一定程度上纠正了人们关于语言哲学仅仅存在于英美的成见,把"语言转向"扩展到整个当代西方哲学的领域内。

从这些成果可以看出,在学术研究中翻译与研究往往是不可分离、相互促进的,对于在中国从事外国哲学研究的学者来说更是如此。离开了研究的翻译很容易错失原著重要的思想内涵,而离开了翻译的研究则容易忽视哲学家思想的细节;只有始终将二者有机结合起来,才能真正把翻译和研究都做好。值得肯定的是,这种结合在中国分析哲学的研究中始终没有被忽视。

分析哲学研究中一个无法回避的问题就是它与现象学的关系。作为当代西方哲学两大主流思潮,它们在一定时期内却处于"老死不相往来"的窘境,造成了本不应有的隔阂。中国学者其实一直都在力图打破这种隔阂。洪汉鼎的主要研究领域是斯宾诺莎哲学和诠释学,但在分析哲学上同样颇有建树。他完成了《当代分析哲学导论》《语言学的转向——当代分析哲学的发展》等著作,充分发掘了欧陆传统与英美传统之间的共通之处。这种努力也体现在陈嘉映的工作中，他完成了海德格尔的《存在与时间》、维特根斯坦的《哲学研究》这两本著作的翻译工作，它们分别是20世纪现象学和分析哲学的代表作。

　　这些成果的确在一定程度上突破了上述隔阂，而进一步消除隔阂的一条路径是回到分析哲学和现象学共同的源头上去，这要求对既有框架的突破。王路的弗雷格研究恰恰展示了如何超越分析哲学的局限性。尽管使用的术语、讨论问题的习惯各不相同，但逻辑一直是西方哲学的主题。分析哲学创始人弗雷格与现象学创始人胡塞尔曾面临的共同问题，即逻辑与数学的基础。只要抓住了逻辑问题这条主线，就不会让视野局限在分析哲学的一隅之内。

　　中国学者的这些工作告诉我们，这两种思潮之间看似有着不可逾越的鸿沟，实际上却来自同样的传统和背景，应当不断地突破藩篱、相互借鉴。这样的思路其实同样可以推广到分析哲学与其他哲学思想之间。

三　交流与融合

　　改革开放以来所取得的一系列学术成就，除了学者自身的努力之外，也离不开广泛深入的学术交流。进行学术研究，闭门造车本就是行不通的，对于分析哲学这样一个主要源于西方的思潮来说更是如此。这其中，学会是重要的学术研究平台。1979年11月中国现代外国哲学学会成立，迄今已走过约40个年头，成立了包括分析哲学专员会在内的数个专业委员会，几乎涵盖了外国哲学的各重要领域，为学者们提供了水平极高的交流平台。

　　随着国门的打开，中国学者与外国学者的交流与合作日益加强。1988年，由中国社会科学院哲学研究所、英国皇家哲学研究所、牛津大学现代中国研究中心联合创办中英暑期哲学学院（现已更名为"中英美暑期哲学学院"）。第一期授课主题为"分析的哲学与哲学的分析"，由牛津学派的代表性人物斯特劳森授课。如今暑期学院已走过了30年,为中外学术交流作出了突出贡献。此外,如1992年召开的"科学哲学中的实在论与反实在论国际研讨会"、1994年召开的"洪谦与维也纳学派国际研讨会"等会议,都在国际上产生了一定的影响力,而2018年在北京举行的世界哲学大会更是将这种影响力推向顶峰。

在加强交流的同时,中国学者继承了老一辈学者辛勤耕耘的传统。2001年和2018年出版的两版《分析哲学——回顾与反省》,收录了当代国内外分析哲学重要的前沿成果,其中所收录的中国学者的论文数量大幅提升。自2009年起,由中国现代外国哲学学会分析哲学专业委员会编写的系列文集《中国分析哲学》很好地涵盖了历届全国分析哲学研讨会的优秀论文。这些都体现了分析哲学各个领域的蓬勃发展。不过,哲学从根本上说不仅仅是一种学术,还与思想有关,能否提出原创性的思想是衡量哲学研究水平的重要标志。经过多年的积累,中国的分析哲学家们已经在这方面取得了一定的成果,可以说形成了自己的风格、传统和方法。

分析哲学的一大特点是技术性较强,因而具有充分的适应性,可以被用于研究不同的文化、思想,这一点在中国分析哲学的发展中尤为明显。比如韩林合在维特根斯坦和分析哲学研究之外,还以独到的方式进行了庄子思想的研究。他的《虚己以游世——庄子哲学研究》突破了《庄子》内外杂篇的固有结构,以分析哲学的方式重构了庄子思想,呈现出独特的研究范式。而类似这样用分析哲学研究中国哲学的思潮在日渐兴起。1999年8月,首届"分析哲学与中国哲学"研讨会在昆明召开;2018年第十一届分析哲学研讨会的主题也是"分析哲学的中国话语"。这种话语意识的不断觉醒,意味着分析哲学不仅在中国生根,还在生长、发芽,最终会结出具有中国特色的思想果实。

近年来,更多相对年轻的学者走到了学术舞台的中心并取得了丰硕成果,例如叶闯关于语言哲学的研究,唐热风在心灵哲学上的工作,唐浩对当代哲学家麦克道威尔思想的继承与发展,叶峰对物理主义上的阐释，刘晓力用逻辑和科学哲学方式对认识论的推进，等等。这些成果不仅代表了国内研究的水平，还具有一定的国际影响力。我们也有理由相信将来会有更多更具影响力的成果涌现出来。

四 前景与挑战

同其他思想流派一样，分析哲学有着自己发展的历程，也有着本身固有的问题，并面临着不断涌现出的新挑战。其中的一些新趋势给中国分析哲学的发展提供了新的契机。比如，以往的分析哲学家通常是较为轻视哲学史的，但随着研究的深入和自身积淀的增加，分析哲学自身的历史越来越成为学者们关注的焦点。在百余年的历史中，分析哲学已经经过了八次比较大的论战，学者们不可能不回顾这些论战的结果而盲目开展新的工作，这就意味着对分析哲学历史的研究会占据越来越大的比重。中国的学术研究向来有看重历史的传统，面对这一新的契机，中国学者如能够发挥自身学术传统的优势，可能会在国际学术界作出新的贡献并占据一席之地。

回顾70年来中国分析哲学所走过的历程，可以看到中国学者是如何一点点跟上世界的脚步，又如何一点点开拓出属于自己的范式和方向的。江怡在《40年来的中国分析哲学研究：问题与挑战》一文中将改革开放后中国学者在分析哲学研究中的基本路径概括为如下四种：历史路径、视角路径、问题路径和方法路径。这种概括是比较准确和全面的。应当说，前面两种路径在某种程度上还属于较为"外围"的研究，而后两种则触及了分析哲学的核心问题，既可以帮助学者们利用分析哲学的方法解决所面临的哲学问题，也有助于提升中国哲学研究的总体水平及国际影响力。如果说在比较长的时间内中国分析哲学的主要研究路径还集中在前两种的话，近年来则已经出现了许多突破，这意味着我们有能力以更主动、更积极的姿态融入国际潮流中。而从中国自身的角度说，分析哲学也会给我们的思想文化带来新的可能性，从而促进其更全面的发展和提升，进而有助于解决我们自身所面临的各种问题。

第八节 结语：问题与展望

回顾西方哲学研究70年的历程，我们看到了未来中国西方哲学研究的前景和隐忧。从发展趋势看，自2010年"中华全国外国哲学史学会"和"中国现代外国哲学学会"的年度学会来看，西方哲学内部的学科壁垒有逐渐打破之势，哲学史与现代西方哲学之间的界限不似先前那样明显，大陆哲学和分析哲学也相互倾听意见，这与国际学界的趋势是相一致的。近十年来大批青年学子从海外留学归国，他们在语言和学术训练以及国际视野方面显示出了较大的优势，为中国的西方哲学研究注入了新鲜的血液。尤其是，对于在西方已经相对冷门的古希腊哲学、德国古典哲学、现象学等研究领域，中国的青年学者怀有很高的热情，这一点或许再次说明，中国思想有能力兼收并蓄，吸收世界上所有的先进文化，使之融合、再造而成为中华文化体系的有益组成部分。

在上述良好的发展态势之下也存在着一些隐忧。在当今学术量化管理标准之下，学术研究水平参差不齐，如何克服不科学管理体制的干扰，克服哲学研究中出现的技术化趋势，做好中国视野下的哲学研究，将成为未来学界同人共同探索和努力的方向。

第 四 章

新中国东方哲学研究 70 年

第一节 导言

"东方哲学"这一概念对应于"西方哲学",是 20 世纪初中国知识分子面对强势的西方文化,在重审历史,思考世界局势以及反思自身文化价值时所使用的概念。胡适在 1919 年出版的《中国哲学史大纲》导言中表示"世界上的哲学大概可分为东西两支。东支又分印度、中国两系。西支也分希腊、犹太两系。初起的时候,这四系都可算作独立发生的……到了今日,这两大支的哲学互相接触,互相影响。五十年后,一百年后,或竟能发生一种世界的哲学,也未可知。"[1] 梁漱溟在其《东西文化及其哲学》一书中也认为,中国哲学和印度哲学一起,共同组成了"东方哲学"的主体,对应于"西方哲学"。他对东西方文化的思考源于当时局面下西方文化对东方文化的全面碾压,而东西文化之分以及东方文化的价值却无清晰的论述。"这个问题自是世界的问题,欧美人、日本人、中国人都当研究解决的。而直逼得刀临头顶,火灼肌肤,呼吸之间就要身丧命

---

[1] 胡适:《中国哲学史大纲》,耿云志等导读,上海古籍出版社 1997 年版,第 4 页。

倾的却独在中国人，因为现在并不是东西文化对垒激战，实实在在是东方文化存亡的问题。"因此他在对东西文化的不同倾向进行辨析之后，呼吁东方人谋应付之道，或者改革，或者自证其价值，或者寻求调和融通之道，不至于东方文化的倾覆。① 由此可见，早在20世纪上半叶，中国学者就已经有意识地宣扬"东方文化""东方哲学"的概念，以应对当时西方文化独步天下的境况。

中华人民共和国成立后，特别是改革开放以来，在党和政府的大力支持下，我国的东方哲学研究在经历一段消沉期后，迅速得到了复苏和发展，并取得了长足的进步。回顾东方哲学的发展演变史，无不令人感慨和鼓舞。早在1958年，北京大学在朱谦之先生的推动下，在哲学系前瞻性地成立了我国首个东方哲学教研室，开设日本、印度、阿拉伯哲学史等课程。此后由于学科调整，1964年该学科并入中国科学院世界宗教研究所。"文化大革命"期间，东方哲学与其他学科一样，各项工作亦陷于中断。1983年，中国社会科学院批准在哲学研究所建立东方哲学研究室，1984年东方哲学研究室正式成立。东方哲学研究室成立之初，仅设有三个小组，即印度哲学、日本哲学和阿拉伯哲学小组。经过30多年的不断发展和几代人的辛勤耕耘，终于形成了今天的涵盖印度哲学、日本哲学、阿拉伯伊斯兰哲学、韩国（朝鲜）哲学、越南哲学等学科门类齐全、人员配备合理的综合性研究相得益彰的勃兴局面。

中国社会科学院哲学研究所东方哲学研究室是目前我国唯一一所东方哲学研究基地，为我国的东方哲学学科发展奠定了坚实基础，提供了坚强支撑。为了进一步传承和弘扬优秀的东方传统文化，1997年4月，中国社会科学院东方文化研究中心正式成立，它的宗旨是"在新的历史条件下，团结并联合国内外研究东方哲学的专家学者、学术团体及社会人士，开展东方文化的理论研究和应用研究，

---

① 梁漱溟：《东西文化及其哲学》，商务印书馆1999年版，第227—229页。

使东方文化走向世界，为建构21世纪人类新文化作出贡献"①。其间，北京大学哲学系也于1985年恢复东方哲学室，此后，山东大学、宁夏大学等也先后设立了东方哲学室。以中国社会科学院哲学研究所东方哲学研究室为核心的各类东方哲学研究机构，在与国内外进行广泛交流的同时，整合不同学科的优秀研究力量，开展高质量的学术活动。它们都是我国东方哲学研究的重要堡垒，为推动东方哲学的长足发展作出过重要贡献。

对东西方文化、哲学的辨析与讨论是这一学科的研讨主题。20世纪80年代后期开始，季羡林先生对东西方文化体系、东西方文化交流，以及21世纪的人类文化发展方向等重要问题有许多新的思考，提出许多独到的见解。1997年，在20世纪末这一时间节点，季羡林、张光璘主编的《东西文化议论集》出版，论文集收录了一系列的旨在区分、辨析、探索东西方文化的论文，既包括十多篇季羡林先生自己撰写的文章，也收录了梁漱溟、金岳霖、冯友兰、张岱年、任继愈、汤一介等在这一议题上的相关论文。该书在西方文化于20世纪遭遇种种危机的情况下，再提东方文化，并且主张钻研东方文化，并且将东方文化中的精华送到西方，使之发扬光大，"只有东方文化才能拯救人类"。季羡林先生认为，东西文化基本的差异的根源，就在于思维方式之不同："东方主综合，西方主分析。"② 他还提出东方文化和西方文化的关系是"三十年河东，三十年河西"③，"21世纪西方文化将让位于东方文化"④ 等观点。

东方哲学学科因其学科跨地域、跨文化的特征，研究成果分布于印度哲学、日本哲学、阿拉伯伊斯兰哲学、韩国哲学、越南哲学等分支学科领域。然而，在过去短短的几十年间，我国东方哲学领

---

① 奥伦：《备受瞩目的东方哲学研究》，《哲学动态》1999年第11期。
② 季羡林、张光璘主编：《东西文化议论集》（上册），经济日报出版社1997年版。
③ 同上书，第59页。
④ 同上书，第65页。

域的研究成果喜人，经过几代学者的不懈努力，撰写出了一系列的东方哲学各类论著，综合不同学科力量，共同展现了东方哲学文化自信的精神风貌。

1994年，卞崇道、宫静、康绍邦、蔡德贵等共同主编的《东方思想宝库》出版，该著作集中了主要东方国家和地区的历史文献资料，体例类似于辞典，根据研究的学科门类进行编排，对文献资料采用节选的方法，同时外文文献全部予以汉译，书后附上全部文献名录。这是一部宝库性的可资参考的文献著作，为从事东方思想比较研究的学者提供了良好的研究上的便利。①

1997年，徐远和主持编写的"东方哲学与文化丛书"出版，收录孙晶著《月亮国的智慧》、徐远和与卞崇道著《风流与和魂》、卞崇道著《东方文化的现代承诺》，以及刘一虹著《信仰与理性》，这一丛书旨在推介东方哲学领域优秀研究成果和最新动态。

2000年，黄心川主编的《东方著名哲学家评传》出版，这套丛书采用评传题材，按国别或者地区分卷，每卷人物按出生年月次序排列，对东方哲学史上出现的著名哲学家、思想家的生平和思想做了评述。其中印度卷为巫白慧执笔，日本卷为王守华、卞崇道执笔，韩国卷为李甦平执笔，越南、犹太卷为于向东执笔，西亚北非卷为蔡德贵执笔。此外，黄心川先生还编有《现代东方哲学》（1998年）、《东方哲学的现代意义》（1999年，日本版）等作，为东方哲学发展注入了新的动力。②

2009年，李景源、李甦平主编的《东方哲学思想与文化精神》出版，该论文集不仅包括了黄心川、巫白慧、李甦平、姚卫群、黄夏年等国内知名学者的论文，还包括了崔英辰、金汉相等韩国学者

---

① 孙晶：《近现代中国印度哲学研究概况》，载《东方哲学思想与文化精神》，中国社会科学出版社2009年版。

② 参考魏常海《21世纪的东方哲学研究——评五卷本〈东方哲学史〉》，《哲学动态》2011年第12期。

的论文,对南亚、西亚、东亚的古今哲学与文化进行了探讨,主题广泛,聚焦学术前沿,呈现了当时我国东方哲学研究的最新成果。

由徐远和、李甦平等主编的五卷本《东方哲学史》于 2010 年由人民出版社出版,是我国史上首部涉及学科面广、时代跨度大和国别研究多的东方哲学通史性巨著。该书以时间为东方哲学发展的纵向基线,分为上古、中古、近古、近代、现代五大时间段,将东方各国哲学纳入上述五大时间段中,对同一时间段的东方各国哲学进行横向的分析、研究、论述。该书梳理了东方各国之间及东西方哲学之间的互动与交流情况,力图揭示东方哲学发展的内在规律性,彰显了东方哲学的个性和特点。该书先后荣获 2013 年度国家新闻出版广电总局颁发的"第三届中国出版政府奖图书奖提名奖"和 2016 年第九届中国社会科学院优秀科研成果一等奖。

以上这些大部头的综合类研究成果只是东方哲学研究领域的冰山一角,更多、更细节的研究我们将在以下各节、各分支学科及国别研究中加以梳理并进一步呈现。

第二节 印度哲学研究

我国现代意义上的印度哲学研究始于 20 世纪初,中华人民共和国成立后初具规模,到了改革开放之后,随着新中国整体学术事业的繁荣而在 80 年代趋于勃发。中华人民共和国成立 70 年来,成果突出,不管是对相关议题的哲学研究,还是印度哲学学科的队伍建设和人才培养,都取得了杰出的成绩。

印度文化和中国文化同属东方文化的核心内容。从佛教传入中国开始,中印文化就紧密地联系在一起,宗教哲学文化上的交流在 2000 年来从未中断。印度宗教哲学和科学思想对我国文化都有过相当的影响,很多宗教哲学观念、思想通过佛教的传播成为中国文化的重要组成部分。学习、研究印度哲学史可以熟悉两国思想文化交流的过程，了解我国哲学思想是怎样摄取、兼容外来的成分而得到丰富和发展的。

中华人民共和国成立后，经过我国哲学界 70 多年来的艰苦奋斗，我们对于印度哲学每一阶段的研究，都已经卓有成效。我国的印度哲学因历史因缘，呈现出以下几个特点：首先，中印之间的文化交流往往搭载在佛教之上，中国的印度哲学研究也与佛教文化、佛教哲学有着千丝万缕的联系；其次，由于印度文化在近代本身的输出能力有限，许多重要的典籍尚未得到规范的整理，印度哲学研究经常不得不陷入语言学、文献学讨论中去，因此，当代印度哲学研究和梵文语言学、文献学研究紧密联系在一起；最后，当代印度学研究的几位开创者均有欧美留学背景，印度学的研究受欧美、日本学术界影响深远。

一　新中国印度哲学研究历史概况

（一）中华人民共和国成立印度哲学研究的萌芽

印度哲学研究始于 20 世纪初期，在新中国印度哲学研究领域影响深远的学者在中华人民共和国成立就已经有了部分研究成果面世。这一时期，大量中国留学生远赴欧美、日本留学，受西方学术界的影响，一些学者开始关注到印度哲学，并以现代学术研究的方法对印度哲学展开研究。

梁漱溟 1919 年出版《印度哲学概论》，是其在北京大学开设关于印度哲学的讲座和课程的讲稿整理而成，对印度哲学所涉及的主要核心哲学议题以及各派不同观点进行了梳理、介绍，开启了我国近代印度哲学研究之先河。在后续出版的《东西方文化及其哲学》中，他又对印度哲学的基本面貌、印度文化的总体气质进行了概论式的描摹。1936 年，黄忏华的《印度哲学史纲》出版，分别对印度诸派哲学的概况进行了介绍。这两本书都是属于印度哲学普及类作品，旨在展现印度哲学的大略图景。

我国的印度哲学研究与梵文学研究紧密相关，率先突破梵文局限于佛学研究的应属汤用彤先生。汤先生任教于北京大学哲学系，其作《印度哲学史略》是以现代学术方法研究印度哲学史的一部重要作品。此外汤先生还有遗稿两部：第一部是《汉文佛经中的印度哲学史料》。50年代汤先生就已经在收集整理这部作品，但至1994年才得以出版。作品对涉及各派哲学名称含义、各派哲学思想综述、因果关系与因明学等问题相关的哲学史料进行了梳理。第二部是《印度佛教汉文资料选编》。这是汤先生于1954年前后以卡片记录的方式对汉文佛经中保存的很多印度佛教原典材料进行的汇集编选，因原典的梵文本失传而具有特殊的史料价值，一直未能面世，直到2010年，才由后辈学者校点整理出版。

这一时期从事梵文研究的还有陈寅恪先生，曾于1931年在清华大学开设佛典翻译课程。此外，还有吕澂先生，对《楞伽经》等佛教原典进行校勘，并撰写了《印度佛教史略》《因明纲要》等。吕先生在中华人民共和国成立后还出版有《印度佛教源流》《因明入正理论讲解》等著作，为印度佛教研究作出了杰出贡献。

综合来看，中华人民共和国成立前，我国的印度哲学研究尚处于萌芽状态，未成气候。一方面，只有受欧美学术视野影响的少数几位学者进行研究，成果也很少；另一方面，相关研究成果都是概论式的，旨在对印度哲学的大略图景提供基本介绍。然而，这一时期的启动和储备，为新中国印度哲学研究的繁荣打响了前奏。

（二）中华人民共和国成立后印度哲学研究的起步

中华人民共和国成立之后，中印两国关系的推进促进了我国的印度学、印度语言、印度哲学的研究，在《中印文化关系史论丛》中，季羡林（1911—2009年）先生写于1956年的"序言"中提及，"将近七年以来，我们两国的政府和人民互相派遣文化使节访问我们的伟大的邻邦。这样的代表团几乎每年都有"①。季羡林先生于1935年开始留学德国哥廷根大学，接受了良好的梵文、巴利文训练，从

---

① 季羡林：《中印文化关系史论丛》，人民出版社1957年版，第6页。

事了比较纯粹的语言学研究。1946年回国，当时国内梵文学研究风气不盛，他个人在1956年写作《原始佛教的语言问题》，1958年《再论原始佛教的语言问题》回应过美国梵文学者爱哲顿（Franklin Edgerton）的一些观点之后，梵文学研究几乎停滞。直到改革开放之后，国内学术界重新与国际学术界恢复往来，季羡林先生了解到1976年在联邦德国哥廷根举行主题为"最古佛教传承的语言"的佛教研究座谈会Ⅱ，随后写了《三论原始佛教的语言问题》。这些作品收入《原始佛教的语言问题》一书，由中国社会科学出版社在1985年出版。其撰写的与印度其他古代语言相关的若干篇论文则被收入《印度古代语言论集》，由中国社会科学出版社在1982年出版。季先生的学术研究是建立在其语言学文献学功底之上，他自己表示，研究梵语几十年，主要的指导思想是，除了找出语言发展的规律性的东西以外，还希望把对佛教梵语的研究同印度佛教史的研究结合起来。[①]

中华人民共和国成立初期的另一位梵文学大家是金克木先生，金先生曾在印度研习梵文，1946年返回祖国，其梵文学成果结集为《梵竺庐集》，其中包括《梵语文学史》《天竺诗文》《梵佛探》等，其中《梵佛探》收集了一些研究梵语语言学、印度哲学和佛学的单篇论文，其中《印度哲学思想史设想》对印度哲学史分期、篇目和需要着重探索的问题进行了提纲挈领的说明。

这一时期还有其他一些成果产出，部分到80年代才得以出版，如李荣熙1964年开始翻译的《印度教与佛教史纲》，是英国查尔斯·埃利奥特（Charles Eliot）的作品，将印度教和佛教进行综合与比较研究，为国内读者了解国际学界的研究成果提供了便利。

（三）改革开放后印度哲学研究的全面繁荣

改革开放之前，印度哲学的研究虽然不是空白，但也寥寥无几，主要搭载着梵文语言研究、佛教研究的东风，有一点成果，"印度哲

[①] 《季羡林文集》第三卷，江西教育出版社1998年版，第512页。

学作为一个学院式的研究课题，从未列入国家哲学社会科学研究课题计划之内。1983年，中国社会科学院领导批准哲学研究所建立包括印度哲学研究在内的东方哲学研究室，从此，印度哲学研究正式列为国家哲学社会科学研究课题之一，填补了我国哲学研究领域里的一个重要空白"[1]。1997年，在现有东方哲学研究室基础上，进一步成立了中国社会科学院东方文化研究中心，印度哲学研究和文化推广是该中心主要使命之一。此外，成立于1978年的中国社会科学院南亚研究所也是印度文化、印度哲学研究的重要据点，该中心1988年并入新成立的中国社会科学院亚洲与太平洋研究所。2011年，在亚洲与太平洋研究所的基础上，组建了现在的中国社会科学院亚太与全球战略研究院。

北京大学是新中国印度哲学研究的另一重镇，其东方语言文化系梵巴语专业成立于1946年。2004年，以原有梵语、巴利语专业为依托，北大梵文贝叶经与佛教文献研究所成立。此外，北京大学还有成立于2006年的北京大学佛教研究中心，成立于2010年的北京大学佛学教育研究中心等机构，推动了佛教哲学的研究。

国内还有一些其他旨趣在进行佛学研究的机构在推进梵语研究、佛教哲学研究的同时，对印度其他派别的研究也有所涉猎。比如成立于1956年的中国佛学院，初创于1980年的四川大学道教与宗教文化研究所，组建于1999年的中国人民大学佛教与宗教学理论研究所，近年来新建的还包括成立于2016年的浙江大学佛教资源与研究中心和成立于2017年的敦煌研究院"佛学研究中心"。

各类研究机构的建立和相关学术项目、学术活动的开展为印度哲学学科的发展集聚和培养了人才。80年代之后，一大批学者活跃在印度哲学研究舞台上，包括黄心川、巫白慧、徐梵澄、黄宝生、朱明忠、王邦维、段晴、宫静、洪修平、姚卫群、宋立道、孙晶、

---

[1] 巫白慧：《印度哲学：吠陀经探义和奥义书解析》，东方出版社2000年版，第1页。

成建华、李建欣、李学竹、吴学国、周广荣等。近年来，也有一大批新生代学者加入了印度哲学研究，包括惟善、叶少勇、萨尔吉、何欢欢、吴娟、赵悠、赵文、范文丽、王俊淇、茅宇凡、范晶晶、米媛等。相较于中华人民共和国成立前和中华人民共和国成立后初期少数学者尝试性的印度哲学史梳理、引介，80 年代之后除了一大批综合介绍性的著作和译介之外，在梵文原典翻译、古典六派哲学研究、当代印度哲学研究、佛教哲学研究、因明研究等领域有大量成果出版。新生代学者大多数成长于 90 年代之后，基本都有海外留学或交流经历，梵文、巴利文等古典语言功底良好，精通英文、日文等现代学术语言，受过良好的现代学术训练，拥有国际学术视野，研究的问题也更加细分和深入，往往在某一具体哲学问题或文献上有比较专精的探索。

二 改革开放后印度哲学研究领域的主要成果

（一）概论式文献的译介与撰写

改革开放之后，我国学者在新的形势下，仍在继续进行印度哲学的引介和普及工作。1980 年，黄宝生、郭良鋆翻译了印度当代哲学家恰托巴底亚耶（D. Chattopadhyaya）的《印度哲学》并出版，作者在梳理印度哲学传统的同时，也运用唯物主义和唯心主义的框架对其进行了剖析。1989 年，黄心川先生出版了《印度哲学史》，在书中，黄先生对公元前 3 世纪到公元 18 世纪的古代哲学和中世纪哲学的历史概况进行了梳理，呈现了古典印度哲学的基本图景。黄先生该书，加上他同时期出版的《印度近现代哲学史》，共同展现了印度从古到今哲学的流变过程，首次为我国学界提供了一套完整的印度哲学史。

1991 年，巫白慧先生将自己的部分印度哲学、佛教哲学研究成果编译成一本英文专著《印度哲学与佛教》（*Indian Philosophy and Buddhism*），由中国佛教文化研究所出版。书中除了收录巫先生讨论吠陀经和奥义书的论文之外，还收录了其论述印度佛教哲学、印度因明逻辑、印度吠檀多哲学的论文十多篇。2000 年，巫先生在对前期研究成果进行整理增补的基础上，加入部分新的研究成果，出版论文集《印度哲学：吠陀经探义和奥义书解析》。

姚卫群于1992年出版《印度哲学》，这是一部针对高校学生的入门级教材，分为三个部分，第一部分是简史，对印度哲学几大派别的基本历史进行梳理；第二部分是概论，对印度哲学的一些核心议题，比如转变说、积聚说、因果观等进行了简要的介绍；第三部分是史料，摘取了印度哲学主要派别的部分经典文献，以备入门阅读之用。同一年他还出版了《印度宗教哲学百问》以问答的方式对印度宗教哲学的基本面貌进行了勾画。2006年，他再次出版《印度宗教哲学概论》，从历史源流、核心问题介绍等不同侧面对印度的宗教和哲学进行梳理。2011年，孙晶的《印度六派哲学》在中国台湾出版，详述了印度自吠陀产生以来正统派哲学的思想理论的发展过程，在主要论述正统派哲学产生的思想渊源——吠陀和奥义书的哲学之外，也具体分析了六派哲学各自的理论特点。

这一类印度哲学通论著作还有许多，如朱明忠出版于1994年的《恒河沐浴——印度教概览》，介绍了印度教的起源、经典、基本信仰、三大教派与改革社团等。此外还有高杨、荆三隆的《印度哲学与佛学》（2001年），李建欣的《印度宗教与佛教》（2013年），还有李建欣、张锦冬等翻译，斯坦利·沃尔波特（Stanley Wolpert）原著的《印度史》（2015年）。这些概论式作品的书写和译介为普及印度哲学作出了贡献，为印度哲学研究在中国的广泛开展打下了坚实的基础。

（二）梵文哲学典籍的翻译与文献学研究

我国印度哲学研究的开展，有赖于精通梵文、巴利文的学者提供高质量的译本，以便于国内学界直接阅读印度哲学的各种原著。新中国第一个梵文哲学典籍的译本是徐梵澄先生所译、1957年出版的《薄伽梵歌》，采用了骚体文本翻译，古朴典雅，但相对来说比较晦涩。1984年，徐先生的《五十奥义书》译本出版，以古汉语体译出，每篇加引言和注释。这是中文学术界的第一部《奥义书》译本，至今仍然是从事印度古典哲学研究的必读文献。后来，《薄伽梵歌》

又有了张宝胜的译本和黄宝生的译本，《奥义书》也由黄宝生在2010年提供了一个新的译本，翻译了公认属于吠陀时代的十三种《奥义书》，力求简明扼要，避免烦琐或过度诠释。①

印度婆罗门教六派哲学中有许多经典，从未被完整介绍到国内学术界。2003年，任职于北京大学哲学系的姚卫群出版《古印度六派哲学经典》，该作将六派哲学的根本经典从梵文译成中文，六派哲学的后来一些典籍依据英译本的节译再转译成中文，并收录了我国的古译《胜宗十句义论》和《金七十论》。2005年，历时20余年的《摩诃婆罗多》翻译项目最终完成出版。《摩诃婆罗多》的最早发起人为赵国华、金克木、席必庄、郭良鋆、葛维均等八位学者都曾参与翻译，90年代初赵国华过世后由黄宝生主持整个项目，又继续了十多年，才终得出版。2011年，孙晶的译著《示教千则》出版，将古印度婆罗门教正统派哲学吠檀多派哲学家商羯罗的独立哲学著作从梵文翻译成汉语。2018年，浙江大学哲学系何欢欢译出《月喜疏》（含《胜论经》）。

除了印度婆罗门教哲学经典的翻译之外，佛教原典的翻译近年也有诸多成就。黄宝生在2011年出版了《梵汉对勘入楞伽经》《梵汉对勘入菩提行论》《梵汉对勘维摩诘所说经》，对于几大佛教经典都给出了现代汉语为载体的翻译，为经典的传播和普及提供了便利。2011年出版的叶少勇著《中论颂——梵藏汉合校·导读·译注》辑录了梵藏本以及鸠摩罗什译本、吕澂译本，并加上作者自己从梵文翻译的现代汉语译注，为当代的《中论》研习者提供了一个资料翔实同时也比较容易入手的文本。

（三）印度哲学研究不同主题的全面展开

改革开放之后，印度哲学研究全面展开，在不同的主题上都走向更深更专，各类成果层出不穷，在六派哲学研究领域愈加专精，对当代印度哲学的研究更是别开生面，佛教哲学研究和印度因明学

---

① 《奥义书》，黄宝生译，商务印书馆2010年版，第14页。

的研究也取得了长足的进步。①

20世纪80年代之后,对印度哲学的研究走出了概论书写的阶段。2000年李建欣的《印度古典瑜伽哲学思想研究》出版,力图用现代解释学的方法对印度乃至世界宗教史上的瑜伽理论与实践作科学的阐明。2002年,孙晶出版《印度吠檀多不二论哲学》,书中上篇对乔荼波陀和商羯罗的哲学思想进行了述评,下篇则是前述翻译《示教千则》及其注解。2005年,释刚晓的著作《正理经解说》出版,通过比较我国现存的几个《正理经》的汉译文本,从佛教的立场对正理派的逻辑思想、形上学思想进行了梳理和讨论。2017年,吴学国五卷本的《奥义书思想研究》出版,对奥义书思想进行了当代分析。除此之外,还有龙达瑞的《大梵与自我——商羯罗研究》(2000年)、江亦丽的《商羯罗》(1997年)等作,都对印度婆罗门教哲学思想进行了探讨。

除古典哲学的研究之外,四十多年来印度哲学的一个研究重点在于对印度近现代哲学的关注。首开新中国印度近代哲学研究之先河的应该是黄心川先生,其出版于1979年的著作《印度近代哲学家辨喜研究》对印度近代著名的哲学家和社会活动家辨喜的哲学思想、宗教、社会政治观点都进行了剖析。1989年,黄先生的《印度近现代哲学》出版,这是我国第一部研究印度近现代哲学及社会思想的专著,全面系统地论述了从19世纪初至20世纪中叶约一个半世纪印度近现代哲学和社会思潮发展史,填补了当时哲学研究园地里的一个空白。②

1984年,徐梵澄先生翻译的《神圣人生论》出版,将现代印度最有影响的宗教哲学家室利·阿罗频多的巨著呈现给国内学术界,展现了其被称为"精神进化论"的哲学体系。1991年,朱明忠,姜敏翻译了印度学者拉尔(Basant Kumar Lal)的《现代印度哲学》,

---

① 本小节框架参考孙晶《近现代中国印度哲学研究概况》,载李景源编《东方哲学思想与文化精神》,中国社会科学出版社2009年版。

② 朱明忠:《〈印度近现代哲学〉评介》,《南亚研究》1990年第4期。

对罗宾德拉纳特·泰戈尔、奥罗宾多·高士等哲学家的生平和思想体系进行了介绍,在分析他们的哲学与古代印度文化的联系之外,还试图去提炼印度当代思想家们的精神创造。1994年,朱明忠出版《奥罗宾多·高士》,重点解析了奥罗宾多"整体吠檀多"学说、"整体瑜伽"思想、社会进化理论和人类统一的思想。1996年,宫静出版《拉达克里希南》,分析了拉达克里希南的哲学与吠檀多不二一元论的关系并对其神秘主义的直觉论进行了详细的讨论。1999年,巫白慧先生翻译了当代印度哲学主流派吠檀多主义的早期奠基人乔荼波陀阐述《奥义书》哲学、构建新吠檀多体系的著作《圣教论：蛙氏奥义颂》,并表示吠檀多哲学在当代印度社会影响深远,对于了解印度人的思想具有不容忽视的现实意义。[①] 此外,朱明忠的论文《论甘地的真理观》(1987年)、《论甘地的道德伦理思想》(1988年)对圣雄甘地的哲学思想进行了讨论。

佛教哲学是印度哲学的重要组成部分,新中国在印度佛教哲学研究领域所取得的成果繁多,影响深远。1978年,吕澂先生的《印度佛学源流略讲》出版,对印度佛学的传译、典籍、宗派、思想渊源和传播地区等都作了全面系统的解说,是近几十年来中国印度佛教研究的一部典范之作。1986年,方立天先生出版著作《佛教哲学》,以佛教哲学问题为纲,按照佛教历史的发展进程,叙述佛教哲学的演变,从而简略地勾勒出佛教哲学的传统体系。方广锠1998年的《印度禅》对印度禅学进行了梳理。2002年,成建华的英文著作《梵动经译著研究》(A Critical Translation of Fan Dong Jing, the Chinese Version of Brahmajāla Sūtra)在美国出版,《梵动经》出自汉语《长阿含》第三分。成建华的译注将这一汉文文献介绍给英文学界,代表了新时代中国印度哲学发展的新趋势,也即利用中国文献中保存的资料,来补充国际学界对印度宗教哲学的研究。其出版于2012

---

① [印度]乔荼波陀:《圣教论：蛙氏奥义颂》,巫白慧译释,商务印书馆1999年版,第18页。

年的《佛学义理研究》则以佛教史为线索，梳理了佛教思想在不同时期的理论发展概况。2003年，姚卫群的《佛学概论》出版，以戒律论、禅思想、空观念等佛学概念为线索，梳理了从早期佛教到部派佛教、大乘佛教时期佛教哲学思想的流变过程。

因明研究在近几十年来不断推陈出新，成果斐然。虞愚先生一生致力于因明学的研究，在中华人民共和国成立前曾出版《因明学》《印度逻辑》《怎样识别真伪》等著作，中华人民共和国成立后依然笔耕不辍，继续这方面的研究。其诸多开创性研究为我国因明学的发展梳理了标杆，作出了卓越的贡献，促进了因明学的不断进步。改革开放之后，通论性的因明著作有沈剑英出版于1985年的《因明学研究》，按照"立宗—辨因—引喻"对量式进行研究；1989年出版的《因明入正理论讲解》是根据吕澂先生的讲义整理而来；郑伟宏出版于1996年的《佛家逻辑通论》，梳理了因明的总纲"八门二益"，认为是法称完成了新因明从类比到演绎的过渡。专题性的研究有巫寿康出版于1994年的《因明正理门论研究》，以现代逻辑的方法对《因明正理门论》同品、异品的定义进行了考察。[①] 此外，出版于1990年的《因明新探》、1994年的《因明研究》等论文集也收录了诸多因明类作品。

三　小结

综合来看，新中国的印度哲学研究在不断推进之中，第一代学者主要做的是一般性的哲学史梳理、引介，是综合介绍性的工作；第二代学者在继续综合性介绍的同时，也翻译整理了诸多梵文原典，将印度哲学的一些核心文献都译成了中文，并且在古典六派哲学研究、近现代印度哲学研究、佛教哲学研究和因明学研究等领域都成绩斐然；新生代的学者刚刚走上学术舞台，尚在成长之中，他们大

---

① 参见汪楠《百年中国佛教量论因明学量式研究述评》，硕士学位论文，贵州大学，2017年，第22—37页。

都有留学海外的求学经历，具有良好的梵文、巴利文等研究印度古典文献的必备语言功底，与国际学界联系紧密，研究的问题更加专精。他们对于我国印度哲学研究的贡献，值得期待。

我国学界研究印度哲学的动力，传统上有两个，第一个是中国佛学研究的溯源冲动，第二个则是近现代西方印度学的勃兴。第二个驱动力使得印度学辗转从欧美、日本传入中国，在现代学术框架下重新成为显学。如今，在"一带一路"建设的新形势下，印度学研究又赋予了新的意义，获得了新的生长点。放眼未来，印度哲学学科在延续已有研究框架的基础上，在近现代印度哲学和比较哲学研究等领域，还可以有更多作为。

第三节 日本哲学研究

一 日本哲学研究的开创期

中国的日本哲学与思想研究兴起于20世纪五六十年代，以北京大学哲学系朱谦之和中国社会科学院哲学研究所刘及辰为首的系列研究开拓了我国日本哲学与思想研究这一领域，他们的研究成果虽然不可避免地带有特定的时代烙印，但仍是毋庸置疑的奠基之作。

1958年，北大哲学系东方哲学教研组成立，学科带头人朱谦之（1899—1972年）的三部代表作《日本的朱子学》（生活·读书·新知三联书店1958年版）、《日本的古学与阳明学》（上海人民出版社1962年版）、《日本哲学史》（生活·读书·新知三联书店1964年版）是中国的日本哲学研究最初的通史性研究。同时该教研组还编有《东方哲学史资料选集日本哲学（一、古代之部）》（商务印书馆1962年版）和《东方哲学史资料选集日本哲学（二、德川时代之部）》（商务印书馆1963年版）两部资料集，为以后的研究者提供了文献资料上的便利。

与之同步，中国社会科学院哲学研究所东方哲学研究室刘及辰

(1905—1991年）也是我国日本哲学研究的先驱之一。他致力于西田哲学、京都学派哲学以及日本近代哲学的研究，出版了《西田哲学》（商务印书馆1963年版）、《京都学派哲学》（光明日报出版社1993年版）两部代表作，此外还有关于日本唯物论哲学家户坂润的论文《户坂润的科学世界》（《哲学研究》1982年第12期）、《户坂润在哲学战线上奋斗的记录——〈日本意识形态论〉》（《哲学研究》1985年第9期）以及关于日本马克思主义哲学家三木清的《三木清的批判性格及其对日本思想界的积极贡献》（《外国问题研究》1985年第3期）等系列成果。

二　日本哲学研究的勃兴期

（一）综合性研究及日本近现代哲学的专题研究

20世纪80年代，我国日本哲学与思想研究迎来了蓬勃发展的春天。王守华、卞崇道编著的《日本哲学史教程》（山东大学出版社1989年版）是这一时期的代表性成果。作为新一代研究者，在继承朱谦之和刘及辰等前辈研究成果的基础上，力图摒弃僵化的教条主义，从史料出发，努力对日本哲学进行客观、全面的分析考察。

这一时期还有卞崇道、铃木正共编的《日本近代十大哲学家》（上海人民出版社1989年版）、中国社会科学院哲学研究所东方哲学研究室方昌杰的《日本近代哲学思想史稿》（光明日报出版社1991年版）、卞崇道主编的《战后日本哲学思想概论》（中央编译出版社1996年版）等一批综合研究著作出版。特别是继刘及辰之后，卞崇道以几部力作继续保持了中国社会科学院哲学研究所在日本近现代哲学研究领域的学术优势。

卞崇道的《现代日本哲学与文化》（吉林人民出版社1996年版）一书强调日本的现代化模式突破了欧美的既有定式，但又具有与自身文化传统相结合的独创性。换言之，"东西方文化的融合"正是日本现代化模式的本质特征和意义所在。卞崇道的《日本哲学与现代化》（沈阳出版社2003年版）一书以丰富的历史和哲学文献资料，首次对近百年来日本哲学思想的发展与日本现代化进程之间的互动关系进行了系统的阐述。《融合与共生——东亚视域中的日本哲学》（人民出版社2008年版）一书指出，日本近世后期开始涌现出有本民族特色的思想学说，明治维新以后以西方哲学的移植为契机与介质，日本近代哲学开始形成，以西田哲学为代表的京都学派哲学是其成熟的标志，可以说融合与共生是日本哲学思想的基本特征这一论点始终贯穿于卞崇道的研究之中。

（二）中日哲学思想的比较研究

日本现代化成功的精神文化根源究竟是什么，一直是中国的日本思想研究者的重要课题之一，从这个思路出发，王家骅的《日中儒学比较》［六兴出版社1988年版（日本）］、《儒家思想与日本的现代化》（浙江人民出版社1995年版）和《日本的近代化与儒学》［东京农文协出版社1998年版（日本）］等系列成果，以实证主义为方法，辨析了日本儒学不同于中国儒学的民族特色，并论证了儒学推动日本现代化成功的历史作用。

李甦平则对中日儒学展开了比较研究①，《转机与革新——论中国畸儒朱之瑜》（中国人民大学出版社1989年版）、《圣人与武士——中日传统文化与现代化之比较》（中国人民大学出版社1992年版）是其代表作。前者论述了朱舜水对日本朱子学派、古学派和水户学派的影响；后者就中国与日本的儒学基本概念范畴如"理""气""知行"等进行了比较研究，总结了中日儒学各自的特点，突出了现代化必须以传统为基础，传统必须以现代化为目标加以变革转型的思想主题。

---

① 李甦平：《中日阳明学之比较》，《中州学刊》1986年第3期；《中、日、朝实学比较》，《哲学研究》1995年第4期等。《中国、日本、朝鲜实学比较》，安徽人民出版社1995年版；《东亚与和合——儒释道的一种诠释》，百花洲文艺出版社2005年版等。还有《中日心学比较——王阳明与石田梅岩的思想比较》（《中国哲学史》1996年第3期）、《石田梅岩》（台湾东大图书公司1997年版）。

(三) 中华日本哲学会的创立

1981年4月,中国社会科学院哲学研究所刘及辰先生和延边大学朱红星先生、东北师范大学华国学先生等发起成立了全国性学术团体——中华日本哲学会。该会由全国各地大专院校、科研机构中日本哲学、思想与文化的专业研究人员组成,自成立以来积极组织开展日本哲学与思想方面的研究活动,并多次在中国、日本、韩国等地组织召开学术研讨会,交流中日两国哲学思想研究的最新成果,为中国日本哲学与思想的研究事业作出了重要贡献。

中华日本哲学会成立近四十年来,积极开展日本哲学与思想的研究。自2015年开始每年召开一次学术年会,组织会员交流学术成果,把握学术发展动态。中华日本哲学会还于2015年起每年出版会刊(以书代刊)《日本哲学与思想研究》[①],集中展示中日两国学术界最新研究成果和科研力量,内容涵盖日本哲学、思想、宗教、政治、历史、文化,是了解日本哲学与思想研究前沿动态的重要文献资料。

中华日本哲学会自成立以来积极组织并推动中日两国哲学思想研究领域的学术交流。自2006年起,在中国社会科学院与日本学术振兴会两国间学术交流协议资助下,筹划组织中日哲学论坛。由中国社会科学院哲学研究所与日本全国性哲学研究学术团体日本哲学会共同主办、中华日本哲学会协办,隔年在中日两国轮流举办一次学术研讨会,迄今已成功举办了五届论坛。中日两国学者从东亚的视角出发,围绕全球化背景下东西方思想的沟通与融合进行了深入的探讨,通过哲学的思考与对话深化中日交流,共同努力回应现代

---

① 第一部是王青主编《日本哲学思想研究论文集——卞崇道纪念特辑》,中国社会科学出版社2015年版;之后依次为林美茂、郭连友主编《日本哲学与思想研究2015》,中央编译出版社2016年版;刁榴主编《日本哲学与思想研究2016》,社会科学文献出版社2017年版;郭连友主编《日本哲学与思想研究2017》,社会科学文献出版社2019年版。

亚洲和世界的问题。中日哲学论坛已成为中日两国学术界在哲学领域进行对话与交流的重要平台和窗口。

三 日本哲学研究的全面发展期

进入 21 世纪后,中国的日本哲学与思想研究出现了突飞猛进的发展,一批留日归国博士成为新一代研究主力,不仅研究领域大大拓宽,研究方法也逐渐摆脱了僵化的教条主义,取得了空前丰硕的研究成果。

(一) 概论性研究成果

日本近世是封建社会的成熟期,在中国、西方、日本多种文化思潮的相互碰撞下,各种学说异彩纷呈,在思想上进入了一个高度繁荣的时期。王青的《日本近世思想概论》(世界知识出版社 2006 年版)在充分吸收先行研究成果的基础上,突破了我国学术界以往只重视日本儒学的局限性,将石门心学、农民的思想、水户学、兰学与洋学以及近世宗教等也纳入分析的视野之中,将个案剖析与宏观梳理结合起来,比较客观地呈现了日本近世哲学思想史的全貌。

关于日本近代思想史,刘岳兵的《日本近代儒学研究》(商务印书馆 2003 年版)、《中日近现代思想与儒学》(生活·读书·新知三联书店 2007 年版)、《日本近现代思想史》(世界知识出版社 2010 年版)三部曲以日本固有的传统思想以及日本化的儒学、佛教与近现代西方思想之间的冲突与融合为主线,着力梳理日本近现代思想史的主要发展脉络。

在徐远和等主编的《东方哲学史》中,日本哲学部分由卞崇道、王守华、王青共同执笔,将日本哲学史放在东方各个历史时期和各种哲学思想体系的大背景下进行分析和阐述,更立体地展现了日本哲学思想的独特内容和性质。

(二) 日本近代哲学研究

林美茂近年来发表了《"哲学"抑或"理学"——西周对 Philosophy 的误读及其理论困境》(《哲学研究》2012 年第 12 期)、《中日对"哲学"理解的差异与趋同倾向》(《北京大学学报》2014年第4期)、《对和辻伦理学"人間の学"概念的辨析》(《哲学研究》2014年第3期)、《从"物·事论"看和辻伦理学的"间柄"结构》(《中国人民大学学报》2016年第5期)、《论西田"场所"逻辑与德国古典哲学的相关性》(《哲学研究》2017年第6期)等论文,都体现出他力图通过考察日本如何从思想到哲学的发展与演变,寻求与日本学界确立一种对话性的学术立场。

西田几多郎(1870—1945年)是日本近代最有代表性的哲学家,以他及其同事或弟子田边元、和辻哲郎、三木清、高坂正显、西谷启治等为中心形成了京都学派,该学派致力于以西方近代哲学的逻辑和概念对东方以及日本的传统思想进行重构。林美茂从西田哲学的文本出发,通过考察其核心概念从"纯粹经验"到"场所逻辑"的发展脉络,分析西田哲学对于亚里士多德以及德国古典哲学的吸收与转化,从而把握西田哲学中东西方文化元素的契合与拓展的独创性内核。

和辻哲郎(1889—1960年)致力于把东方道德精神与西方伦理思想结合起来,林美茂对和辻哲郎的核心概念"间柄"所包含的伦理学意义的阐发,论述了和辻伦理学思想基础的"间柄"所具有的东方文化特征。

龚颖有关日本近代哲学史的系列论文[①]详细论证了在近代西方哲学(以伦理学为代表)东渐传入中国的过程中"日本环节的具体作用"问题。孙彬则对近代日本在译介西方哲学时所使用的东方传统概念进行了研究。其代表作《西周的哲学译词与中国传统哲学范畴》(清华大学出版社2015年版)一书对西周译名中的"哲学""性"

---

① 龚颖:《"哲学"、"权利"、"真理"在日本的定译及其他》,《哲学译丛》2001年第3期;《〈自由之理〉与〈自由之权利〉——密尔〈论自由〉两种日文译本的比较研究》,《哲学动态》2010年第6期;《接受与转化:近代日本伦理学史上的人格观念》,《哲学动态》2013年第7期;《蔡元培与井上哲次郎"本务论"思想比较研究——兼论中国近代义务论形成初期的相关问题》,《中国哲学史》2015年第1期。

"理"等重要概念展开了深入分析,阐明了中国传统思想范畴在西周译介西方哲学概念过程中所起的作用。

关于西田哲学与京都学派,廖钦彬的《京都学派与现象学:以田边元的哲学为例》(《现代哲学》2017年第4期)以批判地继承了西田哲学的田边元为分析对象,考察了田边哲学体系从战前的"种的逻辑"到战后的"忏悔道哲学""死的哲学"的转变,指出田边在批判胡塞尔的纯粹意识现象学与海德格尔的解释学现象学(即存在哲学)后,提出了异于两者的"绝对无即爱"的实践哲学。此种欧洲哲学与日本哲学,特别是现象学与京都学派哲学的交涉史,是审视近现代东西方哲学发展的一个重要主轴。

佛教哲学家井上圆了的中文译著对于近代中国知识界影响深远,为中国接受西方近代哲学提供了一种媒介的作用。近年来,以井上圆了为切入点对中日近代哲学进行比较研究已现开展趋势。王青在《井上圆了与蔡元培宗教思想的比较研究》中,认为蔡元培早期在关于哲学与宗教、宗教与科学的关系等问题上深受井上圆了的启发。井上圆了以"科学"的方法和"哲学"的逻辑来论证"宗教"特别是佛教的意义和价值,并在此基础上构建了独特的"纯正哲学"或"综合哲学"的体系,他的根本出发点是要论证在物和心之上有绝对的实在,并把这个"绝对"作为最高的本原来统一物质和精神。

关于明治启蒙思想家福泽谕吉,贺雷的系列研究[①]表明福泽的政治思想主要来源于西方古典自由主义并对其进行了转换。日本传统的"实学"思想使日本知识人更为顺利地摆脱以道德教化为核心的传统儒家政治思想,转而接受以制度约束为核心的西方近代自由主义政治思想。但相较于西方古典自由主义认为自由本身即是目的,福泽却认为个人的自由是实现国家强盛的手段,国家的利益才是最

---

① 贺雷:《简论福泽谕吉对西方古典政治思想的接受与转换》,《世界哲学》2014年第3期;《简论"实学"作为日本近代政治转型的思想基础》,《世界哲学》2015年第6期;等等。

终的目的。

九鬼周造是日本近代实存主义哲学的开创者,他的代表作《"粹"的结构》和《偶然性问题》二书的宗旨都是阐释自己与他者的二元关系和探究个体实存生命的哲学。徐金凤的《九鬼周造的哲学思想研究——以自他关系为主线》①一书以自他关系为主线,从九鬼周造的哲学思想形成过程、关于"粹(いき)"的审美意识、偶然性问题三个方面对九鬼周造的哲学思想进行了较为全面的分析和论述,填补了九鬼哲学研究的空白。

(三) 日本近世思想史研究

日本思想史研究的里程碑可以说是丸山真男的《日本政治思想史研究》,丸山主张近世朱子学批判者荻生徂徕的古文辞学把人情人性从朱子学道德主义下解放出来,同时徂徕学强调"道"的人为性是对朱子学把政治、道德等视为普遍性权威的解构,因此徂徕学已具有近代思维萌芽的性质。

王青的《日本近世儒学家荻生徂徕研究》(上海古籍出版社2005年版),从语言哲学、人性论、政治论等多层面的视野中对荻生徂徕进行了较为全面的审视,揭示出丸山真男把徂徕学对朱子学的批判视为日本近世思想史从封建向近代的关键性转折点,实际上是通过把徂徕学塑造为日本内生的近代思想萌芽来对抗西方中心的近代史观,所以有必要从剖析丸山的徂徕论中隐含的日本中心的近代史观入手,对朱子在日本思想史上的意义进行重新评价。

龚颖专著《"似而非"的日本朱子学——林罗山思想研究》(学苑出版社2008年版) 运用比较研究的方法指出:林罗山思想从表面上看与朱熹思想很相似,但林氏对朱熹思想中的本源性存

---

① 徐金凤:《九鬼周造的哲学思想研究——以自他关系为主线》,社会科学文献出版社2012年版;《试论九鬼周造的偶然性哲学》,《浙江树人大学学报》2011年第11卷第1期;《江户时代"粹"的审美意识形成的社会背景》,《日本问题研究》2016年第5期等。

在（太极＝理）的重视和依存程度减低，而看重朱子学在现实中的应用效果。这一结论在林罗山思想研究的学术史上具有原创性和重要地位。

町人是日本江户时代城市中的工商业者，虽然他们身份最低，但在江户时代中期，经济实力日益提高，并开始形成独特的町人文化。刘金才的《町人伦理思想研究》（北京大学出版社2001年版）、《中日前近代商人思想及伦理价值取向的差异——兼论中日近代化进程出现落差的思想原因》（《日本问题研究》2012年第3期）等系列研究对日本近世町人阶级生成发展的历史轨迹、町人价值伦理的内涵和精神指向以及在日本由封建社会向近代资本主义社会转型过程中的作用和影响进行了系统的考察和深入的研究。

石田梅岩是日本近世町人学者的典型，他的思想被称为"心学"。吴震指出，梅岩心学的核心命题是"由形之心""形直是心"，与中国心学重在揭示良心本体的理路有很大不同；通过考察《心学入门手册》《讲学日志》等民间文书，可以了解到石门心学在民间的讲学活动以及心学运动中存在的中国因素[①]。而正是儒学融入日本文化的所谓"儒学日本化"，在近代被利用为构建"国民道德"的思想资源[②]。

神道教是日本的本土宗教，最能反映日本社会的精神特质。继王守华以《日本哲学史教程》（山东大学出版社1989年版）一书中关于神道思想的阐述和《日本神道的现代意义》[东京农文协出版社1997年版（日本）]等系列研究开创了中国的神道思想研究领域

[①] 吴震：《德川日本心学运动中的中国因素——兼谈"儒学日本化"》，《中华文史论丛》2013年第2期；《德川日本心学运动的"草根化"特色》，《延边大学学报》2016年第1期。

[②] 吴震：《德川儒者荻生徂徕的经典诠释方法论初探》，《中山大学学报》2014年第3期；《从伊藤仁斋"道论"的重构来看德川儒学"反朱子学"之特色》，《河北学刊》2015年第4期；《19世纪以来"儒学日本化"问题史考察：1868—1945》，《杭州师范大学学报》2015年第5期。

后，其弟子范景武从探源日本经济社会发展的文化基因和思想动因出发，其《神道文化与思想研究》（内蒙古人民出版社 2001 年版）及其关于神道思想与文化的系列论著[①]着重剖析神道教与日本人国民性的关系问题，指出神道教塑造和规约了日本国民的共有意识及行动特质，分析了日本人国民性的内涵和表征。

第四节　阿拉伯伊斯兰哲学研究

一　20 世纪 60—90 年代的阿拉伯伊斯兰哲学研究

20 世纪 80 年代末，中国社会科学院哲学研究所东方室"阿拉伯伊斯兰哲学学科"的确立，使得该室成为当时国内包含"东方哲学学科"最全的研究室。而在这一阶段国内的研究热点则集中在如何给"阿拉伯伊斯兰哲学""正名"的学术问题上。

（一）对阿拉伯哲学家、伊斯兰宗教思想家著作的早期译介

李振中最早通过参考阿拉伯文原始资料，较为全面地译介了中世纪阿拉伯哲学家包括肯迪、伊本·巴哲、伊本·西那、伊本·鲁西德（按照哲学家时间顺序）的部分作品；其文章分别发表在《回族研究》《阿拉伯世界》《中国穆斯林》等专业学刊。譬如，对于法拉比哲学思想，李振中教授做了如下分析："法拉比生活的时代，正值阿拉伯伊斯兰思想界百家争鸣的时代，也是阿拉伯和伊斯兰哲学体系从酝酿到建立的时期。在逻辑学和自然物理学方面，他是亚里士多德的观点；在道德学和政治学方面，他是柏拉图的观点；在形而上学方面，他又接受新柏拉图主义的理论学说。同时在他的思想

[①] 范景武：《神道ー日本民族の国民性の思想の動因》，《人文科学論集》2007 年第 81 号；《民族文化与国民性研究》，内蒙古人民出版社 2008 年版；《神道与日本文化》，北京图书馆出版社 2003 年版等。

和学说中，又保持了鲜明的伊斯兰宗教教义立场和什叶派的思想倾向。"①

(二)"阿拉伯哲学"或"伊斯兰哲学"概念的界定问题

本学科在 20 世纪下半叶译介阿拉伯伊斯兰哲学的同时，给该哲学"正名"的问题出现了，且关于这一问题的讨论一直延续至今，尚在不断地明朗化：是称它为"阿拉伯哲学"抑或是"伊斯兰哲学"？有学者提出了"异名同实""异名异实"等主张。马坚在其译著前言中提道："伊斯兰哲学就是阿拉伯哲学。这些哲学家是在伊斯兰教政权之下成长起来的，而且绝大多数是信仰伊斯兰教的，因此，有人把他们叫做伊斯兰哲学家，把他们的哲学叫做伊斯兰哲学。这些哲学家都是阿拉伯帝国的人民，而且他们的哲学论文都是用阿拉伯文写作的。因此，有人又把他们叫做阿拉伯哲学家，把他们的哲学叫做阿拉伯哲学。伊斯兰哲学和阿拉伯哲学是异名同实的。"②

蔡德贵在《阿拉伯哲学史》(山东大学出版社 1992 年版)一书中就此问题表明，中世纪阿拉伯哲学包括世俗哲学和阿拉伯伊斯兰宗教哲学。沙宗平则从"考察二者的内容和宗旨"③ 出发，指出"阿拉伯哲学家，旨在强调理性的价值和发挥理性的作用。他们协调哲学与宗教，旨在为哲学开辟地盘，并捍卫理性的尊严……所谓伊斯兰哲学，泛指以伊斯兰文化为背景、具有鲜明伊斯兰教特色的哲学，包括中世纪、近现代和当代三个部分……阿拉伯哲学和伊斯兰哲学是各自独立的思想体系，尽管二者有着千丝万缕的联系，但是双方的出发点迥然有别，根本宗旨也相去甚远"④。刘一虹则认为，应该对阿拉伯哲学和伊斯兰哲学作出明确的区分："阿拉伯"的概念是与种族、民族密切相关的；而"伊斯兰"则是有着宗教专属性质

---

① 李振中：《法拉比哲学思想简介》，《回族研究》2002 年第 1 期。
② [德] 第·博尔：《伊斯兰哲学史》，马坚译，商务印书馆 1957 年版，第 1 页。
③ 沙宗平：《阿拉伯哲学研究的开篇之作——读蔡德贵著〈阿拉伯哲学史〉》，《高校社科情报》1994 年第 2 期。
④ 同上。

的概念，需分别进行考察和界定。我们必须依据具体的学术史料，透视并阐发"阿拉伯哲学"和"伊斯兰哲学"各自对于中世纪世界哲学乃至开创现代世界哲学思想的独特贡献。①

（三）伊斯兰哲学与中国传统哲学的比较研究（第一阶段）

1995年，由杨怀中、余振贵、马启成等著述的《伊斯兰文化在中国》，是我国伊斯兰哲学与中国传统哲学比较研究领域的开山之作，也是后辈学者进行此项研究的必读之书。书中就伊斯兰文化与儒学文化的结合以及中国伊斯兰文化的特点进行了分析与研究，其特点表现为：将"一切非主，惟有真主"的基本信仰，与理学家的客观唯心主义的太极说巧妙地结合起来，用真主超越太极，将太极降至于"真一"的从属地位，是典型的客观唯心主义；将《古兰经》中观察事物和内省求知的方法与宋明理学家关于"格物致知"的认识论结合起来。余振贵对于中国伊斯兰教的核心概念"清真"一词的由来做了较为详细的追溯，指出儒佛道三家常用的"真""道""一"三个概念，对汉文伊斯兰教著述有特别重要的意义，因此"真一""数一""体一"等宗教哲学概念都是汉文译著中的骨架。②

二 20世纪90年代的阿拉伯伊斯兰哲学研究

（一）阿拉伯伊斯兰哲学史的著述及重要译作

李振中与王家瑛主编的国家科学基金七五重点项目成果《阿拉伯哲学史》（1990—1995）对阿拉伯哲学产生的社会和伊斯兰教思想背景、阿拉伯哲学的建立与发展以及宗教哲学、阿拉伯哲学对欧洲的影响、相关哲人和流派的研究状况、阿拉伯哲学在中国等问题进行了全面的书写。与此同时，1992年蔡德贵的《阿拉伯哲学史》

---

① 刘一虹：《阿拉伯伊斯兰哲学研究在中国——问题与特性》，全球哲学论坛论文，阿联酋，2019年4月，第4页。

② 杨怀中、余振贵主编：《伊斯兰与中国文化》，宁夏人民出版社1995年版，第391页。90年代初，刘一虹研究员在《阿拉伯哲学史》"阿拉伯哲学在中国"一章中，对明末清初几位最重要的中国穆斯林思想家的代表作进行了解读与分析。

系统阐述了中世纪阿拉伯哲学的发生、发展和演变过程，简要地介绍了伊斯兰宗教哲学。①

沙宗平的《伊斯兰哲学》，概要介绍了自凯拉姆教义学派的形成直至近现代伊斯兰思想改革者穆哈默德·伊格巴尔伊斯兰哲学的发展历程。该书于 2013 年被色伊提翻译成维吾尔文由民族出版社出版。2002 年马通著述《伊斯兰思想史纲》，阐述了自伊斯兰教诞生之初"'哈尼夫'与希拉山洞""从'穆斯哈福'到《古兰经》定本"②，直至近现代的"马赫迪思想与隐遁伊玛目"和"近现代伊斯兰主义"的思想历程。③

1995 年，吴云贵的《伊斯兰教义学》一书正式出版面世。这是中国近代以来学术史上第一部系统论述伊斯兰教义学的著作。该书以历史发展为线索，扼要介绍了阿拉伯伊斯兰国家各个时期有代表性的教义学派及其信仰体系。

2003 年，王家瑛的《伊斯兰宗教哲学史》出版。该书是国内第一部详细阐述伊斯兰宗教哲学的学术著作，将哲学与宗教融为一体，纳入统一的系统建构之中，以哲学视角诠释其教义的深层意蕴，揭示哲学与宗教两者所固有的内在一致性。该书的姐妹篇《伊斯兰文化哲学史》对古典伊斯兰时代至近现代纯粹哲学家的思想进行了梳理，对穆尔太齐赖派的宇宙论、穆尔太齐赖派论运动与原因、穆尔太齐赖派论伦理道德与法、米斯凯韦、阿威罗伊主义、中世纪伊斯兰哲学家的社会政治思想、伊斯兰三大帝国的兴衰与近现代伊斯兰思想等加以论述。

至于阿拉伯伊斯兰哲学史的重要译作，则首推马坚于 19 世纪 50 年代参照英文版和阿拉伯文版翻译的早期西方学者第·博尔的《伊

---

① 沙宗平：《阿拉伯哲学研究的开篇之作——读蔡德贵著〈阿拉伯哲学史〉》，《高校社科情报》1994 年第 2 期。

② 马通：《伊斯兰思想史纲》，宁夏人民出版社 2002 年版，第 52 页。

③ 同上书，第 100 页。

斯兰哲学史》(The History of Philosophy in Islam)一书,第·博尔较为详尽地论述了东方阿拉伯的哲人与西方古希腊哲学的渊源,以及阿拉伯哲学思想的特点,阐明了其与伊斯兰宗教哲学既相关又有本质区别的思想特质。此外,80年代末陈中耀从英文版翻译了美国阿拉伯裔学者Majid Fahry(马吉德·法赫里)的《伊斯兰哲学史》(A History of Islamic Philosophy)。另外秦惠彬从日文翻译了井筒俊彦的《伊斯兰教思想历程——凯拉姆·神秘主义·哲学》,这些译作为我国学者了解国外相关领域的研究状况提供了极大的帮助。

1990年,金宜久主编的《伊斯兰教史》面世,这部伊斯兰教世界通史性的著作,采取以时间为经,以地区和国别为纬的研究方法,全面系统地论述了早期伊斯兰教的概况、伊斯兰教体制的形成、伊斯兰教各分支学科的产生和发展,教派、学派、苏菲神秘主义的兴起,伊斯兰教在北非和西班牙、中亚、南亚、东南亚、东非、西非和中国的传播、发展。该书对伊斯兰教作全面考察的同时,还对伊斯兰教与政治、社会、经济、文化的关系,进行了深刻分析,对一些重要历史事件和学术问题提出了许多独到的见解。

(二)伊斯兰哲学与中国传统哲学的比较研究(第二阶段)

2004年沙宗平著《中国的天方学——刘智哲学研究》以"真主之体""真主之用""真主之为"来讲解刘智的"真一说"包括"宇宙论",认为刘智的"人论"则包含"认识论"和"归真论"的内容;沙宗平在《选择刘智哲学的理论基石——"真一论"作为重点》指出:"'人神关系'与中国传统哲学中所谓的'天人之际'具有一定的相似性。"[1]

2006年刘一虹的《回儒对话——天方之经与孔孟之道》(国家社会科学基金青年项目)一书,通过比较明清时期的"四大经学家"王岱舆、马注、刘智、马德新各自不同的身世、文化背景、学

---

[1] 沙宗平:《中国的天方学——刘智哲学研究》,北京大学出版社2004年版,引言。

术见解来说明四位思想家为中国伊斯兰哲学理论的创建所作出的突出贡献，及其各自鲜明的理论特色。

2007年金宜久的《王岱舆思想研究》出版，这是继他的《伊斯兰教史》和《中国伊斯兰探秘》后的又一部力作。该书详尽阐述了王岱舆思想产生的历史、社会及文化背景，对王岱舆的"三一"说及"二天三世"论作了梳理，并与王岱舆之前的一些学者的作品进行比较，认为"这些作者，未能像王岱舆那样，全面而又系统地从宗教哲理的高度提出伊斯兰思想的概貌。他们的作品所表述的思想是无法与王岱舆的思想相比拟的"。而"他之后的穆斯林学者，除了刘智外，可以说，或是很难超过他，或是在他的思想基础上对宗教哲学思想的阐述"①。

三 走向21世纪的阿拉伯伊斯兰哲学研究

（一）伊斯兰艺术美学研究

早在20世纪90年代，中国人民大学出版社出版了《东方美学译丛》，刘一虹依据原文阿拉伯文版本翻译了埃及学者穆罕默德·高特卜的《伊斯兰艺术风格》，该书较为全面地阐释了伊斯兰艺术中"对人的想象""美"和"人类情感"②；"伊斯兰艺术中的现实主义"、伊斯兰对命运、对信仰的本质的认识。因为这一切都关乎伊斯兰艺术本质和伊斯兰艺术的方方面面③。该书还专有一章论述"《古兰经》与伊斯兰艺术"的关系以及"伊斯兰文学的初起"④，包含诗歌、小说与戏剧。至今类似的伊斯兰艺术的阿拉伯文译著还是很少见，近年有杨桂萍著《中国伊斯兰艺术》一书（由国内人士翻译成英文本发行），概略介绍了主要清真寺等建筑艺术和相关伊斯兰教

---

① 金宜久：《王岱舆思想研究》，民族出版社2007年版，第249—252页。
② ［埃及］穆罕默德·高特卜：《伊斯兰艺术风格》，刘一虹译，中国人民大学出版社1990年版，第63页。
③ 同上书，第101页。
④ 同上书，第128页

教义。

(二) 阿拉伯伊斯兰伦理学研究

2002年杨捷生的博士学位论文《伊斯兰伦理研究》由宗教文化出版社出版,概述了作为伊斯兰伦理基础的"伊斯兰前贝都因人的伦理"[①]、伊斯兰伦理革命、伊斯兰伦理的哲学基础,包括"宇宙论""灵魂论""善恶论"和"伊斯兰哲学中的爱"[②];该书论及构成伊斯兰伦理的"伦理规范特点""日常生活伦理"和"公共生活伦理"[③];还具体探讨了伊斯兰伦理实践的相关内容,即:"神圣的实践""世俗的实践"[④]以及"伊斯兰伦理与现代化"[⑤]之间的关系,填补了这一学术领域的研究空白。

2003年刘一虹撰写《阿拉伯伊斯兰伦理学概论》一文,收录在《世界宗教中的伦理》一书中,文章从孕育阿拉伯思想文化的半岛沙漠游牧生活入手,透视阿拉伯伦理原则的自然和历史根源以及伊斯兰教诞生后对阿拉伯道德伦理学说的改进与补充。

(三) 苏非派思想研究及译作

2004年王希的论文《伊斯兰哲学中的"是"、"存在"和"本质"》"仅就伊斯兰—阿拉伯哲学中这几个概念和相关论述,加以简单的介绍和梳理,以有助于人们对这一问题的探讨"[⑥]。此后,王希于2012—2013年赴美国Stony Brook University(石溪大学)亚洲及亚裔美国人研究系跟随日本学者村田幸子做苏非研究;并于2015—2018年分别在《世界哲学》《伊斯兰教研究》和《世界宗教研究》等学术期刊中相继发表了关于《简述伊斯兰哲学中的"本性共相"

---

① 杨捷生:《伊斯兰伦理研究》,宗教文化出版社2002年版,第35页。
② 同上书,第132页。
③ 同上书,第169页。
④ 同上书,第195页。
⑤ 同上书,第205页。
⑥ 王希:《伊斯兰哲学中的"是"、"存在"和"本质"》,《哲学动态》2004年第3期。

问题》《理论苏非学的思想架构和体系内涵》《简析苏非学者贾米的〈论存在〉》《托马斯·阿奎那与毛拉萨德拉的存在论》等学术文章。这些文章的内容开启并加强了我国学者在这一领域的深度研究。

2006年，王俊荣的《天人合一物我还真——伊本·阿拉比存在论初探》重点讨论了"天人合一"与"物我还真"的关系，书中引用《黄帝内经·天元纪大论》中的诸多观点，如"夫变化之为用也，在天为玄，在人为道，在地为化……"来比拟伊本·阿拉比"揭示玄幽——存在论"[1]。"关于真主的本质，伊本·阿拉比用'真'或'真理'来表示，并加以形容词，称为'绝对的真'或'纯粹的真'"。因而作为苏非派思想的集大成者"物我还真"的概念不难理解，难点在于"天人合一"的"天"的概念在伊本·阿拉比的思想体系中是怎样的含义？是处于哪一个层级的概念？与"物我还真"是怎样的关系？这种关系要比"万有归一"更难理解。

此外王俊荣和王希共同完成了伊本·阿拉比的代表作《智慧珍宝》的翻译工作，该译本在参考中英文译本及多部权威注释本的基础上，从语言、义理、术语等角度对原始文本进行解读，对苏非常用概念及部分伊斯兰教专业术语做了摘录汇编，并以阿拉伯文原文、中文意译、英文意译、拉丁音译对照的格式对相关概念术语给予基本界定，为从不同语言资料进行专业研究的人提供了方便。

2016年王希出版了专著《安萨里思想研究》，该书"从理性与信仰关系看安萨里的精神历程"，从"寻求真知"作为其"精神历程的逻辑起点"[2]至"转向苏非主义——心灵的信仰"[3]；通过论述"艾什阿里派的原子论世界观""《信仰之中道》所体现的教义学思想"揭示安萨里的教义学理论；分析了《哲学家的矛盾》与安萨里

---

[1] 王俊荣：《天人合一物我还真——伊本·阿拉比存在论初探》，宗教文化出版社2006年版，第57页。

[2] 王希：《安萨里思想研究》，宗教文化出版社2016年版，第50页。

[3] 同上书，第60页。

对哲学的批判；以及探寻"安萨里苏非主义思想之来源"和"安萨里苏非思想之主要内容"①。周燮藩对这部著作评价很高，他说："《安萨里思想研究》，是一部结构严密，内容翔实，论述清晰，立论稳妥，具有较高学术价值和现实意义的优秀著作。它与其他一些著作一起，有两个明显的特点，一是对一个人物及其思想的专题研究，系统而深入；一是这种研究以对原文原典的研读为基础。在我看来，这些著作是我国学术界在伊斯兰教研究上的新标志，标志着学术研究的深入和水平的提高。"②

（四）伊斯兰哲学与中国传统哲学的比较研究（第三阶段）

在新时代新形势下，本学科领域的学者依托于自身的专业素养与才学，活跃在国内外的学术界，发挥着至关重要的多元文化交流互鉴的作用。冯今源研究员在其文《中华文明史上的伊儒会通》中指出："'伊儒会通'是指阿拉伯伊斯兰文化与以儒家为代表的中华传统文化相交流、互鉴互通。其表现形式是多种多样的，在哲学思想层面表现得尤为突出。"③冯先生将中国伊斯兰经学思想的形成与发展分为三个阶段来阐述各个时期的思想特点，即："形成始于'附儒'，即用伊斯兰教的基本教义附会儒家思想。这种附会儒家的工作始于元，元至正八年（1348）二月杨受益撰写的定州《重建礼拜寺记》是其代表作。""到了明中叶，这两种文化思想的结合开始向纵深发展。嘉靖七年（1528），山东济南清真南大寺掌教陈思撰写的《来复铭》，使这种结合达到一个新阶段。""明末清初……以南京、苏州为中心的汉文译著活动大为活跃，涌现了王岱舆、马注、刘智、马德新等一大批伊斯兰教学者和代表作品……他们努力用儒家的思想、语言，系统地研究整理伊斯兰教教义，使之系统化、理论化、哲学化，从而使之更趋具体、完备并富于中国的哲理性，带上浓郁

---

① 王希：《安萨里思想研究》，宗教文化出版社2016年版，第240页。
② 同上书，序。
③ 同上。

中国哲学的风格与特色。"① 这一研究心得对于此项研究具有十分重要的意义。

四 小结

70 年来，伊斯兰阿拉伯哲学研究虽然探讨并解决了许多问题，但依然不乏一些疑难问题遗留至今。下面对相关问题以及未来亟待拓展的领域略作小结。

第一，明清之际的中国穆斯林思想家，对于所使用的概念不加分析地罗列，当前的研究未能深入分析学通四教（儒释道伊）的穆斯林思想家是如何诠释伊斯兰教教义的。明清之际的思想家掌握着中国古典原儒思想、宋明理学、中国化的佛学，他们所选取的诠释材料是非常丰富和复杂的；同时也导致这种出于本土化求生存的文化诠释，是与原始的阿拉伯半岛的伊斯兰教义有出入，甚至是大相径庭的。

第二，苏非教派因其主张亲近真主、与主合一，具有泛神论倾向，被严格的"一神论"正统伊斯兰教派斥为异端，但由于域外宗教传入我国境内的时间与路径，以及伊斯兰教自身的演变发展，加之我国本土宗教文化土壤的特色，苏非派与伊斯兰教正统派一并吸纳，并成了中国伊斯兰教的特色，但并不能以此回推阿拉伯的伊斯兰教思想，从而认为"苏非神秘主义哲学"是伊斯兰哲学的根基。

第三，伊斯兰教思想传入我国之后，是否对中国传统哲学的发展与演变产生了某些影响（如张载的哲学理论），这也是国内外学者所关注而又研究之甚少的研究领域。

第四，中华文化的海外传播（阿拉伯地区）研究会将会是新的研究领域。薛庆国就中阿双方文化界人士对于中国思想经典的翻译作了周详的学术调研，已经关注到不同文化间的比较研究，正如埃

---

① 冯今源：《中华文明史上的伊儒会通》，《人民政协报》2019 年 5 月 30 日第 8 版。

及作家黑托尼所言："道家思想与阿拉伯伊斯兰文化中的精神奇葩——苏非思想，确有不少相似之处：两者都强调通过非理性的直接体悟方式去把握世界，都主张摆脱繁文缛节、回归自然、追求自由，都推崇含蓄神秘的审美情趣。"①

当然，阿拉伯学者们的确是从《道德经》中呼吸到了似曾相识的不拘于宗教教义条文的"自由不羁"的气息，然而中国的道家思想与天启的独一神教是有着本质区别的："道法自然"是道家的核心思想，与通过神秘的冥想和"爱主"的情感体验，寻求"人主合一"最高境界的苏非修炼相去甚远；我国明清之际的穆斯林思想家倒是将这一修炼过程与儒家的道德自我修养联系到一起；同样，两者也是有着本质区别的。

第五节　韩国哲学研究②

一、中国的韩国哲学③研究概况

中华人民共和国成立70年来的中国的韩国哲学研究，大致可分为以下三个发展阶段。

（一）第一个阶段是1956年至1977年

在这一阶段，除了1957年的《哲学研究》第一期上发表一篇

---

① 薛庆国：《中国文化经典在阿拉伯的传播》，《中国社会科学报》2013年8月23日第429期。

② 因限于篇幅，本书所考察的是中国大陆地区的韩国哲学研究。

③ 韩国在1945年8月第二次世界大战结束之前为一个统一国家，当时亦称朝鲜。第二次世界大战结束后，朝鲜半岛南北分裂为大韩民国（简称"韩国"）和朝鲜民主主义人民共和国（简称"朝鲜"），故两国在第二次世界大战结束前拥有共同的历史和民族文化（参见杨昭全《韩国文化史》，山东大学出版社2009年版，第1—2页；曹中屏、张琏瑰等编著《当代韩国史》，南开大学出版社2005年版，第1页）。本书所涉内容为朝鲜半岛古代哲学思想，为行文方便对"韩国哲学"和"朝鲜哲学"两个称谓未作统一。

《十六世纪朝鲜卓越的唯物主义者徐敬德的哲学思想》以外，几乎为空白。因此学者们称此阶段为韩国哲学研究的萧条期。

(二) 第二个阶段是 1978 年至 1991 年

这一阶段是中国韩国哲学研究的发展期。它以 1979 年 10 月延边大学成立朝鲜问题研究所朝鲜哲学研究室为标志，意味着我国正式建立专门的韩国哲学这一学科。1984 年经国家教委批准还获得了东方哲学硕士学位授予权，并开始正式培养专门从事韩国哲学研究的专业人才，为本学科日后的教学和科研工作的展开打下了良好的基础。

此一阶段在基础研究方面的代表性成果有：

《辞海·哲学分册》(1980 年 7 月出版) 收录了有关朝鲜哲学条目 22 条。其中，1 条为学派（"实学派"）介绍，其余皆为人物介绍（主要以朝鲜朝的性理学家为主）。《大百科全书·哲学卷》(1987 年 10 月出版) 则收录有关朝鲜哲学条目 33 条。其中，包括了元晓、义湘、义天等著名僧人。而且，该书还首次设"朝鲜哲学史"条目。此后，由上海辞书出版社出版的《哲学大辞典》(1992 年 10 月出版)，则把有关韩国哲学条目增加至 46 条。

1989 年 8 月，朱红星、李洪淳、朱七星合著的《朝鲜哲学思想史》由延边人民出版社出版。该著是我国第一部研究韩国哲学史方面的著作，其问世"对朝鲜哲学思想史的研究具有开拓性的意义"（见朝鲜哲学思想史研究概况，载《中国哲学年鉴》1990 年）。1993 年韩国艺文书院还将此书译成韩文出版发行。

改革开放后我国学者对韩国哲学的研究始于对退溪（李滉，1501—1570 年）的研究。张立文先生是我国退溪哲学研究的开拓者。1989 年 10 月第十一届退溪学国际学术会议在中国人民大学召开，这是首次在中国举行的退溪学国际会议。开会前夕他主编了《退溪书节要》(中国人民大学出版社 1989 年版)，并在该书的前言部分用较长的篇幅对退溪哲学的逻辑结构和理论特点作了系统论述。此文作为退溪学的入门读物，译成韩文后单独成册在韩国出版。《退溪书节要》是我国学者对退溪学的普及与国际退溪学发展作出的重要贡献。

此外，这一阶段在全国范围内有 100 多篇论文发表，内容涉及儒学、佛教、东学思想等①。

（三）第三个阶段是 1992 年至今

这一阶段，是韩国哲学研究的勃发期。1992 年 8 月中韩建交，中国的韩国哲学研究随即呈现日新月异的景象。二十多年来，高水准的专著、论文不断出版发表，研究日益系统深入。

1. 韩国儒学研究

韩国儒学以其独特品格在东亚儒学史上占有特殊地位，因此韩国儒学也一直是我国韩国哲学研究的主要领域。

我国的韩国哲学的研究起步较晚，直至 20 世纪 80 年代后期才开始出现相关论著，主要有徐远和著的《儒学与东方文化》（人民出版社 1994 年版）、朱七星等著的《中国、朝鲜、日本传统哲学比较研究》（延边人民出版社 1995 年版）、姜日天著的《朝鲜朝后期北学派实学思想研究》（民族出版社 1999 年版）等。同时还发表了一定数量的研究论文。《儒学与东方文化》一书，作为较早以东亚儒学发展史和中韩儒学比较的视角探讨儒学与韩国文化以及退溪、栗谷、韩元震等人的性理学思想的学术著作，这部开拓性的研究成果出版后深受学界的高度重视和好评。徐远和先生强调，古代朝鲜，早在秦汉时期儒学就已传入，深深扎根于朝鲜土壤中，并日益本土化，形成了具有民族特色的韩国儒学。韩国儒学延续了 2000 年，是朝鲜民族传统文化的骨干和主流。②徐远和先生作为我国从事韩国儒学研究的前驱学者，不但开设了中国社会科学院哲学研究所东方哲学研究室韩国儒学这一新学科的研究，而且还为中韩学术文化交流奠定了牢固的基础，作出了里程碑式的重要贡献。

---

① 参阅朱七星《中国的韩国哲学研究概况及其特点》，《当代韩国》1995 年第 2 期。

② 参见徐远和《儒学与东方文化》，人民出版社 1994 年版。

进入新世纪以来，我国学者首先在韩国儒学史研究方面取得了引人注目的成果。2009年人民出版社推出李甦平著的《韩国儒学史》。该书将韩国儒学的品格归纳为重"气"、重"情"、重"实"以及"以图解说"等。相较于中国的朱子学，韩国性理学的确在"气"论、"情"论等方面有其独特理论建树。如徐敬德的"气一元论"，栗谷的"主气论""四端七情理气之辨"等颇能反映韩国性理学理论特色。这部《韩国儒学史》是由中国学者撰写的第一部对韩国儒学发展进行全面系统研究和介绍的专著。该书的主要特色在于作者以比较儒学的视角，将韩儒对朱子学的发展以及韩国儒学特性等理论问题作了深入探讨。

2008年生活·读书·新知三联书店出版了陈来的《东亚儒学九论》。这部收录陈来先生早期研究退溪哲学的论文集，在一定程度上代表了中国朱子学研究者对韩国和日本朱子学的研究的基本水平。作者认为，中国学者往往缺少对"东亚"清晰的、有分辨的意识。我们应当意识到，"理学"不仅是中国的思想，也是韩国的思想，亦是日本的思想，韩国以及日本的新儒学都曾在理学思想上作出创造性的贡献，应当把这些贡献展示出来，这样才能把理学体系所有的逻辑环节和思想发展的可能性尽可能地揭示出来，也可以把理学和不同地域文化传统相结合所形成的特色呈现出来。该书的出版，无疑使我们扩大和加深了对东亚儒学的认识和理解。

在礼学研究方面，也有专著和重要论文问世。2005年北京大学出版社推出了彭林著的《中国礼学在古代朝鲜的播迁》。此外，张立文的《礼仪与民族化——论退溪以后礼的民族化进程》（《学术研究》2005年第6期）、潘富恩的《同春堂的大儒品德和礼学思想》（《学习论坛》2007年第6期）等亦是在韩国礼学研究方面出现的代表性文章。

2. 韩国佛教研究

韩国统一新罗时期和高丽王朝受唐代文化之影响，以佛教为国教。故对韩国佛教的研究亦是中国韩国哲学研究者的主要课题之一。

1997年和1999年宗教文化出版社分别出版了何劲松的《韩国佛教史》（上、下册），这是一部从中国人的视角探索韩国佛教思想发展的尝试之作。该书从佛教的初传开始一直写到近代的韩国佛教。其间还专设元晓、义湘、知讷、休静等章节，对其思想进行了重点介绍。全书详略得当，较好地论述了韩国佛教的发展历程。

在中韩佛教交流史方面，2014年魏常海出版了其新著——《中韩佛教交流史卷》[①]。作者以为中韩佛教交流至少有三种形态，其一是半岛的僧人或来华定居的居士，如新罗圆测，少年时来唐，终生在唐学法、弘道，对中国佛教作出了杰出贡献；其二是来华求法后回国在半岛弘扬佛教的，大多数入华求法者是属于这种情况；其三是虽然未曾来华，但其思想理论实与中国佛教有不可分割的联系，并且在中国佛教史上也有重要影响的，例如元晓、知讷等韩国佛教史上著名的代表人物等。但是，在以往研究中第三种情况往往较容易被忽视，本书则对这个方面给予较多关注，同时侧重对这些佛学家的佛学思想进行论述，阐明了其在两国佛教交流中的重要性。

3. 韩国道教研究

韩国道教研究比起韩国儒学和佛教研究相对滞后些。这主要是与道教在韩国哲学史上的影响不及儒学和佛教有关。尽管如此，我国学者对韩国道教还是有所论及。如，陈耀庭的《道教在海外》（福建人民出版社2000年版）一书，用较长的篇幅对道教在韩国的传播与发展情况做了介绍。还有，楼宇烈主编的《东方哲学概论》（北京大学出版社1997年版）也设专门章节介绍了道家思想和道教哲学对朝鲜半岛的影响，重点介绍了三国时期的道家思想和新罗仙派以及高丽科仪道教和李朝昭格殿等。

2010年出版的《东方哲学史》（中古卷）也专设一个章节对道家学说的传入与统一新罗时期的道教的发展作了较详细的论述。指

[①] 魏常海：《中华佛教史·中韩佛教交流史卷》，山西出版传媒集团·山西教育出版社2014年版。

出，道教产生于中国，是中国本土的民族宗教。但是，它早已传播至海外成为汉文化圈诸多国家传统文化思想的重要组成部分。道教向海外传播过程中的第一站便是朝鲜半岛。从现存的文献资料来看在古代朝鲜半岛各国中，最早接触道家书籍的是百济。书中还指出，儒释道三教在新罗社会次第传播和相互交涉过程中并没有发生相互对立冲突，这是与朝鲜半岛特有的精神风土和当时特殊的历史状况相关。①

2014 年人民出版社出版了孙亦平著的《东亚道教研究》，该书以比较宗教学为方法，不仅对韩国道教有较详细的论述，而且还给相关学者提供了新颖的东亚道教比较研究的视角。

此外，在文献整理方面，我国学界又完成了两项重大研究成果。1996 年四川大学出版社出版贾顺先主编的《退溪全书今注今译》第八册（全8册）。1998 年四川人民出版社又出版刘伟航著的《退溪先生文集考证校补》。这套书的出版进一步推动了国内退溪学的研究和发展。2008 年华夏出版社和中国人民大学出版社共同推出标点本《国际儒藏·韩国编·四书部》（全 16 册）。本套书不仅对我国儒学界具有十分重要的积极意义，而且对韩国儒学界也具有重要的深远意义。

还有，这一阶段在韩国哲学著作的译介方面也取得了较大的进展。代表性的成果是，1996 年社会科学文献出版社出版的《韩国哲学史》（上、中、下），该书中文版的问世使我国学术界首次了解到韩国哲学的全貌。1998 年，又有崔根德的《韩国儒学思想研究》（学苑出版社）和尹丝淳的《韩国儒学研究》（新华出版社）翻译出版。金焕泰的《韩国佛教史概说》（社会科学文献出版社 1993 年版）则早在中韩建交初期便已译介到中国。

近年来又有一批具有较高学术价值的韩国哲学名著翻译出版，

---

① 参见徐远和、李甦平等主编《东方哲学史》（中古卷），人民出版社 2010 年版，第 664—669 页。

如2006年河北人民出版社推出的"文明互动丛书"包括李正浩的《韩文的创制与易学》和宋荣培的《东西哲学的交汇与思维方式的差异》，人民出版社推出的"韩国名人名著汉译丛书"包括柳承国的《韩国儒学思想研究》（2008年）、崔英辰的《儒学思想与韩国式的展开》（2008年）、尹丝淳的《韩国儒学史——韩国儒学的特殊性》（2017年）等。其中，《韩文的创制与易学》是一部韩国经典学术名著，早已被翻译成英语、法语等多国文字出版。该书以《周易》思想和韩国的《正易》思想为基础，深入探讨了"训民正音"的创制原理以及其所含有的文化意蕴。2016年社会科学文献出版社还出版金吉洛的《韩国象山学与阳明学》一书中文版。

二 本学科的学术研究热点

70年来中国学者对韩国哲学的诸多领域进行了多维度、多视角的深入研究。

（一）退溪学及栗谷学研究

退溪研究最先成为学术热点。学者们围绕这一主题不仅撰写了大量的研究论文，而且还出版了多部学术著作。主要论著有：张立文的《李退溪思想研究》（东方出版社1997年版）、周月琴的《退溪哲学思想研究》（杭州出版社1997年版）、高令印的《李退溪与东方文化》（厦门大学出版社2002年版）等。此外，《退溪学在儒学中的地位——第十一届退溪学国际学术会议论文集》也于1993年由中国人民大学出版社出版。这些成果的问世，都大大推动了国内退溪学的研究。

在这些研究成果中，《李退溪思想研究》是国内第一部系统研究退溪哲学的力作，具有重要的开拓性意义，受到国际退溪学界的重视。张先生的退溪哲学研究始于1982年，其研究特色在于通过对其核心概念和范畴的探讨，来展现继承和发展朱熹哲学思想的退溪哲学的逻辑结构。而且，从"和合学"和"东亚文化"视角审视和观照退溪思想亦是他的研究的又一特色。

在韩国哲学史上，理发气发问题是朝鲜朝前期性理学的中心论题之一。在这一问题上，韩国朱子学的双璧退溪和栗谷各自提出了不同的理论主张。退溪主张"理气互发"，栗谷则主张"气发理乘"。围绕二人的学说差异，学界的争论一直未曾间断。陈来先生在《韩国朱子学新探——以李退溪与李栗谷的理发气发说为中心》[《厦门大学学报》（哲学社会科学版）2015 年第 1 期]中对此一问题做了颇具新意的解读，给学人提供了新的理论视域。该文认为，栗谷的"气化转向"思想不仅是在"天地之化"上受到罗整庵理气论的影响，同时也是在"人心之发"上受到王阳明心气说的影响所致。

2003 年北京大学出版社和中国社会科学出版社分别推出张敏的《立言垂教——李珥哲学精神》和洪军的《朱熹与栗谷哲学思想比较研究》。前者主要对李珥（栗谷）的生平业绩、哲学思想、理论传承、现代意义等做了详尽的介绍；后者则对两人的哲学思想进行了系统比较。2011 年延边大学出版社出版了李红军的《朱熹与栗谷性理学比较研究》（朝文版），该著以理气论、心性论、修养论的角度阐述了栗谷对朱熹学说的传承。

对以退溪、栗谷为代表的韩国朱子学研究，不仅推动了正在兴起的东亚儒学研究的发展，而且也进一步扩大了我国宋明理学研究者的理论视野。

（二）以论辩为中心的韩国哲学史上的理论问题研究

韩国儒学的特点在于其对心性、性情等诸问题的深度辨析。近年来韩儒的这些论辩主题，亦渐成为我国学者的研究重点。

李存山在《中韩儒学"性情之辩"与"人物性同异之辩"》（《道德与文明》2017 年第 5 期）一文中以为，中国的先秦儒学与宋代理学在"性"与"情"以及"人物性同异"等问题上的差异，是韩国儒学史上"四七之辩"与"湖洛论争"的根源。先秦儒学与宋代理学在"性"与"情"以及"人物性同异"等问题上的差异，宋儒在把先秦儒学发展为宋代理学时并没有完全弥合二者间的差异，故在论述上出现了一些不同的说法。由"四七之辨"和"湖洛论争"而观,这些不同说法中所蕴含的问题或矛盾,在中国儒学史上没有展开讨论,而在韩国儒学中却得以深入展开,这也确实颇见韩国儒学的特色。这其中除了韩国儒学受到中国儒学的思想影响外,又凸显了韩儒之思维缜密、追求哲理之贯通的特点。而在韩国儒学的特点中,我们反过来又可见中韩儒学在义理结构、思想发展上的逻辑相通处。

洪军的《韩国儒学史上的"四端七情"论辩——以退溪和栗谷为中心》(《哲学研究》2015年第12期)和《东亚儒学视域中的"人心道心"之辩——以整庵与栗谷为中心》(《哲学研究》2016年第12期),皆以比较哲学的视角探讨了韩国儒学史上的著名哲学论题"四端七情"问题和"人心道心"问题。而谢晓东的《人心道心相为始终说是李栗谷的最终定论吗?》(《中国哲学史》2015年第2期)一文,则对此前栗谷思想研究中流行的"人心道心相为始终说"提出了异议。

"四端七情之辨"是最能反映韩国性理学特色的理论。不过,人心道心问题亦是朝鲜朝前期儒学的中心论题之一,栗谷和牛溪(1535—1598年)之间进行的"人心道心之辨"是退溪和高峰(1527—1572年)之间展开的"四端七情之辨"在人性论层面上的进一步延伸和深化。对这一问题的深入讨论,有利于我们全面了解和把握韩国儒学心性学说的逻辑展开以及朱子学说在东亚地区多元发展之理论意义。

(三)儒学与现代化关系研究

儒学与韩国现代化的关系问题也曾一度成为国内韩国哲学界热衷于讨论的学术热点,此后这一问题还与"儒教资本主义"("儒教假说")讨论相联系,成为从文化的视角研究东亚"奇迹"的重要话题。

此一时期出版的《中外儒学比较研究》(张立文、李甦平主编,人民出版社1998年版)、《现代东方哲学》(黄心川主编,浙江人民出版社1998年版)、《君子国的智慧——韩国哲学与21世纪》(姜日天等著,华东师范大学出版社2001年版)、《当代东方儒学》(刘宗贤、蔡德贵主编,人民出版社2003年版)等著作均讨论过此主题。这些著作认为,儒家文化给韩国以巨大的影响,这种影响没有随时代的发展而淡薄,而是随着现代化进程的深入发展越来越在新的层次上深刻地表现出来。儒学在韩国现代化过程中始终产生了深刻的影响,在现代化的总体进程中,它的影响基本是以不自觉的历史认同的形式存在着。然而,随着后工业社会的加速到来,西方现代的思想和社会结构正面临重大的转折,从个性解放到群体和谐,从理性的物性到感性的人性的反顾正在开始,面对这种新的转折,韩国人更加自觉地意识到了儒家文化的价值,越来越多的人起来呼吁儒学的现代倡明。[①] 这一问题的研究无论其结论成立与否,无疑拓宽了哲学研究的视野。这对文化传统与现代社会的关系以及传统文化的现代转化等问题的研究都大有助益。

三 本学科理论研究的突破与创新

传统时期中国在东亚文化圈中处于辐射源的地位。故中国的韩国哲学研究,比起韩国本土的研究带有更鲜明的比较研究特色。无论是人物研究还是学派研究,大都以中韩哲学比较以及东亚哲学比较的视角来加以审视和探讨。这既是中国的韩国哲学研究的一大特色,也是一种研究方法和研究视角上的创新。

对于中韩儒学比较研究的意义以及朝鲜朝时代的性理学家对朱子学理论的贡献,陈来先生有精辟的论述。他指出,总的来说,朝鲜朝时代的退溪、栗谷等对朱子有深刻的理解,对朱子哲学的某些矛盾有深入的认识,并提出了进一步解决的积极方法,揭示出某些在朱子哲学中隐含的、未得到充分发展的逻辑环节。相较而言,朝

[①] 张立文、李甦平主编:《中外儒学比较研究》,人民出版社1998年版,第191页。

鲜朝性理学讨论的"四七"问题，在中国理学中虽有涉及，但始终未以"四端"和"七情"对举以成为讨论课题，未深入揭示朱子性情说中的矛盾之处。在这一点上朝鲜朝时代的性理学有很大的贡献，如"四七之辨"看到了朱子哲学中尚未解决的问题而力求在朱子学内部加以解决。"四七之辨"等韩国朱子学的讨论显示出，韩儒对朱子哲学的理解相当深入，在某些问题和方面有所发展，在这些方面的思考的深度都超过了同时代中国明代的朱子学。同时，16世纪的韩国朱子学对明代正德、嘉靖时期的阳明心学以及罗钦顺的理学思想皆从正统的朱子学立场作出了积极的回应和明确的批判。在这方面也超过了明代同时期的朱子学。

陈来先生以为，只有把朱子学研究的视野扩大到东亚的视野，才能看到朱子学与阳明学的深度对话。他还认为，历史上，与政治的东亚不同，从东亚文化圈的观点来看，朱子学及其重心有一个东移的过程，明代中期以后，朱子学在中国再没有出现有生命力的哲学家，虽然朱子学从明代到清代仍然维持着正统学术的地位，但作为有生命力的哲学形态在中国已经日趋没落。而与中国明代中后期心学盛行刚好对应，16世纪中期朱子学在韩国获得了发展的活力，达到了相当的深度。16世纪朝鲜朝朱子学的兴起和发达，一方面表明了韩国性理学的完全成熟，另一方面也表明朱子学的重心已经移到韩国而获得了新的发展、新的生命，也为此后在东亚的进一步扩大准备了基础和条件。若说退溪、栗谷的出现标志着朱子学的重心在16世纪已经转移到韩国，当17世纪以后朝鲜朝后期实学兴起，朱子学的重心则进一步东移，朱子学在整个东亚实现了完全的覆盖，成为东亚文明的共同体现。[①] 由此可见，中韩儒学比较研究不仅对中国儒学的全面理解有益，而且对韩国儒学独立性的探索亦大有裨益。

---

① 参见陈来《中韩朱子学比较研究的意义》，《中国社会科学报》2014年3月12日。

东亚儒学比较研究是近年来儒学研究领域出现的诸多新的理论动向之一。在东亚思想和文化越来越受到世人关注的今天，如何对曾经在东亚社会产生广泛而深远影响的儒家学说进行重新解读和诠释是东亚学人共同面临的课题。

洪军的《四端七情之辨——朝鲜朝前期朱子学研究》（人民出版社2018年）是以中韩儒学比较及东亚儒学发展史的视角探讨"四端七情"这一儒家情感学说的著作。该书以四端七情问题为理论线索，深入探讨了"四七之辨"的产生、演变及其在东亚儒学史上的意义。在论述过程中还对与"四七之辨"有密切关联的"无极太极之辨""人心道心之辨"也作了详细的阐发。此为朝鲜朝前期著名的三大论辩。此外，该书还将哲学思潮发展与人物思想研究相结合详细论述了丽末鲜初朱子学的传入、其"官学"地位的确立以及朝鲜朝前期太极论、道学论、气本论的思想建树，揭示了朝鲜朝前期朱子学的基本内涵、理论特点和价值取向，具有较高的学术价值和创新性。在跨文化比较研究日益受到学术界关注的今天，该书的出版，会进一步推动国内的东亚儒学比较研究以及东亚各国之间的深层次意义上的人文交流的开展。

哲学体系只有相互比较才能使各自特色昭彰著明。以"问题"为中心的东亚儒学比较研究，有助于国内正在兴起的东亚哲学研究的深入发展。

四 小结

70年来，中国的韩国哲学研究取得了重大进展，硕果累累，出现了繁荣景象。从目前已出版的研究成果来看，在如下几个方面呈现出其特点：首先，研究对象和主题的多样化。韩国哲学研究从个别思想家的研究转入对学派及其思想的综合性研究和典型论题探讨为主的阶段。例如，《朝鲜哲学思想史》《韩国佛教史》《韩国实学思想史》《韩国儒学史》《三国儒学本轮》等成果的产生，都表明韩国哲学研究已进入多元化和综合性研究阶段。其次，研究方法的不断创新。韩国哲学研究已进入比较研究阶段，以"问题"为中心的比较研究也正受到学界关注。例如，《中国、朝鲜、日本传统哲学比较》《中国、日本、朝鲜实学比较》《中韩宗教思想比较研究》《朱熹与退溪思想比较研究》《四端七情之辨——朝鲜朝前期朱子学研究》等著作，都充分显示了我国在韩国哲学及东亚传统哲学比较研究方面的实力和特色。再次，研究队伍的壮大和研究规模的扩大；等等。韩国哲学研究从个体攻关转入组织专门研究人员集体攻关的阶段。例如，8卷本《退溪全书今注今译》的出版、中文版《韩国哲学史》（上、中、下）的问世、中国人民大学孔子研究院主持的《国际儒藏·韩国编·四书部》（全16册）编校工程等，都大大加快了我国的韩国哲学研究步伐。

可见，近年来我国学界在韩国哲学研究方面取得了可喜成果。高水平的专著和论文的不断问世，有力地促进了我国的韩国哲学研究进程。因此，推动韩国哲学研究，不仅有利于对东亚哲学普遍性和特殊性的认识，而且也有利于在深层意义上的两国人文交流乃至东亚人文交流的开展。

第六节　越南哲学研究

一　本学科的基础研究

（一）研究史

中华人民共和国成立70年以来，中国对越南哲学与思想文化的研究主要依托中越外交关系，特别是经贸关系的发展而发展，从而呈现出不同的特点。

1. 第一阶段：1950（中越建交）—1979年（对越自卫还击战），起步期。此时期新中国面临的主要问题是国内的经济建设，对各域外思想文化的研究总体上刚刚起步，逐渐开始积累。其中较早研究越南哲学的论文是《阮登荻：〈哲理文化概论〉》（李亚舒，《世界哲学》1962年12月刊)。

2. 第二阶段：1979—1991年（两国关系正常化），停滞期。此时期中越爆发冲突，对越南的各方面研究均陷于停滞。但在此时期末，随着中国的改革开放逐步取得成就，越南开始恢复与中国的文化交流。

3. 第三阶段：1991—2013年（"一带一路"倡议的提出），发展期。此时期中国大力发展对外交流，越南自1986年实行改革开放以来经济上也取得了成就，为两国的文化交流奠定了基础。这一时期学界关注的重点在中国传统儒释道思想对越南封建社会的影响，以及封建时代越南本土的宗教思想等。

4. 第四阶段：2013年至今，勃发期。此时期全球格局发生重大变革，中越两国面临新的挑战，在越南哲学研究方面，越来越偏向于实用性、现实性强的理论构建，马克思理论、胡志明思想、中越马克思思想比较是学界的热点问题，此外，中国传统文化对越南法治思想、政治制度的影响也是研究的内容之一。

（二）研究机构

北京：中国社科院与越南社科院机构设置类似，地位上有对接关系，都是研究哲学与社会科学的最高机构。对越南哲学的研究设立在东方哲学研究室，是国内较早专门进行越南研究的机构。

广西：因地缘与语言关系，广西地区具有得天独厚的研究越南的条件。如广西大学、广西师范大学均下设专门的越南研究所，涉及政治、文化、哲学等研究方向。

云南：云南地区也是研究越南的重镇，云南省社科院、红河学院等是专门从事东南亚问题研究的科研机构与院校，也是中国主要的东南亚研究机构之一。

（三）学术期刊

以越南思想文化为专栏的报纸杂志有：《东南亚研究》东南亚历史文化与社会栏目，《东南亚纵横》东南亚社会历史文化栏目，《东南亚南亚研究》历史研究、民族与文化栏目等，不仅从历史文化的角度解读越南哲学，而且兼具政治、经济、外交等方面的介绍，与哲学研究相观照，使研究视角更丰富、更多元、更立体。《越南研究》是 2019 年创刊的全面研究越南历史、文化、政治、经济等的专门刊物，不仅说明越南文化的研究价值越来越被学界所重视，而且还标志着纯粹理论性质的研究与智库应用性质的研究并举、相互观照。

（四）代表性专著

何成轩的《儒学南传史》（北京大学出版社 2000 年版）：该书论述了儒学经由我国两广、海南地区，进而向越南传播的历史。书中就此一课题进行探讨研究，提出自己的见解，是系统研究儒学南传历史的第一本专著。

于向东的《东方著名哲学家评传》（越南卷）（山东人民出版社 2000 年版）：本书收集了传主思想观点的私人著述，包括专书、论文、散文以及诗词歌赋等，资料翔实、丰富，广泛引用《大越史记全书》《钦定越史通鉴纲目》《大南实录》等越南主要史籍中的相关史料，同时吸收了越南学者已有的研究成果，包括用越文发表的大量研究专著和论文。

朱云影的《中国文化对日韩越的影响》（广西师范大学出版社 2007 年版）：该书首次提出"中国文化圈"的概念，资料极其丰博，网罗中国、日本、朝鲜、越南等国绝大多数原始汉文文献；论域相当广阔，涵盖中国对日本、朝鲜、越南等国在学术、思想、政治、产业、风俗、宗教方面的深远影响，研究全面而客观。

二 本学科的学术研究热点

中华人民共和国成立以来中国学者对越南哲学的研究热点有：

（一）中越文化交涉史

哲学是文化的内核，而文化则是哲学的载体与表征。哲学的互动首先体现在文化交流上。中国与越南有悠久的历史渊源，最早从公元前 3 世纪晚期至 10 世纪前期，越南即处于中国的统治之下，其间中国文化的大量输入，对越南的文化、经济、政治等方方面面均产生了重要影响。越南进入封建时期之后，历经丁朝、前黎朝、李朝、陈朝、胡朝各朝的发展，15世纪初曾被中国明朝占领。根据《大越史记全书》《钦定越史通鉴纲目》《越南史略》等史书记载，越南在属明期间，中越两地的书籍大量流通。明廷下令将《四书五经》《性理大全》等中国思想文化典籍颁行交趾各地，又将大批越南书籍文献带到中国。越南在后黎朝前期达至封建兴盛时期，其后长期处于分裂及战乱状态，到19世纪初期阮朝重新统一全国，并始称"越南"。直至19世纪中晚期越南被法国所侵占，越南数千年来一直沿用中国传入的制度治国，文化方面融合了儒释道三教。历史上华人华侨在中越文化交流过程中发挥了桥梁作用，作出了不可磨灭的贡献，范围广泛，影响深刻。其中包括汉语和汉字的传播，农业耕作技术和农具，水利建设，建筑技术，陶器瓷器，养蚕和缫丝技术，中国的音乐、戏剧、杂技、绘画等多种艺术，采矿业，医学，史学，地理学等方方面面均有涉及。从这些文化现象中可以提炼出越南人民的思维模式与审美趣向。这一方面的代表作有：杨保筠著《中国文化在东南亚》（大象出版社1997年版），周一良主编《中外文化交流史》（河南人民出版社1987年版），陈碧笙主编《南洋华侨史》（江西人民出版社1989年版），吴凤斌主编《东南亚华侨通史》（福建人民出版社1994年版），中国社会科学院历史研究所编《古代中越关系史资料选编》（中国社会科学出版社1982年版）等。

（二）中国儒释道三教对越南文化的影响

思想史的交流是哲学的集中体现，也是文明形态的最高表现形式。儒学自秦汉时期起南传至越南，开始发挥影响力。随着儒学地位的巩固与提升，逐渐渗透至越南政治、文化、经济等方方面面，并于15世纪黎朝开始独尊儒术，成为官方的主流思想。越南流传的儒学文献主要由汉字与喃字书写，内容包括儒家经典的诠释、本国历史著作、文学类文献以及风土民情风俗家训等。虽然在历代统治者的倡导下，儒学影响着越南社会生活的各个层面，但是越南经过取舍与整合后，把本土的文化因素融入儒学，因此，越南儒学并非完全照搬中国儒学。越南的科举制度，仿效中国封建社会的官员选拔，最早始自越李朝仁宗太宁元年（1075年）。其后进一步扩大科举取士，于陈朝正式设立进士科。到后黎朝时期，全面模仿明清的科举制度，加入包括乡试、会试、殿试三级的考试方式，以及设立武举，与明清时贡院类似的专门考试场所等。后越阮朝又引进八股文为主要的考试内容。直至1919年被法国殖民者完全废除。这一方面的代表作有：钟彩钧著《东亚视域中的越南》（台湾"中央研究院"中国文哲研究所，2015年），钟彩钧著《黎贵惇的学术与思想》（台湾"中央研究院"中国文哲研究所，2012年），刘玉珺著《越南汉喃古籍的文献学研究》（中华书局2007年版），陈益源著《越南汉籍文献述论》（中华书局2011年版），陈文著《越南科举制度研究》（商务印书馆2015年版），刘春银著《越南汉喃文献目录提要》（台湾"中央研究院"中国文哲研究所，2002年）等。

（三）越南本土宗教与民间信仰

佛教约于2世纪开始从中国传入越南。逐渐发展至10—14世纪，越南佛教开始兴盛，佛教成为维护封建统治的重要精神支柱，国家政权主要掌握在僧侣和武将手中。直到现代仍然深受佛教影响，信徒众多。越南佛教深受中国南宗禅学的影响，属于大乘佛教，先后创立了灭喜禅派、无言通禅派、草堂禅派、竹林禅派等。佛教禅宗的教理把中国和印度的佛学与儒学思想结合起来，适应越南封建阶级的需要，在越南各王朝获得广泛发展，并对越南的哲学、文学、艺术、建筑、音乐等产生了深远影响。道教最早何时传入越南并无定说，根据越南学者考证大约在公元2世纪末即有少数人开始信仰。到了隋唐时期，数量众多的道士到越南传播教义与法术，兴建道观，越南道教兴盛起来。16世纪以后，随着越南领土的扩大，道教也逐渐向南传播。随着西方殖民势力的扩张，道教在18世纪逐渐没落。在越南道教的崇拜对象中，加入了本土自然的山神、河神以及本民族的历史英雄等，具有自己的民族特色。这一方面的代表作有：魏道儒等著《世界佛教通史》第十一卷《越南佛教》（中国社会科学出版社 2015 年版），何文勇《越南天台宗研究》（上海古籍出版社 2017 年版）等。

（四）越南马克思主义理论

越南自 1986 年开始实行社会主义革新实践至今已有 30 余年。中国对越南马克思主义理论的研究随着两国经济的发展而不断发展，在总结自身社会主义实践经验和教训的基础上，积极借鉴越南的马克思主义理论创新成果，通过比较、实证等研究方法，对越南马克思主义的认识与解读不断深化。中国学界关注的重点主要在胡志明思想研究，马克思主义理论如何在越南本土化，越南社会主义的时期划分与特征等，主要借鉴越南的实践经验为中国特色社会主义理论的构建提供参考。这一方面的代表作有：赵康太等著《中国与越南：马克思主义理论教育比较研究》（中国社会科学出版社 2007 年版），郑一明著《中越马克思主义理论创新比较研究》（社会科学文献出版社 2011 年版），古小松著《越南的社会主义》（人民出版社 1995 年版），陈元中著《马克思主义越南本土化的理论与实践》（广西人民出版社 2012 年版）等。

三 本学科理论研究的突破与创新

越南虽然是小国，其政治、经济、军事的体量不大，但纵观越南历史，在不同时期受到中国哲学、西方哲学、马克思哲学的影响，从而形成多元的、包容的、极具特色的文化形态。东西方文化在越南一地相互交融，传统与现代并存，这为观察文化的传播形态与影响机制无疑提供了一个绝佳的研究样本，正是越南哲学的研究价值所在。

越南受中国传统文化影响最为久远。儒学演变成精英文化，供越南皇族、贵族学习，其中的忠孝等伦理观念束缚着统治阶层的思想，并应用于修身、治国中。佛教、道教演变成庶民文化，祭祀、婚嫁等一些生活中的仪式保留至今。西方文明伴随着殖民传播至越南后，又与东方文明进行了碰撞与博弈，其中的自由、民主、平等、法治等观念对本土文化产生了猛烈的冲击。越南社会发生了巨大变革，最终在马克思理论中找到了方向。在不同文明间的冲突与融合中，越南的民族性与反抗精神是其不被同化、吞并的内核，也是吸收外来文化模式的基础，即在不失去本民族自我认知的前提下，选取外来文化中适用的、有效的、合理的部分，将之简化、改造、重建，内化为具有政治认同与文化认同的内容后，嫁接到本民族的文化之根上。这一过程从理论构建与观念改造开始，逐渐形成本土化的哲学体系。只不过，无论何种外来文化的影响都是部分的、短时的，民族信仰与民族精神始终是核心的、永久的。文化具有流动性，激进的、强制的文化输入会遭到反抗与排斥，温和的、细腻的文化浸润则会受到欢迎与认可。这对今后的大国文化输出之路与多元文化的融合具有借鉴与参照意义。

在研究方法上，根据越南本土化的自身特色，不断纳入比较研究、人物研究的方法，深层挖掘其文化根基。例如，通过与日本文化形态相比较，可以凸显越南人民的性格。日越相同的文化脉络皆是受中国、西方文化的熏陶与浸淫，不同的是日本在近代化、工业化之后成为强国，而在越南马克思理论成为主流意识形态。不同的结果展示出不同的民族性格。在人物研究方面，通过爬梳代表性人物的思想形成过程，可以探寻其间的学术关联，整理出不同学派的学统，将不同的思想分支连成一个体系。

四 本学科发展的总结与点评

（一）70 年来本学科发展历史特点总结

第一，研究人员的数量与能力不断扩展。随着专门研究机构的设立、留学项目的增加、基金项目的扩容，研究越南哲学、思想与文化的人员数量与质量有了长足进展。而且跨学科、多视角的研究方法逐渐兴起，在与中国哲学、西方哲学、马克思主义哲学的比较中不断完善越南哲学的系统性与全面性。

第二，文献、材料的扩充，资源的整合。以《儒藏》越南卷为代表，对越南哲学相关研究资料的校对、编辑、收集、筛选等工作的投入力度不断加大。而且随着越南留学生数量的增加，越南语的资料被大量翻译成汉语，大大丰富了研究资源。

第三，研究机构、刊物种类的繁荣。除了上述机构之外，各大高校增加了越南语专业，从而拓宽了越南思想文化专业的视野。以《越南研究》2019年1月发布创刊号为例，以越南历史、文化、政治、经济等的专门刊物逐渐增加，搭建我国越南研究的学术平台，加强本领域国内外学者的交流和对话，推进、拓展和深化越南前沿研究。

第四，随着越南来华留学生数量的增加，在硕士博士学位论文和期刊发表论文方面有明显的量变和质变。在资料和语言上互动频繁，打破了发展前期只能运用汉文、古汉语来解读资料的瓶颈。这些研究题目涉及宗教、哲学、思想史等，极大地丰富了越南哲学研究的视角与位相。

第五，在"一带一路"倡议下，中越之间的双边关系被放置在多边关系中进行统合部署，越南思想文化研究也被放置在东亚汉字文化圈进行多维考察。

第六，在当今的世界格局中，每个人都会面临困境，即如何在多元文化碰撞的全球化进程中保持自己独特的文化认同？如何在多元和悠久的文化传统中找到新定位？解决这些问题是研究哲学与思想文化的目的。在研究越南哲学的过程中，同时投射出的中华文化的审美与特性是研究的最终目的。越南文化有三个方面的特征：民族性，现代性，人文性，而这些特点同样根植在中国自身的文化基因中。在研究相异文化的过程中寻找自身的价值与意义将是未来的探索方向。

（二）本学科发展中存在的问题

第一，与东亚各国相比，越南本土特色不算突出。越南属于小国，属于文化与经济欠发达地区，在文献整理、研究方法、成果规模上亟待发展。

第二，政治、经济等现实因素容易影响越南哲学研究的方向与内容，从而影响学术的客观性。

第三，对越南思想家的研究与介绍仅限于著名的代表人物，尚待补充学派划分、时期划分等整体性的把握。

第四，越南在历史上是中国的藩属国，长期是中华文化的附庸，因此很难形成平等的研究结论。中国是文明古国，文化辐射至周边有上千年的影响，在研究东亚文明时容易有文化优越感，以文明先进国的角度来强调其文化影响力。但是在人文研究上，只要以客观、平等的视角来观察文明形态，就会有新发现、新观点。

第五，越南文化在某种程度上来讲缺乏自主性，如何在原创性并不突出的文化形态中厘清固有文化、移植文化、本土化改造后文化之间的关联，是研究中国文化在海外传播的重点和难点。

第六，与海外东南亚研究缺乏互动，对国内其他学科和专业研究动向缺乏了解。美国、法国、日本的相关学者从东方文明的角度解读越南历史、文化，尤其在材料的丰富性上占有优势，其结论与研究方法对中国学者无疑具有参考价值与借鉴意义。

第七节　结语

中国特色哲学社会科学的构建需要系统的哲学社会科学学科体系、学术体系、话语体系作为基础。东方哲学学科综合了东亚、南亚、东南亚、中亚地区重要的哲学传统，是哲学学科的重要组成部分。

中华人民共和国成立70年来，东方哲学学科取得了长足的发展，各分支学科领域的研究成果斐然，每个学科也都显示出自己不同的特点。印度哲学学科除了概论式文献的译介与撰写和梵文哲学典籍的翻译与文献学研究这些基本工作之外，在六派哲学研究领域愈加专精，对当代印度哲学的研究更是别开生面，佛教哲学研究和印度因明学的研究也取得了长足的进步，如今，印度哲学的一些重要哲学议题作为思想资源也逐渐参与到当代哲学的讨论中来。日本哲学研究开创于20世纪五六十年代，在80年代之后勃兴，于日本近现代哲学专题研究、中日哲学思想比较研究等领域都取得了诸多进步，21世纪后更是出现了一批概论性研究成果，对日本近代哲学、近世思想史等的研究也取得了诸多成果。伊斯兰阿拉伯哲学方面，对"阿拉伯哲学"或"伊斯兰哲学"概念的界定、伊斯兰教与阿拉伯哲学文化的关系、阿拉伯理学的产生及其与伊斯兰宗教哲学的关系、伊斯兰原教旨主义与政治伊斯兰问题等重大哲学问题的研究都取得了相当多的成果。韩国哲学部分，我国学界对韩国儒学、韩国佛教、韩国道教的研究都有一定成果，针对退溪学及栗谷学研究、儒学与现代化关系等重大哲学问题有许多成果展现，而方法上则以中韩哲学比较以及东亚哲学比较作为创新视角。越南哲学方面，在中越文化交涉史、中国儒释道三教对越南文化的影响、越南本土宗教与民间信仰、越南马克思主义理论等方面取得了诸多理论成就。

然而，东方哲学学科的研究也还存在着诸多问题，其中最为突出的是：各分支学科之间差异过大，交流不够，这就导致了东方哲学作为一个学科的整体性不强，缺少统一的研究方法论，其作为"东方哲学"对应于"西方哲学"的战略价值未得到充分挖掘。

展望未来，除了在已有的学科领域和哲学议题上继续耕耘之外，东方哲学学科的一大使命是探索东方哲学学科内部以及东西方哲学之间的对话方式，以比较哲学或者当前盛行的"融合哲学"的视野来考察不同文化传统中的智力资源，以一种"世界哲学"的眼光和胸怀来看待这几个不同文化传统中的古老智慧，并充分运用之，以服务于当下的世界。

第五章

新中国逻辑学研究 70 年

第一节　导言

　　逻辑学是一门基础学科，肇始于古希腊的亚里士多德，而且古印度和中国先秦时期也有类似思想和实践出现；数理逻辑的思想则始于 17 世纪后半叶。"数理逻辑不外是形式逻辑的精确而又完满的塑述，它有两个很不同的方面。一方面，它是不研究数、函数、几何图形等等，而只是研究类、关系、符号的组合等等的一门科学。另一方面，它又是先于所有其他科学的一门科学，包括作为一切科学的基础的概念和原则。正是在第二种意义下，数理逻辑曾首先由莱布尼茨……所构思。"[①]　莱布尼茨（G. W. Leibniz，1646—1716 年）雄心勃勃的逻辑数学化理想由"普遍语言"和"理性演算"两个部分组成。数理逻辑在 19 世纪中后期诞生，由布尔（G. Boole，1815—1864 年）、皮尔士（C. S. Peirce，1839—1914 年）和弗雷格（G. Frege，1848—1925 年）等人的著作发展起来，沿着这两个部分形

---

① ［奥—美］哥德尔：《罗素的数理逻辑》，载中国社会科学院哲学研究所逻辑研究室编《数理哲学译文集》，商务印书馆 1988 年版，第 159 页。

成了两个传统,即"数理逻辑传统"和"逻辑代数传统"①,也分别称为"弗雷格—皮亚诺—罗素传统"和"布尔—施罗德—皮尔士传统",一般统称为符号逻辑、数理逻辑或经典逻辑。在1928—1938年这十年间,数理逻辑的大部分轮廓已经确定,达到发展的"黄金时期"②。1936年,符号逻辑学会(Association for Symbolic Logic)创刊《符号逻辑杂志》(*The Journal of Symbolic Logic*);这是最主要的现代逻辑刊物,第一卷第四期发表了之前所有的符号逻辑文献目录。1977年,第一部逻辑手册《数理逻辑手册》出版,涵盖了符号逻辑(数理逻辑、经典逻辑)作为数学一个部门所包含的公理集合论、证明论、递归论和模型论四个分支的发展成果③,逻辑演算是其基础。

20世纪早期,现代模态逻辑、直觉主义逻辑、多值逻辑等非经典逻辑也出现并发展起来。模态逻辑是关于必然和可能的逻辑,经过句法阶段(1918—1959年)、经典阶段(1959—1972年),在20世纪70年代达到"黄金时期",完全性理论、对应理论和对偶理论三大支柱理论在进入现代时期(1972年)④前后相继建立起来。直觉主义逻辑既可以被视为数学中一种哲学的、基础性的主张,也可以被视为数理逻辑内部的一个技术分支;多值逻辑大致开始于1920年前后,第一个已知的公理系统在1931年发表,代数方法在这一族逻辑中的使用特别自然,能够使人们更好地理解多值性问题。⑤ 逻辑

---

① 张家龙:《数理逻辑发展史:从莱布尼茨到哥德尔》,社会科学文献出版社1993年版;Jeanvan Heijenoort (ed.), 1967, *From Frege to Gödel*, Harvard University Press, p. 2。

② [英]鲍德温编:《剑桥哲学史1870—1945》,周晓亮等译,中国社会科学出版社2011年版,第685页。

③ Jon Barwise (ed.), 1977, *Handbook of Mathematical Logic*, North-Holland Publishing Company, p. vii.

④ Patrick Blackburn, Maarten de Rijke and Yde Venema, 2001, *Modal Logic*, Cambridge University Press, pp. 37–48.

⑤ [美]格勃尔主编:《哲学逻辑》,张清宇等译,中国人民大学出版社2008年版,第255、352页。

支撑哲学，哲学哺育逻辑，二者结合便是哲学逻辑。哲学逻辑是运用逻辑方法对哲学概念进行分析而建立的逻辑理论，在20世纪70年代形成了分支数量庞大的领域，为此，符号逻辑学会在1972年创刊《哲学逻辑杂志》（Journal of Philosophical Logic）。1983—1989年，第二部逻辑手册《哲学逻辑手册》（四卷）出版，副标题分别为"经典逻辑基础""经典逻辑的扩充""经典逻辑的择代"和"语言哲学中的主题"[1]，体现出哲学逻辑发展到那时为止的理论范围以及与经典逻辑之间的关系，当此之时，也正是逻辑学在计算机科学和人工智能领域获得基础地位的时候[2]；计算机科学和人工智能以及计算语言学对哲学逻辑的持续需求也直接或间接地推动了这一学科的发展，新的逻辑领域得以建立、旧的领域得到丰富和扩展，第二版《哲学逻辑手册》从2001年开始出版，迄今已经出到第18卷[3]。2006年，《模态逻辑手册》出版。[4] 这些综述文献的出版从主题上大致厘定了学科范围，既是学科过去发展成就的累积和总结，也为后续进一步研究工作积淀了基础。

数理逻辑和哲学逻辑在哲学、数学、计算机科学以及理论语言学等诸多学科中得到研究；1949年以来，中国逻辑学家们在这些领域中都作出过许多贡献。根据前述文献以及本书的主题和范围，按照年代方式，我们将主要概述国内哲学界在哲学逻辑领域所取得的成果，并力图把它们置于国际逻辑发展的背景之中，尽可能发掘其中的思想源流及其理论意义。为了叙述便利，我们以1978年为界分

---

[1] Dov Gabbay and Franz Guenthner (eds.), 1983 – 1989, *Handbook of Philosophical Logic*, volumes 1 – 4, D. Reidel Publishing Company.

[2] Dov Gabbay and Franz Guenthner (eds.), 2001, *Handbook of Philosophical Logic*, volume 1, Springer, p. vii.

[3] Dov Gabbay and Franz Guenthner (eds.), 2001 – 2018, *Handbook of Philosophical Logic*, volumes 1 – 18, Springer.

[4] Patrick Blackburn, Johan van Benthem and Frank Wolter (eds.), 2006, *Handbook of Modal Logic*, Elsevier.

基础时期(1949—1978年)和发展时期(1978年至今)两个时期，前者侧重概述前17年的成果，后者又分为2000年前后两个阶段，但分三小节叙述——现代逻辑教材建设、重回国际学术舞台(1978—1999年)和融入国际前沿研究(2000年至今)。囿于时间、篇幅和笔者能力，材料搜集可能存在疏漏，概述也可能存在疏漏，敬请读者批评指正！

第二节 基础时期(1949—1978年)

金岳霖（1895—1984年）是第一个在中国系统地传授数理逻辑的人，并且产生了深刻的影响，他要求数理逻辑成为一门独立的科学这一思想倾向，对于数理逻辑在我国的独立发展起了积极的作用[①]。从1949年开始的17年中，从事现代逻辑研究的工作者很少，其中的哲学工作者更少，"数理逻辑工作的力量极其薄弱，所以具体的研究成果不可能很多。然而理论联系实际的、有生命力的工作已经开始着手了"[②]。在这一时期，金岳霖的逻辑研究主要反映在他发表的一系列逻辑论文之中[③]，其中的"客观事物的确实性和形式逻辑的头三条基本思维规律"被他认为是自己"比较得意的"[④]三篇论文之一。这些工作在当时不仅"以哲学作为一项思想上的武器，为

[①] 参见中国科学院编译出版委员会主编《十年来的中国科学·数学：1949—1959》，科学出版社1959年版，第29页；林夏水、张尚水《数理逻辑在中国》，《自然科学史研究》1983年第2期；宋文坚《逻辑学的传入与研究》，福建人民出版社2005年版，第50—56页。

[②] 中国科学院编译出版委员会主编：《十年来的中国科学·数学：1949—1959》，科学出版社1959年版，第33页。

[③] 金岳霖：《论真实性与正确性底统一》，《哲学研究》1959年第3期；金岳霖：《论"所以"》，《哲学研究》1960年第1期；金岳霖：《客观事物的确实性和形式逻辑的头三条基本思维规律》，《哲学研究》1962年第3期。

[④] 金岳霖：《金岳霖全集》第四卷（下），人民出版社2013年版，第898页。

当前国家的需要直接服务"①，而且深入研究了诸如蕴涵、推论、证明②、逻辑的客观基础以及逻辑中心困境③等基本问题。

这一时期，现代逻辑作为我国哲学工作者的一个研究领域，所取得的成就主要在于集合论、逻辑演算、模态逻辑、直觉主义逻辑等方面所建立的演算系统，代表人物为沈有鼎（1908—1989 年）；作为我国数学工作者的一个研究领域，主要成就则在于递归论、逻辑演算、模态逻辑、直觉主义逻辑、多值逻辑等方面，代表人物是胡世华（1912—1998 年）、莫绍揆（1917—2011 年）和王湘浩（1915—1993 年）以及他们的学术研究团队④；而对于数理逻辑在新技术中的应用，主要成就在于自动机理论研究和程序自动化研究等方面。当然，这只是一个大致的分类，实际上，各个学科的从业者所取得的成就在上述方向中存在着一些重叠。长期以来，逻辑研究有效推理形式，并最终形成了逻辑演算的概念。国内逻辑演算领域的成果在这一时期涉及经典命题演算、经典谓词演算、模态逻辑和直觉主义逻辑等方面；接下来，我们大致按照时间顺序梳理这一时期的重要成就，然后在本节后面集中梳理多值逻辑领域中的成就。

1950 年，莫绍揆发表"演绎定理和两个新的逻辑系统"⑤，从演绎定理角度建立起避免蕴涵怪论的新逻辑系统。这是莫绍揆的第一篇论文，讨论了逻辑系统中的"蕴涵"与日常生活中的"推理"是否

---

① 王浩：《金岳霖先生的道路》，载《金岳霖学术思想研究》，四川人民出版社 1987 年版，第 48 页。

② 诸葛殷同：《试谈金岳霖先生解放后的逻辑思想》，载《金岳霖学术思想研究》，四川人民出版社 1987 年版，第 310 页。

③ 刘新文：《金岳霖论题——一个逻辑的形而上学问题》，《清华大学学报》（哲学社会科学版）2016 年第 1 期。

④ 这一时期在递归论、数理逻辑应用方面的成果，参阅宋文坚《逻辑学的传入与研究》，福建人民出版社 2005 年版，第 135—147 页。

⑤ Shaw-Kwei Moh, 1950, "The Deduction Theorems and Two New Logical Systems", *Methodos* 2, pp. 56–75.

相符的问题，提出可以用一系统中有无"演绎定理"作为相符与否的标准，讨论了三种形式的演绎定理，即如果由假定公式 s_1，s_2，…，s_n 可在系统 S 中推出公式 p，那么在 S 内可以推出：（1）$s_1 \to (s_2 \to \cdots (s_n \to p) \cdots)$，第一型演绎定理；（2）$s_1 \wedge \cdots \wedge s_n \to p$，第二型演绎定理；（3）$s \wedge t \to p$，第三型演绎定理（这里的 s 为 $s_1 \wedge \cdots \wedge s_n$，t 为证明中使用到的系统 S 内的公理的合取）。依据这些演绎定理，莫绍揆讨论了几个蕴涵系统，其中一个系统等价于相干逻辑中后来建立的 $R_\to$ 演算[①]。

经典命题演算和谓词演算方面的主要代表是王世强（1927—2018 年）和莫绍揆。在《命题演算的一系公理》[②]中，王世强指出格托林特（E. Götlind）在 1950 年提出的命题演算的一组公理不是独立的，该系统包括（1）$p \vee p \to p$；（2）$p \to p \vee q$；（3）$p \to p$；（4）$(p \to r) \to (q \vee p \to r \vee q)$ 四条够用的公理，但（1）、（2）和（4）可推出（3），因此（3）可以省去，其他 3 条公理是互相独立的，构成一个完全的公理系统。波兰著名逻辑学家拉雪奥娃（H. Rasiowa，1917—1994 年）也得到了同样的结果。莫绍揆发表在《符号逻辑杂志》的短文《量化理论笔记》[③]改进了奎因（W. V. O. Quine，1908—2000 年）关于谓词演算的一个论断。奎因曾经指出，如果我们从命题演算及一元谓词演算的形式定理出发，应用广义的蕴涵规则，即由 $(x_1) \cdots (x_n) A \to B$ 和 A 推出 B，可

[①] 1975 年，相干逻辑创始人安德森和贝尔纳普在《衍推》第一卷中认为莫绍揆这篇论文和丘齐（A. Church）发表于 1951 年的论文首先考虑了相干蕴涵，从而把相干逻辑的起源追溯到这两篇论文（参见 Alan Ross Anderson and Nuel D. Belnap, Jr., 1975, *Entailment: The Logic of Relevance and Necessity*, vol. I, Princeton University Press, p. 6），但在 1992 年出版的第二卷中作了修正，把相干逻辑的历史追溯到 1928 年（参见 Alan Ross Anderson, Nuel D. Belnap, Jr., and J. Michael Dunn, 1992, *Entailment: The Logic of Relevance and Necessity*, vol. II, Princeton University Press, p. xvii）。

[②] 王世强：《命题演算的一系公理》，《数学学报》1952 年第 2 期。

[③] Shaw-Kwei Moh, 1952, "A Note on the Theory of Quantification", *Journal of Symbolic Logic* 17 (4), pp. 243–244.

以推出全部谓词演算。莫绍揆指出，只使用通常的蕴涵规则甚至弱化的蕴涵规则，即 A →B 和 A 推出 B，也可以得出同样的结果。

1953 年 6 月和 1955 年 6 月，沈有鼎在《符号逻辑杂志》发表《所有有根类的类的悖论》和《两个语义悖论》。① 前者是说，对于类 A 而言，有一个由类组成的无穷序列 A_1，A_2，…（不一定都不相同）使得…$\in A_2 \in A_1 \in A$，则称 A 为无根的。并非无根的类，被称为有根的。令 K 是由所有有根类组成的类。假定 K 是无根的，那么有一个由类组成的无穷序列 A_1，A_2，…使得…$\in A_2 \in A_1 \in K$。由于 $A_1 \in K$，A_1 就是一个有根类；由于…$\in A_3 \in A_2 \in A_1$，因而 A_1 又是一个无根类，但这是不可能的。所以，K 是有根类。因而 K $\in$ K，并且我们有…$\in K \in K \in K$。因此，K 又是无根类。此外，一个类 A_1 是循环的，仅当存在某个正整数 n 和类 A_2，A_3，…，A_n，使得 $A_1 \in A_n \in A_{n-1} \in \cdots \in A_1$。对于任一个给定的正整数 n 而言，一个类 A_1 是 n 循环的，仅当有类 A_2，A_3，…，A_n 使得 $A_1 \in A_n \in \cdots \in A_2 \in A_1$。通过类似的论证可以得到"所有非循环类的类的悖论"和"所有非 n 循环类的类的悖论"（n 是一个给定的正整数）。沈有鼎称这三个悖论是一个"三体联合"，而罗素悖论（所有不是自身分子的类的类的悖论）就是第三个悖论在 n=1 时的特例。由此可见，非循环类和非 n 循环类本质上就是有根类，而循环类和 n 循环类则是无根类。蒙塔古（R. Montague，1930—1968 年）、张清宇（1944—2011 年）等人沿着这一方向作了进一步研究。②

两个语义悖论分别简介如下：（1）我正在讲的不可证明。假定这个命题可以证明，那么它一定是真的，用它自己的话说，也就是

---

① Shen Yuting, 1953, "Paradox of the Class of All Grounded Classes", *Journal of Symbolic Logic* 18（2），p. 114；Shen Yuting, 1955, "Two Semantical Paradoxes", *Journal of Symbolic Logic* 20（2），pp. 119 – 120.

② Richard Montague, 1955, "On the paradox of grounded classes", *Journal of Symbolic Logic* 18（2），p. 140；张清宇：《所有非 Z 类的类的悖论》，《哲学研究》1993 年第 10 期。

它不可证明,与假定矛盾。假定它可以证明将引出矛盾,因此这个命题不可证明。换句话说,这个命题是真的。这样,我们也就证明了这个命题。所以,这个命题既可证明又不可证明。(1)的对偶命题是(2):我正在讲的可以反驳。假定这个命题是真的,或者用它本身的话来讲,它可以反驳。那么它一定是假的,这就跟假定矛盾。假定它可以反驳将引出矛盾,因此这个命题是假的。这样,我们也就反驳了这个命题。弄清这个命题可以反驳,也就是说它是真的。所以,这个命题既真又假。①

沈有鼎提出的这些悖论深刻揭示了直观集合论的缺陷,有助于深化对公理集合论特别是正则公理和分离公理的认识、加强对哥德尔(K. Gödel,1906—1978 年)不完全性定理特别是对不可判定命题的理解。②

1955 年,莫绍揆改进了③希尔伯特(D. Hilbert,1862—1943 年)和贝尔奈斯(P. Bernays,1888—1977 年)的命题演算系统 M,M 包括五组共十五条公理,对各个逻辑联结词的特性表现得很明显,使得推演比较直接,而且可以简明地表现 M 系统与海廷(A. Heyting,1898—1980 年)的直觉主义系统 H、约翰逊(I. Johansson,1904—1987 年)的极小演算 J 之间的关系。但是,M 系统的五组公理中除否定公理外其余各组公理都不是足够的;一组公理对一个系统而言是"足够的",是说如果只包含某些联结词的命题是该系统的定理,那么在推演时,除了蕴涵公理外,可限于只用相应于这些联结词的各组公理。瓦伊斯伯格(M. Wajsberg,1902—1942 年)证明过 H 和

---

① 沈有鼎:《沈有鼎文集》,中国社会科学出版社 2006 年版,第 41—43 页。

② 对这些工作的详细评价,参见 Gert Heinz Müller, 1955, "Paradox of the Class of All Grounded Classes by Yuting Shen", *Journal of Symbolic Logic* 20 (1), p. 84; Gert Heinz Müller, 1956, "Shen Yuting. Two Semantical Paradoxes", *Journal of Symbolic Logic* 21 (4), p. 380; 张家龙《论沈有鼎悖论在数理逻辑史上的地位》,《哲学研究》2008 年第 9 期。

③ 莫绍揆:《命题演算的公理系统》,《数学学报》1955 年第 1 期。

J 的各组公理都是足够的。亨金（L. Henkin，1915—2003 年）在 1949 年对 M 系统有过改进，但满足公理足够这个要求的代价却是丢失 M 系统原有的优点。莫绍揆的改进则既使各组公理都是足够的，又保存了原先的优点，所提出的五个改进系统都具备上述三个优点。

沈有鼎是从事数理逻辑工作的哲学工作者。1957 年，他在《初基演算》①的论文中认为，命题演算的构成，通常有三步骤的说法，即从约翰逊发表于 1936 年的《极小演算》到海廷发表于 1930 年的构造论命题演算再到二值演算。此外，刘易斯（C. I. Lewis，1883—1964 年）在 1932 年的工作中从模态或严格蕴涵出发，也分为了许多步骤，以达到二值演算为终极。特别值得注意的是最后三个步骤，即从 S4 到 S5 到二值演算。这两个三步骤就某种意义说乃是通常命题演算的构成中最本质的步骤。综合这两个三步骤，会带来许多便利，而沈有鼎所提出的也就是作为二者共同基础的初基演算。这个"初基演算"是比约翰逊的极小演算还小的演算。初基演算可以看作是极小演算和刘易斯的 S1 的"交"的一部分，它有两个基本推理模式：（Ⅰ）从 A 和 A→B 推出 B；（Ⅱ）从 A 和 B 推出 A∧B。其公理模式有 14 条：

(1) $A \to A$；

(2) $(B \to C) \to (A \to (B \to C))$；

(3) $A \wedge (A \to B) \to B$；

(4) $(A \to B) \wedge (B \to C) \to (A \to C)$；

(5) $A \wedge B \to A$；

(6) $A \wedge B \to B$；

(7) $(A \to B) \wedge (A \to C) \to (A \to B \wedge C)$；

(8) $A \to A \vee B$；

(9) $B \to A \vee B$；

(10) $(A \to C) \wedge (B \to C) \to (A \vee B \to C)$；

---

① 沈有鼎：《初基演算》，《数学学报》1957 年第 1 期。

(11) $A \wedge (B \vee C) \to (A \wedge B) \vee (A \wedge C)$；

(12) $(A \to B) \wedge \neg B \to \neg A$；

(13) $A \to \neg (B \wedge \neg B)$；

(14) $A \wedge \neg (A \wedge B) \to \neg B$。

在初基演算中把公理（2）加强为：

(2′) $B \to (A \to B)$

所得到的系统就是"极小演算"。在初基演算上增加公理"$(A \vee B) \wedge \neg A \to B$"所得到的系统是 S4 与海廷直觉主义命题演算相交叉的一部分，沈有鼎称为"次基演算"。在次基演算中把公理（2）加强为（2′），所得到的系统就是直觉主义命题演算。在次基演算上增加公理"$A \to B \vee \neg B$"，所得到的系统就是刘易斯的 S4。在 S4 上增加公理：

(﹡) $\neg (B \to C) \to (A \to \neg (B \to C))$

所得到的系统就是刘易斯的模态系统 S5。在 S5 中把公理（2）和（﹡）加强为（2′），所得到的系统就是通常的二值命题演算。

初基演算反映了三个系统的关系，其中的两个就是带模态词的命题逻辑系统 S4 和二值命题演算，两者有同一个来源，只是得到不同的强化或增补才出现了差异，而强化或增补过程中没有一个步骤使得我们怀疑它们的完全性，我们完全有理由把模态逻辑和二值逻辑视为同类。也就是说，沈有鼎的初基演算建立起了标准逻辑的两个标准，即是否起源于初基演算和是否具有完全性，这些工作对当前关于"逻辑性"的哲学研究依然具有重要意义。莫绍揆在两年后认为，沈有鼎的初基演算可以说是用直觉主义眼光来讨论模态系统，也可以说是用模态的观点来推广直觉主义系统，是一个新尝试，是一条很可继续研究的道路，他在公理的选择上对初基演算加以改进，提出了三个改进的初基演算系统[1]。2000年，刘壮虎建立了初基演算的邻域语义学并证明了对于这一语义的

---

[1] 莫绍揆：《莫绍揆文集》，南京大学出版社 1992 年版，第 313—315 页。

完全性定理。[1]

1957 年，莫绍揆研究了一些具有有穷个模态辞（由命题变元以及否定词、可能模态词、必然模态词三种运算所组成的命题）的模态系统[2]，从一个基本模态系统 B 出发，研究具有有穷个模态辞的模态系统，使每一模态辞 $\neg\square^{a_1}\neg\square^{a_2}\neg\cdots\neg\square^{a_n}$ 都对应于数列 $a_1,\cdots,a_n$，并根据模态辞之间的蕴涵、等价规定数列间的顺序、相等，这样就可以把模态辞个数的研究代数化，使讨论更便利和有系统地进行。此后，他继续这一方向的工作[3]，研究了一般构造有穷模态系统的问题，得到了部分结果。

1959 年，模态逻辑和直觉主义逻辑领域还有两个重要工作。第一，模态逻辑方面。莫绍揆讨论了模态系统之间的关系[4]，得到以下结果：(1) 把当时已有的模态系统（卢卡西维茨的系统除外）的共通部分称为基本系统，这是最弱的系统，按照各种方式加强得出各种加强系统，共有 60 余种，而通常的模态系统都包含在内；(2) 比较了刘易斯的 S1—S5，其中 S2、S3 和 S4 都属于上述加强的系统，S5 不在范围之内乃是因为它有叠置模态词，S1 不在其中则表明 S1 有缺陷；(3) 古典二值逻辑使用了实质蕴涵而产生蕴涵悖论，导致刘易斯使用严格蕴涵从而产生出现代模态逻辑。莫绍揆在前面讨论的模态系统都还存在着蕴涵悖论，因此，他提出一个蕴涵系统，在这个系统中，蕴涵词和模态词的性质都和直觉相符但蕴涵悖论消失

---

[1] 刘壮虎：《初基演算的邻域语义学》，《摹物求比——沈有鼎及其治学之路》，社会科学文献出版社 2000 年版，第 258—267 页。

[2] 莫绍揆：《具有有穷个模态辞的模态系统》，《数学学报》1957 年第 1 期。

[3] 莫绍揆：《有穷模态系统的基本系统》，《数学学报》1958 年第 2 期。

[4] 莫绍揆：《模态系统与蕴涵系统》，《数学学报》1959 年第 2 期。这篇论文由 S. H. Gould 翻译成英文发表在 1967 年第 9 卷 Chinese Mathematics，第 439—462 页；1992 年，列于下述著作的参考文献：Alan Ross Anderson, Nuel D. Belnap, Jr., and J. Michael Dunn, 1992, Entailment: The Logic of Relevance and Necessity, Vol. II, Princeton University Press, p. 661。

了。第二，直觉主义逻辑方面。海廷的直觉主义系统 H 容许"从矛盾可推出任何命题"，招致约翰逊的批评，约翰逊发展了极小演算 J，但是 J 中却没有以下关系（甲关系）：在古典系统内能够推出命题 p 时，在该系统内恒能推出¬¬p；逆亦真。莫绍揆把直觉主义系统定义为与古典系统之间成立甲关系的系统①。据此，极小演算不是直觉主义系统。但是极小演算具有以下性质：对于任何形式定理，如果将其中每一形如¬p 的部分命题替换为 p→q，那么所得的命题也是该系统内的形式定理。他把具有这种性质的系统称为普否系统，在论文中发展了很多种具有不同特点的普否系统，其中既包含极小演算又具有普否性质的系统是最为合适的一种直觉主义系统。然后，普否系统被推广为共否系统。共否系统即其中一个系统具有带否定符号的定理时，另外一个系统必定也带有相同奇偶数的否定符号的定理。在极广泛的假设之下，互为共否的系统必定共同否定同样的命题。莫绍揆证明，归约的或开展的互为共否的系统中，如果有普否系统存在，那就一定是唯一的。归约系统是指具有以下性质的系统：如果¬¬¬p 是定理，那么¬p 也是定理（弱归约）；如果¬¬p 是定理，那么 p 也是定理（强归约）。开展系统是指具有以下性质的系统：如果 p 是定理，那么¬¬¬¬p 也是定理（弱开展）；如果 p 是定理，那么¬¬p 也是定理（强开展）。

逻辑中有一个确定含有数的量词的普遍规律的部分，称为"假变项理论"或"函项演算理论"，其实就是量词演算。1964年，莫绍揆讨论了谓词演算中的枚举量词②。枚举量词是以下这样的量词：

---

① 莫绍揆：《普否系统、直觉系统、共否系统即其它》，《数学学报》1959 年第 4 期。英译版 "N-generalizable, intuitionistic, co-denial, pseudo-modal and co-Δ systems" 于 1961 年发表在 Scientia Sinica 第 10 卷，第 775—789 页，重印于 Chinese Mathematics 第 9 卷第 648—682 页。

② 莫绍揆：《枚举量词与谓词演算》，《数学学报》1964 年第 2 期。

n级全称量词$\forall_n xA(x)$：除至多 n−1 个 x 以外其余 x 全使 A(x) 成立；

n级存在量词$\exists_n xA(x)$：至少有 n 个 x 使 A(x) 成立；

n级恰有量词$\Lambda_n xA(x)$：恰巧有 n−1 个 x 使 A(x) 成立。

莫绍揆认为，直到那时为止，数理逻辑学家通常都是把关于枚举量词（及摹状词）的讨论建基于同异性演算之上的，有关枚举量词（以及摹状词）的定义及其公理，都是借助于同异性"="来表达的。因此照通常的做法，一级谓词演算被分成三个部分：1. （通常的）全称、存在量词论；2. 同异性演算；3. 枚举量词及摹状词论。这样的处理方法有些缺点，他建议把以往的讨论方式加以更改：先发展枚举量词及摹状词论（它们恰好合成完整的纯狭义谓词演算），然后再在枚举量词论之上而发展（第一型的）同异性演算，将是较合理想的做法；如果想和现在的处理方式相距不致太远，可先发展一级全称存在量词论再发展唯一性量词论，在唯一性量词论上发展第一型的同异性演算，以后再发展枚举量词及摹状词论。虽对同异性演算作了改进，但狭义谓词演算仍被分成两段。

经典演算、模态逻辑演算系统和直觉主义逻辑演算系统（以及它们之间的关系）等方向上所取得的成就大致如前所述；这些逻辑都以二值原则为基础。这一时期，国内在多值逻辑领域的主要代表人物是胡世华、莫绍揆和王湘浩等。多值逻辑源于 1920 年前后卢卡西维茨（J. Łukasiewicz，1878—1956 年）和波斯特（E. Post，1897—1954 年）的著作。1950 年，胡世华构造了一个$\aleph_0$值命题演算，其真值是自然数 0，1，…，而 0 是特指值，在这个演算中，可以定义所有那些与原始递归函数相当的联结词，并且可以把它解释为一个递归算术；1955 年，胡世华发表"$\aleph_0$值命题演算的有穷值的具有函数完全性的子系统"，与之前发表的论文一起研究了值数较少的命题演算嵌入值数较多的命题演算中去的问题，并给出了肯定解决方法。① 胡世华工作的依据是多值逻辑联结词的语义真值刻画（或称刻画方阵、矩阵模型）。一个多值逻辑可以用公理方法或刻画方阵确定，只不过不是所有使用矩阵或方阵刻画的多值逻辑都能够有穷公理化。所以，一个由矩阵模型给出的多值逻辑是否能够公理化和在什么样的条件下能够公理化？一个公理化的多值逻辑系统是否能够给出和满足什么样的句法条件才能给出它的矩阵模型？这是多值逻辑中的两个重要问题。关于前一个问题，瓦伊斯伯格和罗瑟（J. Rosser，1907—1989 年）等人研究过；1957 年，莫绍揆讨论了这个问题并给出了一个可公理化的条件②，这个条件中的基本联结词 C（蕴涵）的要求比他们的要弱。1963 年，他提出两个新的系统③：任意一个具有么元素的归宿方阵与任意一个轮换方阵及一个适当的 E 方阵组成一个完全系；任意一个具有唯一么元素及零元素的归宿方阵与一个适当的轮换方阵组成一个完全系。此前，他已经讨论过在多值逻辑的有穷系统中是否能够应用不受限制的抽象原则（概括公理）而不至于引出逻辑悖论，他的回答是否定的；论文的主要结果是：如果在一系统内形式定理 Cpp 成立，并且有推理规则"由 $(Cp)^{n+1}q$ 可得 $(Cp)^n q$"，那么应用不受限制的抽象原则必然导致逻辑悖论。④ 王湘浩于 20 世纪 60 年代在吉林大学数学系形成

---

① 胡世华：《一个 $\aleph_0$ 值命题演算的构造》，《中国科学》1950 年第 2—4 期；胡世华：《$\aleph_0$ 值命题演算的有穷值的具有函数完全性的子系统》，《数学学报》1955 年第 2 期；Tzu-Hua Hoo, 1949, "m-valued Sub-system of $(m + n)$-valued Proposition Calculus", *Journal of Symbolic Logic* 14（3），pp. 177 – 181. 参见 A. Prior, 1962, *Formal Logic*, 2nd ed., Oxford University Press, pp. 238 – 239。

② 莫绍揆：《有限值方阵的公理化》，《南京大学学报》（自然科学版）1957 年第 3 期。

③ 莫绍揆：《n 值方阵系统的两个完全系统》，《南京大学学报》（数学）1963 年第 2 期。

④ Shaw-Kwei Moh, 1954, "Logical Paradoxes for Many-Valued Systems", *Journal of Symbolic Logic* 59, pp. 37 – 40. 参见［美］格勃尔主编《哲学逻辑》，张清宇等译，中国人民大学出版社 2008 年版，第 372 页。

了一个研究多值逻辑的学科集体,在多值逻辑代数相关问题上取得了一系列重要成果。①

1959年,金岳霖、胡世华、王宪钧(1910—1993年)参加《十年来的中国科学·数学》的编写工作,执笔撰写的"数理逻辑"列于华罗庚(1910—1985年)等撰写的"总论"之后第一章,包括"引言""十年来的历史发展""研究成果的综述"(分为演绎逻辑系统、多值逻辑、能行性问题和数理逻辑在新技术中的应用)和"文献"四个部分,指出"数理逻辑在我国的这十年是讨论、争辩并经过实践不断明确自己任务和工作方向的十年"②。从1949年开始的17年,这段时期是我国数理逻辑(包括哲学逻辑)研究的基础时期,这种"基础性"主要体现在以下几个方面:第一,我国数理逻辑学者如沈有鼎、胡世华、莫绍揆和王湘浩等人发表了具有国际水准的学术成果,这些成果主要体现在哲学逻辑演算系统的建立、数理逻辑(递归论)中的能行性问题研究以及逻辑哲学等方面,其中大部分工作将为国内学界后来的研究奠定良好的基础;第二,这个时期培养了一些具有良好基础的数理逻辑工作者,为我国数理逻辑在将来的发展奠定了良好的基础;第三,我国数理逻辑工作者形成了若干个科研群体,这些群体的研究方向比较明确,在各自领域内既有学术带头人,也有核心研究人员。③

---

① 《吉林大学自然科学学报》在1962年第2期发表《在多值逻辑中求全部极大封闭集的一个能行方法》(庞云阶),1963年第2期发表《有限集合上缺值及不缺值函数的结构理论》(王湘浩)和《关于保分划之函数集的极大封闭性(I)》(罗铸楷),1964年第3期发表《在多值逻辑中二项关系所确定的极大封闭集》(罗铸楷、刘叙华)。

② 金岳霖、王宪钧、胡世华:《数理逻辑》,载中国科学院编译出版委员会主编《十年来的中国科学·数学:1949—1959》,科学出版社1959年版,第32页。丁石孙、万哲先、王世强、吴允曾(1918—1987)、陆钟万、晏成书(1923—1995)和唐稚松(1925—2008)参与了写作。

③ 参见林夏水、张尚水《数理逻辑在中国》,《自然科学史研究》1983年第2期。

第三节　发展时期(1978年至今)

　　1978年5月15—21日，中国社会科学院哲学研究所和《哲学研究》编辑部在北京组织召开了第一次全国逻辑研讨会，国内100多位逻辑学工作者参加了会议，金岳霖出席了开幕式并作了书面发言，认为"这是值得我们庆祝的大事……这个会是逻辑工作者的学术讨论会"①。一些数理逻辑学家在会上以学术报告形式对数理逻辑作了比较全面的宣传：《作为现代逻辑学的数理逻辑》（胡世华）、《数理逻辑和形式逻辑》（王宪钧）、《传统逻辑与数理逻辑》（莫绍揆）、《可计算性理论的发展及其应用》（吴允曾）、《推理与计算》（张锦文，1930—1993年）和《二十世纪逻辑学的发展》（张尚水）；后者随即发表在8月的《哲学研究》，为数理逻辑、哲学逻辑以及数理逻辑与哲学之间的关系提出了一个精致的简史②。

　　在此前后，世界著名逻辑学家、哲学家王浩（1921—1995年）多次访华，在北京、上海和南京等地作了大量数理逻辑前沿讲座，《哲学研究》《北京大学学报》和《国内哲学动态》等刊物对这些讲座作了大量报道③。1977年10月，他在中国科学院计算技术研究所作了六次大型讲座，讲稿《数理逻辑通俗讲话》则由14位数理逻辑

---

①　金岳霖：《金岳霖同志在一九七八年全国逻辑讨论会开幕式上的发言》，载《哲学研究》编辑部编《逻辑学文集》，吉林人民出版社1979年版，第9—10页。

②　张尚水：《二十世纪逻辑学的发展》，《哲学研究》1978年第8期。随后，张尚水与林夏水合作发表了《数理逻辑在中国》（《自然科学史研究》1983年第2期）。

③　张尚水：《美籍数理逻辑学家王浩教授在京作学术报告》，《哲学研究》1978年第1—2期；方海慎：《美籍学者王浩教授来我校讲学》，《北京大学学报》1982年第4期；喻纬、陈光还：《王浩教授谈〈逻辑与数理逻辑〉》，《中学数学》1982年第5期；程星：《中国哲学·西方哲学·反思——王浩教授讲学纪略》，《国内哲学动态》1986年第11期。

学家翻译校对、由科学出版社在1981年出版并于1983年重印，包括八章正文"数理逻辑一百年""形式化和公理方法""计算机""问题与解""一阶逻辑""计算——理论的和可实现的""直线上有多少点？""统一化与多样化"和三章附录"骨牌游戏与无穷性引理""算法与机器"和"抽象机"。这部著作对数理逻辑的基本内容作了大体自足的讲述，篇幅不多而内容非常丰富（不少章节包含有王浩自己的工作），金岳霖题写了书名，莫绍揆、吴允曾等人发表了多篇书介以助于理解①，这些都使得该书在国内学界的影响非常深远。

此见青蓝，薪火相传。凡此种种，为逻辑学工作者接续之前数理逻辑、哲学逻辑在国内的发展起了积极的推动作用，老一辈数理逻辑学家继续之前的研究工作，而且"在1978年后恢复了研究生培养制度，培养出一批学有所成的数理逻辑工作者。我国年青一代的数理逻辑工作者日渐成长，成为我国数理逻辑科研领域的骨干力量"②。

一 现代逻辑教材建设

逻辑研究和逻辑教育相辅相成。"昨天的教育满足不了明天的需要"③，逻辑教育涉及逻辑教材建设，这是一个深及逻辑本质和逻辑观念的工作，因为"除了任何定义中包含的困难外，我们并不确切地知道逻辑是什么，我们不能在任何严格程度上定义它。但是，也许我们大多数人都对逻辑教科书的主要内容留下深刻印象"④。

在第一次全国逻辑研讨会的报告中，王宪钧提出，"国内现在有

---

① 莫绍揆：《王浩〈数理逻辑通俗讲话〉评介》，《数学研究与评论》1984年第3期；吴允曾：《〈数理逻辑通俗讲话〉评介》，《数学进展》1985年第4期。
② 宋文坚：《逻辑学的传入与研究》，福建人民出版社2005年版，第221页。
③ ASL Commitee on Logic and Education, 1995, "Guidelines for Logic Education", *The Bulletin of Symbolic Logic* 1 (1), p. 4.
④ 金岳霖：《金岳霖全集》第六卷，人民出版社2013年版，第476页。

关数理逻辑的读物太少,我们应该大力组织出版这类读物。最好能够写出几套教材,为数学工作者的,为计算机科学工作者的,也要写一套为逻辑和哲学工作者的"[1];1982年,他在20世纪60年代完成的讲稿基础上增补出版了广为称引的《数理逻辑引论》,其中第三篇"数理逻辑发展简述"以8万字篇幅论述了数理逻辑从莱布尼茨到哥德尔的三个发展阶段,是我国学者撰写的第一部数理逻辑史专论,影响深远[2];随后主编的"现代逻辑丛书"在90年代初陆续出版,目的是提供一批叙述简明易懂和不需要较多数学知识的入门性书籍和教材:《西方形式逻辑史》(宋文坚著)、《逻辑演算》(刘壮虎著)、《一阶逻辑和一阶理论》(叶峰著)、《模态逻辑》(周北海著)、《集合论导引》(晏成书著)和《递归论导引》(郭世铭著,1946—2000年);原在计划之内但出版时没有列入丛书的有《模型论导引》(沈复兴著)、《素朴集合论》(刘壮虎著)。1986年,周礼全(1921—2008年)出版写成于70年代后半期的《模态逻辑引论》[3],最后一章"模态逻辑简史"叙述了模态逻辑从亚里士多德至20世纪60年代的发展史,这是我国学者撰写的第一部模态逻辑史专论。1990年,张尚水出版《数理逻辑导引》;1993年,宋文淦出版《符号逻辑基础》,张家龙出版《数理逻辑发展史——从莱布尼茨到哥德尔》。

  1993年,康宏逵(1935—2014年)编译出版了模态逻辑文集《可能世界的逻辑》,指出模态逻辑的复兴是当代逻辑学最重要的新发展,它是哲学逻辑大批分支的凝聚点,长篇代序"模态、自指和哥德尔定理:一个优美的模态分析案例"写成于1990年,全部内容

---

[1] 王宪钧:《数理逻辑和形式逻辑》,载《逻辑学文集》,吉林人民出版社1979年版,第23页。

[2] 王宪钧:《数理逻辑引论》,北京大学出版社1982年版;康宏逵:《品书录·〈数理逻辑引论〉》,《读书》1983年第3期;晶华:《文、理通用的〈数理逻辑引论〉》,《大公报·读书与出版》1984年9月17日。

[3] 周礼全:《模态逻辑引论》,上海人民出版社1986年版。

89页约6万字，相当于一部观点鲜明、内容深刻的小型专著，是这一时期国内数理逻辑领域最重要的著作之一。①

在《逻辑学的传入与研究》中，宋文坚写道，"80年代前，我国没出版过一本数理逻辑专著，科研论文也很少。……而这个时期欧美的逻辑界在现代逻辑前沿问题上成绩辉煌"②。改革开放之后，经过几代逻辑学者的共同努力，国内逻辑学界这一境况开始有所好转。

二　重回国际学术舞台（1978—1999年）

从1978年开始，莫绍揆在经典逻辑演算方面继续发表了一系列论文，涉及逻辑函词演算、改进二阶谓词演算以消除悖论、无类型的完备逻辑演算、直觉主义逻辑、极小演算以及元逻辑研究等方面，兼涉数学基础问题。③ 1981年，沈有鼎发表《"纯逻辑演算"中不依赖量词的部分》④，从带等词的一阶逻辑中分离出一个完全的、可判定的子系统。"纯逻辑演算"专指加入了"同一"概念之后的狭谓词演算，纯逻辑演算中不依赖量词的部分是纯逻辑演算中极其微小的部分。这篇论文采用一种与命题演算中运用真值表判定一公理是否定理的方法相类似的判定方法，把真值表推广为值表，这种方法本身可以理解为一种公理系统；它以条件析取"〔A，B，C〕"为初始概念，括号记法承续丘齐（A. Church，1903—1995年）的工作，此后由张清宇等人在关于经典逻辑和模态逻辑的工作中作了进一步发挥，并为2010年提出的肖菲克尔（M. Schönfinkel，

---

① ［美］马库斯等：《可能世界的逻辑》，康宏逵编译，上海译文出版社1993年版。王浩的评论参见康宏逵《王浩来信摘抄（1984—1995）》，《科学文化评论》2013年第6期。

② 宋文坚：《逻辑学的传入与研究》，福建人民出版社2005年版，第106页。

③ 参见莫绍揆《莫绍揆文集》，南京大学出版社1992年版。

④ 沈有鼎：《"纯逻辑演算"中不依赖量词的部分》，《数学学报》1981年第5期。

1889—1942年）型算子建立起新的公理系统、建立起与维特根斯坦（L. Wittgenstein，1889—1951年）的 N 算子及一些可判定模态逻辑的联系①。

80年代初期的第一版《哲学逻辑手册》对国内哲学领域中的逻辑学工作者所带来的影响应该是巨大的，大部分研究工作都将在这个文献的基础上开展。

1988年，《哲学逻辑杂志》发表了徐明的硕士学位论文《一些 U，S 时态逻辑》②，是这个时期我国逻辑学工作者重返国际逻辑学术研究舞台的早期工作。时态逻辑始于50年代普莱尔（A. Prior，1914—1969年）的工作，1968年，坎普（J. Kamp）在博士学位论文中添加了两个新的二元联结词 S（since，自从）和 U（until，直到），并且证明：关于戴德金完备的严格全序来说，U 和 S 是表达完备的。自从/直到逻辑的建立是模态逻辑研究中一个重大突破。伯吉斯（J. Burgess）在1982年为线序类和稠密及离散序的类建立起公理系统，完全性证明使用了模态逻辑完全性理论文献中所说的"逐步构造（step-by-step）"③方法，但把某种演绎封闭集巧妙地运用在"逐步构造"的过程当中；徐明把这些方法应用到（可能）非线性时间的一般情形并且提出了一些关于 U、S 时态语言的表达性结果，在前一个工作中，证明了极小的 U、S - 时态逻辑 TL_{US}（f）的存在，也建立了所有传递框架类和所有传递的左连通框架类等的

---

① 张清宇：《不用联结词和量词的一阶逻辑系统》，《哲学研究》1996年第5期；张清宇、郭世铭、李小五：《哲学逻辑研究》，社会科学文献出版社1997年版；张清宇：《经典命题逻辑的一个公理系统》，《哲学研究》1997年第8期；刘新文：《谢弗函数研究》，暨南大学出版社2011年版；Fangfang Tang, 2019, "From Wittgenstein's N-operator to a New Notation for Some Decidable Modal Logics", *History and Philosophy of Logic* 40（1），pp. 63 – 80。

② Ming Xu, 1988, "On Some U, S-tense Logics", *Journal of Philosophical Logic* 17（2），pp. 181 – 202。

③ Patrick Blackburn, Maarten de Rijke and Yde Venema, 2001, *Modal Logic*, Cambridge University Press, pp. 223 – 228, 259, 479 – 482。

"分叉时间"的逻辑。他们这些关于线序时间类的公理在时态逻辑文献中被称为"伯吉斯—徐公理"①。此后,徐明还在 stit 逻辑、条件句逻辑、道义逻辑和模态逻辑等领域中做了很多工作。②

问句逻辑在 20 世纪 40 年代开始提出。1991 年,宋文淦采用解答集方法论为问题逻辑建立了一个自然推演系统 W。1998 年他又建立了一个新的自然推演系统 E,形式上相当于以模态命题逻辑 T 为基底的带巴肯公式的模态谓词演算,其中的初始疑问算子"?"解释成"请确认",只能置于命题之前(即该算子不能在公式中叠置或嵌套出现)。③ 这个系统自然简明又内容丰富,扩张成无穷逻辑系统 E ω_1, ω 则更合乎理想。

20 世纪 60 年代,达·科斯塔(N. da Costa)创立弗协调逻辑。从 1991 年开始,张清宇发表"一个弱的弗协调条件句逻辑"和"弗协调模态逻辑 $C_n G'$, $n \in \omega$",并且与达·科斯塔合作发表"弱的弗协调条件句逻辑 $C_n W$";第一篇论文将巴坦思(D. Batens)在 1980 年建立的弗协调逻辑系统 PI 和弱条件句逻辑系统组合成一个弱的弗协调条件句逻辑 PIW;第二篇论文建立的弗协调模态命题逻辑 $C_n G'$ 是一个正规弗协调模态逻辑,包含达·科斯塔建立的弗协调逻辑系统 C_n 的全体定理,其完全性证明概括了很大一类正规弗协调模态命题逻辑的完全性;第三篇论文将 C_n 和弱条件句系统 W 组合起来得到

---

① Patrick Blackburn, Johan van Benthem and Frank Wolter (eds.), 2006, *Handbook of Modal Logic*, Elsevier, p. 699.

② 部分如下:Ming Xu, 2006, "Some Embedding Theorems for Conditional Logic", *Journal of Philosophical Logic* 35 (6), pp. 599 – 619; Ming Xu, 2012, "Action as Events", *Journal of Philosophical Logic* 41 (4), pp. 765 – 809; Ming Xu, 2013, "Some Normal Extensions of K4.3", *Studia Logica* 101 (3), pp. 583 – 599; Ming Xu, 2014, "Group Stratrgies and Independence", in T. Müller (ed.), *Nuel Belnap on Indeterminism and Free Action*, Springer, pp. 343 – 376; Ming Xu, 2015, "Combinations of Stit with Ought and Know", *Journal of Philosophical Logic* 44 (6), pp. 851 – 877。

③ 宋文淦:《问题逻辑理论新探》,《湖北大学学报》(哲学社会科学版)1991 年第 3 期,第 8188 页;宋文淦:《问题逻辑》,北京师范大学出版社 1998 年版。

一个完全的系统 C_nW。这些工作把弗协调逻辑引进到国内研究范围并以之与国际学界联系起来[①]，此后，国内从事弗协调逻辑研究的年青一代逻辑学工作者大都深受这些工作的影响。

在时态逻辑方面，1992 年，王学刚为具有通常形式语义的时态算子 H、G、H′和 G′的任意序的类建立了一个极小的时态逻辑系统 L_0'，并用演绎封闭集合极大一致集方法证明了系统的完全性定理。随后，张清宇把这个极小系统和达·科斯塔的系统 C_n 组合成一个弗协调 G'、H' - 时态逻辑[②]。

一般认为，经典逻辑是本体论逻辑，直觉主义逻辑是认识论逻辑。在社会生活和社会科学中，许多命题同时具有主观和客观两个方面，为了刻画这种在一个命题之中反映出来的主观认识与客观事实的二重性以及它们之间的相互关系，郭世铭在 1993 年建立二重逻辑演算系统，讨论单个主体的命题逻辑。二重逻辑的语言是经典命题演算 PC 的语言增加一个模态算子 B，依语言习惯可以读作"认定""认为""相信""肯定""知道""可证"等，但目的在于刻画它们的共性。PC 公理、B 算子对蕴涵的分配公理和一致性公理构成的系统记为 B_D；B_D 加上正自信公理构成 B_T；B_T 加上正自觉公理构成 B_4；B_T 加上强正自觉公理构成 B_4^+；B_T 加上负自觉公理构成 B_5；B_T 加上强负自觉公理构成 B_5^+；B_4 加上负自信公理构成 B_6。各系统的

[①] Qingyu Zhang: "A Weak Paraconsistent Conditional Logic," *The Journal of Non-classical Logic* 8, 1991; Qingyu Zhang: "Paraconsistent Modal Logics C_nG', $n \in \omega$," *Boletim da Sociedade Paranaense de Matem'atica* 12/13, 1991 – 1992; Newton C. A. da Costa and Zhang Qingyu: "The Week Paraconsistent Conditional Logic C_nW", *da Sociedade Paranaense de Matem' atica* 14, 1993 – 1994; 张清宇：《弗协调逻辑》，中国社会出版社 2003 年版；Newton C. A. da Costa, et al., "Paraconsistent Logics and Paraconsistency", in Dale Jacquette (ed.), *Philosophy of Logic*, North Holland, 2006, p. 911。

[②] (1) Xuegang Wang, 1992, "The Minimal System L_0'", *Notre Dame Journal of Formal Logic* 33 (4), pp. 569 – 575；(2) 张清宇：《极小的弗协调 G'、H' - 时态逻辑》，载张锦文主编《数理和应用逻辑文集》，北京大学出版社 1992 年版。

推演规则都是分离规则和 B 概括规则。其中，B_D、B_T、B_4^+、B_5^+ 曾被斯迈利（T. Smiley）和汉松（B. Hansson）等人作为道义逻辑系统研究过。郭世铭主要讨论了 B_4（B_5 的情形类似）的完全性和可判定性问题。随后，他在此基础上发表"多主体认知逻辑"，建立了一个公理系统 $B_T^{(n)}$，讨论了一些其证明相当冗长的系统内定理及其直观意义。①

无穷逻辑是经典一阶逻辑在表达力方向上的扩张。李小五在 1993 年的论文中指出，协调性质这个概念是为解决经典一阶逻辑的问题而在 1963 年由斯穆里安（R. Smullyan，1919—2017 年）提出，在 70 年代初，基斯勒（J. Keisler）讨论了协调性质与无穷逻辑语言 $L_{\omega_1,\omega}$ 的关系，并证明了用 $L_{\omega_1,\omega}$ 表述的无穷逻辑关系 $B_{\omega_1,\omega}$ 的完全性，巴维斯（J. Barwise，1942—2000 年）把协调性质概括到 $L_{\infty,\omega}$ 情形，得到了 $L_{\infty,\omega}$ 的片段的完全性定理和其他结果。李小五把协调性质概括到 $L_{\kappa\lambda\rho\pi}$（基数 κ、λ、ρ、π 使 κ 是无穷正则基数或是共尾度为 ω 的奇异基数且 $\omega \leq \lambda \leq \kappa$。如果 λ 是奇异基数，那么 ρ 是 $<\lambda$ 的正则基数，如果 λ 是正则基数，那么 $\rho \leq \kappa$，$\pi \leq \kappa$）的情况，并且用语言 $L_{\kappa\lambda\rho\pi}$ 表述他建立的几个以 B 为基础的无穷公理系统，证明了这些系统的完全性定理。随后，他出版了两卷《无穷逻辑》，并转入条件句逻辑的研究。②

邻域语义学是 70 年代初由蒙塔古和斯科特（D. Scott）提出来的。这种语义学的主要特点就是把命题之间的联结词都看作以命

---

① 郭世铭：《二重命题逻辑系统 B_4》，《哲学研究》（逻辑研究专辑）1993 年，第 13—16 页；郭世铭：《多主体认知逻辑（语法部分）》，《自然辩证法研究》（逻辑研究专辑）1998 年，第 4—5、92 页。

② 李小五：《协调性质与无穷逻辑几个公理化系统的完全性》，《哲学研究》（逻辑研究专辑）1993 年，第 17—23 页。李小五在这一方向上的其他成果参见其作《无穷逻辑》（上、下），社会科学文献出版社 1996 年、1998 年版。条件句逻辑方面的主要成果参见李小五《条件句逻辑》，人民出版社 2003 年版。

题为变元的函数，由该联结词联结的复合命题在某个可能世界上的真假情况由支命题的真假情况决定。如果复合命题在某个可能世界中的真假情况仅仅由支命题在这个可能世界中的真假情况能够确定，那么这个复合命题中的联结词就是外延的；一般情况是，为了确定一个复合命题在一个可能世界中的真假，不仅要考虑支命题在这个可能世界中的真假情况，还要考虑支命题在其他可能世界中的真假情况，这样的联结词具有内涵性质。邻域语义学把所有的命题联结词统一当作命题算子（用函数加以刻画）来处理。从1995年起，刘壮虎发表了一系列论文研究邻域语义学。在《邻域语义学和模型完全性》中，他提出了一般的命题形式语言和命题推演系统，建立起命题推演系统的邻域语义学，提出命题推演系统在邻域语义学中的几种不同的完全性，即模型完全性、弱模型完全性和框架完全性，运用典范模型方法给出了一个命题推演系统有模型完全性的充分必要条件，并且证明了任何命题推演系统都具有弱模型完全性。随后，他将邻域语义学推广到模态谓词逻辑，讨论了模态谓词逻辑的框架完全性，给出了模态谓词逻辑中巴肯公式在邻域语义学中的一个形式特征。这些工具和技术被毛翙具体应用到条件句逻辑完全性定理的证明。2008年，在和李小五合作的论文中，他们建立了主次条件句的极小系统$C2L_m$，根据邻域语义学引进了一般的典范模型概念，然后应用典范模型证明了系统的完全性。此外，在2008年发表的论文"有限全序语义和广义皮尔士律"中，他将二值逻辑中刻画实质蕴涵的保真性推广至有限全序中，用这推广的"保真性"给出蕴涵在有限全序中的语义条件，从而给出了完整的有限全序语义，在建立刻画有限全序的逻辑系统FO之后，证明了FO的完全性和可判定性；此外，论文提出广义的皮尔士律，证明其能区分不同基数的有限全序，然后给出了FO的扩充系统

FO$_n$并证明了FO$_n$刻画了n个元素的全序。[1]

我国是逻辑学发展最早的国家之一（《墨子》一书中的"小取"篇是一篇内容丰富的逻辑著作），在吸收外来文化上也有优良传统（唐代玄奘介绍印度的逻辑学，即"因明"）。1980年，沈有鼎结集出版了《墨经的逻辑学》；从1994年开始，张清宇在此基础上创制出一系列组合了词项逻辑和命题逻辑的名辞逻辑系统MZ、MC和MD，《墨经》的逻辑学说在这些工作中起了重要作用。1998年，张家龙运用经典一阶逻辑刻画了《墨经》中"侔"式推理的有效式。[2]这些工作和其他人的工作一起揭示了中国古代逻辑，尤其是《墨经》逻辑可以达到的形式化高度及其有所欠缺之处，目前开始被介绍给国际逻辑学界。[3]

1995年，"第十届国际逻辑、方法论和科学哲学大会"在意大利的佛罗伦萨举行，王路在会议报告中介绍了徐明、王学刚和张清宇3个人关于时态逻辑和弗协调逻辑的6篇英文论文，并且说："在中国，我们在研究中有一个很大的缺陷，那就是我们缺乏与国外进行学术交流。"[4] 这一"缺陷"将在21世纪得到很大改观。1999年，

---

[1] 刘壮虎：《邻域语义学和模型完全性》，《北京大学学报》1995年第3期；刘壮虎：*Neighborhood Semantics of Modal Predicate Logic*，《南京大学学报》（数学半年刊）1998年。毛翎：《条件句逻辑的邻域语义学》，载《理由固然——纪念金岳霖先生百年诞辰》，社会科学文献出版社1995年版，第255—273页；Zhuanghu Liu and Xiaowu Li, 2006, "Logic of Primary – conditionals and Secondary – conditionals", *Frontiers of Philosophy in China*2，pp. 254 - 268；刘壮虎：《有限全序语义和广义皮尔斯律》，《逻辑学研究》2008年第2期。

[2] 张清宇：《名辞逻辑》，《中国哲学史》1994年第1期；张家龙：《论〈墨经〉中"侔"式推理的有效式》，《哲学研究》（逻辑研究专辑）1998年；张清宇：《直言推理系统》，《逻辑学研究》2008年第1期；张清宇：《名辞逻辑系统MC》，《科学发展：文化软实力与民族复兴》（下卷），北京师范大学出版社2009年版，第18—32页。

[3] 参见 Fenrong Liu, Jeremy Seligman and Jincheng Zhai (eds.), *Handbook of Logical Thoughts in China*, Springer, 2019。

[4] Lu Wang, 1997, "Logic in China", in M. Chiara, et al (eds.), *Structures and Norms in Science*, Springer, pp. 471 - 472.

周北海在《符号逻辑杂志》发表《嫁接框架和 S1 的完全性》。①

三　融入国际前沿研究（2000 年至今）

2000 年，王路出版《逻辑的观念》②，从"逻辑"这个名称的不同含义、不同逻辑教材的不同内容和不同逻辑史著作的不同内容出发，寻找其中共同的东西，探讨其内在机制。王路指出，逻辑的内在机制是指决定逻辑这门学科得以产生和发展的东西，在逻辑的发展中贯彻始终。围绕着逻辑的内在机制是"必然地得出"这一基本思想，他论述了逻辑这门科学的性质、范围以及逻辑和哲学的关系等一系列问题，指出逻辑在 20 世纪分析哲学和语言哲学中的重要作用以及逻辑对于理解西方哲学的必要性，等等。这些思想从观念上对国内逻辑学家造成了很大影响，从而推进了 1978 年以来国内逻辑教学和研究现代化的进程。2016 年，他自己在研究亚里士多德逻辑、弗雷格逻辑和模态逻辑的基础上出版《语言与世界》③，构建了一种新的解释模式"句子图式"，用以对弗雷格的含义和意谓理论、罗素的摹状词理论、克里普克（S. Kripke）的因果命名理论、奎因对分析与综合判断区别的质疑、盖提尔（E. Gettier）论题、维特根斯坦的事实构成世界论等作出了系统的新解释。

进入 21 世纪以后，哲学院系中年青一代逻辑学工作者在老一辈逻辑学工作者的指导下也开始成长起来。几代学人在哲学逻辑很多分支的前沿问题上都有所研究和贡献，国际交流与合作也日趋普遍。

---

① Beihai Zhou, 1999, "Grafted Frames and S1-Completeness", *Journal of Symbolic Logic* 64 (3), pp. 1324 – 1338.

② 王路：《逻辑的观念》，商务印书馆 2000 年版；2016 年列入商务印书馆"中华当代学术精品丛书"重版。

③ 王路：《亚里士多德的逻辑学说》，中国社会科学出版社 1991 年第 1 版、2005 年第 2 版（修订版）；王路：《弗雷格思想研究》，社会科学文献出版社 1996 年第 1 版，商务印书馆 2008 年再版；王路：《语言与世界》，北京大学出版社 2016 年版。

从 2003 年开始，周北海、毛翊和张立英等发表出版了一系列关于概称句语义解释和推理的论著。区别于经典逻辑研究的完美形式的数学推理，日常生活中常用的常识推理是非单调的，即前提增加时其结论可能会被收回。日常生活中大量使用的既表达普适性规律又容忍例外的概称句推理是一种非单调推理，就这种非单调推理来说，概称句是导致非单调性的本质原因。2004 年，周北海提出概称句是表达概念内涵的句子，形成概称句的概念式理解，在此基础上，于 2008 年建立了概称句的含义语义，得到概称句的词项逻辑 GAG 与 Gaa，这两个逻辑分别是关于从概念到概念推理的逻辑和从概念到个例推理的逻辑，对这两类概称句推理及逻辑给出了合理的解释和刻画，判定算法和完全性定理证明在随后的工作中完成。对应用模态逻辑和条件句逻辑的技术和方法，周北海和张立英对概称句的语义解释和概称句推理进行了系统研究，基于概称句的语义解释（双正常语义）给出了一批原创性的结果，包括结论是概称句的推理（演绎部分和归纳部分）以及概称句推理与归纳关系的讨论、概称句视角下的休谟问题等。在概称句推理部分，张立英给出了 5 个有不同直观的概称句推理逻辑系统 G0 - G4 并证明了系统的完全性。[1] 此外，在相干逻辑方面，周北海和贾青合作发表了一批研究成果。[2]

2003 年，余俊伟在张清宇关于弗协调模态逻辑工作的基础上提

---

[1] Yi Mao and Beihai Zhou, 2003, "An Analysis of the Meaning of Generics", *Social Sciences in China* 24（3），pp. 126 - 133；周北海：《概称句本质与概念》，《北京大学学报》（哲学社会科学版）2004 年第 4 期；张立英：《概称句推理逻辑系统 G0 - G4 的完全性》，《哲学门》第七卷第一册，2006 年 12 月；周北海：《涵义语义与关于概称句推理的词项逻辑》，《逻辑学研究》2008 年第 1 期；Liying Zhang and Beihai Zhou, 2013: "Logics for Getting Generics by Deduction", *Studies in Logic* 6（1），pp. 13 - 26；周北海、马丽：《概称句词项逻辑的树图判定算法》，《逻辑学研究》2013 年第 4 期；张立英：《概称句推理研究》，社会科学文献出版社 2013 年版；陈星群、周北海：《概称句词项逻辑系统 GAG 与 Gaa 的完全性》，《逻辑学研究》2017 年第 2 期。

[2] 周北海、贾青：《相干逻辑关系语义的推理解释》，《逻辑学研究》2015 年第 1 期；贾青：《相干逻辑的三种语义解释》，《逻辑学研究》2018 年第 9 期。

出"一个弗协调真值道义逻辑系统"并发表在《哲学研究》,按照通常的做法添加常项和公理,而将道义逻辑归约为弗协调真值模态逻辑,建立了一个可靠和完全的 $C_{nM}G'$,以之解决善良的撒玛利顿人悖论。2004年,他建立了一个极小的弗协调逻辑系统,是从 C_ω 中去掉双重否定律后所得到的、比达·科斯塔弗协调逻辑系统 C_ω 更小的系统,证明了该系统相对丁克里普克语义解释的可靠性和完全性定理。[1]

计算机科学的发展在21世纪进入了知识处理和智能模拟阶段,构造逻辑系统描述认知过程,进而实现知识表达和处理,已经成为逻辑学的主要研究任务之一。由于时空条件的限制,认知主体始终处于知识不完备状态。因此,克服逻辑全知者假定,恰当地刻画认知主体的信念推理结构,这是国际逻辑学界和人工智能学界所共同关心的问题。在这一方向上,费京(R. Fagin)等人的广义觉知逻辑被公认为最重要的解决方案,并由此创建哲学逻辑的一个新分支——觉知逻辑。但是,由于该方案没有考虑到觉知概念本身的复杂性,忽略了觉知状态与信念推理间复杂的相互关系。2004年,鞠实儿和刘虎在《哲学逻辑杂志》发表的"二维觉知逻辑"提出了研究觉知逻辑的新方法,并据此建立了新觉知逻辑系统。这篇论文独创性地使用二维逻辑方法研究觉知逻辑,构造不同的逻辑系统,多层面地刻画觉知概念,从而扩充了觉知逻辑的表达能力。论文首次将二维逻辑与模态逻辑相结合,给出了二维模态逻辑的形式系统,并发展出证明二维模态逻辑完全性的方法。具体地说,该论文将语言学中对预设问题的研究结果引入信念逻辑的研究中,表达预设的二维逻辑被用于建立各种觉知—信念模型。2013年,刘虎和文学锋发表合作论文《恒常联系理论基础上因果的形式化》,给出了基于经

---

[1] 余俊伟:《一个弗协调真值道义逻辑系统》,《哲学研究》2003年第1期;余俊伟:《一个极小的弗协调逻辑系统》,《逻辑与认知》2004年第3期;余俊伟:《道义逻辑研究》,中国社会科学出版社2005年版。

验学习的因果逻辑,并探讨这种逻辑的哲学意义和应用价值。20 世纪以来,逻辑学家为诸多哲学概念建立了形式化逻辑系统,形成了哲学逻辑这一分支繁多的研究领域。但是,对于因果关系这个核心的哲学概念,仍然没有一种统一的因果逻辑可被逻辑学界广泛接受。他们这篇论文致力于改变这种现状,确立因果逻辑作为哲学逻辑分支的地位。论文给出的因果逻辑以肇始于休谟的因果关系的恒常联系理论为基础。恒常联系理论曾经统治因果关系的哲学理论 200 多年,但在近代逐渐式微,让位于反事实条件句理论。近年来,国际哲学界兴起一股回到恒常联系理论的思潮,该论文为重新确立恒常联系理论提供强大的理论支持。在因果逻辑中,形式化的分析方法使我们能够明晰恒常联系理论的理论预设、概念结构和推理性质,从而使我们能够更清楚地看到它优于反事实条件句理论之处。后者已有较为完整的形式化理论。现有的基于反事实条件句理论的逻辑有着内在的系统缺陷,如承认因果关系在演绎后承下封闭等。因此,它们不能被学界广泛接受为因果逻辑。该论文的研究表明,因果关系不是一个独立的概念,它依赖于时间概念和事件的影响范围概念。因果关系陈述的真假,依赖于我们对过去经验的审视。以此出发建立的逻辑系统,能够克服原有逻辑的缺点,从而使一种真正的因果逻辑成为可能。[①]

2008 年,熊明在《哲学逻辑杂志》发表《经典逻辑的直觉主义刻画》,通过引入内涵映射及其性质而为刻画中间逻辑建立了一个新的语义方法。在此前后,他在真理论和悖论等方向做了很多工作。2017 年,他发表《布尔悖论和修正周期》一文,基于古普塔(A. Gupta)、贝尔纳普(N. D. Belnap, Jr.)和赫兹伯格(H. Herzberger)

---

① Hu Liu and Shier Ju, 2004, "Two-dimensional Awareness Logic", *Journal of Philosophical logic* 33 (5), pp. 481 – 495; Hu Liu and Xuefeng Wen, 2013, "On Formalizing Causation Based on Constant Conjunction Theory", *The Review of Symbolic Logic* 6 (1), pp. 160 – 181.

等人的真之修正理论,利用其中的修正周期作为刻画悖论的主要参量,并在作者提出的相对化 T 模式下,对一类称为布尔悖论的真理论悖论进行分析和刻画。分析表明,布尔悖论具有良好的对角线结构,在形式算术理论中具有一致的形式表达,其基本的语义特征——修正周期——与其矛盾性和矛盾程度的高低(悖论度)有密切的关系。由此建立了一系列的有关布尔悖论的形式构造和形式刻画方面的结果,揭示出这一类悖论在悖论度上具有的层次性和复杂性,使我们对悖论的认识有新的推进。具体成果概述如下:(1)在形式算术中完成布尔悖论及其相关系统的一个完全的形式构建,把哥德尔创立的对角线方法与修正理论中的修正序列及其周期特性进行结合,给出了一种从修正周期构建悖论的一般方法,扩大了悖论的研究范围。(2)基于塔斯基 T 模式在可能世界上的一个模态版本,利用布尔悖论的修正周期特征对它们的矛盾性给出了完全的刻画,建立了这些悖论之间关于悖论度的一般性的比较性结果。(3)在以上两个成果基础之上,最终证明了布尔悖论在悖论度的结构上是一个无界的稠密格,这一方面反映出布尔悖论作为一种逻辑对象具有良好的代数结构,另一方面也反映出布尔悖论本身的丰富性和复杂性,也间接反映了真作为一个循环性概念的难解性,这对于真的哲学分析提供了一个新的逻辑理论框架。[①]

20 世纪 60 年代初,由麦金森(I. Makinson)与克雷斯韦尔(M. Cresswell)首先引入模态逻辑的典范性概念被莱蒙(E. Lemmon,1930—1966 年)与斯科特(D. Scott)大规模用于证明完全性定理,直到今天它还是常规的方法;范启德(Kit Fine)发表于 1973 年的工作以及对与之相关问题的探讨,开启了模态逻辑典范性问题

---

① Ming Hsiung, 2008, "AnIntuitionistic Characterization of Classical Logic", *Journal of Philosophical Logic* 37 (4), pp. 299 – 317;熊明:《塔斯基定理与真理论悖论》,科学出版社 2014 年版;熊明:《算术、真与悖论》,科学出版社 2017 年版;Ming Hsiung, 2017, "BooleanParadoxes and Revision Periods", *Studia Logica* 105 (5), pp. 881 – 914。

研究这一方向。从 2009 年开始,裘江杰在这一方向上发表了一些研究成果:在典范框架方面,证明了极小正规逻辑 K 的典范框架中存在着连续统多个在有穷步通达到死点的元素,对于典范框架的全景视图增加了新的细节;对典范框架上的拓扑结构作了相应的讨论;得到了典范框架中有界宽的生成子框架是相应逻辑的框架等结果;在典范公式和典范公理化方面,证明了由萨奎斯特(H. Sahlqvist)公式公理化的逻辑组成的类是一个其中有无穷长的链与反链的格。[①]

在模态逻辑的格论研究中,从 2011 年开始,康宏逵和杜珊珊陆续发表了一批成果。在《模态镜子里的反欧性》[②] 中,他们用戈德布拉特—托马森定理证明了反欧性一般来说是模态不可反映的,由此找到了最小的反欧传递逻辑,并且证明了所有的反欧传递逻辑不仅具备有穷框架性,也都是可有穷公理化的,继而也都是可判定的;论文最后研究了反欧传递逻辑格里的濒表格逻辑,给出了几个具有"临界性"濒表格扩充的逻辑的实例。2014 年,他们发表了两篇论文研究关于 NExtK4 的濒表格逻辑[③],证明了传递逻辑格中的濒表格逻辑的判据及其应用结果:第一篇论文提出"点式归约"以及"在点式归约下的不变性"这两个重要的新概念证明了传递逻辑格中有穷深度濒表格逻辑的判据,还给任意传递框架到它自身中的归约作了穷尽的分类(传递框架间的真点式归约有并且只有 5 种);第二篇论文证明了传递逻辑格中无穷深度濒表格逻辑的判据,同时结合第

---

① 裘江杰:《萨奎斯特逻辑的格》,《逻辑学研究》2009 年第 1 期;裘江杰:《模态逻辑典范框架的生成子框架》,《逻辑学研究》2009 年第 4 期;裘江杰:《KAltn 的另一族正规扩张》,《逻辑学研究》2013 年第 2 期;裘江杰:《模态逻辑中的典范问题研究》,中国社会科学出版社 2014 年版。

② 杜珊珊、康宏逵:《模态镜子里的反欧性》,《武汉大学学报》(人文社会科学版)2011 年第 3 期。

③ Shan Du and Hongkui Kang, 2014, "On Pretabular Logics in NExtK4 (Part Ⅰ)", *Studia Logica* 102 (3), pp. 499 – 523; Shan Du, 2014, "On Pretabular Logics in NExtK4 (Part Ⅱ)", *Studia Logica* 102 (5), pp. 931 – 954;杜珊珊、康宏逵:《临界的传递逻辑》,科学出版社 2017 年版。

一篇文章所得判据,将濒表格逻辑的判据研究结果应用到 $NExtQ4$ 这个传递逻辑格的子格上,得到了关于该格的濒表格逻辑的基本结果,即 $NExtQ4$ 与传递逻辑格相仿,它同样有连续统多个无穷深度的濒表格逻辑。"点式归约"以及"在点式归约下的不变性"这两个概念再次起到了重要作用。从问题的来源来看,这两篇论文的工作实际上延续了 80 年代以来布洛克(W. Blok,1947—2003 年)在传递逻辑格(由 K4 所有正规扩充构成的逻辑格)上关于顶部逻辑——濒表格逻辑(其正规的真扩充都是表格逻辑的逻辑)的相关判据的研究结果,给出了一个关键的统一而非分散的判据,这是传递逻辑格研究方面的理论意义。

冯棉在 2011 年和 2012 年发表了结构推理的一些成果,此后又研究了相干与衍推谓词逻辑。命题逻辑的一般弱框架择类语义是相干邻域语义的变形,特点是采用择类运算来刻画逻辑常项、语义运算与逻辑联结词之间清晰的对应关系。在论文《一类命题逻辑的一般弱框架择类语义》中,冯棉将这种语义用于一类 B、C、K、W 命题逻辑,包括相干逻辑 R 及其线性片段、直觉主义逻辑及其 BCK 片段等,并借助典范框架和典范赋值,证明了这些逻辑系统的可靠性和完全性。另外,从结构推理的观点来看,结合演算是一种很弱的逻辑,因为它仅容纳一种结构规则,即"结合规则",正结合演算作为一种"正命题逻辑",是结合演算的基础。在"正结合演算"中,他构建了正结合演算结构推理系统 BL 和对应的公理系统 B,阐述了结合演算拒斥"交换规则""收缩规则"和"弱化规则"的理论意义和应用价值,证明了系统 BL 和系统 B 的等价性。[①]

数学基础问题是数理逻辑诞生的主要动机之一,也是数理逻辑

---

① 冯棉:《一类命题逻辑的一般弱框架择类语义》,《逻辑学研究》2011 年第 2 期;冯棉:《正结合演算》,《逻辑学研究》2012 年第 4 期;冯棉:《结构推理》,广西师范大学出版社 2015 年版;冯棉:《相干与衍推谓词逻辑》,华东师范大学出版社 2018 年版。

研究的一个主要领域。叶峰指出，迄今为止的科学所认识的世界是有限的，从微观的普朗克尺度到有限的宇宙尺度，经典数学在科学中的应用都是用无穷模型来近似地模拟有限事物。关于数学的可应用性方面存在一系列逻辑问题，如无穷对于描述有限世界是否是逻辑上绝对不可或缺的，应用无穷模型进行模拟时在逻辑上如何保持对有限世界的真理性，数学在科学中的应用是否可能表达为从关于有限物理对象的真前提到关于有限物理对象的真结论的、纯逻辑有效的推导。在 2011 年前后的一系列工作中，他提出了一个严格有穷主义的逻辑系统 SF[1]，证明了一部分经典应用数学（包括经典量子力学和广义相对论的数学基础）可以在这个系统中发展起来，由此说明经典数学在科学中的应用，原则上可以转换为从关于有限物理对象的真前提，到关于有限物理对象的真结论的逻辑有效的推导，从而从逻辑上解释了为什么用表面上谈论无穷数学对象的经典数学可以帮助推导关于有限物理世界的真理。SF 是无量词的初等递归算术，它有自由变元但不用量词，所接受的自然数函数都是初等递归函数，可以完成哥德尔编码，用类型化的兰姆达演算记号但不真正假设存在函数、函数的函数等高阶实体，兰姆达演算的项被解释为计算程序而且都是初等递归的程序。哲学工作者中从事数学基础问题研究的还有邢滔滔、郝兆宽、许涤非、杨睿之等。

2011 年，刘奋荣出版《偏好动态学的推理》[2]，其中一部分内容同年发表在《哲学逻辑杂志》，为"偏好"概念提出了两个新的逻辑模型。第一，模态的模型。这个模型采用动态认知逻辑的方法，先给出了静态的模态偏好逻辑，其中的偏好是可能世界上的一个偏

---

[1] Feng Ye, 2010, "The Applicability of Mathematics as a Scientific and a Logical Problem", *Philosophia Mathematica* 18, pp. 144 – 65; Feng Ye, 2011, *Strict Finitism and the Logic of Mathematical Applications*, Springer.

[2] Fenrong Liu, 2011, *Reasoning about Preference Dynamics*, Springer; Fenrong Liu, 2011, "A Two - Level Perspective on Preference", *Journal of Philosophical Logic* 40 (3), pp. 421 – 439.

序关系，在形式语言中由模态词表示，然后在这个系统中添加偏好变化的动态算子，例如"公开建议"，从而得到动态偏好逻辑。动态偏好逻辑给出了主体接收新信息前后偏好变化的规律，这体现在动态的归约公理中。由于归约公理都是等价的公式，动态偏好逻辑系统的完全性通过归约公理可以由静态偏好系统获得。此外，她在这个模型中探讨了如何将动态的偏好变化抽象理解成一种关系的变化，利用命题动态语言来描述可能的、更为复杂的偏好变化。这样，归约公理可以自动推导出来。第二，一阶的模型。这一方向中先前的著作大多将偏好作为初始概念，很少考虑偏好是如何产生的问题。刘奋荣认为，谈论偏好不仅与我们关于讨论对象的性质的认识有关，还与这些性质对我们而言的重要性排序有关，这就是所谓的优先序。就形式而言，她利用一阶语言的片段定义了偏好关系。在这个模型中，优先序上的动态变化直接导致偏好的变化。刘奋荣重点研究了几种情况：增加新性质、性质的重要性发生改变、剔除最不重要的性质。这三种情况分别对应逻辑语言中的三个动态算子，书中给出了这些算子对应的归约公理。在基于优先序的偏好模型中，该书证明了一系列"表征定理"，它们表明，任何偏好的性质和变化都能在优先序中找到表征。这两个模型基于不同的直观、分别使用模态语言和一阶语言，但对偏好的原因和动态变化给出了形式的建模。在比较、进一步抽象这两个模型的基础上，她提出了偏好的双层理论，即在同一个模型中同时包含两个构件，一个是偏好的层面，另一个是偏好的原因层面，就语义而言，前者对应的是可能世界上的偏好关系，后者对应的是可能世界集合上的关系（一元谓词上的序）。然后，她在双层模型中综合考察了所有在上面两个模型中讨论过的动态算子，证明了一些对应定理：在可能世界上的偏好动态变化正好对应在优先序上的某个动态算子，反之亦然；另一方面，也证明了一些否定性的结果，表明并非所有的算子都能找到对应。

从数理逻辑的角度研究博弈由来已久。一个问题是，带有随机行动的博弈对应什么样的逻辑？在 2013 年的工作中，鞠实儿和文学锋将布林诺夫（A. Blinov）提出的带随机行动的语义博弈与布莱米（S. Blamey）提出的部分逻辑（partial logic）关联起来，为部分逻辑提供了若干博弈语义，通过把桑杜（G. Sandu）等人提出的 IF 命题逻辑等价地翻译为部分逻辑，他们间接地证明了：在 IF 命题逻辑对应的语义博弈中，不完美信息并不是必要的，而是可以由随机行动代替。他们还指出，IF 谓词逻辑的某些片段可以翻译为一阶部分逻辑，从而说明，IF 逻辑中某些量词的独立性是由量词次序的不确定性造成的。此外，他们还考察了在更一般的逻辑与博弈背景下，如何将带随机行动的博弈扩展到其他种类的逻辑博弈，以及在博弈逻辑中引入表达随机行动算子的可能。2018 年，文学锋研究了"判断聚合理论中的不可能性结果究竟适用于哪些逻辑"这一问题。尽管迪特里希（F. Dietrich）和蒙欣（P. Mongin）给出的判断聚合理论的一般逻辑模型已经具有较大的普遍性，但却将所有非单调逻辑均排除在外了。他论证了在判断聚合中使用非单调逻辑的必要性，区分了判断聚合中非单调逻辑的两种使用：解决不一致性和知识表达。论文证明了判断聚合理论的基本结果可以推广到非单调逻辑的情况。已有文献在证明这些结果时，通常在不同假定下给出不同证明。文学锋将两个不同假定下的证明融合为一个统一的证明，并澄清了证明中所需要的逻辑假定；作为副产品，他还证明了一类非单调逻辑的近似表征结果。[1]

有鉴于公共知识在动态认知逻辑框架中的研究已较为完善，王轶等人在 2013 年的论文《带分布式知识的公开宣告逻辑：表达力、完全性和复杂性》关注与之相对的分布式知识的动态认知刻画：首先对比公开宣告逻辑（最简单的动态认知逻辑之一）中增加公共知识和/或分布式知识算子所得逻辑的相对表达能力，然后探讨这些逻

---

[1] XuefengWen and Shier Ju, 2013, "Semantic Games with Chance Moves Revisited: From IF Logic to Partial Logic", *Synthese* 190 (9), pp. 1605 – 1620; Xuefeng Wen, 2018, "Judgment Aggregation in Nonmonotonic Logic", *Synthese* 195 (8), pp. 3651 – 3683.

辑的公理系统，特别是完全性证明；他们采用"伪模型—树展开—折叠"方法，将涉及关系交运算（分布式知识即是一例）的公理系统的完全性证明提炼为验证语言中的有关算子是否对"跨类型互模拟"封闭；证明了同时带有公共知识和分布式知识的动态和静态认知逻辑的有效性检测问题都是 EXPTIME 完全的。2016 年，王轶出版《混合空间逻辑》，从混合逻辑（Hybrid Logic）在模态逻辑基础上所引入的"混合均衡观"和可能世界语义学中"视野缩小意味着知识增加"的约定出发，厘清由模态逻辑扩充为混合逻辑、由克里普克语义学切换至空间语义学后的比较重要的转变和相关的语形、语义、元性质（特别是模型论）结果，并以认知推理为导向将其拓展至混合空间逻辑的研究。混合逻辑、拓扑逻辑和子集空间逻辑是由哲学逻辑前沿研究所促成的三个分支学科，将三者结合起来的探索可以结合应用领域的特点和需求，引发对新理论和方法的探究，"混合空间逻辑"即是这一背景下的产物。①

人们通过提供理由来证明知识。欣迪卡（J. Hintikka，1929—2015 年）语义将知识刻画为真的信念。证明逻辑补充了柏拉图将知识描述为被证明为真的信念所缺失的第三个要素。证明逻辑（Justification Logics）的思想源于 20 世纪 30 年代哥德尔关于直觉主义逻辑的算术语义研究，阿逊莫夫（S. Artëmov）在 90 年代独立提出证明的逻辑（Logic of Proofs），逐渐发展成前者，是可证性逻辑的当代形式。证明逻辑在如下意义上是一种"显式"模态逻辑：公式 A 是模态定理，当且仅当在证明逻辑中有一条称为 A 的"实现"的定理，是通过用（证明）词项置换 A 中的模态词的出现而得到的，这些词项的结构显式地解释了它们的可作证据的内容。从这种意义上说，证明逻辑把证明"内部化"。源于 20 世纪 50 年代普莱尔工作的混合

---

① YìN. Wáng and Thomas Ågotnes, 2013, "Public Announcement Logic with DistributedKnowledge: Expressivity, Completeness and Complexity", *Synthese* 190 (Suppl. 1), pp. 135–162；王轶：《混合空间逻辑》，浙江大学出版社 2016 年版。

逻辑则是把可能世界语义"内部化"。菲廷（M. Fitting）把二者结合在一起，于2010年提出混合的证明逻辑方向，刘新文及其学生在2015年解决了他所提出的极小系统问题。在证明逻辑中，词项代表公式（所表达的命题）的证明，常项作为一类原子公式，代表公理的证明；已经证明，为了实现一些模态定理，有必要使用自指常项（自指常项表示的是包含这个常项本身的出现的公理的证明）。2017年，俞珺华研究了模态逻辑的非自指片段，并且证明了：（1）这个片段一般不对分离规则封闭；（2）当从一个较小的模态逻辑到一个较大的模态逻辑时，该片段通常不是"保守的"。[①]

知识逻辑（Epistemic Logic）是哲学逻辑的一个重要分支，传统上研究用"知道如是"（knowing that）表达的知识的推理规则。然而，在日常生活中我们还会使用诸如"知道是否"（knowing whether）、"知道如何"（knowing how）、"知道为何"（knowing why）、"知道是什么"（knowing what）等表达式来表述知识（统称 know-wh）。在知识逻辑发展的初期，欣迪卡曾提出用一阶模态逻辑来处理这样的表达式。例如，"A知道谁杀了B"可以写成"存在一个人x，A知道x杀了B"。量词和模态词在这里的顺序非常重要，如果写成"A知道存在一个人x，x杀了B"，意思就完全不一样了，这恰好体现了哲学中从物（de re）与从言（de dicto）的区分。然而，由于一阶模态逻辑的各种哲学及技术问题，后来的知识逻辑的文献中鲜有讨论这样的知识表达式，甚至在2015出版的《知识逻辑手册》[②]中也几乎没有任何关于一阶知识逻辑或者know-wh的讨论。2015年

---

① Rui Zhu and Xinwen Liu, 2015, "The Minimal System of Justification Logic with Names", in S. Ju, H. Liu and H. Ono（eds.）, *Modality, Semantics and Interpretations*, Springer, pp. 179 – 188; 刘新文、祝瑞:《可能世界的名字》，中国社会科学出版社 2017 年版; Junhua Yu, 2017, "On Non-self-referential Fragments of Modal Logics," *Annals of Pure and Applied Logic* 168（4）, pp. 776 – 803。

② H. van Ditmarsch, et al（eds.）, 2015, *Handbook of Epistemic Logic*, College Publications.

前后，王彦晶提出一条处理 know-wh 的逻辑的系统性新进路[①]：将量词与模态词打包定义为新的 know-wh 模态词，例如直接引入"知道如何"这样的模态词（"知道如何实现 p"的语义是存在一个计划 x 主体知道这个计划 x 可以保证 p）[②]，而不使用整个的一阶模态逻辑的语言。这样做的好处是可以在技术上避免一阶模态逻辑整体上的一些问题，表达更接近自然语言，可以得到类似传统知识逻辑的比较直观的公理。更有意思的是，这样的打包会限制量词的出现，帮助我们得到一系列一阶模态逻辑的新的可判定片段[③]。这种打包量词与模态词的思路可以让知识逻辑的领域更加丰富，得到一系列直观的关于 know-wh 的逻辑系统，启发哲学及语言学上的相关讨论，在人工智能的领域中推动关于各种知识的表示与推理的应用。当然，这种做法也带来了很多技术方面的挑战，比如所有这些逻辑都是非正规的模态逻辑，逻辑语言弱而模型丰富，公理化及完全性证明比较困难。王彦晶及其学生与合作者系统性地研究了"知道是否""知道是什么""知道如何""知道为何"以及"知道是谁"等的逻辑，开发出一系列处理相应技术问题的新方法，同时也发现了这些逻辑从技术上与之前哲学逻辑文献中已有逻辑的种种联系，开拓了知识逻辑的新方向。

在哲学逻辑领域，对于公理化、可判定性等基本问题的研究多针对特定的逻辑系统，很少有适用于多个系统的一般性结论。2015 年，张炎和李楷发表的论文从逻辑类的角度出发，研究基于非决定离散时态逻辑的多维模态逻辑类的可判定性问题，试图改变这个现

[①] Yanjing Wang, 2018, "Beyond Knowing That: A New Generation of Epistemic Logics", in H. van Ditmarsch, et al (eds.), *Jaakko Hintikka on Knowledge and Game Theoretical Semantics*, Springer, pp. 499 – 533.

[②] Yanjing Wang, 2018, "A Logic of Goal-directed Knowing How", *Synthese* 195 (10), pp. 4419 – 4439.

[③] Yanjing Wang, 2017, "A New Modal Framework for Epistemic Logic", in *Proceedings of TARK 2017*, pp. 493 – 512.

状。这类逻辑的语言除了包含常见的时态算子外,还有多个一般模态算子,其意义依赖于所对应的框架条件。他们首先给出了定义这类逻辑的语义结构——通用框架(generic frames),这是一种以奥卡姆框架为核心的、多维的克里普克框架,一般性的模态算子通过在其上添加若干个二元关系来解释。他们从语法上定义了两集一阶框架语言中的语句,并且证明:对任意的通用框架类 C,如果 C 可被上述集合中的语句定义,那么 C 决定的多维模态逻辑是可判定的。这个结论可以应用到包含时态的多种哲学逻辑上,论文展示了一个这样的应用,并得出多个时态认知 stit 逻辑的可判定性。1969 年,拉宾(M. Rabin)证明了 S ωS 是可判定的,其中 S ωS 是含ω个后继函数的带根 N 型(N 型是指树中每个极大枝都与自然数上的序同构)树——拉宾树的一元二阶理论。因为一元二阶语言强大的表达力和树结构的普遍性,拉宾定理在模态逻辑以及哲学逻辑界有着广泛的应用;拉宾树中每个极大枝都与自然数上的序同构,并要求存在最小元树根。2017 年,张炎通过归约方法证明:Z-型拉宾树的一元二阶理论是可判定的;Z-型拉宾树是拉宾树的一种变体,它们与拉宾树的主要区别在于不要求树根的存在,而只限制其中的极大枝与整数上的序同构。[①]

2018 年,刘奋荣与范·本特姆(J. van Benthem)合作撰写的《道义逻辑与改变偏好》[②]发表在第二版《哲学逻辑手册》第 18 卷。同一年,琚凤魁发表《作为道义逻辑的 S5》,构造了一个简单的动态道义逻辑 SimDDL,用来形式化条件义务、禁令以及允许改变我们的义务的方式。SimDDL 有两个部分,静态部分是模态逻辑 S5 的一

[①] Yan Zhang and Kai Li, 2015, "Decidability of Logics Based on an Indeterministic Metric Tense Logic", *Studia Logica* 103 (6), pp. 1123 – 1162;张炎:《Z - 型 Rabin 树理论的可判定性》,《逻辑学研究》2017 年第 2 期。

[②] Johan van Benthem and Fenrong Liu, 2018, "Deontic Logic and Changing Preferences", in D. M. Gabbay and F. Guenthner (eds.), *Handbook of Philosophical Logic*, Vol. 18, Springer, pp. 1 – 49.

个变种 S5c，可以定义两种类型的义务：理想义务和实际义务。它的动态部分包含三个动态算子，能够解决一些道义悖论。这三个动态算子并不增加 SimDDL 的表达力，因此，它的完全性可以归约为 S5c 的完全性。①

量子逻辑在国内哲学工作者中从业者很少，钟盛阳近年来发表了一些研究成果。量子系统的（纯）状态之间的非正交关系是自返和对称的，并且模态逻辑系统 KTB 相对于自返对称框架所组成的框架类是可靠和强完全的。在 2018 年发表的论文《论量子状态之间的非正交关系的模态逻辑》中，钟盛阳考虑非正交性关系的两个性质——分离性和叠加性，给出相对于满足自返性、对称性和分离性的框架所组成的框架类可靠且强完全的模态逻辑系统，也给出相对于满足自返性、对称性、分离性和叠加性的框架所组成的框架类可靠且强完全的模态逻辑系统，还证明了这两个模态逻辑都是可判定的。此外，在论文《克里普克框架与射影几何之间的对应关系》中，钟盛阳考察了一些在数学和量子理论中广泛使用的正交几何，即通过三元共线关系定义并配备二元正交关系的射影几何，证明它们对应于使用二元关系定义并满足一些条件的克里普克框架。确切地说是定义了四种特殊的克里普克框架，即几何框架、不可化约的几何框架、完备的几何框架和量子克里普克框架，证明了它们分别对应于纯的正交几何（或者等价地，具有纯的极性的射影几何）、不可化约的纯的正交几何、希尔伯特几何和不可化约的希尔伯特几何。②

---

① Fengkui Ju, 2018, "S5 as a Deontic Logic", in J. Broersen, et al (eds.), *Proceedings of the 14th International Conference on Deontic Logic and Normative Systems*, College Publications, pp. 177–192.

② Shengyang Zhong, 2018, "On the Modal Logic of the Non-orthogonality Relation Between Quantum States", *Journal of Logic, Language and Information* 27 (2), pp. 157–173; Shengyang Zhong, 2018, "Correspondence between Kripke Frames and Projective Geometries", *Studia Logica* 106 (1), pp. 167–189.

2018年，马明辉及其学生运用矢列演算研究了模态逻辑的全局后承关系：正规模态逻辑的所有全局矢列演算都容许全局切割消除，这个性质被用来证明K4上的任意正规模态逻辑从局部后承理论到全局后承理论的可判定性和插值性质的保持定理。同一年，马明辉在皮尔士逻辑图的深度演算系统方向建立起布尔代数以及分配格等逻辑代数的逻辑图演算系统。[①] 在2014年的论文《弗雷格式量化逻辑》中，克里普克将弗雷格的"句子作为专名"这一思想进行了推广和研究，提出了一个弗雷格式量化逻辑 FQ；2016年，马明辉和刘新文在论文《论克里普克的弗雷格式量化逻辑》中指出 FQ 不是对一阶逻辑的重新表述，问题出在条件句算子的解释。为了把 FQ 中的一些有效项公理化，基于克里普克提出的句法和语义，马明辉和林渊雷在2019年的论文中提出了一个可靠和完全的三值弗雷格式量化逻辑 FQ^3，这个三值逻辑不同于克里尼（S. Kleene）和卢卡西维茨的三值逻辑，它是可判定的。[②] 同一年，马明辉和林渊雷还发表了贝尔纳普和邓恩（J. M. Dunn）四值逻辑的弱化系统，研究了其矢列演算系统和关系语义学。[③]

[①] Minghui Ma and Jinsheng Chen, 2018, "Sequent Calculi for Global Modal Consequence Relations", *Studia Logica*, to appear; Minghui Ma, 2018, "Peirce's Logical Graphs for Boolean Algebras and Distributive Lattices", *Transactions of the Charles S. Peirce Society* 54 (3), pp. 320 – 340.

[②] S. Kripke, 2014, "Fregean Quantification Theory", *Journal of Philosophical Logic* 43 (5), pp. 879 – 881. 马明辉、刘新文：《论克里普克的弗雷格式量化逻辑》，《哲学动态》2016年第3期；Minghui Ma and Yuanlei Lin, 2019, "A Three – Valued Fregean Quantification Logic", *Journal of Philosophical Logic* 48 (2), pp. 409 – 423。

[③] Minghui Ma and Yuanlei Lin, 2019, "A Deterministic Weakening of Belnap – Dunn Logic", *Studia Logica* 107 (2), pp. 283 – 312; Minghui Ma and Yuanlei Lin, forthcoming, "Countably Many Weakenings of Belnap – Dunn Logic", *Studia Logica*, pp. 1 – 36.

第四节　结语

逻辑学和数学一样同属于基础学科。70年来,我国几代哲学工作者在哲学逻辑的基础和前沿领域发表了大量研究成果,不仅为我国哲学领域的逻辑学科赢得了国际学术地位,而且对我国哲学学科的整体发展起到了积极的推动作用。如果数理逻辑和哲学逻辑等现代逻辑基础课程可以在更大范围内普及,以此为基础的研究就会在更大范围内得到开展和提高,从而更加有利于促进逻辑学科本身和哲学学科的发展,更加有利于加快构建中国特色哲学社会科学学科体系、学术体系、话语体系。

致谢:在本章的写作过程中,中国社会科学院哲学研究所领导给予了高度重视和宏观指导,北京大学宋文坚教授、北京师范大学宋文淦教授、中国社会科学院哲学研究所张尚水研究员和张家龙研究员等学界前辈给予了具体指导,许多逻辑学一线工作者提供了大量帮助,特此致谢!

第 六 章

新中国伦理学研究 70 年

第一节 导言

　　伦理学是以道德为研究对象的哲学学科，是对道德现象的哲学反思和哲学理论。伦理学作为一门实践哲学关系到对法理的论证，对公民价值观念以及国家法律的塑造，对全社会思想道德建设事业的推动以及国家形象的确立。伦理学既是哲学中最古老的分支学科之一，同时从世界范围来看，也属于当今哲学学科中最富有生命力的一门显学。

　　中国作为文化古国，拥有着极其深厚的伦理思想底蕴。但从学科发展史的角度来看，真正出现学理化、系统化的伦理学学科，严格说来是20世纪初期的事情。从中华人民共和国成立到"文化大革命"结束，是新中国伦理学的曲折发展时期。在那个"以阶级斗争为纲"的特殊年代，道德的阶级性与继承性问题支配了学界的讨论，学术思想深受"左"倾立场的制约。"文革"期间，道德虚无主义占据统治地位，整个社会思想混乱、诚信缺失、道德危机。"文革"结束以后，特别是改革开放以来，中国的伦理学经历了一个由复苏到初步发展再到繁荣兴旺的过程。1979年，成立于1961年的中国人民大学伦理学教研室重新恢复。1982年罗国杰主编的新中国第一部伦理学教科书——《马克思主义伦理学》问世。从此，中国的伦理学研究进入了一个快速发展的时代。一大批涉及伦理学原理、中国伦理思想史、西方伦理思想史的研究成果纷纷涌现。与此同时，随着社会实践中作为西方应用伦理学产生动因的伦理冲突、道德悖论在我国也不断出现，也就导致了应用伦理学在中国的兴起，并成为新时期伦理学发展的重要支柱。经过70年的发展，我国伦理学的这几大学科格局基本定型，同时也形成了从本科、硕士到博士，再到博士后的完整的人才培养体系，中国伦理学会的建立以及《道德与文明》《伦理学研究》的创刊，为开展伦理学研究提供了重要的平台。一大批伦理学教研机构在哲学社会科学界引人注目。总之，我们已经建构起了一种与社会主义市场经济相适应，与社会主义法律规范相协调，与中华民族传统美德相承接，与人类道德文明相融合的有中国特色的社会主义道德体系，从而为走向更加辉煌的前景奠立了基础。中华人民共和国成立70年来，我国伦理学的发展大体上呈现如下特点。

一 马克思主义占据伦理学研究的主导地位

马克思主义是一种科学的思想体系，它对人类道德现象的宏观把握，破除了各种宗教神秘主义及主观主义的解释，使道德哲学建立在社会实践的基础之上。中华人民共和国成立后，马克思主义作为指导思想得以确立，集体主义作为社会主义道德原则的核心长期影响着我国的经济社会生活，以共产主义道德为引领的马克思主义伦理学在中国占据了主流伦理学的地位。中华人民共和国成立之初，就出现了一场轰轰烈烈的马克思主义启蒙教育运动，共产主义的道德思想得到了宣传与普及。20世纪50年代末，张岱年的《中国伦理思想发展规律的初步研究》，就是运用马克思主义指导中国伦理思想史方面的初步成果。60年代初，周原冰的《道德问题论集》则是运用马克思主义观点研究道德科学原理方面的力作。80年代以来，比较全面系统的马克思主义伦理学研究专著开始大量出现，如罗国杰的《马克思主义伦理学》、周原冰的《共产主义道德通论》、李奇的《道德学说》、唐凯麟的《简明马克思主义伦理学》等，标志着一套以唯物史观为基本立场，以道德和利益的关系为基本问题，以集体主义为首要原则的马克思主义伦理学体系的初步建立。长期以来，我国伦理学学者们不论是从事伦理学原理、中西伦理思想史，还是应用伦理学，都自觉站在马克思主义道德学说的立场上，用马克思主义的世界观来观察社会与道德现象，用马克思主义的方法论来解决道德悖论、伦理冲突以及科技时代涌现的新课题。

当然，马克思主义伦理学研究的特点在于其实践性，整个伦理学的理论、原则与规范，都是从社会实践中总结出来并接受社会实践的检验，同时又必须付诸实践，指导人与人之间的关系，改善社会道德风尚，最后还要随着实践的更新而不断发展自己的内容。改革开放之后，我国老一辈伦理学学者沿用苏联伦理学研究范式建立了马克思主义伦理学，这一体系坚持用唯物辩证法的立场解释道德的起源、含义、本质与功能等伦理学的基本理论问题，这对于我们把握伦理学的学科性质具有奠基性的意义和重要的启迪价值。然而，这一伦理学体系在与中国的社会实践的结合，从而更好地回应现实问题的挑战上，还有巨大的提升空间。例如，马克思主义伦理学把集体主义作为其基本原则之一。集体主义的道德原则，是以无产阶级和全人类的解放为最高利益，个人利益或局部利益都应该服从这一最高利益。但是，如何对集体主义予以正确把握，我们在实践中曾经走了一段弯路，从而引发了改革开放及社会主义市场经济建立以来学术界对集体主义原则的一场大讨论。以前由于对集体主义的形而上学的片面理解，从中华人民共和国成立初期至"文革"结束，集体主义原则遭到严重扭曲，从而造成十分严重的实践后果。随着改革开放以来有关集体主义内容及地位的讨论的开展与深入，我国伦理学学者经过探索，一种得到发展与完善的集体主义概念得到了确立，并赢得学界的普遍认同。这就体现在：集体主义与封建整体主义有着本质的区别。在集体主义中，整体与个人的关系并非绝对对立的关系，而是一种辩证统一的关系。必须反对只重个人不重整体的个人主义，个人只有借助集体才能最大限度地实现自己的利益；同时集体也应该维护个体的价值与权利。这才是一种把国家利益放在首位而又充分尊重和满足个体公民合法利益的社会主义的集体主义立场。

改革开放时代，是我国伦理学界的中国特色伦理学意识逐步觉醒并不断增强的时代。在新的历史阶段，作为一种开放的体系，我国的马克思主义伦理学应当坚持把马克思主义基本原理与中国社会主义道德实践相结合，吸收全人类优秀道德文化遗产，通过完善伦理学理论体系、话语体系、实践体系、传播体系和传承体系，不断推进能够在人类命运共同体中引领世界文明趋向的具有中国特色的道德理论与道德实践。

二 伦理学学科体系建立并逐渐发展成熟

1950年相关部门根据苏联恢复伦理学的情况，开始讨论在新中国建立伦理学学科的问题。但到了1952年，中国按照"苏联模式"大规模调整高校的院系设置，伦理学被视为所谓"伪学科"而被取消。只是改革开放以来，伦理学各个领域才得到突飞猛进的发展，伦理学作为一门哲学学科的严肃地位才得以确立。中外伦理学史的探索者对其研究对象不仅努力做到正本清源、真貌重现，而且也着力展现其在当今的影响与流变，以期给世人呈现出一幅伦理学史的较为完整的构造图景。而应用伦理学的研究成果则更具有重大的现实意义和较强的针对性价值，故甚至被誉为伦理学的当代形态。

当然，真正代表我国伦理学当代发展并对社会观念产生重大影响的，还是伦理学基础理论领域研究的推进与创新。作为伦理学研究的核心，伦理学基础理论既是对人们的伦理思考的深刻总结，也是对现实道德生活经验的理论升华和抽象概括，它为人们认识、把握和理解现实的道德生活提供了基本的理论框架和思维模型。伦理学基础理论的发展，表现在学者们出版的伦理学原理的著作里，不论是在体例布局、议题选取，还是在核心观念、价值主导等方面都取得了巨大的进步。

20世纪80年代初期，道德的阶级性与继承性问题以学术探讨的面貌再次出现。道德的阶级性是当时马克思主义者都普遍承认的事实，但也应该看到，马克思主义经典作家并不否认道德的共同性。这样也就决定了无产阶级在其社会实践中可以对人类以往一切道德遗产的批判继承。这样一种讨论，大大超越了60年代的认知水平与理论深度。这也为后来一系列的伦理学基本问题的探讨，创造了一种比较宽松的学术气氛。

而关于道德本质的学理探讨，则凸显了我国伦理学研究者对伦理学基础问题的深入思考。把道德与利益的关系问题看成是伦理学的基本问题，并且坚持经济关系决定道德，个人利益服从整体利益的立场，这在学界拥有相当大的影响。从道德史的角度看，道德确实是在应对集体生存需要的基础上萌发出来的行为规范，只有集体幸存，才有个体需求的满足，因此道德的本质就体现在既注重个人发展，也要注重集体利益的实现。然而，同样依据经济基础决定上层建筑的原理，当社会进入了一种集体幸存不再是最严峻的挑战的时代，个人的存在、需求、利益、价值等问题就凸显出来了。如何确立个体之人的主体地位，如何在道德选择上尊重人的意志自由，如何正确对待个体利益与集体利益的关系，就成为伦理学基础理论研究必须严肃回答的课题。这种探索是艰辛而又曲折的。为了倡导一种合乎新时代需求的对道德的理解，有的学者在道德本质的问题上似乎从一个极端又滑向了另一个极端，即连道德是一种规范与约束系统这样共识性的立场也抛弃了，这就造成了对道德概念理解上的模糊与混乱。实际上道德不可能不是约束性、规范性系统，问题在于这种规范和约束属性与人的主体性并不矛盾，道德从本质上讲恰恰是规范性与主体性的统一，这就体现在道德主体自己设置道德规范，同时又高度自觉地接受这一道德约束并按照道德的要求去行动，这样也就触及道德主体的自由意志与道德规范之间必然关系这一伦理学的核心问题的探究。

总之，90年代以来，我国伦理学基础理论领域出现一系列研究成果。学者们依据对现实的中国经济社会发展进程的反思，结合对欧美相关一流研究成果的吸收汲取、消化改造，在对道德概念的含义、道德规范的起源与奠基、道德义务的依据与作用等问题的分析梳理的基础上，对伦理学的基本概念、核心原则（如公正、人道、自由）、主要流派、理论框架进行了系统的阐释。这些研究成果不仅为道德规范的本质等伦理学的基础理论及实践问题探讨提供新的视角和灵感，同时，也为思考我国道德建设的基本路径提供具有前瞻性的理论指导。

三　伦理学研究推进精神文明建设及价值观念的变迁

哲学必须关注现实，理论必须结合实际，已经成为哲学学科发展的一个全球性的必然趋势。在这样一种理论现实化的过程中，作为实践哲学的伦理学占据着一个极为重要的地位。在我国，伦理学与社会实践的关联特别体现在对全社会思想道德建设事业的推动上。中华人民共和国成立70年以来，党和政府历来十分重视社会生活基本规范的确立，社会公德、职业道德、家庭美德的弘扬及中华民族精神家园的建设工作。例如，学习雷锋、"五讲四美三热爱"运动、社会主义精神文明建设、公民道德建设、以德治国战略、树立社会主义荣辱观、倡导社会主义核心价值体系的运动，等等。长期以来，我国伦理学研究者在展开伦理学专业的独立研究与进行西学译介的同时，也积极融入社会主义精神文明建设的宏伟事业。他们自觉发挥着自身的学科优势，结合国情调研的丰硕成果，深入探讨制约公民道德素质提高的瓶颈和机制，研究我国道德建设的基本路径和突破口，从而积极地为和谐社会与精神文明建设提供理论支持。

中国的伦理学，是在有关从计划经济的价值观念向市场经济的价值观念转变的大讨论的历史背景下，逐渐发展和成熟起来的。经济制度的深刻变革、社会结构的深刻变动、利益格局的深刻调整，必然会对人们的思想道德的变化形成重大的冲击。尽管80—90年代有关市场经济的道德效应的热烈争论中所谓道德滑坡论与道德爬坡论各执一词，但一种普遍共识却已然逐渐形成并占据主导地位，即社会主义市场经济制度的确立和发展，极大地激发和增强了人们的主体意识、竞争意识、效率意识、创新意识。经济基础的这种剧烈变迁，不可能不对我国伦理学的价值取向的选择产生影响。

我国伦理学界价值观念逐渐发生一种明显的变迁，那就是从过去只讲个人美德，到现在重视制度伦理；从过去只讲阶级道德，到现在重视共同价值；从过去只讲义务奉献，到现在重视权利正义。早在改革开放初期，中国思想文化界就开始了一场解放思想大论战——人道主义争论，它既反映了中国学界对于"文化大革命"的深刻反思，也是对人性、人道、人的价值与尊严的一种理性自觉。与人道主义与异化问题的争论几乎同时进行的，还有"潘晓来信"引发的关于人性、人的价值大讨论，许多人认为马克思主义其实并不否定"人性"和"人道主义"，并不否认人是目的而非手段。在处理个人利益与社会利益、利己与利他的关系时，合理利己主义也有其可借鉴性。应当说，这一系列的争论直接激发了伦理学中道德论证价值取向的变化，即从以义务为本转变为以权利为本，从只讲"高蹈道德"到应重视"底线伦理"，再到应主张"权利本位"，以及建立"人学价值论伦理学体系"，乃至塑造一种人权的伦理学。这样一种理论诉求的发展变化脉络，恰恰是改革开放以来中国社会价值观念变迁以及深刻而又复杂的道德转型最本质性的反映。可以说，随着权利及民主意识得到前所未有的凸显与认同，以人为本的观念也已经成为当代中国伦理学反思的重要概念，也是中国伦理学理论创新的一个重要着眼点。

当代伦理学理论服务于我国精神文明建设最重要的一个着力点，就在于突出人的主体地位，强调人的尊严与权利，确立以人为本的价值理念。个体自由的成熟程度以及相应责任的担当状况，是一个社会伦理水平的重要标尺。马克思主义伦理思想在最根本的意义上是为广大人民群众的全面发展服务的。我们只有以人的需要为基础，才能确立精神文明建设的方向；以人的参与为动力，才能激发精神文明建设的热情；以人的发展为目标，才能取得精神文明建设的实效。

第二节 马克思主义伦理思想研究

马克思主义伦理思想是西方伦理思想发展的结果，也是伦理学理论研究的重要内容。对马克思主义伦理思想的研究是新中国伦理学学科建设的起始点，新中国伦理学学科从无到有、从建立到繁荣的发展历程表明，只有以马克思主义伦理思想作为指导，中国的伦理学才能沿着正确的和科学的轨道向前发展，开创具有中国特色的伦理学学科体系，回应中国经济社会发展中的现实道德问题。

一 马克思主义伦理思想研究的奠基

新中国马克思主义伦理思想研究是从借鉴苏联伦理学的研究成果开始的。中华人民共和国成立初期，建设社会主义和共产主义国家的政治理想居于意识形态的中心地位，以毛泽东为代表的新中国领导人充分认识到了马克思主义的共产主义道德对于激发全国人民追求自由平等新生活的强大精神力量。时代需要马克思主义伦理思想，而当时的理论界对马克思主义伦理思想的研究刚刚起步、知识积累不足，在此背景下，有必要学习和借鉴苏联学者有关共产主义道德的研究成果，一些苏联学者的研究论著被引进翻译，包括夏利亚等的《共产主义道德》（作家书屋1953年版）、柯尔巴洛夫斯基的《论共产主义道德》（生活·读书·新知三联书店1953年版）、包德列夫等的《论共产主义道德教育的几个问题》（新知识出版社1954年版）、施什金的《共产主义道德概论》（生活·读书·新知三联书店1957年版）等。苏联学者这些关于共产主义道德的研究成果，不仅对马克思主义伦理思想的研究起到了积极的推进作用，而且对中国伦理学界研究共产主义道德提供了重要的理论参考。

马克思主义伦理思想研究是创建新中国伦理学学科的学术起点。冯定（曾任中国伦理学会名誉会长）、李奇（中国伦理学会首任会长）、周原冰（曾任中国伦理学会副会长）和罗国杰（曾任中国伦理学会会长20余年）是新中国马克思主义伦理学学科的奠基者和开拓者，他们为新中国马克思主义伦理思想研究和马克思主义伦理学学科建设作出了不懈的努力和艰辛的探索。

冯定的《共产主义人生观》（中国青年出版社1956年版）一书以马克思主义世界观和历史观为指导，以浅显而又透彻的文字讨论了共产主义人生观与个人价值、自我价值之间的内在关系以及如何正确认识和处理个人利益和人民大众利益的关系等问题，切合了人们自觉地树立共产主义世界观和人生观的精神需要。这本书出版后受到广大读者的热烈欢迎。然而，到了1964年，《共产主义人生观》却受到了严厉的批判，被打成了"大毒草"。历史是公正的，改革开放后"真相已经大白，这件事根本不是正常的学术讨论，而是由康生和当时身为《红旗》杂志总编辑的陈伯达一手制造的一起政治诬陷事件"[①]。

李奇（笔名"李之畦"）在20世纪50—60年代发表了多篇以历史唯物主义的立场和方法研究道德科学的论文，涉及当时理论界讨论的一些重大的道德问题，如动机和效果的关系、个人利益和个人主义、无产阶级道德原则和功利主义、对立阶级道德之间的关系以及道德阶级性和继承性等问题，这些论文在改革开放初期收入《道德科学初学集》（上海人民出版社1979年版）一书中。在这些论文中，李奇阐述了马克思主义的道德观，作出了马克思主义道德观的出现是伦理学领域里的根本变革的重要论断，提出了一些有价值的

---

① 黄柟森、陈志尚：《评1964年对冯定的〈共产主义人生观〉的批判》，《北京大学学报》（哲学社会科学版）1980年第4期。

学术观点。例如，在如何看待个人主义和个人利益问题上，"无产阶级集体主义道德中的'个人利益'概念，是以自己的劳动为基础的。'各尽所能，按劳分配'，正好体现了无产阶级个人利益观的实质"①。

周原冰（笔名"石梁人"）对马克思主义伦理思想的研究有两项标志性成果，一是对共产主义道德的研究。其专著《培养青年的共产主义道德》（中国青年出版社1956年版）和《共产主义道德通论》（上海人民出版社1986年版）阐发了共产主义道德的一般原理，对怎样培养共产主义道德作出了比较系统的论述。二是对马克思主义道德科学的研究。周原冰阐释了研究马克思主义道德科学的重要性，"认真地掌握和运用马克思列宁主义关于道德的理论武器，……对于破除一切陈腐的道德观念和促进无产阶级的共产主义的道德的发展，具有非常重要的意义"②。《道德问题论集》（上海人民出版社1964年版）集中反映了周原冰自20世纪40年代末至60代初研究马克思主义道德科学的成果。

罗国杰于1960年授命组建中国人民大学伦理学教研室，开始汇编《马克思主义经典作家论道德》，在借鉴和研究苏联伦理学教科书的基础上，制定了新中国第一个《马克思主义伦理学教学大纲》。这个教学大纲大致勾勒了马克思主义伦理思想的主要内容和马克思主义伦理学体系建构的基本框架，其中涉及马克思主义伦理思想的主要论述有：马克思主义伦理学是在批判与继承历史上一切合理的伦理思想及道德遗产的基础上发展起来的，具有科学性、阶级性和实践性等基本特征。共产主义道德是人类历史上道德进步的最高阶段，研究马克思主义伦理思想就需要探寻共产主义道德的产生、发展及

---

① 李之畦：《谈谈个人利益与个人主义》，《光明日报》1958年5月30日。
② 石梁人：《试论马克思主义道德科学研究的对象、范围和方法》，《学术月刊》1964年第3期。

其基本原则。① 由罗国杰主编的中华人民共和国成立以来第一本马克思主义伦理学教科书——《马克思主义伦理学》（人民出版社 1982 年版）论述了马克思主义伦理思想的来源和发展以及道德与社会经济基础和上层建筑的辩证关系，并将共产主义道德列为马克思主义伦理学研究的核心内容之一。此后的几十年间，国内不同学者编撰的各种伦理学教科书大都采用这一框架体系传统，以单立章节的方式论述马克思主义伦理思想。

伦理学界前辈的这些研究成果为后辈学者研究马克思主义伦理思想奠定了坚实的理论根基，指明了继续探索的前行方向。这一时期马克思主义伦理思想研究具有如下特征：一是确立了马克思主义伦理思想在新中国伦理学学科建设和发展中的指导性地位；二是以马克思主义的唯物史观作为研究方法；三是密切关注时代的道德需要。

二 马克思主义伦理思想研究的丰硕成果

从当代严格的知识形态或学科形态的角度看，马克思恩格斯没有撰写过专门的伦理学或道德哲学论著，也没有建立完整和系统的伦理学体系。但是，马克思、恩格斯的经典文献包含着丰富的伦理思想，研究马克思主义伦理思想的首要工作就是对马克思、恩格斯的有关文献进行分析和解读，挖掘马克思、恩格斯的伦理观和道德观，在此基础上，探究马克思主义伦理思想的发展脉络及其重要的伦理论域。改革开放以来，中国伦理学学者从解读马克思、恩格斯的经典文献入手，以研究马克思主义伦理思想发展史为突破口，由史入论、以史融论、史论结合，在马克思主义伦理思想的诸领域取得了丰硕的研究成果。

1. 马克思主义伦理思想及其发展史研究

改革开放后最早系统研究马克思主义伦理思想的专著是宋惠昌

---

① 中国人民大学哲学系伦理学教研室：《马克思主义伦理学教学大纲》，《教学与研究》1962 年第 4、5 期。

的《马克思恩格斯的伦理学》（红旗出版社 1986 年版），该著梳理了马克思、恩格斯在伦理思想上的主要贡献，阐述了马克思、恩格斯伦理思想的基本特征、共产主义道德的形成和共产主义道德的基本原则以及共产主义人生观等。章海山的《马克思主义伦理思想发展的历程》（上海人民出版社 1991 年版）是我国第一部马克思主义伦理思想发展史专著，该著阐明了马克思主义伦理思想从不成熟到成熟、从形成和传播到作为工人运动的思想观念与精神武器的发展历程，揭示了马克思主义伦理思想所赖以产生和发展的经济社会基础，即马克思主义的伦理观和道德观反映了无产阶级的道德要求。许启贤在其发表的系列论文中对什么是马克思主义伦理思想史作出了界定：马克思主义伦理思想史是"马克思、恩格斯、列宁、斯大林、毛泽东等许多马克思主义者关于伦理道德的思想史，特别是他们关于无产阶级社会主义道德、共产主义道德的形成、产生、发展规律的科学理论的发展史"[①]。

2. 马克思主义伦理思想中国化研究

马克思主义伦理思想的中国化成果是在新中国亿万人民参与社会经济、政治和文化生活的实践活动中产生的，它集中体现为新中国几代领导人关于道德问题的重要思想和重要论述。毛泽东创造性地提出了为人民服务和无产阶级革命功利主义的思想，主张动机与效果相统一的道德评价论，强调共产主义道德教育与修养的重要性。王泽应的《马克思主义伦理思想中国化最新成果研究》（中国人民大学出版社 2018 年版）论述了邓小平理论、"三个代表"重要思想、科学发展观和习近平新时代中国特色社会主义思想中的伦理观的形成与发展，从物质文明与经济建设伦理思想、政治文明与政治建设伦理思想、精神文明与公民道德建设伦理思想、社会文明与和谐伦理思想、生态文明与可持续发展伦理思想、党的建设文明与执政伦

[①] 许启贤：《马克思主义伦理思想发展史论纲（四）》，《道德与文明》1994 年第 4 期。

理思想等方面归纳了马克思主义伦理思想中国化的最新成果。

3. 马克思主义伦理思想研究视角的创新

在马克思主义伦理思想研究中,融合多学科的研究立场和方法是一种研究视角的创新。安启念的《马克思恩格斯伦理思想研究》(武汉大学出版社2010年版)论述了从政治哲学视野研究马克思主义伦理思想的重要性,因为如果马克思主义伦理思想不能对当代政治哲学研究中的相关问题作出有说服力的回答,就将在面对现实的社会道德生活难题时丧失话语权和影响力。宋希仁的《马克思恩格斯道德哲学研究》(中国社会科学出版社2012年版)将历史唯物主义作为解释伦理的起源、发生和发展过程的道德社会学与历史社会学依据,深入研究了《资本论》的道德哲学和道德社会学思想,在解释和把握资本与道德、历史唯物主义和道德哲学之关系问题上开辟出了一条新的研究思路。

4. 马克思主义伦理思想诸领域研究

马克思主义伦理思想涉及经济生活、政治生活、社会生活、法律生活和文化生活等多个领域,与从历史的维度探究马克思主义伦理思想的发展历程以及从总体上宏观研究马克思主义伦理思想的做法不同,一些学者将研究的视野转向马克思主义伦理思想的某一个领域或某一个侧面展开微观研究。在中国经济社会发展转型期,马克思主义经济伦理思想成为研究的重点,王小锡关于"道德资本"研究的系列论著,将道德视为一种有价值的生产性资源,并以此来分析道德在经济价值增值过程中的特殊功能和作用,这是马克思主义经济伦理思想的前沿性研究成果。此外,在马克思主义的政治伦理、制度伦理、家庭伦理、环境伦理、科技伦理、发展伦理、民生伦理和劳动伦理等具体论域,学者们亦出版和发表了诸多有价值的研究成果。

三 对马克思主义重要道德论题的回应

随着马克思主义伦理思想研究的不断推进,中国伦理学学者密切关注国外马克思主义伦理思想的最新研究成果,并就国际学术界有关马克思主义重要道德论题的论争展开深入研究,与国外学者进行学术对话,向国际学术界展现中国学者研究马克思主义伦理思想的学术自觉与理论自信。

关于马克思主义"道德论"与"非道德论"。在马克思主义与道德之关系问题上,国外的一些学者持马克思主义"非道德论"观点,另一些学者持马克思主义"道德论"观点。近年来,这一论题引发了一些中国伦理学学者的研究兴趣,他们提出了马克思主义"道德论"是可以得到辩护的主要论据:马克思主义对道德的批判是在意识形态批判的框架内进行的,在此之外,马克思主义有自己所秉持的规范意义上的道德;马克思主义在价值判断上并不坚持道德相对主义的立场,马克思主义所追求的是价值判断的客观性和有效性;在马克思主义的正义思想中,既存在法权意义上的解释性正义,也存在规范和价值意义上的评价性正义。"马克思恩格斯……特别反对的是伦理社会主义的观点,反对把社会的改造变成为人的纯粹的观念的改变。所以,那种认为马克思主义没有自己的道德伦理思想的说法是对马克思恩格斯思想的误读。"[1]

关于解读马克思主义道德理论的方法。国外马克思主义研究学界主要采用西方传统的形而上学方法和当代分析马克思主义方法来解读马克思主义道德理论,以超历史的普遍性道德作为研究的前提条件。中国学者试图从"历史的观点"对马克思主义的道德理论作出解释,这种"历史的观点"解释立足于清晰梳理有关马克思主义道德理论阐释的思想史。马克思主义的历史唯物主义实现了对西方传统形而上学的超越,是研究马克思主义道德理论的基础性方法论。历史唯物主义提供了一种在历史语境中阐释现实的人及其道德活动的独特视角,为当代伦理学研究提供了正确的理论立场。

---

[1] 唐凯麟:《马克思主义伦理学的几个基本问题》,《齐鲁学刊》2018年第5期。

第三节 伦理学原理研究

在伦理学学科体系中,伦理学原理致力于解决伦理学的基础理论和基本问题,并为伦理学相关分支学科提供理论基础和规范前提。

一 基本历程与概况

1949 年至 20 世纪 70 年代末的约 30 年是中国伦理学原理研究的曲折与停滞时期。由于中国现代知识传播与思想文化创新的落后,虽然经由刘师培、蔡元培、张东荪、温公颐等学者的辛勤开拓,但是 1949 年之前中国伦理学学科仍然仅具雏形,这在部分程度上导致了 1949 年之后的 30 年间,伦理学原理研究依然是中国伦理学艰难历程的重要领域,伦理学其他分支学科尚未蔚然成型。与人文社会科学在此期间的情形大致相同,伦理学原理的研究与发展或陷入服务政治需要的境地,或流于政治宣传教育之形式。共产主义道德、无产阶级道德和中国革命道德成为这个时期与伦理学原理较具相关性的热词。20 世纪 50—60 年代中期是中国伦理学原理的曲折发展时期,它经历了被取消再被恢复的过程。伦理学原理领域在此时期主要呈现出三个较为明显的学术现象。一是部分苏联伦理学的论作被大量译介引进,如施什金的《马克思主义伦理学教学提纲》《共产主义道德概论》《马克思主义伦理学原理》,柯尔巴洛夫斯基的《论共产主义道德》《共产主义的道德和日常生活》等。这些译著奠定了中国伦理学原理在其后相当长时期内的基本格局,从教科书的名字到其目录与内容、从伦理学原理的基本体系到思想主旨,概莫能外。二是李奇、周辅成、周原冰、罗国杰等学者的伦理学原理相关论作相继问世,如李之畦(李奇)的《谈谈个人利益与个人主义》《动机和效果的辩证关系》《关于道德的继承性和阶级性》,周辅成的《西方伦理学名著选辑》《从文艺复兴到十九世纪资产阶级哲学家政治思想家有关人道主义人性论言论选辑》，石梁人（周原冰）的《道德问题论集》，中国人民大学哲学系伦理学教研室的《马克思主义伦理学教学大纲》等。这些论作或奠定了马克思主义伦理学在中国伦理学原理领域的主要地位，或为中国伦理学原理研究与西方主流学术话语接轨作出了重要贡献。三是中国科学院哲学研究所、中国人民大学哲学系、北京大学哲学系等极少数学术单位成立了伦理学原理研究与教学部门，是为中华人民共和国成立后伦理学原理的早期奠基。20世纪60年代末至70年代末的十余年间，由于"文化大革命"的浩劫和政治惯性，中国伦理学原理研究基本陷入停滞状态。

20世纪70年代末以来的40年是中国伦理学原理研究的重建与发展时期。伦理学原理领域在此时期的主要学术现象有三个。一是随着思想文化的解冻，伦理学原理的研究得到重建和恢复，一批重要学者的伦理学原理相关论作相继出版，如李奇的《道德学说》、周原冰的《共产主义道德通论》、罗国杰的《马克思主义伦理学》、刘启林的《共产主义道德概论》、唐凯麟的《简明马克思主义伦理学》、魏英敏和金可溪的《伦理学简明教程》等。这些论作或致力于构筑马克思主义伦理学和集体主义原则的主导地位，或致力于伦理学原理不同流派基础理论的探索，都为中国伦理学原理的恢复与重建作出了重要贡献。二是伦理学原理研究与教学单位如雨后春笋般相继成立，研究者队伍不断壮大，为该学科的兴起与发展奠定了坚实的人力基础。三是在前期重建的基础上，中国伦理学原理研究持续兴起，研究视野较为开阔，研究体系初步形成，并具备浓郁的时代气息。众多学者在这一时期对伦理学原理领域的前沿问题或重大问题进行了颇具学术价值的开拓性研究。并且，一方面随着伦理学原理的更多卓越研究者进入学术成熟期，另一方面在伦理学科人才培养体系之日益硕果累累的背景下，大批中青年研究者加入并逐渐壮大伦理学原理研究队伍，伦理学原理研究不断取得创新发展，各具特色的研究成果相继出版，如夏伟东著《道德本质论》、万俊人著《伦理学新论——走向现代伦理》、何怀宏著《底线伦理》、江畅著《理论伦理学》、余涌著《道德权利研究》、李建华著《道德情感论》、王海明著《新伦理学》、赵汀阳著《论可能生活——一种关于幸福和公正的理论》、高兆明著《伦理学理论与方法》、樊浩著（樊和平）《道德形而上学体系的精神哲学基础》、廖申白著《伦理学概论》、韩东屏著《人本伦理学》、龚群著《现代伦理学》、甘绍平著《伦理学的当代建构》、"马克思主义理论研究和建设工程"重点教材《伦理学》等。这些论作不仅深化了此前的重大基础理论，而且致思边界和论述领域大大拓展——从元伦理学到各种进路的规范伦理学、从传统伦理学思想方法到跨学科复合性研究方法、从基础理论再释到前沿观点新立，使中国伦理学原理研究步入创新发展阶段。因此，这个时期的伦理学原理研究呈现若干主要特色或创新。一是体系日臻健全。伦理学原理的研究触角逐渐延伸至主流体系，在元伦理学和规范伦理学领域取得了长足进步。虽然由于中国分析哲学传统之欠缺而致元伦理学研究在中国尚不充分，且尚未形成元伦理学有力推进伦理学原理发展之路径，但是中国学术界对规范伦理学四种进路——功利论、道义论、契约论、德性论——的研究进展却非常值得肯定，这不仅良好地构筑了伦理学原理研究体系，而且使人们更加深刻地认知了道德价值之行为根源等一系列伦理学原理的根本问题。二是研究方法创新。"伦理学不经过平等自由的争论，是不可能有良好前途的"[①]，平等争论为伦理学原理研究带来了方法创新。在思想方法上，在传统的目的论方法和义务论方法之外，中国伦理学原理研究陆续采用或引进了理性主义方法、经验主义方法、直觉主义方法、情感主义方法等。在实体方法上，中国伦理学原理的研究方式更趋灵活多样，陆续采用或引进了实地调查方法、实证主义方法、历史分析方法、价值分析方法、逻辑分析方法等。如廖

[①] 周辅成：《世纪之交伦理学研究的回顾与展望》，《江海学刊》1997年第1期。

申白、孙春晨合著的《伦理新视点》① 是国内较早运用实地调查方法研究中国社会伦理关系和道德观念变迁的重要代表作。三是人文维度拓展。由于社会主义市场经济的过程亦是人文回归的过程，中国伦理学原理研究在人文维度的不断拓展就是后者的映射。以人性和仁爱作为出发点并经由理性推导而来的人文观念，关注权利与尊严，强调理性、正义和不伤害，这对伦理学原理探究和社会主义市场经济建设都具有重大意义。为此，在伦理学原理领域，不仅道德权利的内涵、基础、理据及其与道德义务和法律权利之关系得以深刻系统研究②，而且不伤害、公正、仁爱作为最重要的伦理规范也得以深透缜密论证③，亦有"以人的全面自由发展为至善，以每个人的全面自由发展为一切人的全面自由发展的条件"之"人本道德原则"得以深入阐释。④ 多种维度的拓展与厚植，为中国伦理学原理研究的行稳致远和繁荣发展注入勃勃生机。

二　重要论题与进展

围绕若干基础性的富有中国特色的重大论题而展开的论争，对中国伦理学原理的发展走向具有重要影响。

道德的阶级性与继承性是建立以集体主义为核心的共产主义道德规范体系不可回避的重要问题。20世纪50年代，张岱年撰文认为不同的阶级各有其自己的道德，其间有先进与保守或反动之别。尽管伦理思想都各具阶级本质，但是对于一个哲学家的伦理思想进行阶级分析，也需要深入考察其复杂情况。⑤ 此后于1962—1965年，关于道德的阶级性和继承性问题的讨论在吴晗和许启贤等学者中持

---

① 廖申白、孙春晨：《伦理新视点》，中国社会科学出版社1997年版。
② 余涌：《道德权利研究》，中央编译出版社2001年版。
③ 甘绍平：《伦理学的当代建构》，中国发展出版社2015年版。
④ 韩东屏：《人本伦理学》，华中科技大学出版社2012年版。
⑤ 张岱年：《中国伦理思想发展规律的初步研究》，科学出版社1957年版，第15页。

续进行。许启贤不赞成吴晗所指的阶级道德就是统治阶级的道德，认为也应当包含被统治阶级的道德。对于统治阶级道德与被统治阶级道德之间的关系，吴晗认为二者既对立又相互吸收；周原冰等认为二者互相从与对方针锋相对的斗争中来发展自己。关于道德继承性的问题，焦点集中于封建道德、资本主义道德中是否仍有值得吸取的地方，以及共产主义道德从何而来。① 吴晗等认为仍然有值得吸取之处，无产阶级可吸取和继承过去统治阶级的某些优良道德；而其他部分学者认为不能将道德抽象化，无产阶级和劳动人民不能批判继承剥削阶级的道德，共产主义道德乃从无产阶级所进行的革命斗争中发生和挖掘而来。当时的主流观点则强调道德的阶级性并否认无产阶级道德与剥削阶级道德之间的继承性。这场论争的下半场发生于20世纪80年代初，论题集中于道德的阶级性与共同性，以及无产阶级在发展自身道德体系时，应该如何继承历史上统治阶级的优良道德遗产。相关论者较多地阐述了如何理解道德的阶级性，承认在阶级道德差别之外还有某些共同与相似之处，例如某些道德规范、优良道德品质、共同的道德心理等，由此认为道德的继承性有其客观规律，是一种客观存在，体现为一种批判性继承。

人性、人道主义与异化问题深度触及"人"的概念与本质等伦理学原理基础理论。"文化大革命"结束和思想文化解冻必然意味着对"人"的发现与再释。20世纪70年代末至80年代中期关于人性、人道主义与异化问题的大讨论是其标志性事件之一，焦点是以人道主义代替血腥的阶级斗争、以平等的共同人性代替不平等的阶级人性、以生物属性与非生物属性相统一的人性论代替人性否定论，以期消除对人与人性的异化。② 此番大讨论引发的颇具政治意涵的学术效应最终导向对如下问题的关注与探讨：作为世界观和历史观的人道主义是否具有合理性，人道主义在马克思主义理论中具备何种

---

① 谭忠诚、程少峰：《伦理学研究》，福建人民出版社2006年版，第343页。
② 祁志祥：《中国人学思想演进的总体把握》，《书屋》2002年第6期。

地位,马克思主义人道主义究竟只是一种伦理原则与道德规范还是同时也是一种世界观和历史观,人道主义在社会主义道德系统中究竟是一种上位道德还是中位道德、是众多共产主义道德原则之一抑或为其道德内核与基石。在这场讨论中,为因应党的解放思想之方针,相关学者提出"人是马克思主义的出发点",以人道主义充实和解释马克思主义。为此,胡乔木区别看待世界观和历史观意义上的人道主义与伦理原则和道德规范意义上的人道主义,认为作为伦理原则和道德学说的社会主义人道主义并不以唯心史观为基础,并不抽象地谈论平等原则。① 罗国杰在《试论社会主义人道主义伦理观》一文中,从社会主义人道主义之特点与形成、社会主义人道主义与共产主义道德之关系的角度,对作为伦理原则和道德规范意义上的社会主义人道主义原则,作出了细致分析和阐释。②

人生价值与意义是伦理学基础理论的重要问题之一。改革开放之初,基本人性在其与时空环境之间的博弈中在部分程度上的胜出,引发了人们对自身主体价值与意义的思考和觉醒,其体现之一是1980年"潘晓来信"的启蒙效应——人生价值与意义的大讨论。这场包括学者和社会民众皆热情参与的大讨论影响甚大、持续时间长久,深度论及伦理学原理的相关核心问题——他己利益关系与价值关系,在客观实际效果上潜在而非明示地确认了人生主体价值与意义的正当性。这场大讨论的主要论题集中于如何看待人的价值和如何看待"公"与"私"。众多论者认为人的价值应该受到重视,集体应该承认和重视个体价值。一种观点认为人生价值等同于个人对社会需求的满足;一种观点认为人生价值不取决于自身的财富和地位,而取决于其社会贡献;另有观点认为人生价值即为个体的劳动能力,既为自己亦为社会创造价值,是二者的统一。"潘晓来信"亦

---

① 胡乔木:《关于人道主义和异化问题》,《人民日报》1984年1月27日。
② 罗国杰:《试论社会主义人道主义伦理观》,载罗国杰《伦理学探索之路:罗国杰自选集》,首都师范大学出版社2011年版。

提及的"主观为自己、客观为别人"之观点也被热烈探讨,深度涉及合理利己主义的正当性与可行性。

伦理学基本问题是伦理学原理的题中应有之义,也是重建中国伦理学的前提之一,涉及伦理学科恢复之后其研究对象的再确认。20世纪80年代中早期,学术界对此议题的争论形成不同观点。其一认为道德与利益之间的关系是伦理学的基本问题,主要涵盖经济利益与道德之间的关系问题——是经济关系决定道德,还是道德决定经济关系,以及道德是否可反作用于经济关系——和个人利益与整体利益之间的关系问题。该观点强调伦理学的一切问题皆围绕这两个基本问题产生,如何看待这两个问题是伦理学说的理论分野标准。[1] 其二认为道德与社会历史条件之间的关系是伦理学的基本问题,强调社会历史条件是道德的根源与基础并决定着道德,同时道德可以积极地或消极地反作用于社会历史条件,其理据在于道德与社会历史条件的关系问题是马克思主义伦理学理论体系的基础,是哲学基本问题在伦理学领域的主要体现,也是唯物主义和唯心主义之间的理论分野标准。其三可溯及冯友兰关于伦理学根本问题在于研究什么是善、其目的在于科学地说明什么是善的观点,这种观点认为善恶问题是伦理学的基本问题,伦理学是善恶之学,善恶问题是道德生活的基本矛盾,其依据在于只有道德领域才会有善恶矛盾,只有伦理学才研究善恶矛盾,人类社会的道德发展史就是善恶矛盾的斗争史,它贯穿人类社会道德生活始终,善恶问题是伦理学的核心问题。

对道德的本质与主体性的认知,决定着伦理学原理研究的学理基础。主流观点认为,道德是由经济关系所决定的并按特定社会与阶级的要求,来约束人际关系与个人行为的原则与规范的总和。在此语境中的道德可能被理解为社会驯服人的手段,和经济力量借以自我实现的工具,而非创造和实践道德的积极主体,因而可能导致

---

[1] 罗国杰:《马克思主义伦理学》,人民出版社1982年版,第7页。

对作为道德主体的人的主体性的消解。对此，关于道德本质与道德主体性原则，持道德本质主体说的学者认为道德是人探索、认识、肯定和发展自身的一种重要方式，从本质上看道德是人的需要和人的生命活动的一种特殊表现形式，道德的这个本质集中体现了作为道德主体的人的主体性。[①] 持道德本质规范说的学者在肯定道德活动中人的主体性问题的同时，认为前述观点未能正视或者回避了道德的规范性和约束性这一真正本质。因此需要强调的是，集体生存的需要导致人们对道德的需要，只有在集体生存需要的时空基础上才会萌发善与恶、正义与非正义等道德概念，而正是集体生存的情形才会导致人们需要某种可以遏制个体片面欲望的约束性规范与原则，才可以使个体正当欲求在集体性规范的前提下得以满足。这说明，道德本质乃在于既注重个体利益之满足，也更注重集体利益之实现，这就意味着道德之本质在于其规范与约束之属性。[②] 中和论观点则认为，主体说与规范说是相辅相成的，内在的道德主体性可将外在的道德规范性转化为内在的规范与约束，从而实现由道德他律向道德自律的转变。[③] 此外，学界围绕集体主义、功利主义、义利关系等问题的探讨也形成了较具影响力的论争。

第四节　中国伦理思想史研究

中国伦理思想史是中华民族精神宝库中最具特色的文化财富之一。优秀的传统道德文化是一个国家、一个民族传承和发展的根本，是一个国家、一个民族的精神命脉。研究中国伦理思想史，加强对

---

① 肖雪慧：《人的主体性是一切道德活动的原动力》，《光明日报》1986 年 2 月 3 日；《"道德的本质在于约束性"驳论》，《哲学研究》1987 年第 8 期。
② 夏伟东：《略论道德的本质》，《哲学研究》1987 年第 8 期。
③ 罗国杰：《关于伦理道德的几个理论问题》，《人民日报》1990 年 10 月 19 日。

中华优秀传统道德文化的挖掘和阐发，是实现中国传统伦理思想创造性转化和创新性发展的基础与前提。中华人民共和国成立后，中国伦理思想史研究经历了从沉寂到发展和繁荣的历程。

一 中国伦理思想史研究的沉寂期

从中华人民共和国成立到改革开放，中国伦理思想史研究经历了一段沉寂时期。一方面，由于新中国诞生后马克思主义的思想和方法占据意识形态的主导地位，从而显现出一股强大的除旧革新之势，对传统伦理思想研究不够重视；另一方面，受苏联哲学史研究方法的影响，对思想史上的唯物主义与唯心主义斗争作简单化理解。在此时代背景下，对传统道德文化的革命性批判占据主流的意识形态，片面强调向封建社会的伦理思想和道德观念发起斗争，中国伦理思想史的研究备受冷落，没有获得其应有的学术地位，中国伦理思想史作为独立的学科形态未能确立，而是从属于中国哲学史学科，对中国伦理思想史感兴趣的学者只能从中国哲学史的著作和论文中披沙拣金，寻找相关的研究资源。

这一时期以中国伦理思想史为研究主题的、具有重要学术价值的成果甚少。张岱年的《中国伦理思想发展规律的初步研究》（科学出版社1957年版）是新中国第一本系统阐述中国伦理思想发展的著作，对中国传统伦理思想的发展演变和传统伦理的基本概念等作出了创建性研究，是新中国伦理思想史研究的奠基之作。

二 中国伦理思想史研究的发展与繁荣

1. 中国伦理思想通史和断代史研究

新中国第一部中国伦理思想通史研究专著是陈瑛、温克勤、唐凯麟、徐少锦、刘启林等合著的《中国伦理思想史》（贵州人民出版社1985年版），该著从先秦写到五四运动，突破了以往对传统伦理观念和道德文化的评价框架，把中国传统伦理思想的发展视为人类道德文化进程中的一个环节，客观地分析各个时代各种伦理思想产生的历史必然性和历史局限性。朱贻庭主编的《中国传统伦理思想史》（华东师范大学出版社 1989 年版）运用历史与逻辑、政治分析与理论分析、反思与比较相结合的方法，对中国传统伦理思想史中出现的范畴、概念、命题和论争作出了清晰的界说，梳理了传统伦理思想变革的轨迹。在此后的 30 余年间，陆续出版了多部通史类的中国伦理思想研究成果[①]，这些成果在结构上大多采用以历史分期为篇章结构，以每个历史时期的思想家的伦理思想组成各篇章的主体；在内容上大多以在对古典文献分析的基础上解读其中的伦理意涵，以介绍和评价传统道德知识为主。与此种写法相比，樊浩的《中国伦理精神的历史建构》（江苏人民出版社 1992 年版）以"伦理精神"透视中国传统伦理思想，从精神性、体系性、结构性等元素与内涵出发探究中国伦理精神生长的逻辑起点、结构体系、建构原理和内在矛盾，独具特色。罗国杰主编的《中国伦理思想史》（上、下卷，中国人民大学出版社 2008 年版）在全面系统地梳理中国伦理思想史的基础上，明确归纳了中国传统道德文化的基本特点：中国传统道德文化重视人伦关系、重视精神境界、具有人本主义精神、强调个体的道德修养以及推己及人的忠恕之道。张锡勤作为编写课题组召集人的"马克思主义理论研究和建设工程"重点教材《中国伦理思想史》（高等教育出版社 2015 年版）以唯物史观为指导，科学地揭示了中国伦理思想产生、发展、演变的内在逻辑和历史进程，对中国伦理思想的价值和意义作出了全面的阐释。在讲解中华传统美德的同时，注重阐述中国传统的伦理思想遗产尤其是那些超越时代局限、历久弥新的古今共理。

[①] 中国伦理思想通史研究的代表性著作还有：沈善洪、王凤贤的《中国伦理学说史》（上、下卷，浙江人民出版社 1985 年版、1988 年版），张锡勤等撰写的《中国伦理思想通史》（黑龙江教育出版社 1992 年版），陈少峰的《中国伦理学史》（北京大学出版社 1997 年版），焦国成的《中国伦理学通论》（山西人民出版社 1997 年版），陈瑛主编的《中国伦理思想史》（湖南教育出版社 2004 年版），温克勤的《中国伦理思想简史》（社会科学文献出版社 2013 年版）等。

与中国伦理思想通史纵横数千年相比，中国伦理思想断代史研究专注于某一特定历史时期的伦理思想的演进和发展。朱伯崑的《先秦伦理学概论》（北京大学出版社1984年版）从道德规范、道德准则、道德评价和道德修养等方面论述了先秦儒家、墨家、道家和法家的伦理思想，在中国古代伦理思想断代史研究领域具有开创性意义。张锡勤等编著的《中国近现代伦理思想史》（黑龙江人民出版社1984年版）是我国第一部研究中国近现代伦理思想的专著，该著讨论了从鸦片战争到新民主主义革命时期中国伦理思想的发展。张岂之等著的《近代伦理思想的变迁》（中华书局1993年版）阐述了近代新伦理思想的孕育、萌发和变革的历程，既从总体上考察了近代不同时期的伦理思潮，又对近代改良派和革命派的伦理思想进行了个案分析。唐凯麟的《走向近代的先声——中国早期启蒙伦理思想研究》（湖南教育出版社1993年版）论述了泰州学派以及李贽、顾炎武、黄宗羲、王夫之和戴震等人的伦理思想，指出了明清伦理思潮在反对宋明道学、批判封建伦理思想方面的早期启蒙意义。[①]

2. 中国伦理思想史专题研究

中国伦理思想史专题研究涉及的内容非常丰富，大体包括：（1）按学派划分的伦理思想史研究，如儒家伦理思想史、佛教伦理思想史、道家伦理思想史、法家伦理思想史等；（2）以道德命题、道德范畴等为研究对象的伦理思想史，如人我关系、义利关系、仁爱学说、德性论等道德命题和孝、忠、诚、信等道德范畴；（3）以

[①] 中国伦理思想断代史研究的代表性著作还有：王泽应的《现代新儒家伦理思想研究》（湖南师范大学出版社1997年版），张怀承的《天人之变——中国传统伦理道德的近代转型》（湖南教育出版社1998年版），陈谷嘉的《宋代理学伦理思想研究》（湖南大学出版社2006年版）、《元代理学伦理思想研究》（湖南大学出版社2010年版）和《明代理学伦理思想研究》（湖南大学出版社2015年版），许建良的《魏晋玄学伦理思想研究》（人民出版社2003年版）、《先秦道家的道德世界》（中国社会科学出版社2006年版）和《先秦法家的道德世界》（人民出版社2011年版），徐嘉的《中国近现代伦理启蒙》（中国社会科学出版社2011年版）等。

人生论、修养论、道德教育论等为研究对象的伦理思想史，如中国传统人生论、中国古代道德修养论等；（4）按人物撰写的伦理思想史，如孔子的伦理思想、朱熹的伦理思想等。在这些专题领域，均有学者展开研究，并以论文或专著的形式发表或出版。

张岱年的《中国伦理思想研究》（上海人民出版社1989年版）对中国伦理思想中的基本问题、道德的层次序列、道德的阶级性与继承性、义利之辨与理欲之辨、仁爱学说、三纲五常、意志自由、天人关系、道德修养与理想人格问题以及整理伦理学史料的方法等问题进行了深入的研究，对推进中国伦理思想史的专题研究具有重要的启迪价值。由罗国杰主编、国内多位著名中国伦理思想史专家参与编写的《中国传统道德》五卷本（中国人民大学出版社1995年版）包含规范卷、德行卷、教育修养卷、理论卷和名言卷，分门别类地整理了相关的思想史资料，每卷前的"卷序"、每篇前的"导语"和每节前的"本节按语"反映了编写者们对中国伦理思想某一领域的独到认识和理解。钱逊的《中国古代人生哲学》（清华大学出版社1998年版）阐述了德刑之争、义利公私之辨、推己及人严己宽人的人我关系原则、天人合一、致中和之道以及人性论和修养论等与人生哲学相关的伦理问题。

焦国成的《中国古代人我关系论》（中国人民大学出版社1991年版）对伦理与道德这两个重要范畴进行了区分，比较系统地研究了围绕"人我关系"而展开的中国伦理思想和道德理论。蒙培元的《人与自然——中国哲学生态观》（人民出版社2004年版）从"天人合一"命题与可持续发展的观点出发，集中探讨了中国传统生态伦理思想，构建了中国传统哲学生态观的框架和体系。肖群忠的《中国道德智慧十五讲》（北京大学出版社2008年版）从人生观、价值观和道德观的维度，分析了人性、处世、处己、处人、义利、公私、理欲、德才等传统伦理问题，既有历史梳理，又有义理分析。

3. 道德生活史研究

在中国伦理思想史研究中存在着重宏大叙事轻日常生活、重道德应然轻道德实然、重价值评价轻事实描述的倾向，鉴于伦理学与日常生活具有密切关联性的特质，中国伦理思想史研究在加强思想史研究的同时，应注重人伦日用的研究。21 世纪以来，在继续进行中国伦理思想史学理性探究的同时，一些学者开始研究中国传统社会的道德生活史，以展现传统社会道德生活的面貌，并为当代社会的道德生活发展和伦理秩序建构提供有益的借鉴。

徐少锦、陈延斌的《中国家训史》（陕西人民出版社 2003 年版）并不是一般地阐述和摘录有关中国古代家庭教育的思想，而是从家训教化实践的视角，描述生活世界中家训实践的历史发展轨迹，遴选了从先秦到清末几千年间 200 多位典型人物，将他们训育女子的理论基础、主要内容、基本原则、具体方法等进行分类归纳，理出其历史演进线索，揭示其间的内在联系与发展规律。该书不仅拓宽了中国道德教育思想史与中国伦理思想史研究的领域，而且对于当代社会的精神文明建设特别是家庭美德和公民道德建设具有重要的借鉴意义。另有学者通过研究历代圣贤名言佳句和善书等文献资料，拓展了中国传统家训伦理思想的研究领域，对中国传统社会民间劝善教化的道德生活进行了多向度的扫描。

陈瑛主编的《中国古代道德生活史》（中国社会科学出版社 2012 年版）是系统研究古代社会道德生活的通史类著作，该著以中国古代各个社会历史时期为"主要经线"，以家庭婚姻道德、政治行政道德、士农工商行业以及不同阶层的道德为"主要纬线"，涉及古代社会与道德生活相关的主要方面，如家庭关系、政治生活、各行业和各阶层的生活等，时间跨度从先秦到明清，具有开创性的学术价值。唐凯麟主编的《中华民族道德生活史》（八卷本，东方出版中心 2014 年、2015 年版）按历史分期，分为先秦卷、秦汉卷、魏晋南北朝卷、隋唐卷、宋元卷、明清卷、近代卷和现代卷，以民族道德传统的形成、发展、演变和弘扬为基本线索，按不同的历史时期深入考察中华民族的道德生活历史。例如近代卷，以中国近代特有的政治、经济、文化、社会为背景，着重阐述近代中国社会转型过程中传统道德生活发生的一系列变化——近代救亡图存、太平天国运动、戊戌维新、辛亥革命、"五四"新文化运动、国民党新生活运动等对传统道德生活的冲击以及共产党领导的地区新的道德生活方式、新的道德关系、新的道德风俗的产生和形成，勾勒了中国近代百年间道德生活的基本样貌和历史走向。

三　中国伦理思想史研究的主要特色

1. 坚持马克思主义的唯物史观

改革开放以来的中国伦理思想史研究，摆脱了对传统道德文化的革命性批判的意识形态束缚，坚持马克思主义的唯物史观的研究立场，从农耕文明、血缘宗法关系、社会等级制度的源头来解释中国传统的道德文化，主张辩证地看待中国伦理思想和道德理论的社会历史作用和现代意义，以同情理解的态度发掘、阐发中国传统伦理思想及其人文精神的内在价值，既反对道德虚无主义，又反对道德复古主义。

2. 研究范式的转换

研究中国伦理思想史，学习西方伦理思想史的研究范式是必要的，但不能用移植或临摹西方伦理学的理论与方法对中国伦理思想的史料任意地剪裁和装扮。中国伦理思想史研究者已经走出了"削足适履"的学术窘境，以中国伦理思想史的可靠史料为基础，努力发现中国伦理思想与西方伦理思想不同的特性和价值。研究范式的转换还体现在研究者"问题意识"的加强，面对经济全球化和文化多元化的新时代，如何提升道德文化自觉和道德文化自信，实现传统道德文化的创造性转换和创新性发展已经成为中国伦理思想史研究者的学术追求。

3. 伦理思想史研究与道德生活史研究并重

中国道德文化传统作为一种历史形成的价值观念和行为规范，之所以能够为世代中国人所广泛接受，是因为它有着独特的道德教育和文化传播方式，将其所倡导的道德文化和价值观与人们的日常生活联系起来，有效地介入了人们的日常人伦关系，成为人们处理社会伦理关系和应对道德生活冲突的基本行为规则。中国伦理思想史所呈现出来的这一特质提醒研究者不仅要将各个历史时期思想家的伦理原则和道德规范讲清楚、说明白，还要挖掘民间日常道德生活中的实践智慧。虽然对中国道德生活史的研究取得了一定的进展，但还需借鉴描述伦理学和历史人类学的研究立场与研究方法，进一步挖掘已逝去时代的文献资料和历史遗存，中国传统社会的道德生活是过往的历史，但由于它已融入中华民族道德文化的基因之中，它又成为现在和未来道德生活的一部分。

第五节　外国伦理学研究

中国的外国伦理学研究经历了起落波折的状态，在经过了从中华人民共和国成立初到改革开放前的停滞阶段之后，自1979年邓小平提出社会科学要"补课"以及20世纪80年代伦理学研究整体重建以来，中国的外国伦理学研究在各方面取得了长足的进步与发展。40年来，伴随着我国伦理学在学科建设、专业研究、人才培养、国际影响力以及为中国特色社会主义建设提供理论支持等方面取得的不容忽视的进步，我们的外国伦理学研究也取得了丰硕的成果。

一　70年外国伦理学研究的发展概况

我国的外国伦理学研究最早可以追溯到20世纪初，随着新文化运动的发展，严复、梁启超、蔡元培、张东荪等学者十分注重外国伦理学的思想成果，并在各自著作中进行了详细介绍。然而在中华人民共和国成立后，特别是到了60—70年代，由于政治意识形态等原因，西方的学说尤其是伦理学说曾因被贴上腐败堕落的标签而一度中断研究。尽管这一时期也有伦理学家翻译了部分西方伦理学作品，如周辅成在1964年编著出版了《西方伦理学名著选辑》上卷，但由于政治意识形态等原因，这一时期我国的外国伦理学研究总体上处于停滞与中断状态。

到了20世纪80年代，我国的外国伦理学研究开始逐步恢复，几部重要的国外伦理思想史研究著作相继问世，对于国内的相关研究起到了奠基性作用。先是章海山于1984年出版了对于西方伦理学研究具有重要价值的《西方伦理思想史》，紧随其后的是由罗国杰和宋希仁编著的《西方伦理思想史》的问世，这两部西方伦理思想史外加周辅成的《西方著名伦理学家评传》在这一时期的正式出版将中断已久的外国伦理学研究重新拉回轨道，不仅为后续的相关研究树立了学科基准，而且持续指明了未来的方向。此外，由石毓彬、杨远编著的《二十世纪西方伦理学》在1986年的出版为我国学界的外国现当代伦理思想的研究提供了基础素材和典型范式，该书对当时国外伦理学研究的最新思想与流派知识进行了系统介绍，为学界现当代西方伦理思想的后续研究奠定了基础。

进入90年代以来，我国的外国伦理学研究进入了快节奏的发展阶段，大量的研究文章相继发表，从各个角度与面向引介和评述国外传统与现当代伦理思想，一度产生了重要影响。除译文、评论文章与研究论文外，多部重要的关于外国伦理思想研究的专著相继问世，有力地促进了我国伦理学学界的相关研究。这一时期在对欧洲传统伦理思想史研究方面继续推进，1991年黄伟合所著的《欧洲传统伦理思想史》与1992年刘伏海的《西方伦理思想主要学派概论》的相继出版对于学界的外国伦理学研究提供了进一步丰富的史料与素材。

现当代方面，陈瑛、廖申白主编的《现代伦理学》于1990年出版，该书不仅对第二次世界大战以来的欧美国家伦理思想，还对现当代俄罗斯和东方重要国家的伦理思想的发展情况进行了介绍。同样是在现当代伦理思想研究方面，万俊人的《现代西方伦理学史》的出版对于我国学界了解西方伦理思想的最新发展具有十分重要的意义，该书系统而详尽地介绍了西方现当代伦理思想、人物与流派，堪称这一时期国外伦理思想研究的典范著作。此外，1996年石毓彬、程立显、余涌主编的《当代西方著名哲学家评传（道德哲学卷)》的出版将现当代西方伦理思想的引介推入了更高的阶段。国别和地域专题伦理研究方面，王中田的《当代日本伦理学》较早地系统介绍了当代日本伦理学的发展情况以及关注热点。包利民的《生命与逻各斯——希腊伦理思想史论》，金可溪的《苏俄伦理道德观演变》以及李萍的《东方伦理思想简史》于1996年和1997年的相继出版曾一度产生过重要影响。人物研究方面，何怀宏的《契约伦理与社会正义——罗尔斯正义论中的历史与理性》于1993年的出版持续推动了学界对国外现当代政治伦理学说的研究兴趣。此外，中国社会科学出版社在这一时期陆续集中出版的"外国伦理学名著译丛"到今天已经翻译外国伦理学重要著作多部，对于国内学界的外国伦理学研究起到了重要而积极的推动作用。

进入21世纪以来，随着国内社会文化环境的开放发展和伦理学学科体系的逐步健全，学界对于国外伦理学思想的研究也步入了黄金时期。21世纪对国外传统与当代伦理思想史的引介继续推进，宋希仁主编的《西方伦理思想史》将我国20世纪80—90年代开启的国外伦理思想史研究推进到一个新的高度。除了通史，对外国伦理专题史及伦理流派的研究也进入一个全新的繁荣阶段。古希腊古罗马的美德伦理学，教父哲学和经院哲学中蕴含的中世纪宗教伦理学，近代理性主义、感觉主义、功利主义、契约主义和义务论伦理学，现当代政治伦理学以及后现代伦理学等几乎所有重要的西方伦理历史流派和主要人物的思想都获得了深入研究，不仅如此，包括非理性主义伦理学、精神分析伦理学、进化伦理学、关怀伦理学、生物伦理学、人道主义伦理学、境遇主义伦理学、实验伦理学、艺术伦理学和实用主义伦理学等在内的非典型但一度产生过重要影响的西方伦理学说同样得到了国内伦理学人的广泛关注。美德、良心、幸福、善良意志、义务、身体、快乐、权利、人性、约束、秩序、冲动、自由、善恶、律令等主要属于西方伦理学的范畴或道德主题得到详尽论析。在近20年对外国伦理学的深入探索过程中，学界除了重视对元伦理学等纯理论体系的考察外，还结合我国的发展现实，从实际需要出发对西方伦理学说在吸收和研究方面进行选取，使得引入的理论更多地可以服务于我国现实。其中正义和公正问题、自由问题、平等问题、法治问题、权利问题、民主问题和可持续发展等主要与政治伦理和国计民生息息相关的问题一度成为关注热点。从重视经验直觉到关注原则规范，从理论推导到对现实重大问题的关注，从传统对美德伦理的强调到如今对制度伦理和个体自由的尊重，这些西方伦理学学科的新型研究转向同样引发并促成了21世纪我国的西方伦理思想研究的重要转向。此外，伦理学研究中主要涉及的描述方法、规范方法、分析方法、历史方法和科学方法等重要的西方伦理学的研究方法已经成为我国伦理学人在关注各种道德问题及其从事相关研究时十分熟悉并且经常应用的方法。与此相关，21世纪学界的伦理学研究已经逐渐摆脱了传统的直觉和经验式的一般讨论，在大部分的研究中，道德含义、道德本质、道德行为、道德情感、道德判断、道德选择、道德原则、道德目的、道德冲动、道德主体性、道德规范等西方传统道德哲学命题涵盖之内的几乎所有的重要方面皆被一一思考和深挖，使得相关研究避免了内容空泛和体系与理论性的缺乏。人物研究方面，除了亚里士多德、洛克、休谟、康德、边沁、黑格尔、密尔、马克思、萨特、罗尔斯、诺奇克、麦金泰尔和哈贝马斯等之前主要关注的人物外，马基雅维利、霍布斯、斯宾诺莎、卢梭、费希特、舍勒、海德格尔、列奥·施特劳斯、哈耶克、以赛亚·伯林、福柯、阿马蒂亚·森、黑尔、德沃金、桑德尔、阿甘本和安东尼奥·奈格里等陆续进入国内学者的研究视线，其伦理思想得到深入发掘，人物间的横向比较研究也经常得以展开。这一时期对于东方伦理学的关注与研究也在深化，如龚颖深入考察了日本近代以来接受和转化西方伦理学的状况，并揭示出在近代西方伦理学东渐传入中国的过程中日本伦理学界所发挥的具体作用和影响。除日本外，我国的伦理学人对韩国伦理学、东南亚伦理学、印度和伊斯兰伦理学等有价值的部分也进行了引介和推广。国外的伦理思想研究在新时代四面开花,并且在我国的各项发展中起到了实际而有效的借鉴作用。

二 外国伦理学研究方面取得的进展

中华人民共和国成立70周年尤其是改革开放40年以来,经过各项探索,中国特色社会主义进入崭新时代,我国的伦理学研究也取得了令人瞩目的成绩。各地著名高校与科研机构的伦理学学科体系逐步健全,专业程度逐渐增强,伴随伦理学学科的强劲发展趋势,我国的外国伦理学研究方面也取得了重大成绩。大量的外国伦理思想研究方面的文章作为重点部分发表在国内各大核心期刊上,国外伦理思想日益受到学界与社会的重视,对于人们的思想塑造与社会文化的整体发展产生了积极的重要影响。外国伦理学研究方面的发展成果集中体现在以下方面:

1. 与国际前沿最新研究成果逐渐接轨

如上所述,外国伦理学研究经过几十年的学术积淀,在经历了从无所知到逐渐接受,最后到相对熟知的艰难过程后,国内学者开始对国外伦理学的研究方法、主题、人物、流派和发展趋势等有了相对全面的认识,并在这种整体认识的前提之下能够对于国外最新前沿思想的动态作出相对及时的反应。随着我国的外国伦理学研究梯队的健全和学者外语能力的提高,国外重要伦理学家的专著或论文动向第一时间获得关注,其成果被迅速翻译,进一步的跟踪研究随即展开,观点与成果也迅速被业内学人把握,广泛的关注和讨论有了直接展开的土壤。此外,在术语和概念体系把握方面,随着研究基础的扎实和外语能力的增强,其应用范围与方式的准确性获得合理把握,术语与国内语言的比照翻译相对更加科学准确,对现实的指导意义进一步增强。这些方面的提升提供了我国与世界其他国家进行伦理与现实对话的基础,使得伦理学研究的世界资源在我国获得了使用的可能性。我国的伦理学研究不再是自说自话,而是在互动的有利条件下相互借鉴,及时补充，在充分借鉴国外发展的经验教训的基础上为我国的思想道德建设提供有效的智力支持。

2. 从根本上带来了伦理学研究范式的转变

在国外伦理思想大量引入国内之前的漫长时间里，我国的伦理学研究范式十分落后，方法相对保守，关注的主题及社会问题十分狭窄。在过去单一的集体主义和经验主义研究话语中，伦理学理论基础缺乏，就问题而谈问题的经验主义方式越来越难以适应社会发展的现实要求。随着改革开放几十年来国际交流的发展，国内学界对于什么是伦理学、伦理学的研究路径与展开范式逐渐有了相对清楚的认识，从而为伦理学学科体系的科学发展以及更有效地解决面临的现实问题等提供了必要的基础。这种学科研究范式的引入和接受从根本上改变了我国传统伦理和道德研究的不利局面，使得研究不再依赖于非专业的感觉主义，而是走上了一条科学化的正规道路。在这种影响之下，当前几乎所有的伦理学研究都要或多或少参考国外的研究范式，即使最终的展开方式是传统中国的，但终归不能完全忽略掉国外丰富的研究范式与发展现状。变直觉为科学，变单纯经验为理论和经验相互生长，变自说自话为辩证借鉴，这将对我国伦理学学科的健康发展产生积极而重要的后续影响。

3. 有力推动了我国的社会主义思想道德体系建设

道德生活是全部社会生活的直接反映，社会主义思想道德是社会主义经济、政治、文化的反映，反过来，社会主义思想道德体系的建设有助于促进中国特色社会主义的全面发展。国外伦理学思想和学说的引入，便于我们把握复杂的社会形势和道德状况，尤其是在重大的社会决策方面，国外政治伦理、制度伦理、经济伦理、科技伦理、环境伦理和医学伦理等方面丰富的研究成果将为我国的各项改革提供有利的理论支持。在国家和群体的重大决策的制定和实施过程中，国外传统与当代的德性论、功利主义、契约主义和义务论的总体考虑可以为此提供重要借鉴。过去几十年的实践表明，辩证而合理地吸收国外先进的伦理学研究成果对我国的社会主义精神文明建设产生了积极的影响，正义、平等、自由和民主等过去被忽视的伦理价值原则如今获得了普遍认同与尊重，并在实践层面上得到了有效的推行。

当下的社会主义道德体系建设和政治体制改革的进一步深化给我国的伦理学研究提供了更加广阔的空间，我国的外国伦理学研究走向更加科学化与系统化将是必然的发展趋势。合理批判吸收国外伦理学中最有价值的部分，构建具有中国特色的社会主义思想道德体系，将成为我国伦理学者尤其是研究国外部分的伦理学人的一项长期而光荣的历史任务。

第六节　应用伦理学研究

一　应用伦理学研究的基本状况

与我国伦理学研究的其他领域相比，应用伦理学研究当属后起之秀。严格而论，我国应用伦理学从起步到发展大体只有40年左右的历史。

20世纪中叶以后，世界伦理学的发展发生了急剧而深刻的变化，即源于摩尔《伦理学原理》（1903年）一书而引发的元伦理学热潮的衰退和应用伦理学的兴起。伦理学的发展之所以发生这种剧烈的变化，原因简单而明了。一方面，伦理学学科性质所具有的鲜明的实践品格不可能使其只囿于对伦理语词的纯语义、纯逻辑的分析，否则，伦理学必将趋于僵化，缺乏活力，而丧失其学科的功能；另一方面，20世纪中叶以后，世界范围内出现的大量的经济问题、政治问题、环境问题、医学问题等，都向伦理学提出了挑战，研究和寻求解决这些问题的思路，已成为伦理学家不容回避的责任。应用伦理学一经兴起，便在西方伦理学界，尤其是在美国，形成了一股强大的学术洪流。

虽然我国应用伦理学研究的起步比西方稍晚，但有着与西方应用伦理学发展同样强劲的势头。究其原因，西方伦理学发展的应用伦理学转向和西方应用伦理学的学术影响无疑是一个重要的刺激因子。而对我国应用伦理学发展起到促进作用的更重要的因素则在于，随着20世纪70年代末80年代初改革开放政策的实行，我国的政治、经济和社会生活都发生了深刻的变化，在经济、环境、医学、科技等诸多领域都产生了一系列重大的问题亟须伦理学家在道德层面进行严肃认真的探究和思考。因此，无论就西方而言，还是就我国的情形而言，应用伦理学的兴起实际上与其说是伦理学或者伦理学家的一种主动变革，毋宁说是伦理学在面临一些现实紧迫的道德难题的挑战时作出的一种被动应战。

我国应用伦理学的兴起和发展大致与我国改革开放的进程同步，如果说从20世纪70年代末到80年代末是起步阶段，90年代是快速发展阶段，那么，在进入21世纪以后，我国应用伦理学发展进入了相对成熟的时期。经过40余年的发展，我国应用伦理学研究在各方面都有长足的进步，取得了很大的成绩。第一，各种应用伦理学的研究机构和组织相继成立。1995年中国社会科学院成立了应用伦理研究中心，北京大学也于1999年成立了应用伦理学研究中心。20世纪90年代中期以后，一些高校和科研机构都纷纷成立了生命伦理、环境伦理、经济伦理和其他各种应用伦理的研究中心和研究所。在中国伦理学会名下也成立了若干应用伦理学方面的专业伦理委员会。第二，一大批应用伦理学的研究论著和译著出版，每年都有大量的研究论文发表，包括国家社科基金在内的各种研究资助项目每年都有大量的以应用伦理学为主题的课题立项和结项，在伦理学研究的各领域中，应用伦理学的研究成果所占比例不断增加，成绩显著。第三，以应用伦理学为主题的各种学术交流活动日趋频繁，十分活跃。在进入21世纪以后，每年都有为数不少的应用伦理学各领域的学术会议成功举行。从2000年开始至2018年，由中国社会科学院应用伦理研究中心发起举办的"全国应用伦理学讨论会"已连续成功举办了11次，以会议论文为主体的《中国应用伦理学》集刊出版

8 期。后改为《应用伦理研究》集刊，已出版 3 期。第四，一些高校开设了应用伦理学课程，包括卢风、肖巍主编的《应用伦理学导论》（2002 年）和甘绍平、余涌主编的《应用伦理学教程》（2008 年）在内的一些应用伦理学教材相继问世，还培养了一批以应用伦理学为研究方向的硕士和博士。随着我国应用伦理学研究的深度展开，其对社会生活的作用也逐渐显现，应用伦理学各学科的研究对于国家相关政策和法规的制定，以及人们思想观念的发展变化都产生了直接或间接的影响。

在应用伦理学研究领域中，起步较早、发展也比较迅速和充分的当数生命伦理学、环境伦理学和经济伦理学。

就世界范围而言，应用伦理学的兴起正是从生命伦理学开始的。在我国，生命伦理学也是应用伦理学中起步较早和发展相对成熟的领域。在 20 世纪 80 年代，生命伦理学就以破竹之势登上我国应用伦理学的舞台。1980 年，《医学与哲学》杂志创刊，1988 年，《中国医学伦理学》杂志创刊，这是我国生命伦理学两个重要的刊物；1987 年，邱仁宗的《生命伦理学》出版，这是我国生命伦理学的开山之作，此后，有大量的有关生命伦理学的著作问世，其中包括徐宗良等的《生命伦理学》（2002 年）、沈明贤主编的《生命伦理学》（2003 年）、王延光的《当代中国遗传伦理研究》（2003 年）、韩跃红的《护卫生命的尊严——现代生物技术中的伦理问题研究》（2005 年）、孙慕义的《后现代生命伦理学》（2015 年）等；1988 年在上海举行的安乐死的社会、伦理和法律问题学术研讨会对于我国生命伦理学的兴起也具有标志性的意义。生命伦理学一经兴起，便一直是我国应用伦理学领域中最为活跃的学科之一。

我国环境伦理学的兴起，一方面，是源于 20 世纪 70 年代以后席卷全球的环保浪潮和西方环境伦理思潮的影响；另一方面，更重要的则在于随着我国改革开放进程的不断深入，环境保护问题日益突出，亟须作出伦理理论的应对。我国环境伦理学的发展大致始于 20 世纪 80 年代中期。从 90 年代后就有一些环境伦理学方面的著作问世，其中代表性的著作有余谋昌的《惩罚中的醒悟：走向生态伦理学》(1995年)、叶平的《生态伦理学》(1994年)、徐嵩龄主编的《环境伦理学进展：评论与阐释》(1999年)、卢风的《享乐与生存——现代人的生活方式与环境保护》(2000年)、李培超的《自然的伦理尊严》(2002年)、杨通进的《环境伦理：全球话语，中国视野》(2007年)、崔永和等的《走向后现代的环境伦理》(2011年)等；90年代后有大量的西方环境伦理学方面的著作被译成中文出版，极大地促进了我国环境伦理学的理论研究。通过学者们多年的努力，不仅我国环境伦理学作为应用伦理学的一门学科日臻成熟，而且也有力地促进了人们环境意识的提高。

我国经济伦理学是随着我国改革开放的进程而兴起和发展的，尤其是市场经济的发展所带来诸多方面和诸多层次的问题给经济伦理学提供了广阔的发展空间。从20世纪90年代中期开始，经济伦理学作为应用伦理学的一门独立学科的地位就初步确立，一批经济伦理学论著相继问世，其中包括厉以宁的《经济学的伦理问题》(1995年)、陆晓禾的《走出"丛林"——当代经济伦理学漫话》(1999年)、万俊人的《道德之维——现代经济伦理导论》(2000年)、周中之和高惠珠的《经济伦理学》(2002年)、孙春晨的《市场经济伦理研究》(2005年)、乔法容等的《宏观层面经济伦理研究》(2013年)、王小锡的《道德资本研究》(2014年)等；一些经济伦理学的专门研究机构陆续成立，在组织经济伦理学的研究方面发挥了重要作用；不同系列的经济伦理学名著译丛相继出版，经济伦理学的对外学术交流也十分活跃；2007年，由王小锡主编的《中国经济伦理学年鉴》开始出版，年鉴全面系统地展现了新世纪我国经济伦理学的发展状况。经济伦理学已经成为我国应用伦理学研究的一个重要领域。

与应用伦理学各分支学科，尤其是生命伦理学、环境伦理学和经济伦理学相比，对应用伦理学的一般问题和基础理论的研究则相对滞后，只是到了21世纪初，这类问题才引起广泛关注，在这方面的研究中，甘绍平的《应用伦理学前沿问题研究》（2002）是一部具有重要影响的著作。

40年来，随着改革开放进程的不断深入和科学技术日新月异的发展，在广大学者的共同努力下，我国应用伦理学的研究呈现出重点突进、多点开花的良好局面。除了生命伦理、环境伦理和经济伦理之外，政治伦理、科技伦理和法律伦理的研究也取得重大进展，同时，教育伦理、传媒伦理、网络伦理、宗教伦理、性伦理、国际伦理、劳动伦理、管理伦理、军事伦理、体育伦理等的研究也都有可喜的成果问世。

当然，我国应用伦理学的研究还存在提升的空间。诸如，在加强理论研究的同时，解决实际问题的对策研究能力有待进一步提高，应用的途径也有待进一步拓展；伦理学研究者对相关专业知识的学习和与相关领域专业研究者的交流合作需进一步加强；学科体系的建设有待完善；应用伦理学的国际学术交流有待进一步加强；等等。

二　应用伦理学各领域研究的相关问题

40年来，我国应用伦理学研究主要围绕两个层面的问题展开，一是应用伦理学的一般问题；二是应用伦理学各学科的具体问题。

应用伦理学一般问题的讨论主要集中在两个方面，一是应用伦理学能否成立的问题；二是应用伦理学应用什么及如何应用的问题。关于前一个问题，有学者认为，并不存在一个可以自成体系的、独立的应用伦理学学科，应用伦理研究只是指称一个研究领域，是一个松散的、缺乏严密逻辑结构的"应用问题群"，而不能构成一个学科。但大多数学者则认为，应用伦理学是伦理学的一个独立学科体系和完整的理论形态，是超越传统伦理学的一种伦理学的新的形态，它不仅是一种新的理论模式，也是一种新的道德实践的行为程序。

如果说在应用伦理学能否构成一门独立的学科的问题上争议不大的话，那么，在应用伦理学应用什么及如何应用的问题上的争论则相对激烈许多，这主要体现在"程序共识论"和"基本价值论"

的争论上。程序共识论强调，应用伦理学首先是一种程序方法，是在价值多元背景下，为解决现实社会中不同领域出现的各种道德难题，提供一种对话的机制或平台，其任务是经协商和对话程序而达成某种道德共识，为解道德难题之困寻求出路。基本价值论则强调的是基本价值在解决各种道德难题时的导向作用，认为应用伦理学是把哲学和理论伦理学所确立的根本理念、一般原则和基本价值准则应用于社会生活各领域，以确立不同领域的具体的道德准则或行为规范。

应用伦理学各学科研究的主要问题，除了诸如学科的研究对象、任务、方法等一些学科体系建设的基本问题外，大部分都是随着社会生活的不断变化而在各自领域产生的大量的现实道德问题。在所有这些问题中，有些问题由于涉及学科的基本价值取向的分歧而受到长期的关注，有些问题由于科技的重大发展而引发的道德困境形成备受关注的热点，有些问题则由于与人们的生活息息相关而持续被讨论。

在生命伦理学方面，研究的主要问题有安乐死的伦理问题、基因工程所涉及的伦理问题、人体器官移植方面的伦理问题、生殖技术所引发的伦理问题、人工流产的伦理问题，以及医患关系中的伦理问题、医疗公正问题等。其中，在生殖技术中，由1997年2月克隆羊"多利"的诞生所引发的关于克隆人的伦理问题讨论在我国生命伦理学界乃至社会各界都引起广泛的关注，一度成为学界激烈争论的热点问题。在克隆技术对人类自身运用方面的伦理考量上，大多数人认可治疗性克隆的道德合理性，而对生殖性克隆在道德上能否得到辩护则存在很大的争议。反对克隆人的学者认为，克隆人会造成人类自我认同的严重危机，在道德上也是得不到辩护的。克隆人违背了我们所必须遵循的一系列基本的道德原则或道德价值，诸如不伤害他人，不得侵犯人的尊严、自主权，不得违反人的平等，等等。克隆人会对克隆技术在实验和完善阶段所产生的在各方面有严重缺陷的婴儿造成极大的伤害；克隆人会使被克隆出来的人的意志自由、自主地位和与他人的平等关系受到严重侵犯或损害；克隆人还会破坏现有的家庭伦理关系。赞成克隆人的学者则以克隆人不会损及人的个体独特性，不会亵渎人的尊严，以及人有以不同方式获得后代的权利等为由，为克隆人作道德上的辩护。

在环境伦理学方面，研究的问题涉及环境伦理学的学科性质、环境伦理学的研究对象、环境伦理学的研究方法以及环境伦理的实现途径等。但在环境伦理学中最引人注目的是非人类中心主义与人类中心主义之争，这是一个事关环境伦理学价值定位的重大理论问题，其争论之激烈、持续时间之长、波及范围之广都是应用伦理学领域所罕见的。非人类中心主义主张把道德义务或者道德关怀的对象扩展到自然万物，而人类中心主义则强调自然不是道德义务或道德关怀的对象。主张非人类中心主义的学者认为，人类对自然负有直接的道德义务。其根据在于，生命和自然因其具有目的性、主体性、主动性、认知和评价能力以及智慧等而具有内在价值；人与自然万物都属于同一个道德共同体；自然拥有权利。主张人类中心主义的学者则否认人类对自然负有直接的道德义务。针对非人类中心主义的观点，他们提出，以自然的存在属性作为自然具有内在价值的根据，是把事实与价值等同起来了，从而陷入了摩尔所说的"自然主义谬误"；就价值是客体满足主体的需要，是人赋予客体的而言，自然不可能具有内在价值；就道德是源于具有理性的人之间达成的契约而言，人与自然不可能处于同一个道德共同体之中。

在经济伦理学方面，随着我国改革开放的深入进行和市场经济的持续推进，经济生活各层面的道德问题不断呈现，经济伦理的研究极为活跃。经济伦理研究涉及的主要问题包括：经济伦理学的学科性质、经济与道德的关系、经济活动中的诚信问题、公平与效率的关系问题、道德资本问题、分配伦理问题、消费伦理问题、产权伦理问题、企业伦理问题等。其中关于公平和效率的关系问题曾引起持续而热烈的讨论。公平和效率是人类追求的两个重要的价值目标，学者们不仅对公平和效率两个概念的含义作了深入分析，而且，随着市场经济的发展和社会生活的不断变化，对公平与效率的关系问题的认识也逐渐深化。大多数学者都主张公平与效率是辩证统一的关系，公平与效率具有内在的统一性等，自20世纪90年代初起，"效率优先，兼顾公平"的原则被广泛认可，但随着效率问题相对得到解决，而社会的分配问题日益突出，"公平与效率并重"的主张也被认可，这种主张力求在经济社会发展中实现公平与效率的均衡，也有学者提出了公平优先的主张。

在应用伦理学的其他领域相关问题的研究也极其活跃。政治伦理学的研究涉及政治与道德的关系问题、政治伦理的基本价值问题、政治文明问题和行政伦理问题等。科技伦理学的研究涉及科技与道德的关系问题、科技活动的道德规范问题等。法律伦理学的研究涉及法律和道德的关系问题、法治与德治的关系问题、法律道德化与道德法律化问题、法律职业伦理问题等。传媒伦理学的研究涉及传媒伦理中的价值冲突问题、传媒伦理的基本原则和规范问题、广告活动的伦理审视问题等。

应用伦理学研究的领域和问题仍在不断拓展。随着经济和社会生活的不断变化，尤其是人类科技的迅猛发展，各种应用伦理问题层出不穷，诸如，人工智能的伦理问题、基因编程的伦理问题、大数据的伦理问题等，既对应用伦理学提出了的挑战，也给应用伦理学的发展注入了强大的动力。

第七节　结语

中华人民共和国成立70年来，我国伦理学从初步探索到稳健推进，经历了一个学科边界不断清晰、致思路径不断明确、研究成果不断丰富的过程，这也是伦理学从当初的小学科逐渐占据着时代宠儿之地位的过程，同时也是一个深度融入我国哲学社会科学学术话语体系发展洪流的过程。伦理学未来的发展，离不开在马克思主义伦理思想与中国特色道德国情紧密结合的基础上，对中国传统民族精神血脉的坚定承接，对国际伦理文明优秀成果的充分吸纳，对人类道德生活进化规律的全面把握,对以人为本、公平正义原则的不懈坚守,对原创性意义的伦理理论体系的积极建构。

面对科技与社会深度融合的趋势,我们需要进一步推进与社会生活最为密切的应用伦理学,从而为解决实践难题提供价值引导与学理支撑,同时也为深化理论伦理学累积精神营养和观念启迪。

面对全球政治、经济、文化一体化的趋势,我们需要用共同价值来引领社会思潮,以尊重事实、包容差异的原则为基础在涉及国际重大利益关切的问题上凝聚全球性道德共识,通过具有中国特色、风格、气派的系统化的伦理思想和话语体系的塑造,为人类命运共同体建构起强大的精神价值基础。

伦理学是实践哲学。它关涉自觉的伦理精神、自信的伦理研究和自强的伦理文明。没有道德哲学的思想高度,没有理论思维的穿透力和说服力,人们就很难赢得道德启蒙和掌握伦理智慧,也就很难触达道德社会实践的广度与深度。

第 七 章

新中国美学研究 70 年

第一节　导言

  从美学作为一门学科的历史来说，70 年来中国美学的发展走着一条从无到有，由弱到强，由单一形态到"百花齐放、百家争鸣"的道路。从美学思想发展历程来说，当代中国美学一方面继承了自 20 世纪中国现代美学学科形态诞生以来的超功利主义传统，并以此承担起 20 世纪中国现代性启蒙的任务，另一方面，当代中国美学以马克思主义实践哲学为主导，在继承中国儒家哲学思想传统并进行转换性创造的前提下，建立了中国独特的马克思主义美学形态——中国实践美学。从学科分支或分科的发展来说，也正是在这 70 年，中国美学逐渐建立并完善了各分支学科门类，如西方古典美学、西方现当代美学、中国古典美学、中国现当代美学、绘画美学、音乐美学、设计美学、影视美学，等等。

  70 年来美学领域取得的成就突出表现在，在美学基本原理上，建立了以中国实践美学为代表的美学基础理论体系。中国实践美学是中国美学家们以马克思主义实践哲学为基础，并在此基础上吸收西方古典美学思想以及中国传统美学和哲学思想资源而建立的美学理论。同时，美学家们以各种西方现当代理论为思想资源，结合现实的审美文化实践，创立了多种美学学说，如新实践美学、后实践美学、生态美学、否定主义美学、境界论美学、生态美学、生活美学、身体美学等，形成了"百花齐放、百家言说"的良好局面。当然，这期间问题仍是不少，如进入21世纪以来，很少像20世纪50年代后期和八九十年代那样开展真正的学术争鸣，偶尔有个别争论也是很快止息。看起来各种理论、学说提出了不少，但真正能在理论上站住脚，又能切合时代要求的理论却仍是凤毛麟角。

第二节　70年来中国美学基本理论研究情况

从70年来美学的发展历程和思潮表现来看，大体上可以按照时间把这70年来的美学基本理论发展分为四个阶段。

1. 50—60年代美学大讨论：美学基本理论上四派观点的形成以及中国实践美学的萌芽。

2. 70年代末—80年代的"美学热"：实践与主体性。中国实践美学的奠基。

3. 90年代：实践美学与后实践美学：在争论中发展。

4. 21世纪：百花绽放，百家言说。实践美学、新实践美学、生态美学、环境美学、身体美学、境界论美学、否定主义美学、生活美学……

一　50年代中期—60年代前期：美学大讨论与实践美学的萌芽

20世纪50年代中期到60年代前期，中国美学界以批判朱光潜的"唯心主义美学思想"为契机，开展了一场美学大讨论。讨论主要围绕美的本质展开。具体说来，涉及美的本质、美感的本质、美和美感的关系、自然美问题、艺术美问题等。讨论中形成了四种观点，被后来的美学界称为"四派"。

一是客观派，以蔡仪为代表。蔡仪的美学观点形成于20世纪40年代，50年代参加美学讨论时他仍坚持其观点：美是客观的，存在于客观事物本身；美就是事物的典型。"我们认为美的东西就是典型的东西，就是个别之中显现着一般的东西；美的本质就是事物的典型性，就是个别之中显现着种类的一般。"① "总之，美的事物就是典型的事物，就是种类的普遍性、必然性的显现者。"②

二是主观派，以吕荧和高尔泰为代表，认为美是主观的。美是人主观设立的一种标准，是人对事物的一种判断和评价。"人的心灵就是美的源泉"；"美只要人感受它，它就存在；不被人感受，它就不存在"③。

三是主客观统一派，以朱光潜为代表，强调美是主观和客观的统一："美是客观方面某些事物、性质和形状适合主观方面的意识形态，可以交融在一起而成为一个完整形象的那种特质。"④ "美既有客观性，也有主观性；既有自然性，也有社会性；不过这里的客观性与主观性、自然性与社会性也是统一的。"⑤ 美感的对象是物的形象而不是物本身，美感可以影响美，这种影响就表现在它可以影响物的形象的形成。自然本身只是引起美的条件而不存在美学意义上的美。

四是社会实践派，以李泽厚为代表，认为：（1）所谓美是一种客观社会存在，是人类在长期社会实践过程中形成的，美具有客观社会性和具体形象性二重特性；（2）美感也具有两重性，即直觉性和社会功利性；（3）美是第一性的，美感是第二性的，美感是美的反映。其核心在于从实践中确立美的本质："就内容言，

---

① 蔡仪：《新美学》，群益出版社1947年版，第68页。
② 同上书，第80页。
③ 高尔泰：《论美》《论美感的绝对性》，《新建设》1957年第2期、第7期。
④ 朱光潜：《论美是客观与主观的统一》，《朱光潜美学文集》第3卷，上海文艺出版社1983年版，第71—72页。
⑤ 同上书，第46页。

美是现实以自由形式对实践的肯定,就形式言,美是现实肯定实践的自由形式。"①

李泽厚的这些观点包含了后来被称作"实践美学"的主要内容。而朱光潜的主客观统一说为在具体层面理解美的哲学内涵打下了基础。可以说,这次美学大讨论为 70 年来中国美学在基础理论问题上奠基了理论支点和研究的方向。那就是从美的起源上寻找美的本质,从美的社会根源和物质生产基础界定美的本质。这被李泽厚后来称为"人类学本体论的美学"或"实践主体性哲学美学"。

当然,由于时代的局限性和理论资源的匮乏,这个时期所呈现的整体的理论面貌存在着一定的局限性,主要在于讨论各方均把美学看成认识论,以认识论中反映论作为理解美和美感关系的哲学前提,以物质与意识的关系去机械比照美与美感的关系。这种局限到了 80 年代才被整体上克服。

二 80 年代:实践美学的形成与发展

80 年代,在沉寂了 20 多年之后,中国美学迎来了它又一个辉煌的时期。如果说,在 50 年代到 60 年代,争论的四派美学观点基本上各执己见,各不相让的话,那么,到了 80 年代,争论中的各派,以及后来陆续参与讨论的学者们,由于具有相同的理论资源和思考途径,因而呈现一种少见的观点趋同的现象。学者们大多认同以人类社会实践作为思考美学问题的起点和基础,自由与主体性被看作美学的核心问题,一般都赞同美的本质在于"自然的人化"或"人的本质力量的对象化"。从理论来源上看,大都以马克思主义哲学创始人的经典文本为研究美学的理论依据。特别是马克思的《1844 年经济学哲学手稿》《关于费尔巴哈的提纲》,马克思恩格斯合作的《德意志意识形态》《共产党宣言》等文本,成为美学讨论中被引用

---

① 李泽厚:《美学三题议》,《美学论集》,上海文艺出版社 1980 年版,第 163—164 页。

得最多的理论文本。"实践""自由"和"主体性"成为80年代美学的核心概念。这种鲜明的时代特征也使得美学在响应当时社会关于人的解放、人的地位和价值、个体主体性的位置等问题的同时，被后来者冠以"实践美学"。中国实践美学于80年代正式诞生①，它在整个80年代几乎独领风骚。并且，由于美学学科所特有的人文关怀契合了思想解放的社会要求，美学在80年代成了一门显学，形成了20世纪第三次美学热。②

80年代的实践美学的主要代表有朱光潜、蒋孔阳、刘纲纪等人。周来祥、杨辛、甘霖、杨恩寰、梅葆树、李丕显等当时比较活跃的学者在美学的本体论问题上均持实践观点。学者们表述上有差异，具体的论证方法也不尽相同，但基本概念趋向一致。因此，我们可以从这一时期美学理论概念入手来扫描这一时期的美学状况。这些概念主要包括实践、自由、主体性、自然的人化、积淀等。

（一）实践

以实践为美学的起点，从美的起源去阐释美的本质，这一方面是因为要避开50年代的认识论美学困境，另一方面也与解放思想，实事求是，以实践为检验真理的唯一标准的时代精神高度合拍，思想解放运动是争取自由的运动，自由、个体、主体性成为时代潮流。而实践则赋予其坚实的物质基础和理论依据。这也是为什么实践美学能够得到普遍认同的原因之一，也是美学作为形而上学的人文学科得到整个普遍关注，成为一门显学的原因之一。

对实践的理解，学者们各自的表述有所不同。对于李泽厚来说，

---

① 李泽厚的《批判哲学的批判——康德哲学述评》（1979年）可以看作实践美学正式诞生的标记，因此也可以说实践美学诞生于1979年。70年代末期关于形象思维的讨论和关于马克思的《1844年经济学哲学手稿》的讨论为实践美学的诞生提供了理论准备。80年代前期关于人道主义异化问题的哲学论争几乎与实践美学产生影响在时间上同步，可以看作它们在学理和思想上是相互支持的关系。

② 第一次美学热产生于20年代，由蔡元培、梁启超等人所引领。第二次便是前文提到的50年代后期到60年代前期的美学大讨论。

实践的概念非常明确，它就是使用和制造工具的操作活动："所谓社会实践，首先和基本的便是以使用工具和制造工具（这里讲的工具是指物质工具，例如从原始石斧到航天飞机。也包括能源——从火到核能）为核心和标志的社会生产劳动，最后集中表现为近代科学实验在认识论上的直接先锋作用。"实践概念涉及人类群体和个体两个方面，既包括认识、逻辑结构，也包括个体的存在、行为、情感、意志，因此，它包括认识论、伦理学和美学。"实践就其人类普遍性来说，它内化为人类的逻辑、认识结构；另一方面，实践总是个体的，是由个体的实践所组成、所实现、所完成的。个体实践的这种现实性也就是个体存在、它的行为、情感、意志和愿望的具体性、现实性。这种现实性是早于和优于认识的普遍性的。"①

朱光潜理解的实践就是劳动生产，而劳动生产本身具有物质和精神双重属性，因而也具有艺术性质。"劳动生产是人对世界的实践精神的掌握，同时也就是人对世界的艺术的掌握。在劳动生产中人对世界建立了实践的关系，同时也就建立了人对世界的审美的关系。一切创造性的劳动（包括物质生产与艺术创造）都可以使人起美感。人对世界的艺术掌握是从劳动生产开始的。"② 在蒋孔阳看来，美学研究的出发点是人对现实的审美关系，而这种审美关系产生于"劳动生活"："美是在劳动生活中产生，并且是劳动生活的一种装饰。人的本质需要美的装饰，因而人类有了劳动生活，就和现实发生了审美关系。"③ 刘纲纪则把实践本身看作是一种创造性的活动，给人以"自由的愉快"："一方面，作为达到某种实际目的的活动，实践的活动及其成果能够使人的某种实际需要得到满足；另一方面，作为人的创造性活动，它又会使人产生出一种不同于实际需要的满足

---

① 李泽厚：《康德哲学与建立主体性论纲》，《李泽厚哲学美学文选》，湖南人民出版社1985年版，第156—157页。
② 朱光潜：《生产劳动与人对世界的艺术掌握》，《朱光潜美学文集》第3卷，上海文艺出版社1983年版，第290页。
③ 同上书，第10页。

的精神上的愉快。这是一种由于见到人发挥自己创造的智慧、才能和力量，战胜了种种困难，从客观世界取得了自由而产生出来的愉快。我曾借用康德的说法，把它称之为'自由的愉快'。"①

（二）自由

虽然80年代的中国美学被称为"实践美学"，但实际上，80年代美学的核心并非"实践"而是"自由"。实践是作为美学研究的基础和出发点，自由才是其核心。"文化大革命"十年期间，个体的生存空间被挤压到了一个极为狭窄的地步，"文化大革命"结束后，求生存、争自由、争民主成为人们内心最真切的呼唤。美学作为一门高度精神自由的人文学科，其内在的自由精神很好地切合了这一时代呼声，因而美学成为人文启蒙的学科表达。这也是"美学热"再一次在神州大地风行的深刻原因。如果再往后追溯，康德的启蒙精神和自由主义则成为中国现代美学的自由品格的深层理论依据和来源。

对于美学上的自由的内涵，学者们也有不同的理解。李泽厚的"自由"是改造世界中所获得的真实的实践上的自由，是对必然性的认识和对世界的改造。在美学上，他强调自由是合规律与合目的的统一，而非主观想象。"自由不是任性。……从主体性实践哲学看，自由是由于对必然的支配，使人具有普遍形式（规律）的力量。……美作为自由的形式，首先是指这种合目的性（善）与合规律性（真）相统一的实践活动和过程本身。它首先是能实现目的的客观物质性的现实活动，然后是这种现实的成果、产品或痕迹。所以它不是什么'象征'。"②

蒋孔阳同样把自由界定为对必然的认识和对客观世界的改造，但他强调的是"美是自由的形象"："美的形象，应当都是自由的形

---

① 刘纲纪：《艺术哲学》，湖北人民出版社1986年版，第406页。
② 李泽厚：《美学四讲》，《美学三书》，安徽文艺出版社1999年版，第482—483页。

象。它除了能够给我们带来愉快感、满足感、幸福感和和谐感之外，还应当能够给我们带来自由感。……美都应当是自由的形象。"① 与蒋孔阳说法较为相近，刘纲纪也主张"美是自由的感性表现"："劳动创造了美，美是人在改造世界的实践创造中所取得的自由的感性具体表现。"② "美是在人类改造世界的实践基础上，从必然到自由的飞跃所取得的历史成果。从人类历史发展的观点来看，对美的本质的分析，我认为就是对人类如何从必然王国跃进到自由王国的分析。"③

高尔泰则更多从美作为一种精神价值的角度看待它，认为"美是自由的象征"："美的形式是自由的信息，是自由的符号信号，或者符号信号的符号信号，即所谓象征。"④ "自由是认识和把握了的必然性。它首先是一种认识，一种意向，一种包含着目的、意识、趋向在内的主体心理状况。没有意向的自由是不可思议的，假如我不知道拿自己的自由怎么办，我就等于没有自由。"⑤ 显然，高尔泰的自由观念是有些混乱的。一方面说自由是把握了的必然性，另一方面却说自由是一种"主体的心理状况"。把自由主观化、心理化，将使自由最终失去其客观基础和现实性。

(三) 主体性

"主体性"是"实践"和"自由"之外的另一个热词。它不仅是美学的热词，更是哲学的热词。之所以成为美学和哲学的关键词，是因为它表达了把"人"作为"人"，而不是当作一个对象，一个工具，一颗螺丝钉的时代诉求。国内的主体性概念最早是在李泽厚出版于 20 世纪 70 年代末的《批判哲学的批判》中提出来，但真正

---

① 蒋孔阳：《美学新论》，人民文学出版社 1993 年版，第 188 页。
② 刘纲纪：《美学与哲学》，自序，湖北人民出版社 1986 年版，第 2 页。
③ 刘纲纪：《美——从必然到自由的飞跃》，《美学与哲学》，湖北人民出版社 1986 年版，第 6 页。
④ 高尔泰：《论美》，甘肃人民出版社 1982 年版。
⑤ 高尔泰：《美是自由的象征》，人民出版社 1986 年版，第 46 页。

产生广泛学术影响和社会影响的是在其论文《康德哲学与建立主体性论纲》发表之后。

李泽厚的主体性概念也有一个内涵逐渐丰富和重点迁移的过程。早期,他强调的是群体主体性,后期,他主要转向个体主体性。在《批判哲学的批判》中李泽厚确立了群体主体性:"人类学本体论即是主体性哲学。如前所述,它分为两个方面,第一个方面即以社会生产方式的发展为标记,以科技工艺的前进为特征的人类主体的外在客观进程,亦即物质文明的发展史程。另一方面即以构建和发展各种心理功能(如智力、意志、审美三大结构)以及其物态化形式(如艺术、哲学)为成果的人类主体的内在主观进展。这是精神文明。两者以前一方面为基础而相互联系、制约、渗透而又相对独立自主地发展变化的。人类本体的这种双向进展,标志着'自然向人生成'即自然的人化的两大方面,亦即外在自然界和内在自然(人体本身的身心)的改造变化。"[①]《批判》的着力之点在于确立主体性的内在方面——文化心理结构面的社会实践基础,他指出康德所谓先验的认识结构(感性直观和知性直观)、伦理结构(绝对命令)和审美结构(审美共通感)并非神秘的、先验的东西,而是在人类社会历史的实践过程中,由外在活动、规范向内在而内化、凝聚、积淀而来,因此,它的根源必须立足于人类的实践活动,并强调实践对心理结构的最终决定作用。

在关于主体性的几个"提纲"中,李泽厚的着力之处转向确立个体主体的地位,强调在工具—社会本体之外建立心理本体尤其是情本体的重要性。哲学基础并未改变,但其重心已开始发生转移。个体来到世上,"是被扔入的",活着"只是一个事实"[②],但是这个被扔到世上的每一个个体都要求确立一种意义、价值。而如果仅仅

---

① 李泽厚:《批判哲学的批判》,台北风云时代出版公司1990年版,第326页。
② 李泽厚:《第四提纲》,《实用理性与乐感文化》,生活·读书·新知三联书店2005年版,第243页。

把个体的意义纯粹定位于感性肉体存在，那人与动物就没有区别；如果仅仅只有普遍的心理结构，人又被等同于机器了。人既不是动物，也不是机器，应该确立的仍是在历史、总体之中的感性个体的意义。

在《关于主体性的补充说明》中，李泽厚明确地从理论上补充进了个体主体性的维度，这样，李泽厚的"主体性"概念就包含了两个双重结构："主体性概念包括有两个双重内容和含义。第一个'双重'是：它具有外在的即工艺——社会的结构面和内在的即文化——心理的结构面。第二个'双重'是：它具有人类群体（又可区分为不同社会、时代、民族、阶级、阶层、集团等等）的性质和个体身心的性质。这四者相互交错渗透，不可分割。"①

（四）自然的人化和人的本质力量的对象化

"实践"作为美的基础为美的诞生提供了基础和前提，确立了美学作为人文学科的实践性质，但美的本质并非就是实践。美是实践过程中对自然的人化和人的本质力量的对象化，是人改造客观世界的造型力量。这是80年代美学家们的共识。李泽厚则把"自然的人化"建构为具有广狭义两义和内外两方面的系统学说。狭义自然的人化指对自然的直接的、物质性的改造，广义自然人化是一种历史的尺度，指人通过对自然的实践改造而改变与自然的关系。"自然的人化指的是人类征服自然的历史尺度，指的是整个社会发展达到一定阶段，人和自然的关系发生了根本改变。……社会越发展，人们便越要也越能欣赏暴风骤雨、沙漠、荒凉的风景等等没有改造的自然，越要也越能欣赏像昆明石林这样似乎是杂乱无章的奇特美景。这些东西对人有害或为敌的内容已消失，而愈以其感性形式吸引着

---

① 李泽厚：《关于主体性的补充说明》，《李泽厚哲学美学文选》，湖南人民出版社1985年版，第164页。

人们。"①

"内在自然的人化"是"指人本身的情感、需要、感知、愿欲以至器官的人化，使生理性的内在自然变成人。这也就是人性的塑造"。② 内在自然的人化包括两个方面：感官的人化和情欲的人化。"感官的人化"就是感官的社会化，在实践中，随着人类实践水平的提高，感官不再仅仅是维持人类生存的器官，它融入了社会性、理性。这样一来，感官的直接功利性消失，它的非功利性开始呈现，成为人感知、欣赏美的器官，即马克思所说的"欣赏音乐的耳朵""能感受形式美的眼睛"等。"情欲的人化"是指人繁衍后代的生理欲望被人化为爱情。

蒋孔阳更多使用"人的本质力量的对象化"："美除了上面所说的形象性、感染性和社会性这些特点之外，还必须具备一个最为根本的特点，那就是马克思所说的'人的本质力量的对象化'。也就是说，美的形象应当反映出人作为人的本质力量。"③ 所谓"人的本质力量"在他看来并非某种单一的元素或性质，而是由多种因素组成的复合结构。其中包括人的自然力、生命力、自觉意识和精神气质等。它们从自然到精神组成了一个完整复杂的系统，这个系统亦非固定不变，而是永远处在创造更新之中。"因此，人的本质力量不是单一的，而是一个多元的、多层次的复合结构。……并不是固定不变的，而是万古常新，永远在创造之中的。"④

（五）积淀

这一概念是李泽厚自己创造出来的，是为了表达在历史—实践过程中，社会性和理性因素如何进入人的心理，成为一种文化—心

---

① 李泽厚：《美学四讲》，《美学三书》，安徽文艺出版社1999年版，第494—495页。

② 同上书，第510页。

③ 蒋孔阳：《美和美的创造》，《美和美的创造》，江苏人民出版社1981年版，第46页。

④ 蒋孔阳：《美学新论》，人民文学出版社1993年版，第169—170页。

理结构，这种文化—心理结构也就是其所谓"主体性的人性结构"："这种主体性的人性结构就是'理性的内化'（智力结构），'理性的凝聚'（意志结构）和'理性的积淀'（审美结构）。它们作为普遍形式是人类群体超生物族类的确证。它们落实在个体心理上，却是以创造性的心理功能而不断开拓和丰富自身而成为'自由直观'（以美启真）、'自由意志'（以美储善）和自由感觉（审美快乐）。"①

积淀有狭义和广义之分。狭义的"积淀"特指社会性的理性的因素内化、沉淀为审美心理结构，广义的"积淀"则包含整个人类的文化—心理结构，即除美感结构之外，还包括科学—认识和道德—意志结构。从艺术创作上，积淀又体现为生活向艺术的积淀。李泽厚把艺术作品分三个层面：形式层、形象层与意味层，它们分别与"原始积淀""艺术积淀"和"生活积淀"相关联，但相互间又是渗透的。

"积淀"说在整个80年代的学术界得到广泛承认。在学术层面上，它从哲学角度解释了人的审美心理结构、科学—认知心理和道德—意志心理的来源及实质，指出它们源于人类实践的理性内化和融合。在社会层面上，它为反思"文革"的逆现代文明潮流的专制思想的社会心理根源提供了一个理论切入点。但是，社会的、理性的因素如何向个体感性心理积淀？这种积淀是否有生理学和心理学根据？其具体过程如何实现？这些问题都需要具体科学的发展进一步探究，这也是人们对积淀说提出的质疑。

实践美学作为80年代的美学的主潮，主要是一种哲学美学，其问题域集中在美和美感的哲学基础和哲学内涵，主要方法是哲学思辨。除此之外，随着当代西方科学和人文学术思潮的引进，也有一

---

① 李泽厚：《关于主体性的补充说明》，《李泽厚哲学美学文选》，湖南人民出版社1985年版，第168页；《关于主体性的补充说明》，《实用理性与乐感文化》，生活·读书·新知三联书店2005年版，第222页。

部分学者尝试以当时的新的科学方法论作为美学研究的思考进路，比如所谓三论（系统论、控制论和信息论）、模糊数论等。这方面有黄海澄的《系统论、控制论、信息论美学原理》（1986年）、孟宪堂的《美的逻辑哲学论》（1993年）、杨蔼琪的《美是生命力》（2000年）等。不过，由于缺乏具体的科学理论和成果的支撑，这些当年热闹了一阵的"美学研究新方法"的探索很快沉寂下来。

三 90年代：实践美学与后实践美学：在争论中发展

在整个80年代，中国实践美学形成了较为完善的理论体系，其创造的一系列概念和命题产生了广泛的影响。其中，"主体性"概念经过文艺理论界的阐释和运用，成为文艺研究和文艺批评最有表达力的概念，亦是文艺理论突破机械反映论樊篱、走向文艺本体论研究的切入口。同时，这一概念由文学界而扩展至整个社会文化界。

但是，实践美学在取得高度认同的同时，也一直都有对它的批判和质疑。由于实践美学的创始人和主要代表为李泽厚，其在80年代的影响远超他人，因而对实践美学的批判也主要集中于李泽厚的实践美学。在李泽厚的学说中，个体与群体、历史必然性与个体偶然性之间始终存在着一种紧张与对立。虽然他一再强调个体感性的地位和作用，但是，他也一再申明，从历史总体上看，个体仍是被群体和社会所决定和支配的。感性是因为积淀了理性才有意义。无论是实践论还是他所讲的历史唯物论，或是积淀说，所立足、所着眼的都是人作为类的整体的历史存在。"积淀说"强调的是由社会群体向个体、理性向感性的单向静态积淀，而对于个体对社会的创造、感性对理性的冲击和突破没有予以充分重视。

最早的批评来自高尔泰。针对李泽厚的"积淀说"，他提出了"感性动力说"，认为美感"是人的一种自然生命力，是人类创造世界的选择进步方向的感性动力……其次，它是历史地发展着的，是以往全部世界历史的成果，在其中理解转化为直觉，逻辑认识转化为感觉，历史的和社会的东西转化为个人的东西。……它首先是一种感性动力,在其中理性结构不过是一个被扬弃的环节"[①]。"不是'积淀'而是'积淀'的扬弃,不是成果而是成果的超越,才是现代美学的理论基础。"[②]

90年代前期,杨春时、潘知常等人从哲学基础、学科定位等方面对实践美学进行了全面的批评。杨春时的超越论从审美的超越性质出发,批评实践美学过于注重美的群体性、物质性、理性、现实性和客观性,降低了美的自由性和超越价值。[③] 潘知常批评实践美学陷入了本体论的误区,把美学看成是一门寻问美的抽象化本质即美的本体的学问,这样一来,审美与人类自身的生命活动的联系就被遮蔽和消解了。[④] 杨春时提出超越实践美学,建立超越美学。潘知常主张以"生命"为起点建立"生命美学";也有论者认为美学是直接以人的生存为出发点的,提出建立"存在论美学"(张弘);还有的论者提出建立马克思主义的"人学美学"(成复旺),等等。这些主张大多对实践美学有所批评,因而被杨春时称为"后实践美学"。后实践美学在中国的产生,顺应了80年代到90年代中国社会经济政治文化由主流文化向大众文化转型、人文精神和现代性的人文启蒙让位于注重感性当下存在、整个社会朝着世俗化感性化方向转变的社会现实,同时,它对实践美学的"理性化"的批评也符合学术界求变求新的心理,故而在整个90年代成为最为活跃的美学潮流。与此同时,实践美学并没有停止自己的脚步,在与后实践美学的争论和自我发展中,它在保留其核心观念的同时,也有了一些新的提法。

杨春时认为,实践美学思想上源于马克思早期的不成熟的著作《1844年经济学哲学手稿》,受到苏联影响。它的基本范畴都打上理

---

① 高尔泰:《美是自由的象征》,人民文学出版社1986年版,第103—104页。
② 同上书,第109页。
③ 见杨春时《超越实践美学,建立超越美学》,《社会科学战线》1994年第1期;《走向"后实践美学"》,《学术月刊》1994年第5期。
④ 潘知常:《实践美学的本体论之误》,《学术月刊》1994年第12期。

性主义印记，其古典美学的理性主义的历史局限性是明显的。他认为实践美学把美社会化、理性化、现实化、物质化，忽视了美的超理性、超现实、精神性和个性特征。他强调："现实是必然的领域，而超现实的领域才是自由的领域。"审美属于后者，是超现实的精神创造。他认为，实践美学已失去了80年代的先进性，已经成为应该被超越的学说。新的美学体系应该区别于传统的美学，确立审美的超越性，因而可以称为超越的美学。"超越的美学"的基础并不是实践，而是"生存"："生存是我们能够肯定的唯一的实在，这是哲学思考最可靠的出发点。"①

杨春时"走向后实践美学"的一系列文章引起了巨大的争论和反响。张玉能认为杨春时对实践美学存在着诸多误解。最大误解就在把美学硬性划在古典的理性主义范畴之内，而这不符合历史事实。无论从世界范围内看，还是从国内来看，实践美学绝不属于古典美学的理性主义范畴。另一个误解在于对实践美学的一些范畴如实践、人的本质、自由等理解不准确，似是而非。美学上自由的含义有四个多重内容：合规律与合目的性的统一、以感性形象显现、超越或扬弃了直接的物质功利、个体性与社会性的统一。因此，杨春时所批评的实践美学抹杀审美的超越性、精神性、个体性是不成立的。②

朱立元提出，杨春时"对实践美学的最重要的概括是把实践说成实践美学的基本范畴和逻辑起点"，而这种概括不符合实际："实践美学只是以马克思主义的实践论作为其哲学基础，实践范畴只是实践美学的哲学出发点，而非实践美学的真正'逻辑起点'，更不是'基本范畴'了。"③他认为杨春时在方法论恰好犯有他自己所说的简单化倾向。"他对实践美学的批评方法是：先把实践美学抽象为直

---

① 杨春时：《超越实践美学，建立超越美学》，《社会科学战线》1994年第1期；《走向后实践美学》，《学术月刊》1994年第5期。
② 张玉能：《坚持实践观点，发展中国美学》，《社会科学战线》1994年第4期。
③ 朱立元：《实践美学的历史地位和现实命运》，《学术月刊》1995年第5期。

接以'实践'作为基本范畴和直接用'实践'解释一切审美问题的理论;再把由一般实践的普遍特性(理性、现实性、物质性、社会性)直接推导出审美活动的相应特性的简单化做法,想当然地说成是实践美学的观点(这是一种强加于人的虚构);最后,对他自己虚构出的所谓'实践美学'的四个观点猛烈批判。他所指责的所谓实践美学的'简单化'倾向,恰恰是他的简单化的'抽象'游戏人为制造出来的。"①

杨春时回应道,哲学基本范畴与逻辑起点直接就是美学基本范畴与逻辑起点,并不是哲学基础上另起炉灶,重新确定一个基本范畴和逻辑起点。因而"实践美学也必然以实践为基本范畴与逻辑起点"。实践具有理性化、现实化、物质化和非个性化倾向。他强调:"在哲学意义上,真正的自由和解释只有超越现实才能获至。马克思说自由'只存在于物质生产领域的彼岸。'"②朱立元又发表长文,对美学的哲学基础与其研究的逻辑起点进行全面论述,强调美学的哲学基础不等于其逻辑起点。③

90 年代的中国美学原理研究,基本上是在实践美学与后实践美学的争论中展开。自杨春时对实践美学提出批评之后,"后实践美学"的提法迅速被美学界认可。对实践美学进行批评、质疑的文章也多了起来。仅就《学术月刊》这一家刊物,就先后发表了曹俊峰《"积淀说"质疑》(1994 年第 7 期)、潘知常《实践美学的本体论之误》(1994 年第 12 期)、张弘《存在论美学:走向后实践美学的新视界》(1995 年第 8 期)、张立斌《实践论、后实践论与美学的重建》(1996 年第 3 期)、陈炎《"实践美学"与"实践本体"》(1997 年第 6 期)、尤西林《朱光潜实践观中的心体——重建中国实践哲

---

① 朱立元:《实践美学的历史地位和现实命运》,《学术月刊》1995 年第 5 期。
② 杨春时:《再论超越实践美学——答朱立元同志》,《学术月刊》1996 年第 2 期。
③ 朱立元:《美学的哲学基础新论》,《人文杂志》1996 年第 2 期。

学—美学的一个关节点》（1997年第7期）、陈望衡《实践美学体系的三重矛盾》（1999年第8期）、潘知常《生命美学：世纪之交的美学新方向》（2000年第11期）、杨春时《新实践美学不能走出实践美学的困境——答易中天先生》（2002年第1期）、彭锋《从实践美学到美学实践》（2002年第4期）、陈望衡《审美本体、哲学本体及艺术本体》（2003年第2期）、杨春时《实践乌托邦批判——兼与邓晓芒先生商榷》（2004年第3期）等批评和质疑的文章。在90年代美学理论研究处于低谷并被边缘化的总体趋势下，《学术月刊》一直关注围绕实践美学的争论，并发表了大量的有关美学基本理论的探讨和争论文章，对于90年代及以后中国美学基本理论的研究实是功莫大焉。

除了杨春时的超越美学，以潘知常为代表的生命美学在90年代亦产生了一定的影响。为叙述的连贯，放到21世纪的美学状况中叙述。

四 21世纪的美学：百花齐放，百家言说

21世纪，中国的美学理论研究进入了一个多元创生时代。一方面，实践美学继续深化，其创始人对人类学本体论予以系统论述，并有学者在人类学本体论基础上从个体生存论层面展开实践美学的研究，或提出"新实践美学""实践存在论美学"。后实践美学理论也在与实践美学争论中分化出各种主张。

21世纪初，实践美学的主要代表李泽厚系统地论述了"人类学历史本体论"，试图在社会历史性的工具本体和心理本体之间达成某种协调。他用三句话概括了他的思想："经验变先验，历史建理性，心理成本体。"[①] 所谓经验变先验，意即通过"理性的凝聚"把本是经验性社会性的道德变成超验性的"绝对命令"；通过"理性的内化"把外在的经验性的认知变成内在的先验性的逻辑—认知结构；通过"理性的积淀"形成情理交融的审美心理结构。"历史建理性"

[①] 李泽厚：《历史本体论》，生活·读书·新知三联书店2002年版。

是说在历史实践活动中人类建构起能承担人类的生存、延续、发展的理性,这里的理性主要是指以中国古代儒家学说为代表的实用理性;"心理成本体"提出了个体生存的精神价值归依问题,即如何克服个体在"我意识,我活着"之中感受到的生存的巨大的荒谬性。

21世纪以来,实践美学的一个值得注意的趋势是情本体理论的研究和发展。

在《哲学探寻录》中,李泽厚把"人活着"作为哲学的出发点,从"人活着"这一基本事实生发出三个问题:(1)历史终结,人类何处去?人会如何活下去?(2)人生意义何在?人为什么活?(3)归宿何处?家在何方?人活得怎么样?他对这些问题的解答是,以中国传统的"一个世界"作为哲学基础,以有情宇宙观和无情辩证法互补作为精神来源,建构一个情本体的世界观。① 情本体理论是人类学历史本体论哲学逻辑发展的结果。但关于"情"的具体内涵,李泽厚引入了原典儒学关于"孝"的学说。他认为,儒家以亲子情为核心、以自然血缘生理关系为基础的孝亲之情,是作为人生本体之"情"的基础,把这种情辐射、弥散开来,建立一个充满人情味的社会,这才是21世纪所要寻求的和谐社会。建立在孝亲基础上的情本体理论把审美形而上学作为哲学的归宿,而美学亦将成为未来社会的第一哲学。②

80年代实践美学的其他代表性学者也在完善发展自己的学说。刘纲纪修订重印了《传统文化、哲学与美学》(广西师范大学出版社1997年第一版,2006年武汉大学出版社印行新版),《艺术哲学》(湖北人民出版社1986年第一版,2006年武汉大学出版社印行新版),《美学与哲学》(湖北人民出版社1986年第一版,2006年武汉大学出版社印行新版),重申实践本体论立场。同为实践美学家,刘

---

① 李泽厚:《哲学探寻录》,《实用理性与乐感文化》,生活·读书·新知三联书店2005年版,第191页。
② 李泽厚:《实用理性和与乐感文化》,生活·读书·新知三联书店2005年版。

纲纪比李泽厚更为明确地提出和坚持以实践本体论作为美学的哲学基础，他提出，马克思主义美学是"实践批判的存在论美学"。

80年代具有较大影响力的实践美学学者杨恩寰和梅宝树等人，在90年代出版了《美学引论》，该书从1992年到2005年，已再版三次。本书所延续的主要是李泽厚实践美学的基本思路，在美学研究方法上，强调历史唯物论是基本方法。在对实践的理解上，赞同它是制造和使用工具的活动。本书还特别指出，实践的力量是一种造形力量，"实践造形也就是马克思所讲的按'美的规律'来塑造，也是美之诞生的一种标志"①。"'美的规律'就是人类物质生产的造形规律。"② 因此，美首先表现为动态的实践活动本身，其次才表现为静态的实践活动成果。

如果说，20世纪90年代的美学基本理论主要表现为实践美学及其围绕它所展开的批评，则21世纪以来，美学基本理论研究更为多元化。实践美学的第二代学者纷纷推出了他们自己的理论主张，这些理论主张，被他们自己和学术界称为"新实践美学"。如朱立元提出实践存在论美学，张玉能和易中天、邓晓芒等人提出了"新实践美学"。徐碧辉提出个体生存论美学。

朱立元提出，实践美学应当在本体论层面有所突破，由此，对美学学科本身的根本性质和基本问题的认识才可能有所拓展和深化。实践本体论美学应以马克思主义的唯物史观作为哲学基础，从"人生实践"这个角度切入，由是而确立：审美活动是一种人生实践，广义的"美"是一种人生境界。这一思路明确提出了从实践本体论来建构美学，而把实践明确为"人生实践"。③

比较起来，在实践美学的第二代学者中，张玉能的立场更加坚

---

① 杨恩寰主编：《美学引论》，人民出版社2005年版，第144页。
② 同上书，第152页。
③ 朱立元：《美学与实践》（笔者的美学论文集），广西师范大学出版社1999年版。《走向实践存在论美学——实践美学突破之途初探》，《湖南师范大学社会科学学报》2004年第4期。

定,态度更为鲜明,他明确提出要"重树实践美学的话语威信",坚信"实践美学将放射出新的光辉"。他撰写了一系列论文,对实践概念的内涵,实践的过程、结构、类型,实践与自由,实践的超越性,实践唯物主义的现代性,如何在后现代语境下拓展实践美学,实践美学与生态美学的关系等问题进行了系统性的思考,并于2001年申请了国家社科基金项目"马克思主义实践美学范畴体系",这一项目以"新实践美学论"为题,由人民出版社出版。据笔者所知,该著明确地以"实践美学"为旗帜,宣称自己的学说就是"新实践美学"的专著,在此前似乎尚未见到。①

徐碧辉从哲学基础、美的本质、审美主体等角度对美学基本理论进行了多角度研究,试图将前辈学者的实践美学理论推进一步,进一步深入美的具体活动层次。她提出,后现代社会里,美学的哲学基础不仅仅是"自然的人化",更应该是在此基础上的"人自然化"和"自然的本真化";"生态美"应是后工业社会的主要审美形态,它是包含了自然美和社会美的新型审美形态;都市化语境下人的审美权利凸显出来,成为必须直面的问题。人类学实践本体论美学是一种哲学美学,其潜含的审美主体是"类主体",在这个层次上"美是自由的形式";在具体活动层次,则美是包含了意象/情象/心内在内的"境象"。②

21世纪的美学呈现出"多元发展,百家言说"的特点。除了上述实践美学的深入发展,一些学者以当代西方哲学和美学理论为背景,提出了各自的美学主张。为什么说是"多元发展,百家言说"

---

① 易中天曾发表一篇论文《走向"后实践美学",还是"新实践美学"》,打出了"新实践美学"的旗号,但那只是一篇论文而非专著。

② 徐碧辉:《美学何为》,中国社会科学出版社2014年版;《自然美、社会美、生态美——从实践美学看生态美学之二》,《郑州大学学报》2012年第6期;《从自然的人化到人自然化——后工业时代美的本质的哲学内涵》,《四川师范大学学报》2011年第4期;《审美的类主体与"自由的形式"——实践美学的两个重要视点》,《美学》辑刊2017年卷,中国社会科学出版社2018年版。

而非"百家争鸣",是因为,21世纪以来,美学研究看似繁荣,各种理论主张纷纷登场,但很少像20世纪50年代和80年代那样开展争鸣,而几乎是各言其说。其中,生命美学、生态美学、身体美学和生活美学表现活跃,或者著书立说,或者组织学术活动,召开国际会议。

1991年,潘知常以生命美学命名的专著出版,提出"美学必须以人类自身的生命活动作为自己的现代视界,换言之,美学倘若不在人类自身的生命活动的地基上重新建构自身,它就永远是无根的美学,冷冰冰的美学,它就休想真正有所作为"。而生命美学就是"以人类的自身生命作为现代视界的美学"[①]。从定位上说,生命美学属于"审美哲学、本体论美学或第一美学"[②]。它"不追问美和美感如何可能,不追问审美主体和客体如何可能,也不追问审美关系和艺术如何可能,而去追问作为人类最高生命存在方式的审美活动如何可能"[③]。有学者统计,至2018年,中国知网收录以"生命"为主题的研究论文近700篇,专著近40部。其中,潘知常先后出版了《诗与思的对话——审美活动的本体论内涵及其现代阐释》(上海三联书店1997年版),《生命美学论稿——在阐释中理解当代生命美学》(郑州大学出版社2001年版),《没有美万万不能——美学导论》(人民出版社2012年版),《头顶的星空——美学与终极关怀》(广西师范大学出版社2016年版、2017年版)等十多部著作。[④] 封孝伦在《人类生命系统中的美学》里提出了人的生物、精神、社会的"三重生命说"[⑤]。范藻在《叩问意义之门——生命美学论纲》一书里,论证了生命美学的核心是"生命美",并阐述了生命美的要

[①] 潘知常:《生命美学》,河南人民出版社1991年版,第2、7页。

[②] 同上书,第12页。

[③] 同上书,第6页。

[④] 潘知常:《生命美学:从"新时期"到"新时代"》,《学术研究》2018年第4期。

[⑤] 封孝伦:《人类生命系统中的美学》,安徽教育出版社2014年版。

素、价值、内涵、特征、表现等,试图建构"过程论"生命美学。此外还有黎启全的《美是自由生命的表现》、杨蔼琪的《美是生命力》、雷体沛的《存在与超越——生命美学导论》、周殿富的《生命美学的诉说》、陈伯海的《生命体验与审美超越》,以及文白川选编的《美学、人学研究与探索》等专著出版。[①]

19世纪60年代,德国生物学家海克尔提出作为自然科学的生态学理论,20世纪,随着工业化的深入,环境问题日益突出,生态学理念得到广泛发展。20世纪70年代,卡尔松一部《寂静的春天》,把人类滥用农药造成的生态后果触目惊心地展现出来。紧接着,阿伦·奈斯提出深层生态学理论,以一种万物平等的观点,强烈反对"人类中心主义",从此,生态学迅速在世界范围内发展起来,它与人文社会科学的结合又产生了一些交叉学科或交叉性学说,如生态哲学、生态伦理学、文学的生态批评以及环境美学等。

"生态美学"概念是中国学者首次提出。李欣复《论生态美学》(《南京社会科学》1994年第12期)被认为是第一篇以生态美学为题的论文;第一部以"生态美学"(陕西人民教育出版社2000年版)为题的专著为徐恒醇所著。进入21世纪以来,生态美学和环境美学得到迅速发展。鲁枢元《生态批评的空间》(华东师范大学出版社2006年版)、《生态文艺学》(陕西人民教育出版社2000年版),曾永成《文艺的绿色之思——文艺生态学引论》(人民文学出版社2000年版),张皓《中国文艺生态思想研究》(武汉出版社2002年版),袁鼎生《生态审美学》(中国文史出版社2002年版)、《生态视域中的比较美学》(人民出版社2005年版)、《生态艺术哲学》(商务印书馆2007年版)、《超循环:生态方法论》(科学出版社2010年版),王诺《欧美生态文学》(北京大学出版社2003年版),杨平《环境美学的谱系》(南京出版社2008年版),曾繁仁《生态存在论美学论

---

① 范藻:《"生命美学":崛起的美学新学派》,《中国社会科学报》2016年3月14日。

稿》（吉林人民出版社 2009 年版），彭锋《完美的自然——当代环境美学的哲学基础》（北京大学出版社 2005 年版），章海荣《生态伦理与生态美学》（复旦大学出版社 2006 年版），胡志红《西方生态批评研究》（中国社会科学出版社 2006 年版），鲁枢元《生态批评的空间》（华东师范大学出版社 2006 年版），陈望衡《环境美学》（武汉大学出版社 2007 年版），曾繁仁《转型期的中国美学——曾繁仁美学文集》（商务印书馆 2007 年版），张华《生态美学及其在当代中国的建构》（中华书局 2006 年版），隋丽《现代性与生态审美》（学林出版社 2009 年版），会议论文集《人与自然：当代生态文明视野中的美学与文学》（河南人民出版社 2006 年版）等，译著有美国阿诺德·柏林特的《环境美学》（湖南科学技术出版社 2006 年版），约·瑟帕玛的《环境之美》（湖南科学技术出版社 2006 年版），[美国] 卡尔松的《环境美学——自然、艺术与建筑的鉴赏》（四川人民出版社 2006 年版），[加拿大] 阿诺德·柏林特的《环境与艺术：环境美学的多维视角》（重庆出版社 2007 年版）等。相关的学术论文已有 400 多篇，获批准的国家社科项目 5 项。

生态美学参与者众多。在美学上以曾繁仁的"生态存在论美学"为代表。他认为，对生态美学有狭义与广义两种理解。从狭义方面来说，就是从生态系统的角度来审视自然之美。而从广义的角度说，则是生态文明新时代的美学。他把生态美学研究分为三个阶段：1987 年到 2000 年为萌芽期；2000 年到 2007 年为发展期，2008 年以来为新的建设时期。新时期的生态美学研究是在中西对话的基础上展开的。中西对话的文化根基体现为原生性与后生性之别，主题有生态与环境之辨；哲学内涵上呈现出主客二分与生态整体之异；美学话语上有中和论生生之美与生态存在之美的会通；艺术建设方面体现为理性的艺术与自然的艺术之别。[①]

21 世纪的美学基本理论，除了上面所列实践美学、后实践美

---

① 曾繁仁：《中西对话中的中国生态美学》，人民出版社 2012 年版。

学、生命美学和生态美学，还有学者作了一些独立的探索，比如近年来颇为活跃的身体美学和生活美学，以及否定美学、存在论美学，等等。应该说，在21世纪，美学基本理论呈现出两方面的态势：一方面，在很多人看来，美学基本理论问题上可能走的路都被前人走过，可能进行的探索早已被前人探索过，而且，经过20世纪分析美学和解构主义美学的解构，美学的本体论问题早已被证明是不可言说的，是伪问题，因此，当代美学所要做的，不再是从哲学上探讨美的本质这类"形而上学"问题，而是踏踏实实做一些具体的研究，如时代的审美文化现象批判，传播媒介与现代消费观念、流行文化与审美趣味等；另一方面，在经过短暂的"反本质主义""拒斥形而上学"的本体论焦虑和反叛之后，学者们重新开始审视美的本体论。20世纪80年代的美学本体论研究热潮主要以马克思主义哲学为理论支点。不同的是，学者们尝试以更为宽广的视野，同步借助一些现当代西方哲学和美学理论来进行自己的美学理论建构，比如近年来颇为活跃的身体美学。显然，这些尝试是有意义的，但同时，其问题也是明显的。主要在于，西方某些理论本身尚不太成熟，是一种正在生长和发展的理论，想要借助于它们建构自己的美学理论，在学理的支持上便会显得薄弱，理据不足。有的学说提出来之后在学界未能产生影响。

五　美学基本理论研究的问题与反思

第一，美学的传承与创新。

李泽厚曾经提出美学的金字塔形结构：哲学美学、理论美学和各门实用美学。

中国美学理论上的主要成就是在哲学美学方面，无论是李泽厚所代表的实践美学，还是杨春时所代表的后实践美学。在美学史研究领域也成果斐然，可圈可点。但是，于具体的美学理论问题少有深入细致探讨。一些学者热衷于根据某种西方哲学思潮重新建立"××美学"。呼应当代哲学思潮，从不同角度研究美学，当然是值得关注和尝试的。但是，与此同时，对于前辈学者已经取得的成果，还是应当很好地继承、发扬和推进，而不是无视前人，一切另起炉灶。

第二，美学与艺术学。

美学一方面属于哲学思考，另一方面也关联着具体的艺术活动，在很大限度上可以说是一种艺术哲学。但当代美学与艺术明显脱节。美学如何关注和介入艺术？当代艺术乱象丛生，这里有没有美学本身的责任？对于具体的艺术现象，如何从美学上解释、引导当代艺术的走向，是一个无法回避的问题。

第三，形而上学的美学真的过时了吗？

形而上学美学真的过时了吗，还是只是我们离形而上学境界越来越远？一个人，一个民族，总须有终极关怀，有形而上学精神和形而上学追求。而美学，在后现代"散文化"社会状态下，必然深度介入形而上学领域。因此，美学的形而上学精神不但没有过时，反而与时代要求高度合拍。

第三节 70年来中国美学史研究状况

1949年以来70年的中国美学史研究，大致可划分为三个时段。1950—1966年为第一时段，是中国美学史研究和学科建设的起步期；1978—2000年为第二时段，是中国美学史研究的收获期和全面发展期；2000—2019年为第三时段，是中国美学史研究的反思和调整期。

一 起步期：1950—1966年

1949年之前，只有个别人自觉地进行中国美学史的研究，主要是邓以蛰和宗白华。群体性的，具有学科建设意义上的中国美学史研究，始于20世纪五六十年代。促成这一发展的，主要有三个大环境方面的因素。第一，新文化建设中，继承优秀民族文化遗产的要求。1951年，周扬在中央文学研究所发表题为"坚决贯彻毛泽东文艺路线"演讲，引用毛泽东"新民主主义"中的话，重提继承优秀民族文学艺术的意义。在这样的氛围中，古代文艺理论的整理和研究顺利开展起来。第二，美学大讨论的影响。50年代开始的美学大讨论，引起了学术界对美学的普遍热情，于是一部分古代文艺理论的研究很方便地转化为古代美学的研究。其间褚斌杰于1956年7月在《文艺报》（1956年第14号）发表《重视中国古代美学著作的研究》，有力地推动了这种转化。第三，1961年的"中国美学史"教材建设。1961年，中宣部和高教部统一组织高校文科教材的编写，成立了各个编写组，"中国美学史"是其中之一，由宗白华负责。"中国美学史"编写组的成立，标志着中国美学史学科建设正式启动。

伴随着美学大讨论的展开，大约从1956年开始，中国美学的研究渐渐活跃起来，陆续有一些古代美学的专题论文发表。1956—1957年，邓以蛰发表《关于国画（一）》《关于国画（二）》《画法与书法的关系》，宗白华发表《美学的散步（一）"诗/文学和画的分界"》（1957年）、《中国艺术表现里的虚和实》（1961年）、《中国书法里的美学思想》（1962年）、《中国古代的音乐寓言与音乐思想》（1962年），马采发表《顾恺之的艺术和他的"传神"美学》（1959年）。江苏省社会科学院的《江海学刊》在1962—1963年发表了一些古典诗歌美学方面的论文，如佛雏《刘熙载的美学思想初探》（1962年），吴调公《论司空图的"诗"的美学观》（1962年）、《"别才"和"别趣"——〈沧浪诗话〉的创作论和鉴赏论》（1962年）[①]，吴奔星《王国维的美学思想——"境界"论》（1963年）。

这时期有两个论争对中国古代美学的研究起了推动作用。一个是始于1948年的关于国画改造问题的论争，既是改造，就有继承的问题，于是有如何理解国画特别是文人画的问题。这个论争一直延

[①] 杨存昌：《中国美学三十年》（下），济南出版社2010年版，第514页。

续到 1957 年，邓以蛰《关于国画》《画法与书法的关系》，就是对这一论争的回应。一个是关于境界/意境的论争。王国维《人间词话》里的"境界"说一直是人们热心谈论的话题，1957 年李泽厚发表《意境杂谈》一文，引发了一连串关于意境或境界的讨论。李泽厚试图用"典型"论解读意境，他以主客观的统一解释"境"，以情理的统一解释"意"。李泽厚的文章本是理论的探讨，而激起的关于意境或境界的讨论却走向了历史的方向，即从对王国维的境界说的分析，走向对诗论史上起于唐代的意境或境界理论的探究，甚至再往前追溯到六朝时期的意象理论，形成了所谓意境或境界的概念史研究。还有人更进一步，把意境或境界视为中国诗歌美学的核心概念，而整个诗歌美学史就成了意境或境界概念的生成发展史（这直接导致了 80 年代和 90 年代诸多以意境或境界为中心的中国美学史建构）。

五六十年代的中国美学史研究中心，无疑是北京大学哲学系。其时北大哲学系，中国美学方面有邓以蛰、宗白华、马采三位巨擘，他们是中国美学史建设的开拓者和推动者。1956 年北大哲学系成立了美学小组，曾油印邓以蛰 1949 年之前的《书法之欣赏》《画理探微》《六法通诠》《辛巳病馀录》等著作作为研习材料。其后则有两次课程对中国美学史研究发生过较大的影响。一是 1958 年马采在北大哲学系讲授的中国美学课程，共八讲，以时间为序，但所述止于六朝[①]。这个课程是在邓以蛰指导下进行的，对于唐代以前的美学，纲要初具，尤其第一讲从"羊""文""音"三个字切入，研究我国古代审美意识的发展，极具启发。另一个课程是 1962—1963 年宗白华为北大哲学系（1962 年）、中文系（1963 年）开设的中国美学史专题课。此课程共计五题，涉及先秦工艺美术，古代哲学、文学、绘画、音乐、园林建筑中所表现的美学思想，内容极丰富，规模很

---

① 此讲稿后经整理、修改、补充，1988 年以"中国美学思想漫话"为书名，由人民美术出版社出版。

宏阔，尤其是对《易经》中所含美学思想的分析，具有开拓的意义。至于善从各种艺术中探究中国美学思想，更是宗白华的所长。除了这个讲座记录，此时期宗白华还留下了大量研究札记，如《古代画论大意》《建筑美学札记》《中国美学思想专题研究笔记》等，从这些笔记来看，他自20世纪50年代起就从多个方面着手进行中国美学史的建设，作了许多精心的准备。可惜这项工作不久就被"文革"打断了。不过此时期在中国美学史资料的收集方面，却另有一个重要的成果，即北大哲学系美学教研室完成的《中国美学史资料选编》。这项工作1961年启动，在"文革"开始前的1963年完成，所选从《左传》开始，直到清末梁启超、王国维、蔡元培的相关论述，历代美学思想的精华大略都在此了。这项重要的工作成果，在"文革"期间被束之高阁，但是为"文革"后美学研究的迅速兴起提供了最基本的资料支持。

二 全面展开期：1978—2000年

（一）收获期与第一个高峰：1978—1990年

"文革"十年，中国美学史的研究处于停滞状态。但是"文革"后中国美学史的研究和教学迅速恢复，并很快进入了收获期。1983年，《复旦学报》编辑部编辑了一部《中国古代美学史研究》专辑，选录了1980—1982年两年间发表在各地学报上的中国美学史论文30篇，其中人物专论23篇，从老子到蒲松龄，覆盖面很广，可见风气之盛。这些专论为美学断代史和通史的撰写提供了基础。

80年代中国美学史的研究中心有两个，一个是北京大学哲学系，一个是中国社会科学院哲学研究所、文学所。在介绍这两个美学中心的研究情况之前，我们先略述其他方面70年代末和80年代初的成就。首先是复旦大学中文系施东昌（1931—1983年）的《先秦诸子美学思想述评》（1979年）、《汉代美学思想述评》（1981年），前书评述了孔子、墨子、老庄、孟子、荀子、韩非的美学思想，后书评述了董仲舒、《淮南子》、扬雄、《白虎通义》及班固、王充的美学思想。作者的意图有两个，一是"努力去打开中国美学遗产的宝库"，这是书中"述"的部分；二是"揭示中国自古以来美学思想斗争的历史发展规律"（《先秦诸子美学思想述评·序》），这是书中"评"的部分。两书"述"的部分，较为充分地呈现了先秦两汉时期人民对于美学问题的各种见解，这是两部著作的价值所在；"评"的部分，"努力揭示各个作家和著作的美学思想究竟是唯物主义的还是唯心主义的，是朴素辩证法的还是形而上学的……从而给以适当的肯定和否定的历史评价"（《汉代美学思想述评·序》），这是历史的痕迹，毫无意义。郭因（1926— ）《中国绘画美学史稿》（1981年）也有浓厚的历史痕迹。据作者的序，该书意旨是尝试从美学的角度来研究与撰写中国绘画理论的发展史，并用以阐扬毛泽东主席的文艺思想，即"革命的现实主义"与"革命的浪漫主义"相结合的美学思想和创作方法。该书探讨了从先秦至清代历史上重要的绘画美学家的美学思想，并一一说明他们是现实主义者还是浪漫主义者，是何种类型的现实主义者或浪漫主义者。对于每一时代，又有专章小结此时代绘画美学思想斗争与发展的情况，分析此时代绘画美学思想斗争与发展的历史背景。因为作者本是画家，所以其在具体分析上每有洞见，如他认为同样主张写实的，又有重形似与重传神的不同。刘纲纪《书法美学简论》（1979年）也带有历史的痕迹，即坚持在"现实主义"的原则下，讨论书法美的来源，斥重视书法之抽象美的观点为唯心主义。在具体的论述中，他遵循邓以蛰《书法之欣赏》中的思路，把书法的美区分为形态美和意境美，但是进一步把书法的形态美分为具有建筑性的静态美（篆书、真书）和具有音乐性的动态美（行草书）。

北大的美学研究因为"文革"前的丰厚积累，"文革"后迅速恢复并发展起来。1979年，宗白华"文革"前的"中国美学史专题"讲课稿（叶朗整理）以"中国美学史中重要问题的初步探索"为题发表，奠定了80年代中国美学史研究的基本框架；1980年初，"文革"前完成的《中国美学史资料选编》终于由中华书局分上、下册出版；1981 年，宗白华的《美学散步》由上海人民出版社出版。这三部著作的发表，代表了中国美学史研究在新时期重新起步，也为新时期中国美学史的研究树立了典范——富有时代气息的较纯粹的中国美学史研究。"文革"后，年青一代的于民、葛路、叶朗承担起了北大的中国美学史和中国美学专题的教学、研究任务，他们不同程度地继承了邓以蛰、宗白华中国美学史研究的那种纯粹性质，并很快作出了成绩。1982 年，葛路《中国古代绘画理论发展史》、叶朗《中国小说美学》先后出版。《中国古代绘画理论发展史》是第一部完整的画论史著作，作者的意图在"恢复绘画理论的历史真面目，拂去一切误解的尘埃"（新版跋语），故其叙述简洁明了，分析尤有分寸，不做过度的发挥。叶朗《中国小说美学》也是该领域的开创之作，此书"清理出了一条中国古典小说美学和近代小说美学的发展线索，揭示出了中国小说美学史的概貌，初勾勒出了中国小说美学体系的大致轮廓"（郭瑞）。1984 年，于民《春秋前审美观念的发展》出版。此书依据出土材料（陶器、玉器、青铜器、甲骨文）和早期文献，将春秋前（包括春秋时期）审美观念的发展理出了个初步轮廓，并重点讨论了春秋时期美与善、文与质、乐与悲等 7 对审美范畴的出现和影响。正如作者所说，这对于我们深入了解先秦诸子的美学思想有重要的意义。上面的三种著作，都是著者在所开专题课的基础上写成的，在各自的领域也都有开创之功，而且都达到了当时的最高水平。当然，代表着 80 年代北大中国美学史研究最高水平的是叶朗的《中国美学史大纲》（1985 年）。这是第一部较完整的中国美学史（始于"老子的美学"，讫于"李大钊的美学"），材料翔实，分析细致，而叙述简明清晰，在宏观的把握和细节的处理上都很出色。此书大致以人物和著作为纲，而又紧扣审美范畴和审美命题这个中心；作者把任务限定在"把历史上每个时期美学思想的本身面貌以及美学思想的前后发展线索搞清楚"，所以极少枝蔓（指社会背景方面）。在中国美学史的认识上，作者也提出了一些重要的看法。其一，提出了中国古典美学的分期问题，以先秦两汉为古典美学的发端，魏晋至明代为古典美学的展开期，明末与清为古典美学总结期。其二，明确指出在中国古典美学体系的中心范畴不是"美"，而是"审美意象"。其三，区分了审美意识的形象系列和范畴系列，认为美学史应该研究表现为理论形态的审美范畴系列，而不应该是形象系列。作为一部"大纲"，遗漏在所难免——如著者自己所说，禅宗和理学维度的缺失是最大的不足——具体的观点可议之处也不少，但是都不妨碍它成为中国美学史研究上的最好的典范之一。

1978 年，中国社会科学院哲学研究所美学室甫一成立，李泽厚即提议组织室里的力量，编写一部完整的中国美学史。作为铺垫，李泽厚整理自己的札记写成《美的历程》（1981 年），为计划中的《中国美学史》粗略勾画了一个整体轮廓。《美的历程》包括十个部分，对中国文化中的审美意识、审美风潮作了一次鸟瞰式的历史巡视，从原始图腾到明清文艺思潮共十章，其中先秦理性精神（三）、楚汉浪漫主义（四）颇能道前人所未道。此书攫取了各个时代审美风尚的主要精神、审美意识流变的节点，体现出一个思想家的宏观视野和对各个时代精神的精准把握。从广义的美学史来说，这是第一部中国美学通史——以审美意识的形象系列呈现出来的中国美学史。但它当然不仅是审美"形象系列"的呈现，更有价值的是其对审美意识背后文化精神的分析，它的魅力也在于其思想的穿透力。

《中国美学史》的第一卷"先秦两汉"、第二卷"魏晋南北朝"先后于 1984 年、1987 年出版。与《美的历程》不同，《中国美学史》取审美意识的范畴系列为论述角度。但是与叶朗的《中国美学史大纲》不同，《中国美学史》更重视审美意识的思想史、哲学史背景，在分析美学范畴时，更侧重其中的哲学意义。这使得它对于中国美学的特质、中国美学的分期都染上了浓厚的思想史、哲学史色彩。它结合着中国哲学和中国艺术去观察中国美学的基本特征，总结出中国美学的六个特点：第一，强调美与善的统一；第二，强调情与理的统一；第三，强调认知与直觉的统一；第四，强调人与自然的统一；第五，富于古代人道主义的精神；第六，以审美境界为人生的最高境界。在分期方面，先秦两汉之后，它把魏晋至唐中叶划为一期，晚唐至明中叶为一期（禅宗影响），明中叶到戊戌变法前为一期（心学影响）。它的构架是唯物发展史观和儒、道、骚、禅四种思潮之变奏的双重结构，这使得它的美学史叙述带有很强的构造性和哲学意味，阶级分析的痕迹也还不少。在具体内容方面，它的全面与分析的细密是前所未有的，可惜这个工程中止于第二卷的出版。1988年，李泽厚著《华夏美学》，完成了他儒、道、骚、禅之交织变奏而统摄于儒的中国美学叙述。据其前言，此书的目的是要说明华夏美学在魏晋时如何以儒为主体而吸收、包容了庄、骚，在唐宋又如何接纳禅宗而发展出宋明理学"上下与天地同流"的审美境界——这是汲取了庄、骚、禅之后华夏美学的最高峰。

《中国美学史》第二卷出版的1987年7月，敏泽的《中国美学思想史》第一卷（史前时期至南北朝）出版，第二卷（唐至明清）、第三卷（近代和现代）于1989年出版。敏泽的《中国美学思想史》代表了中国美学史研究的新水平，它的出版，也可算是80年代中国美学史研究的一个完美结局。其特色有三点：第一，思想史与美学史的结合。全书按时代顺序分成若干编，每编前有一篇较长的绪论，叙其时代文化背景与审美意识的发展变化。第二，融合了审美意识的形象系列和范畴系列。他将原始记录和理论概括研究结合起来，将审美意识的活动形态和审美观念的理论形态的研究结合起来，对表现在各个历史时代的社会风尚、文化、哲学、宗教、艺术中的审美意识作通盘的考察，分析其中所包含的美学观念的实质和特点，辨析它们的生成和演化（皮朝纲评语）。第三，旁搜远绍，建立了美学思想发展历程中更为细致的人物坐标，对于一些美学研究中很少关注的人物如魏晋时的刘昼，或故意忽略的如清末的林纾亦予论列，以尽可能地呈现历史的细节。

80年代的中国美学史研究热闹非凡。除以上几种通史性著述，还有许多各具所见的著述，如林同华《中国美学史论集》（1984年），栾勋《中国古代美学概论》（1984年），皮朝纲《中国古典美学探索》

(1985年)、《中国古代文艺美学概要》(1986年),曾祖荫《中国古代美学范畴》(1986年),葛路《中国绘画美学范畴体系》(1989年)[①]等。其中林同华《中国美学史论集》选择若干重要历史阶段,考察当时各门艺术在创作与欣赏方面的审美原则,并对某些有代表性的美学思想家及其主要论点予以分析和评价(伍蠡甫序言),是一部由专论构成的断点式的中国美学史,他的研究深度和弥缝史、论的能力也都是一般人所不及的。皮朝纲《中国古代文艺美学概要》上篇范畴、下篇命题,颇有独到之见,如柳宗元"美不自美,因人而彰"的命题即经他的发覆而广为人知。曾祖荫《中国古代美学范畴》提出"情理""形神""虚实""言意""意境""体性"六个基本范畴,首论其发展,次论其美学特征。此外,周来祥《论中国古典美学》(1987年)认为中国古代美学是"以和谐为美"的古典主义美学,于民《气化谐和——中国古典审美意识的独特发展》(1990年)认为,中国古典审美意识以气化论以及与它结合在一起的谐和论作为核心与根本,并以此贯穿其发展过程的始终(钟若)。80年代后期,开始有专题研究成果出现,如肖驰《中国诗歌美学》(1986年)、蒋孔阳《先秦音乐美学思想论稿》(1986年)、蔡仲德《中国音乐美学史论》(1988年)、金学智《中国园林美学》(1989年)、袁济喜《六朝美学》(1989年)。近代中国美学人物专题研究则有聂振斌《蔡元培及其美学思想》(1984年)、《王国维美学思想述评》(1986年)、林同华《宗白华美学思想研究》(1987年)、阎国忠《朱光潜美学思想研究》(1987年)。

审美范畴在80年代的中国美学史研究中占有重要的地位,事实上,除了《美的历程》,其他几部美学通史都是围绕审美范畴展开的。专门的中国美学范畴研究,始于80年代中期。大略与曾祖荫的

[①] 《中国绘画美学范畴体系》(漓江出版社1989年版)一书,从中国绘画的特质和社会功能、中国绘画的审美标准、中国绘画的创作法则三个方面勾画中国绘画的范畴体系。虽然所拟的范畴不无可议之处——如审美标准部分的"美""和""意境"皆非传统绘画欣赏的主要概念——草创的努力却是不容抹杀的。

《中国古代美学范畴》（1986年）同时，李欣复也在尝试对古代美学的范畴作系统的考察，他的长文《中国美学范畴史述略》（1985年）①勾勒了古典美学范畴从先秦到晚清的生成、演进过程，把中国古典美学范畴描画成一个生展的有机体系——滥觞于先秦两汉，纯化发展于魏晋隋唐，深化总结于宋元明清。至80年代末，则有蔡锺翔发起并主编的"中国美学范畴研究丛书"。此丛书自80年代末陆续出版，从袁济喜《和——中国古典审美理想》（1989年）到曹顺庆、王南《雄浑与沉郁》（2009年），共出版了十余种范畴专题研究著作。此外，潘显一《大美不言——道教美学思想范畴论》（1998年）可算是一个新领域的开拓。

70年代末与80年代初，中国美学史的研究仍有较多意识形态的痕迹——李泽厚在《中国美学史》第一卷的后记中犹批评此书有"对古人批判不够，肯定过多""阶级分析较少，强调继承略多"的缺点。幸运的是，迅速而起的思想解放思潮让中国美学史的研究很快就走出了意识形态的影响，80年代后期中国美学史的研究不再强调"批判"，而是探迹钩沉，现其面目，发其幽光。

（二）全面展开与新思潮影响下的90年代

进入90年代之后，中国美学史的研究全面展开，并走向细化，断代美学史、部门美学、人物专题、范畴专题，乃至一部经典著作（如《文心雕龙》《沧浪诗话》）的美学思想专题研究迅速发展起来。这时期，有延续80年代研究思路的，也有另辟新径的。另辟新径者，大抵与90年代的两个思潮有关，即80年代末90年代初兴起的"生命美学"思潮和"审美文化"思潮。

【断代美学史研究】90年代出版的第一部中国美学断代史是杨安伦、程俊的《先秦美学思想史略》（1992年）。此书依次讨论了中国原始期审美意识的起源和变化、甲骨金文和青铜器所见之审美意

---

① 此文分四次登载于《山西大学学报·社会科学版》1985年第2、3、4期，1986年第1期。

识、春秋战国时期的美学思想（包括诸子和《易》、屈赋中的美学思想），叙述较前人详备。此后则有吴功正的三部断代美学史《六朝美学史》（1994年）、《唐朝美学史》（1999年）、《宋朝美学史》（2007年）。吴功正的美学史研究已经有了较为广阔的"审美文化"视野，比如他的《六朝美学史》从六朝美学的历史动因、史的图式（审美范畴）、史的现象（门类美学）多个方面对六朝美学作立体的呈现。在历史动因方面，除一般人所注意的哲学动因（玄学、佛学）之外，还有庄园经济、社会风俗习惯方面的；门类美学部分，除一般人所注意的诗、书、画之外，还考察了乐舞、雕刻、园林及文学中骈、赋、散文、小说。审美范畴部分提出"丽"，从社会风习中的奢华之气、民俗风尚、士庶之分引出金粉美学、通俗美学、贵族美学，都有突破藩篱、开辟新境之功。此时期的断代美学史研究成果，还有霍然的《唐代美学思潮》（1990年）、《宋代美学思潮》（1997年）。霍然的断代美学思潮研究也有审美文化观念的影响。

【部门美学】90年代以后部门美学的成果很多，如庄严、章铸《中国诗歌美学史》（1994年），金学智《中国书法美学》（1994年）、尹旭《中国书法美学简史》（2001年），陈传席《中国绘画美学史》（2000年）。尤有意味的是周易美学、理学美学、佛教（包括禅宗）美学方面的开拓。周易美学方面，主要有王振复《大易之美——〈周易〉的美学智慧》（1991年）和刘纲纪《〈周易〉美学》（1992年）。后者是《中国美学史》（第一卷）中相关内容的展开，前者则有较多新意——尤其是从"时""生""气"等多个方面突出了《周易》重生机流动之美的生命美学思想。我们知道，"生命"曾是宗白华阐释中国传统艺术时提醒出的一个重要概念。90年代的《周易》美学研究，又一次把"生命"的观念引入中国美学的研究[①]。宋明理学美

[①] 较为彻底而全面地把"生命美学"贯彻到中国美学史的研究中去的，是朱良志的《中国艺术的生命精神》（1995年）。该书认为中国哲学是一种以生命为最高真实的生命哲学，中国艺术浸润着生命精神，或者说生命精神是中国艺术的根本精神。

学方面，则有朱良志《扁舟一叶——理学与中国画学研究》（1999年）和潘立勇《朱子理学美学》（1999年），弥补了中国美学史研究中宋明理学维度的长期缺失。相比之下，佛教美学的研究更热闹些。最早提出佛教美学问题的是严北溟，严的《论佛教的美学思想》（1981年）从蒙昧主义、信仰主义和禁欲主义三个方面论证了佛教教义如何从反面，从不同的角度推动了佛教艺术的发展，并构成了佛教美学思想的基本内容。此后讨论佛教美学的论文陆续出现，如张文勋《儒、道、佛美学思想之比较》（1987年），蒋述卓《试论佛教美学思想》（1990年）。进入90年代后，佛教美学的研究渐多，先后出现了三部著作：王海林《佛教美学》（1992年）、祁志祥《佛教美学》（1997年）[1]、《中国佛教美学史》（2010年）。在中国佛教美学研究中，最活跃的是禅宗美学研究，专著有皮朝纲《静默的美学》（1991年）、《禅宗美学史稿》（1994年）、张节末《禅宗美学》（1999年）。对其他宗派如天台、华严、净土等宗的美学思想的研究，则尚未起步[2]。

90年代仍有一些全貌式或通史类的中国美学研究成果。韩林德《境生象外——华夏审美与艺术特征考察》（1995年）是一部"有心得，有新见"的著作（李泽厚评语）。作者受宗白华、李泽厚的影响较大，但他于发挥之外，补充、修正也很多，他的新见最突出的有两点：第一，认为"意境"乃是华夏美学的核心范畴和基本范畴。第二，以《周易》、元气论、阴阳五行说为"支撑华夏美学殿堂的三块思想史基石"，指出这三大思维传统产生于诸子学说之前，而其影响贯穿于整个华夏文明史。尤其是阴阳五行说对华夏美学的影响，作者论述最详尽，并从中得出"音乐性（时间性）是华夏艺术的灵

---

[1] 在20世纪80年代的《中国美学史》等著作中，讨论佛教对中国美学的影响的比较常见，却罕见"佛教美学"之说。最早的两种相关专著——王志敏、方珊著《佛教与美学》（1989年）、曾祖荫著《中国佛教与美学》（1991年）——也是讨论佛教对中国古代美学、艺术的影响。

[2] 皮朝纲：《佛教美学研究琐忆》，《西南民族大学学报》（人文社会科学版）2008年第1期。

魂"的结论。

陈望衡的《中国古典美学史》（1998年）是90年代唯一一部中国美学通史。此书充分吸纳了90年代中国美学范畴和部门美学研究的成果，规模庞大，体例亦较复杂，主要以人物为序，但时时杂以各种专题。它有个很长的"代序"，提出了华夏审美意识的四个基因，即"美真同体""美善同义""和合为美""礼乐相亲"；一个绪论，提出了一个中国古典美学体系，即"以意象为基本范畴的美学本体论系统""以味为主要范畴的审美感受论系统""以妙为中心的审美品评论系统"，以及"真善美相统一的艺术创作论系统"。其书其说皆颇独特，可算是中国传统美学研究中的一道奇特风景。

三 反思和调整期：2000—2019年

进入21世纪，中国美学（史）的研究也进入了一个新阶段。这个新阶段的景象颇为复杂，甚至有点光怪陆离的感觉。概括起来，大致有四个方面：第一，在新的哲学观念、美学观念和美学思潮影响下，新的研究范式层出不穷。第二，出现了对20世纪80年代形成的中国美学史叙述范式的普遍反思。第三，围绕范畴、人物、经典著作展开的旧范式下的古代美学研究，"面"的扩大和"点"的细化、深化仍在继续。第四，充分发酵的国学热，为传统美学的研究注入了新的动力。项目基金支持催生了众多的大型研究工程，同时也让研究演变成了生产，出现了许多团体合作而成的"通史""汇编"。

2000年，张法出版了自己的《中国美学史》[①]，在序言中，张法提出"重写美学史"的口号。他认为20世纪80年代以来形成的几种中国美学史叙述方式，都是以一种历史一元论演进的观点来写的，（而这个历史一元论演进模式，是西方中心主义学术范式下的历史一

[①] 此书上海人民出版社2000年第一版，四川人民出版社2006年第二版，此处就其第一版而论。

元论），忽略了中国古代文化的独特趣旨。他要在轴心时代和分散世界史的新历史观下，呈示中国古代文化的独特趣旨、中国审美的独特风貌、中国审美的独特把握方式和理论形态，以便让"中国古代艺术的美学统一性……完全按照历史自身的方式呈现"。他的《中国美学史》确有不少独特之处：他突出了"文化"的意义，提出了自己的中国文化分期，并在此结构下"不按朝代人物论著一一排列，而着重说明中国美学史的整体逻辑，历史发展的基本线索，各个历史时期的审美趣味核心"。具体内容上，他在艺术的各个领域及其专门理论、哲学之外，加入了另一个中国美学史的基因，即生活审美的各个方面（衣、食、住、行、娱）；在士人美学、市民美学概念之外，增加了"朝廷美学""民间美学"的两个概念；在轴心文化观念下，认为中国美学的独特性质形成于春秋时期，此后的时期，是此特性的展开与丰富，以迄于清——这一点上，与韩林德的《境生象外——华夏审美与艺术特征考察》（1995年）中的看法颇相近——然后他在分散世界史观下，把中国美学史的下限定在清末，此后中国的历史汇入了一元世界史，中国独特的审美方式到此为止，中国美学史也应到此为止。张法"重写中国美学史"的思考，表达了两个诉求：第一，中国美学史应呈现中国审美的独特性；第二，中国美学史应呈现中国审美现象的丰富性。这两个方面的诉求，是新时期的普遍呼声。

张法《中国美学史》（2000年）拉开了反思的序幕，此后的十年，"中国美学史"几乎让位给了"中国审美文化史"——当然，这也可以说是"中国古代审美文化"形态的广义中国美学史叙述。这类著作盛行于21世纪的头十年，而且都是多卷本：陈炎主编《中国审美文化史》（4卷，2000年）；许明主编《华夏审美风尚史》（11卷，2001年）；吴中杰主编《中国古代审美文化论》（3卷，2003年）；周来祥主编《中华审美文化通史》（6卷，2008年）。中国审美文化之丰富性充分呈现，使得人们对80年代形成的以范畴、概念、命题为中心的中国美学史叙述产生了普遍的怀疑，而如何呈现中国古典美学的"本来面目"也就成为一个共同的时代话题。因为中国古代并无"美学"这一学科,选择什么范畴作为中国美学的核心概念,就会形成不同的中国美学史叙述。一个最著名的例子是"意境"或"境界"问题。20世纪80年代以来,"意象"或"意境/境界"渐被视为中国美学的中心范畴,以至出现了许多专门研究"意象"或"意境/境界"的著作,分析其结构并建构其历史,甚至借此建构美学史,其中较著名者如汪裕雄著《意象探源》(1997年),薛富兴著《东方神韵——意境论》(2000年),古风著《意境探微》(2001年)。这种看法在21世纪也开始受到质疑,萧驰(肖驰)曾经是"意境"论的宣传者(著有《中国诗歌美学》,1986年),但是其于21世纪出版的著作《抒情传统与中国思想——王夫之诗学发微》(2003年)、《佛法与诗境》(2005年)开始反省,指出诗境说远不能概括中国古代诗学中的一些重要传统,罗钢则进而说以"意境"为中国美学的核心范畴,本就是一个"被发明的传统"、一个"学说的神话"[1]。

另一个角度的反思则与存在主义哲学的引入有关。20世纪80年代的存在主义哲学思潮,引发了对中国传统美学所隐含的现代性的思考。张世英《天人之际——中西哲学的困惑与选择》(1995年)、《进入澄明之境——哲学的新方向》(1999年)使我们认识到中国传统美学是一种存在论美学,而不是认识论美学[2],因此中国传统美学所表现出的现代性,恰是它区别于西方认识论美学的独特性。存在主义带来了对生命的另一种关注,从而带来了另一种生命美学的方向。朱良志在21世纪的中国古代美学研究,即是这转向的代表。朱良志是把"生命美学"的观念贯彻到中国美学史研究最彻底的学

---

[1] 罗钢:《传统的幻象——跨文化语境中的王国维诗学》,人民文学出版社2015年版。参见此书第五章、第十章及余论相关部分。

[2] 参见李昌舒《论张世英先生的美学思想及其与中国美学的关系》,《江海学刊》2005年第4期。

者——从20世纪90年代的《中国艺术的生命精神》(1995年)，到21世纪的《曲院风荷——中国艺术论十讲》(2003年)、《生命清供——国画背后的世界》(2005年)、《中国美学十五讲》(2006年)、《真水无香》(2009年)、《南画十六观》(2013年)，"生命"是一以贯之的关键词。他的全部工作，都在阐发中国传统艺术、中国传统美学中的生命精神。但是这中间有一个转变：《中国艺术的生命精神》的哲学基础，是柏格森、宗白华的"生机"生命哲学，也是基于《周易》的"生生"和元气论的生命哲学，但是自《曲院风荷——中国艺术论十讲》开始，其哲学基础逐渐转向以存在主义的"生命意识"为核心的生命哲学，也是《庄子》尤其是禅宗的生命智慧的生命哲学。相应地，他从中国传统艺术阐发出的生命精神，也从对生机的欣赏转向对生命意义的追问、生命的安顿、生命智慧的开悟。他强调中国艺术中对人工秩序的规避，对拙的追求，真性的开启，从"二"回到"一"的智慧，都是生存境域的敞开——从客体回到主体，从认识回到存在。

20世纪新进来的另一些美学思潮也在推动着中国美学史的研究突破旧的范式。身体美学被引入中国美学史研究，成果有刘成纪著《形而下的不朽——汉代身体美学考论》(2007年)，方英敏著《修心而正形——先秦身体美学考论》(2017年)；环境美学、生态美学被引入中国美学史研究，成果有刘成纪著《自然美的哲学基础》(2008年)，程相占著《中国环境美学思想研究》(2009年)、卢政等著《中国古典美学的生态智慧研究》(2016年)。也有来自内部的反省和调整。早在20世纪90年代初，叶朗有鉴于编于60年代的《中国美学史资料选编》的局限性，发起编撰《中国历代美学文库》的工程，将中国美学史的文献拓展到审美风尚和审美设计。经过150余位学者10余年的努力，19卷的《中国历代美学文库》终于在2003年由高等教育出版社出版。叶朗随后又组织8卷本《中国美学通史》的撰写，并于2014年完成出版。《中国美学通史》(8卷)大体遵循了叶朗《中国美学史大纲》的美学思想史写作观念——"抓住每个时代最有代表性的美学思想家和美学著作"——但是除了具体内容上的扩展,如宋明理学、心学的影响等,汉代卷身体美学、政治美学,宋代部分的"休闲文化与美学",明代部分的"长物为美",显然是新潮流的影响。朱志荣主编的 8 卷本《中国审美意识通史》(2017 年)则试图在两种审美文化史和美学思想史之间寻求平衡——从各时代的审美文化中分析出一条审美意识发展变化的历史。张法仍在继续他"重写美学史"的思考,提出:"在中国美学史本有的整体框架中,加上与物质形态—制度文化—思想观念—语言概念铸成相关联的美感的建立和演化这样一个核心,就可以用一种新的方式去看中国美学史书写中的点和面……就会有一个新的、更为丰富、更接近于中国古代原貌的展现。"[①] 在此指导原则下,张法编了一套视野更为宏阔的中国美学史资料——七卷本《中国美学经典》(2017 年),与前人所编相比,增加了传统天下观和制度美学的内容。

在反思和调整中国美学史叙述方式的同时,中国美学史上对具体问题的研究在继续推进。老话题的新研究如朱志荣的《商代审美意识研究》(2002 年)、《夏商周美学史》(2009 年),王明居的《唐代美学》(2006 年),刘方的《中国禅宗美学的思想发生与历史演进》(2010 年),潘立勇的《一体万化——阳明心学的美学智慧》(2010 年)。范畴史的研究方面,李欣复出版了自己较成熟、完整的《中国古典美学范畴史》(2003 年),该书详细阐释了中国古典美学范畴的发展史,概述了几十对重要美学范畴在不同时期的流派和个人那里不同的含义及其相互关系。三年后,王振复推出了三卷本的《中国美学范畴研究》(2006 年),分期与李欣复略同。新领域的集中成果有潘显一等著《道教美学思想史研究》(2010 年),祁志祥著《中国佛教美学史》(2010 年)。近十年来最令人印象深刻的是皮朝

[①] 张法:《中国美学史应当有怎样的整体框架——中国美学史研究 40 年演进的新思考》,《文艺争鸣》2018 年第 12 期。

纲先生凭一己之力，穷三十载于斯的既专且精的禅宗美学及文献研究，在近十年内结出的丰硕果实：《丹青妙香叩禅心——禅宗画学著述研究》（2012年）、《墨海禅迹听新声：禅宗书学著述解读》（2012年）、《中国禅宗书画美学思想史纲》（2012年）、《游戏翰墨见本心——禅宗书画美学著述选释》（2013年）、《禅宗音乐美学著述研究》（2017年）。这种文献研究，"用最笨的工夫，做着最有开拓性的工作"，为将来禅宗美学研究的质的进步提供了坚实的基础。其实，整个中国美学史的研究，也需要类似的文献研究作基础。

第四节 70年来西方美学研究的成就、问题与出路

中华人民共和国成立以来国内的西方美学研究在探索中迂回前行，经历过三大发展阶段。20世纪50—70年代，由于特殊的时代环境，西方美学研究范围受到一定程度的限制，与此前的研究相比略显单调。20世纪80—90年代开始，伴随思想的解放，国内西方美学研究进入高潮，大量国外美学思潮也随之被引入国内。自21世纪以来，国内西方美学研究摆脱盲目跟风状态，在平稳中将研究逐渐引向深入。回顾这一发展过程，国内西方美学在自身的研究领域中不断拓展，研究方法上勇于推进，努力将学科研究带入专业化与科学化的方向。其间，取得的成就需要肯定，内含的问题也值得反思，目的是为以后的学科发展探索合理的方向。

一 国内西方美学研究领域的拓展

中华人民共和国成立以来，国内西方美学研究在研究领域上的拓展涉及两个方面，一是对西方美学思想发展过程的探究，二是对西方美学思想最近动向的关注。

首先，国内对于西方美学思想史的研究经历了由集中关注重要

美学思想发展阶段到全面把控西方美学思想各个方面的过程。古希腊美学和德国古典美学一直是国内西方美学研究的重镇，这与其在西方美学发展中的重要地位不无关联。古希腊美学作为西方美学思想的源头，给西方美学思想的发展提供了丰富的源泉，而德国古典美学作为西方美学思想成熟化的系统展示，也成为美学思想突破必须面对的理论背景。因而，后来思想家不断从不同角度对它们进行关注和解说。就国内而言，这两个阶段的美学思想在中华人民共和国成立以前就受到重点关注，中华人民共和国成立之后经历过最初的波折，从80年代起又开启这一研究思路并继续深入。

出版于80年代的蒋孔阳的《德国古典美学》（1980年）和阎国忠的《古希腊罗马美学》（1983年）是这一方面的开山之作，也是代表作。这两部著作沿着思想发展的脉络对德国古典美学和古希腊罗马美学这两个阶段的美学作了系统介绍。此后约40年的西方美学研究中，虽然研究领域不再局限于此，逐步扩展到西方美学史的各个方面，这两个阶段依然是学术研究关注的重心，研究的著作与论文数量一直占据最高比例，研究质量也相对于其他领域更为深入。其中的代表著作有陈中梅的《柏拉图诗学和艺术思想研究》（1999年）、王柯平的《〈理想国〉的诗学研究》（2005年）、邓晓芒的《冥河的摆渡者——康德的〈判断力批判〉》（1997年）、薛华的《黑格尔与艺术难题——一段问题史》（1986年）。从这些著作的书名可看出，研究内容也已经细化为对人物的专题研究。

在对这两个阶段展开专题研究的同时，国内西方美学研究的关注视野以这两个领域所引发出来的问题为引线，沿着美学史的发展纵向扩展开来，如对中世纪美学、英国经验主义美学等领域的研究。周晓亮的《休谟哲学研究》（1999年）、阎国忠的《美是上帝的名字——中世纪神学美学》（2003年）是其中的代表作品。总体而言这些研究不仅资料不断丰富，也提供出新的思路。其中，英国经验主义美学的研究显示出亮点。依传统的观点，德国古典美学的源头是经验论与唯理论两大主干。随着近年来对英国经验主义的持续关注,道德情感主义一脉在西方美学研究中的意义逐渐显示出来。虽然都是以感性为研究基础,在严格意义上,道德情感主义并不能归属于经验论这一脉。它们通过将道德的来源落脚于情感,剥离认识与道德的关系,将道德与审美的亲缘关系显示出来。这使得德国古典美学与之前思想发展的关系变得复杂,有了需要进一步关注的必要性。李家莲的《道德的情感之源——弗兰西斯·哈奇森道德情感思想研究》(2012 年)和陈昊的《情感与趣味——休谟经验主义美学思想研究》(2017 年)对这一脉络作了专题研究的尝试。

其次,就西方美学发展的最新动向而言,关注西方前沿学术思潮,作出及时引介和研究也呈现出不断拓展的过程。

中华人民共和国成立初期,受当时环境影响,学术界对新学术思潮的关注不够。少量的关注和译介也是带着批判的眼光,未能作出客观的分析。80 年代开始,由于思想解放和美学研究热情的高涨,国内学界开始大量介绍西方当代的美学思想。朱狄的《当代西方美学》(1984 年)是这方面的代表作。在这部著作中,他将当代西方美学分为科学美学和分析美学两大类型,以此为线索介绍了完形心理学美学、心理分析美学、表现论美学、符号论美学等 10 个当代美学思潮,对把握西方当代美学思潮起了引领作用。

80 年代的美学热过去之后,对西方当代美学思潮的关注并未中断,其依旧是国内西方美学研究的一个主干。主要体现为两个方面:其一,对具体学术思潮由单纯评介到专题研究。国内学界的关注颇多,也有了相当数量的研究成果。其中,由海德格尔开启,伽达默尔发展的解释学美学是国内西方美学研究的重心,代表著作有张汝伦的《意义的探究——当代西方释义学》(1986 年)、殷鼎的《理解的命运——解释学初论》(1988 年)、孙周兴的《说不可说之神秘》(1995 年)。其二,继续跟踪介绍前沿学术思潮的发展,如近年来,环境美学、身体美学、生态美学在刚成为西方美学的思潮不久,就受到国内学者的关注与分析,表明国内的西方美学研究已逐步跟上西方美学发展的前沿。

此外，对前沿学术思潮的关注还表现在对当代西方美学思想家的研究著作的介绍。对于美学史上重要的美学思想家，西方美学界也有不少相关研究著作，如对于康德哲学的研究，从康德之后，研究的热情从未间断，各种思路的研究著作一直在进行。到目前为止，已经形成了以美国学者为代表和以德国学者为代表的不同研究思路。国内学者也对此作了必要的关注与了解，认为以美国学者盖耶、阿利森为代表的研究思路以详细分析具体文本为特点，而以德国学者赫费为代表的研究思路则强调将康德美学与其先验哲学体系相关联，在这一背景下分析其美学思想的意义。

二　国内西方美学研究途径的推进

在扩展学术研究领域的同时，中华人民共和国成立以来国内西方美学对研究途径也进行了多角度探索，推进了学术研究方法的多样化。

第一，以翻译呈现学术思想的模式逐渐深入。

从事西方美学研究，语言的转换是必须面对的问题，这决定了对原著的翻译也成为学术研究的必要途径。一般而言，对学术著作的翻译多被认为是工具性的研究，为不能顺利跨越语言障碍的研究者提供探究思想的途径。然而，这只是一个附带性的作用，并不能体现出翻译的本质。如果说在中华人民共和国成立初期，能够熟练使用外语工具的学者并不多见，国内西方美学研究工作大多是借助于译文，那么到了 70 年后的今天，研究者使用语言的能力已经得到很大提高。不仅国内就能够提供优越的语言环境，使青年学者能够顺利阅读外文书籍并与国外学者进行学术交流，更有有志于西方美学研究的学子直接进入外语国家接受学术教育，用外语从事学术论文写作。这使得他们从一开始就能够进入国际的学术交流体系之中。在这一情况下，翻译凸显出其自身的不可替代性。这是因为，将西方美学思想家的著作以汉语的方式表达出来，本身就是对美学思想的一个特殊理解过程，而两种语言不断地相互碰撞也是使语言概念化,并将对西方美学思想的理解带向明晰化的过程。

中华人民共和国成立初期,老一辈学者就开始了对西方美学思想的译介。其中,宗白华的《判断力批判》上卷(1964年)、韦卓民的《判断力批判》下卷(1964年)、朱光潜的《柏拉图文艺对话集》(1963年)是这方面的开山之作。20世纪80年代开始,对美学著作的翻译逐渐扩展开来,李泽厚主编的"美学译文丛书"是这一时期的代表性事件。"丛书"前后共出版50本,译介了西方美学不同时期思想家的著作,极大地促进了美学研究,带动了当时的"美学热"。2000年以来,对美学思想的翻译趋向深入,不仅继续关注尚未译介的美学思想,而且对于已经翻译的美学思想也开始大量出现不同的版本。如对于康德美学著作《判断力批判》就有牟宗三、邓晓芒、李秋零、曹俊峰等不同译本,这一方面促进了对于康德美学思想主要思路的把握,同时也使得对其重要术语的理解愈益准确。

第二,研究路径上宏观把握与微观探究齐头并进。

从历史的纵向发展来对美学思想作一宏观把握是西方美学研究的必要环节。尤其是西方美学研究初期,学术研究首先是从"史"的角度对美学思想的发展给予宏观把握,出版于20世纪60年代的朱光潜的《西方美学史》(1963年)和汝信的《西方美学史论丛》(1963年)是其中的代表,并成为当时了解西方美学的必读书目。80年代以后,对于西方美学思想的纵向梳理继续进行,既有对某个阶段思想发展的关注,也有对整体把握的逐渐深入细致,汝信主编的4卷本《西方美学史》(2008年)与蒋孔阳、朱立元主编的7卷本《西方美学通史》(1999年)是这方面的代表著作。

从思想家以及具体概念入手对西方美学思想进行专题解说是西方美学研究的必然指向。如果说学术研究的初期更多关注的是史的纵向架构,那么随着研究的进展,学术研究会逐渐从宏观把握走向更为细致的专题讨论,有概念史的专题研究,也有美学思想家的专题研究。就前者而言,有对西方美学中崇高、优美、悲剧、喜剧等概念发展演变的研究。就后者而言,涉及的则是对思想家美学思想的分析与梳理。一些重要的思想家如康德、黑格尔、柏拉图、亚里士多德、海德格尔等一直是国内学者关注的热点，所涉及的研究既有单纯的思想介绍，也有思路的细致梳理。这方面的代表作品有李泽厚的《批判哲学的批判：康德述评》（1979年）、朱志荣的《康德美学思想研究》（1997年）、戴茂堂的《超越自然主义——康德美学的现象学诠释》（1998年）、曹俊峰的《康德美学引论》（1999年）、刘旭光的《海德格尔与美学思想》（2004年）、张海涛的《澄明与遮蔽——海德格尔主体间性美学思想研究》（2013年）等。进入21世纪之后，学术研究进一步细化，对西方美学史上重要美学家的核心概念以及核心问题的研究也成为关注的方向。如卢春红的《情感与时间——康德共通感问题研究》（2007年）、王奎的《康德论美的演绎》（2015年）、周黄正蜜的《康德共通感理论研究》（2018年）就是对康德美学思想的专题化研究。

第三，学术研究的角度由单向视野进入思想比较的双向视野。

对于国内的西方美学研究，将中国文化的背景作为视野带入研究之中，成就的是学术研究的特殊视角。一方面，身处于自身文化思想的背景之中，不可能完成摆脱其影响；另一方面，也无须彻底摆脱，这一不同的视角反而会提供一个新的解说思路。正如克罗齐所说，一切历史都是当代史，当我们在关注历史时，纯粹的客观是不可能也没有必要的，我们的当代背景所带有的视角、我们的问题域，都会影响我们对历史的理解和看法。在从事西方美学研究时也会有相同的情况，由于我们面对的是异质文化中的思想，对于这一文化中的美学思想的理解与解释本身就带有一个比较的视角。

只不过在深入美学家的思想中时，我们一开始并没有自觉意识到这一点。因而，以比较的视角进行西方美学思想的研究经历了从不自觉到自觉的过程。进入20世纪80年代，因为国外美学思想的大量引入，对中西美学思想之间的不同受到明显关注。具体体现为以下两个方面：一是宏观的角度，通过总体把握美学思想在发展过程中显示出来的内在精神之不同，来彰显西方美学思想的特色。如邓晓芒的《黄与蓝的交响曲——中西美学比较论》（1989年）、潘知常的《中西比较美学论稿》（1999年）等是这一方面研究的代表著作。二是专题的梳理，即选择某个具体形式、具体概念以及具体思想家的思想从比较的角度进行研究。如彭修银的《中西戏剧美学思想比较研究》（1994年）、王柯平的《流变与会通——中西诗乐美学释论》（2013年）就是选择具体门类来做专题梳理与比较。就目前的学术研究状况看，对具体思想家的思想在比较的视野中进行研究是一个方向，且集中在康德与海德格尔，这方面的文章相对也比较多，如张祥龙的《海德格尔思想与中国天道》（1996年）就是这方面的代表成果。

总体而言，由单纯思想的对照到审美精神的差异对比，国内西方美学研究还行走在探索途中。但是对于研究异质文化中的美学思想，这却是一个不可缺少的途径，只有通过涉及本质的比较，我们对西方美学思想的把握才能够去掉隔膜，真正走向深入。

三 国内西方美学研究的问题：身份认证的缺失

纵观国内西方美学研究，一方面是研究领域的不断拓展，另一方面是研究方式的日益多样化。其所带来的结果是学科研究的日益规范化与专业化，这是中华人民共和国成立70年以来国内西方美学研究最显著的成就，然而在取得这一成就的同时，研究者也开始意识到一些潜在问题与可能产生的困境。

第一，在学术研究日渐细化的同时，我们获得更多的是知识的确定性，美学研究的深层意义失落了，学术的专业化指向了学术的技术化。

学术研究的规范化与专业化，无疑是学术研究的内在要求。这一要求体现为以下两个方面：一方面，通过纵向与横向的关联，让西方美学思想生发的历史渊源与时代背景得到全方位的关注；另一方面，将自己的学术研究纳入学术共同体之中，在前人研究的基础上向前逐步推进。不可否认，经过20世纪80年代的思想解放之后，近几十年来，国内西方美学研究渐入正轨。尤其是2000年以后，新的教育环境和学术环境中培养出来的青年学者，已经没有了各种外在因素的影响，研究资料丰富给学术研究带来了极大的便利，国内西方美学研究向着专业化与精细化的方向发展是一个必然的趋势。

然而，研究的专业化也使一些潜在的问题浮出水面。进入具体概念的层面，深入细致的研究固然可以深入了解某个问题，使得对思想的把握日益精准，却也限制了学术研究的视野。而如果只局限于狭小的范围内，会忽略对思想的宏观把握。以康德美学研究为例。《判断力批判》不仅是康德批判哲学体系的一个组成部分，也是美学的奠基之作。然而随着对文本的精细阅读，似乎总是存在着诸多看似前后矛盾的地方，也有不少让人质疑的环节。显然，将这些矛盾与疑问显示出来对学术研究而言是必要的，问题是，研究的目的是否仅仅是将其展示出来？作为一个严谨的思想体系，康德有自己的总体思路，也尝试将这一思路展示出来，它对于我们思想的启迪作用无疑也是重要的，那么是否因为它的一些不一致之处，我们就会质疑其整体思想体系，否认这一启迪作用？

这里，如何对待这些矛盾的细节，实际上涉及的是两种不同的研究方式。当我们以学术型研究模式来对待这些问题时，我们几乎不可能找到化解问题的办法，因而，一些西方学者就通过这一细节来质疑康德学说的价值和意义。然而，正如叶秀山先生曾经强调的，学术研究的目的不只是要将思想家说出来的东西以自己理解的方式表达出来，更是要将其想说而没有说出来的东西顺着逻辑思路阐发出来。对于前者，我们只要带着认真的态度，仔细研究每一个细节，就能够一点点朝前推进，最终将思路理出来。对于后者，细节的把握固然也重要，却不能从根本上解决问题。只有转换方向，从细节中跳出来，从宏观的角度去把握整体思路，去寻找整体思路中不甚通畅或者有缺失的地方，才有可能在这些地方说出思想家本人想说而没有说的东西，这就涉及思想型的研究模式。在面对思想家的思想时，这两个模式都是必要的。前者提供的是精确的把握，后者呈现的是思路的创新。

问题是现代的学术研究在将学术型研究推向深入时,对思想型研究的关注度不够,没有充分意识到后者的同等重要性。这一现象的产生固然是因为较之于学术型研究稳扎稳打地推进,思想型研究的跳跃存在一定难度,如果没有一个创造性的灵感,缺失的环节并不能被及时补充。也是因为人们还没有充分意识到这一研究模式的重要性。因为具体可感的证据不足,人们往往对这样的研究结果心存疑虑,认为这样的研究没有学术型研究更有说服力。更让人焦虑的是,目前的学术评价机制促进的是学术型研究,限制的是思想型研究。如果一个论文需要一定量地引用文献或被引用,需要在每一个环节上都需要引经据典才意味着符合要求时,思想型的研究明显不符合这一动作模式。学术研究的规范需要有理有据,却不是处处引经据典。后者所带来的结果是,思想型的研究被贬斥为自说自话,没有生长的空间。

第二,在国内西方美学研究逐渐进入国际学术群体、建立对话与交流的基础时,国内学术共同体的意义被忽略,学术研究失去了自我存在感。

国内西方美学研究的专业化,必然伴随着对国际学术研究成果和趋向的关注。一方面,进入国际学术交流的共同体,也是国内从事西方美学研究所需要的具体视野,它使得我们的学术研究更具有科学性与规范性,不同文化间思想的交流与碰撞,更有利于学术的推进;另一方面,国外学者由于研究资料的全面,以及同处一个文化系统所带来的理解上的便利条件,其研究成果更为专业和细致,提出的问题与见解更有针对性。由此,将关注点集中于这些研究成果,将讨论的话题置于这些问题和见解上,是必要的环节。因而相当长一段时间,国内学术界都是在追随西方学者的研究话题,尤其是近年来,年轻学者有相当一部分群体直接接受国外学术培养,能够及时关注国际研究情况,也拥有便利条件进入这一研究群体中。

然而,学术追随的同时,内含于其中的问题也暴露出来。国内学者固然可以通过进入这样的话题而获得交流资格,提出自己进一步的见解,这是国内西方美学研究所取得的成就。但是我们毕竟是身处异质文化中的学者,我们的思维模式、关注问题的角度都离不开自身文化的现实背景。这表明,如果我们能够立根于现实的土壤,就会有不同的视角、不同的思路展示出来,就会对学术研究带来特有的贡献。如果我们一味追逐国际学者的话题,忽略的将是我们自身提供新的话题的可能性;在我们只关注国外学者的研究成果时,放弃的是对国内学者研究思路的认可与肯定。也就是说,对于国内西方美学研究而言,在融入国外学术群体的过程中,我们存在着丧失自我学术独立性的危险。同时,对西方美学思想的研究并不是纯粹的理论,尤其是作为哲学学科之一的美学,研究有其理论的兴趣,也有现实的动机。而一旦与现实相关联,需要追问的则是,这一研究对于我们所处的现实生活的意义。因而,我们自身文化中的问题也需要我们从不同的视角来关注西方美学研究。而如果没有这样的视角,西方美学研究的深层意义将会被遮蔽。

总之,无论是对学术型研究模式的关注,而忽略思想型研究模式的重要性,还是专注于进入国际交流视野,而没有意识到同时关注国内学术共同体的必要性,二者的实质都是对自身文化思想独特性的忽视。思想型研究模式更强调新思路的创造,而这一过程又总是会打上自身文化的烙印。在这一意义上,国内西方美学研究所出现的问题,实质上就是身体认证的缺失。

四 国内西方美学研究的出路

中华人民共和国成立 70 年来国内西方美学研究出现的上述问题,并不是一个全然消极的现象。在学术研究的发展过程中,问题与成就常常相伴而来。一方面,只有在学术研究不断取得成就、持续向前推进时,我们才能够遇到潜藏在这一过程中的问题;另一方面,问题又展示着可能的方向,发现问题就意味着看到了西方美学研究的出路。因而,在冷静反思国内西方美学研究所出现问题的同时，也会捕捉到由问题所指向的新的发展方向。

第一，由专业型研究带动思想型研究，彰显美学研究的深层意义。

对于西方美学而言，专业化的研究是其不可缺少的基础，美学思想的研究首先需要在一个专业体系中进行。要获得对具体内容的精确把握，就需要对文本的详细解读，需要关注前人的研究成果并在这一基础上作出推进。这是学术研究中科学精神的体现。然而，研究思想的旨归却不只是细节的分析，而是思想的关联与建构。因而，思想研究的推进过程中，文本是我们的出发点，是研究的前提和依据，但我们同时也需要意识到文本的限度。并非所有的问题都能够从文本中获得明确的信息，这由以下两个方面的原因造成。

首先，思想家在著书言说时并不是对任何问题都获得思维上的明晰。美学是对普遍依据的探寻，这一学科性质决定了对美学问题的研究并不仅仅是一个思考成熟之后的展示，更多时候是思想的探险。在向未知领域推进的过程中，真实的思维过程未必是明晰和畅通的。在对这样的思想进行研究和分析时，需要关注的就不仅仅是思想家说出来的意思，更具有挑战的是将其说得含混的、未说清楚的思想表达出来。后一方面对于学术研究而言更具有本质意义，因为它使思想得以突破，进入一个新的阶段。因而为了使思想得到阶段性的推进，学术也需要从烦琐的论据中拔出来，做大胆的跳跃。虽然可能会缺少一些论据，只要思路是通的，能自圆其说，就应当为其提供一个发展的空间。在这一意义上，思路的合理跳跃在学术研究中是必要的。

其次，虽然面对的是同一个文本，不同的时代、不同的文化背景，其需要解决的问题不同，关注的角度也不会相同。每个时代都有每个时代特殊的问题背景，每个文化也有每个文化特殊的思维模式，带着这些特点来面对文本时，会发现思想家本人所未曾发现的思路、内涵乃至意义。这些新的发现也许并不一定是思想家本人所要阐发的思想，却是文本能够合理推导出来的思路。这一思路也许在一定程度偏离了思想家本人的思想，但是对于学术的发展也有着重要的意义。因而学术研究的过程，也需要这一解说方式的存在。

在这一意义上，国内西方美学研究如何以专业型研究带动思想型研究，由专业型研究占据主导地位转身专业型与思想型研究并重，就是一个重要的发展方向。当然，强调思想型研究，并非是说其可以抛却学术型研究的基础而做无端的跳跃。对于西方美学思想家具体思想的把握，我们仍然不能离开对文本的精确分析，离不开对细节的反复推敲。但是，在沉入其中的同时，明确化其思路的同时，还应当适时地跳出文本之外，去反思美学家的思想脉络还有怎样的可能性。后一层面彰显的是西方美学的深层意义，也是国内西方美学研究未来的发展方向。

第二，建立国内学术共同体以推进西方美学研究的中国视角。

对于国内西方美学研究，拥有国际学术视野是学术研究的基本要求。没有这一前提，学术研究无法获得全面的话题背景。然而，关注并保持国内西方美学研究的特殊视角却是国内西方美学研究的主要与最终目标。最近几年，国内学界不断传出建立国内西方美学研究学术共同体的呼声，表明大家都开始意识到这一问题。建立国内西方美学研究共同体的初衷是呼吁国内学者把注意力拉回到国内学界的学术研究，以建立国内学术交流群体。这当然不是说，我们要固守狭小的学术研究视野。西方美学研究当然要关注国外研究的动态、国外学人的研究思路，乃至于进入这一话语群体之中，这不仅是我们必经的一个阶段，也始终是我们从事西方美学研究不可缺少的环节。然而这却不是学术研究的最终和唯一方式，将自身研究的独特思路提供出来，是国内研究获得自身意义的根本。

当然，目前国内的研究状况还不能与国际的研究相提并论，仍然需要关注国际的研究前沿以获得思路上的启发，却不意味着我们的研究就没有自己独特的关注角度。一方面，毕竟面对的是与我们的文化有很大不同的异质思想文化，在把握西方的美学思想时，会有关注点上的不同，也有理解思路上的差异，在这一视角下，国内学者在从事西方美学研究时，会关注到一些国外学者不易发现的问题；另一方面，国内西方美学研究也必须有自己的关注角度。因为我们不止是要在国际学术研究中提供一个不同的视角，也是为了解决国内美学研究所面临的状况。中国传统美学思想如何实现现代转化，是近百年来一直萦绕在中国学者心头的问题。我们固然需要反思自身的传统，寻求转化的契机，但是关注西方美学思想的发展，从中获得必要的启发，也是一个不可缺少的途径，它能让我们跳出自身之外来反观自身，获得意想不到的发现。也就是说，国内西方美学研究，不止是要提供一个新的问题域、新的理解视角，更重要的是给中国自身的美学研究提供一些有益的启示。

在这一过程中，建立国内西方美学研究的学术共同体只是一个开端。需要进一步做的是通过关注与引用国内同行学者的学术成果，来肯定他们的学术能力，最终达到对国内学术研究的自信。只有在这一基础上，才能提供新的研究视野和实现的关注角度。

在国内西方美学的研究中，这两个问题是关联在一起的。要求在西方美学研究中体现出中国视角，在根本上需要的是思想型研究。就学术型的研究而言，我们的研究会随着学术资料的搜集、挖掘和理解而逐步推进，可落实为技术化的操作。思想型的研究则不同，它更注重学术研究思路的独特性、观点的创新性，而恰恰是在这一层面上，西方美学研究的中国视角才能够得到充分的体现。因而，国内西方美学研究要获得研究方向上的突破，上述两点是必要的环节。

第五节　中国设计美学 40 年

一　概述

"设计美学"作为美学的一个分支学科，出现在工业革命之后，随着现代设计的发展而建立。因此，无论在国外还是国内，这都是一个新兴的学科。由于中国现代设计在改革开放后才发展起来,即使从这一时期算起,"设计美学"在中国也才40年。

中国的"设计美学"早期放在"技术美学"的概念里讨论,有时候也采用"工业美学"一词。在20世纪80年代中国的美学热潮中,工业技术对人类物质文化形态的影响和改变受到了美学界的关注。[1] 一些研究传统美学的学者开始讨论工业技术影响之下的美学问题,并出版了以"技术美学"为题的论文和专著。这些著述把现代工业产品等作为研究对象,主要讨论在工业技术发展过程中,技术对造型艺术的影响,以及美学界应该如何回应技术时代出现的新的美学现象。1983年,安徽科学技术出版社出版了《技术美学》丛刊。1986年,南开大学出版社出版了《技术美学与工业设计》丛刊。20世纪90年代,中华美学学会下面成立了"技术美学"分会。

随着中国城市化的发展,城市建设速度加快,环境、建筑和室内设计不断增长,中国城市和建筑设计中的美学问题变得越来越显著,美学在城市和建筑设计中的缺席引起了设计界和哲学美学界的重视。与此同时,随着经济的发展,人们的物质生活也在不断提高,产品越来越丰富,但产品的美学品质令人担忧。如何提升日用产品的美学品质、从而提升人民的生活品质,成为设计界和文化界共同关注的问题。正是时代的需要和设计学科的发展,"设计美学"在中国应运而生,开始在设计和美学领域里逐渐成为一个学科。在一些设计院校里,"设计美学"现在已成为研究生或本科生的专业必修课。因为技术的美主要体现在工业化的产品设计中,并成为产品美学中的重要特征,因此"技术美学"一词也逐渐被"设计美学"所替代,以前研究"技术美学"的学者开始转向"设计美学"。从"技术美学"到"设计美学"的转变,既确定了本学科研究的具体对象,避免了内容的泛化;同时,设计作为与艺术一样的人造物,

---

[1] 张博颖、徐恒醇:《中国技术美学之诞生》,安徽教育出版社2001年版,第272页。

除了受技术影响、需要提供功能之外，也是受人类观念思想影响的产物，其造型、装饰毫无疑问是每个民族、每个时代审美观念的体现，应该受到哲学美学学科的关注和讨论。

与传统美学主要是理论探讨不同，设计美学总是与具体的设计作品密切地联系在一起，因此，学界在讨论设计美学时有两种途径：一是以哲学美学作为切入点，从美学原理和艺术哲学的角度讨论设计美学；二是从具体的设计作品出发，从产品呈现的美学现象来讨论设计美学。无论从哪种角度，在中国当代美学的发展过程中，设计美学既回应了时代的美学现象、丰富了美学学科，又从哲学美学的角度阐释和评价了当代设计，并对设计中的美学乱象从哲学美学角度展开了批评，对美学学科和设计学科的发展都具有现实意义。而且，对于当代美学提倡的生活美学，作为服务于日常生活的设计，无疑成为其中的重要内容。

与传统美学研究的对象——艺术相比，"设计"虽然也属于造型艺术的范畴，但与纯艺术有着本质的区别。"设计"是从人们的生活需求出发，利用材料和技术解决问题的一种方式，作为日用品的"设计"首先需要满足日常生活的功能需求。有时，一件很好用的功能型设计品很难说它具备"艺术"和情感的因素。但是，随着艺术在设计中更多地参与，设计中所包含的人类情感及审美内涵越来越多，成为需要一个学科来研究的问题。面对这些现实问题，共同探讨和建设一个既对美学学科有意义，同时又能够服务于设计专业的"设计美学"变得极为重要。作为一门新兴的学科，其理论还远未成熟，也还远没有到总结成就的时候，关注学科研究的问题和未来发展更为紧迫。因此，在讨论中国"设计美学"40年之际，本书从设计的美学属性、设计的审美感受和设计批评的角度进行探讨。

二 作为艺术哲学的设计——设计的美学属性

设计美学基于设计的实物及其造型、色彩和装饰，体现了每个时代、每个民族所崇尚的生活方式及秉承的价值观念，是一个时期、一个民族审美观念的物化,我们从中可以了解到这一时期、这一民族在美学上的追求和趣味。作为一种人造物,设计是人类的创造计划、创造行为、创造过程以及哲学、美学和文化的集中体现。一种美学思想的重要性不在于其本身,而在于它是在什么时候、什么历史文脉下、什么具体情况下产生或应用的。在未成为一门独立的学科之前,设计美学包含在美术史、建筑史和技术史等学科中,也体现在有史以来的环境、建筑和器物等人工创造物中。设计虽然不是纯艺术,不以表达震撼人心的情感或寓教于形的道德说教为目的,但因为其为人们日常所用、服务于人们的衣食住行,其造型、色彩和装饰,即使人们不去专门欣赏,也会通过其形式语言潜移默化地培养起人们的审美意识,如影随形地左右人们的审美判断。比起那些往往只能在美术馆、博物馆等殿堂之上的纯艺术品,设计的美对于一般人的影响之深刻、广泛更为久远强大。

在设计美学中,美学并不是孤立的、分离的价值观念,而是与物品有密切的关联。因此,对设计美学的研究总是与具体的设计对象有关。在每一个真实的设计案例中,大到环境、建筑,小到家具、餐具,设计的美都在这些物品的形式、色彩和功能上呈现出来。对于设计美学来说,问题并不在于是什么东西导致一些人喜欢苹果手机而不是三星手机,而在于人们选择产品时有什么样的美学爱好,这样的偏爱对人们有什么重要的意义。人们在选择日用品时,很多时候也许因为某件产品与另一件比较起来,因其简单、流线的造型显得更符合功能,另一件则因为有过分的装饰显得并不是那么好用。这样的判断初看起来好像仅仅是讲究实用,但仔细一想,则完全是一个审美问题。实用设计中的美和纯粹艺术中的美一样,都是人们可以获得审美感受的对象,正如美国设计师亨利·德莱福斯所说:"一张装配得当的餐桌有助于胃液的流动;一间灯光调节得当、安排得当的教室有助于学习;一种留意心理作用而小心选择的颜色有助于在机器边作业的人培养更好、更有利的工作习惯;在联合国总部设计的安静会议室有助于代表们作出冷静和公正的决定。我相信当人被美围绕时，他可以达到宁静的状态。在大教堂里，在观看展示的精美绘画和雕塑时，在大学校园里或者在听动人的音乐时，我们都可以找到最宁静的时刻。工业、技术和批量生产使得普通人在家中、在工作的地方用这种宁静包围自己成为可能。也许，我们在当今世界中最需要的正是这种宁静。"[1] 确切地说，设计美学存在于我们在产品中所发现的和谐关系中，这种和谐关系表现在我们对产品功能的理性预期、我们感知道德伦理与社会价值的情感诉求以及我们对感性刺激的生理需求三者之间。每一个设计物品都有与之相称的审美标准，这种审美标准与产品的功能性、伦理道德与物质价值之间的恰当平衡是密不可分的。

因此，研究设计美学不仅是在理论上探讨美学思想在各个时代和不同地区的体现，更多的是通过各个时代和地区的具体设计品，分析和理解那个时代人们对物品的美学取向。比如现代设计和功能主义美学，出现在人类社会工业化和民主化的历史进程中，其设计风格试图通过机器制造出理性实用的产品，服务于普通人的日常生活，提升大众的生活品质和美学鉴赏力。现代主义也被称为精英主义，其内容包含了知识分子的社会责任感，表达了他们反对浮华的古典主义和夸张的商业主义，鄙视低俗恶劣的商业设计，试图通过尊重材料、利用工程技术，设计出诚实的产品，在物质的层面上实现平等、公平和正义的理想。现代主义高调的道德论调让设计师看起来像人民的公仆，而他们自己也确信，在他们的引领之下，人类正在从文化和传统的禁忌中解放出来，世界正在变得越来越美好。只有在了解了这样的社会背景之下，才能够认识到功能为什么变成了美学的内容，功能主义美学才会被更好、更准确地理解。

设计美学既有其体现人类价值观的共性，也有每个民族、每个时代所崇尚的美学个性和审美偏好。体现在环境、建筑和日用品的

---

[1] ［美］亨利·德莱福斯：《为人的设计》，陈雪清、于晓红译，译林出版社2012年版，第81页。

设计中，西方和东方都有不同的形式和审美理念，古代和现代也有在美学上的不同偏爱。设计和艺术一样，都是开放的学科，对于某一既定问题或情况并没有所谓的正确答案。不会有"最好"的座椅也不会有"最佳"的住房，同样，"完美"的产品设计也只是在一定的时段和一定的语境里，每一个时代都会找到问题的不同解决方法，体现出来的美感也不尽相同。当然，对于设计而言，有些原则是永恒不变的，并不是只有严肃的现代主义和包豪斯理论家相信这一点：功能良好始终是最重要的设计标准。作为生活用品，良好的功能是设计永恒不变的评价标准。尽管今天已经进入设计风格和设计形式的多元化时代，但当我们赞叹桥梁、船只和飞机的时候，现代主义的情感和美学价值仍然会在我们心中复苏。

在今天的美学研究中，日常生活审美化和生活美学成为美学界经常讨论的话题。事实上，具备美学价值的优良设计品常常被人们誉为一件艺术品，它似乎已经摆脱了服务人们生活的功能进入艺术的世界，当人们在使用这样的设计品时，同样可以获得欣赏艺术品的愉悦和审美感受，这就是设计美学真实的存在。

三 作为生活美学的设计——设计的美提升生活品质

因为时代和文化背景的不同，设计的美很难用明确的定义加以限定。但设计作为与我们生活关系密切的物品，影响和提升着人们的生活品质。理解和欣赏设计中的美，可以让我们在日常生活中享受到艺术美的乐趣，从而获得情感上的满足，由此感受到日常生活的美好。人类的理想就是渴望进入自由王国，而日常生活的审美化也许可以成为人们在庸常的生活中进入自由王国的一个有效通道。

因为设计与日常生活有极为密切的联系，其最重要的特点就是要满足人们生活所需的功能要求，因此，即使是普通人，也许并没有接受过有关设计的教育和专业训练，也可以从实用的角度来理解设计和评价设计。因为设计的这一特性，在设计中表现出的美一直处于满足功能的前提之下。就像一位建筑师所说的，美是一种很重要的东西,是正确解决问题的产物。但是,把美作为设计的一个目标是不现实的。全神贯注于美学将导致任意的设计,并导致建筑物采用某种形式,因为设计师喜欢这种样子。没有任何成功的建筑学是建立在一般美学体系上的。[①] 在设计作品中不存在纯粹的、未加思考的感受乐趣,没有任何一件设计品是因为仅仅表现美感而创造的。美可以成为设计活动中的一种结果,但不是设计的目的。因此,对设计的欣赏首先要理解的是,作为一件满足某种功能的设计品,其是否实现了此功能要求。

与此同时,在一个技术时代,美也不再仅仅是通过外观来表现,技术或机器美学就是基于设计所依赖的技术基础之上的。从技术所达到的目的来看,一座建筑物或桥梁的结构从抽象意义上来说也是一种美,也可以说,随着人们对技术为我们的生活所带来的便利的认识,技术的特征也成为一种美学特征。毋庸置疑,今天,一座高大的斜拉桥和一座外立面有规律地排列着钢铁桁架的建筑,它们在力学上达到的平衡和并无艺术可言的变量参数所创造出来的线条,都会产生激动人心的壮丽美感。几乎每个时代的设计都会打上这个时代在技术成就上的印记。设计的风格和美学特征总是不可避免地依附于材料和结构等技术条件之上。设计的变化也许会受到艺术潮流的影响,但完全不依赖于艺术认识的变化,各种设计风格的发展会因为技术的变化而突然改变。在设计发展的历史上,也会有对于功能和美学追求所达到的工程技术的成就,如建筑中的穹顶。更多的时候,设计在美学风格上的改变是由技术实现的,如现代设计的机器美学风格和后现代的高科技风格,就是典型的技术发展的产物。实际上,设计的现代风格也是技术的发展所促成的,不是受其他艺术形式的现代主义影响而产生的。对于设计而言,技术并不是设计美学的对立面,在实现设计所具有的外在高雅和内在唯美的终极目

---

① [英]罗杰·斯克鲁顿:《建筑美学》,刘先觉译,中国建筑工业出版社2003年版,第25页。

标中，技术都扮演着重要的角色。由于设计与技术的密切关系，设计美学在遵循自然法则的同时，还呈现出每个时代技术发展的特征，因此，设计美学具有"科学"和"理性"的特点。如建立在数学基础上的比例关系、建立在新材料上的材质美感，以及建立在技术上的技术美等。

在技术无所不在的今天，美似乎也成了自然进化和技术发展的衍生物。在飞机、船舶、计算机和手机等技术领域，产品因其技术含量高及功能上的要求，很大程度上已经决定了它的外观，因此，这些本来毫无美感的变量参数又一次在没有任何艺术干预的情况下，被创造出了唯美的外形。也许是人们在心理上普遍认为技术才是这些产品可以信赖的因素，因此，技术性的外观便成为人们判断此类产品的美学标准。在这些纯粹技术性的领域，如果一件产品在外形上过于强调艺术性，人们反而不会产生信任和情感上的依赖，也就不会觉得美了。当然，在这里，技术并不是粗糙、简陋的同义词，精良的加工和完美的细节以及颇具匠心的处理手段都会为这些技术产品带来优雅之美的感觉。就像一个比例匀称、体魄伟岸的人往往给人健康和美的感觉一样，完美的技术也同样会让我们觉得美。因此，要在功能性的设计中获得美学趣味，就要注意到它的一切完整性，不是按照其狭隘的或预定的功能来看待，而是要按照它所具有的每种视觉意义来看它。这种审美注意力不是罕见的或复杂的现象，并不是某些行家们的专利或某些人才具备的特殊能力，同任何注意力活动一样，它在任何时刻和任何心情下都或多或少强烈地、完整地存在着。在设计美学中，把美学观点脱离实际生活，或无视其功能、实用和价值的看法，都是对其本质的误解。无论审美注意力的作用如何，它都旨在领悟所见到的各个部分和看到的各方面的意义及其相互的依赖关系。

获得有关设计美学的一些知识，也是帮助我们在日常生活中欣赏设计之美的重要方式，如果要欣赏古希腊罗马建筑，掌握古典柱式的知识就是非常有必要的。但是，文化的多样性导致了美学认知的差异性，由于文化背景的差异，对于设计美的欣赏也同样存在着不同的感受。对于中国设计之美的欣赏，尤其是对中国传统环境、建筑空间的审美，并不需要采用概念或语言进行表述。因为中国文化的审美讲求"悟"，认为"言有尽而意无穷"。中国传统文化是将"言、象、意"相区分，美的创造以较为具体、简洁的形式表达深奥、抽象的理与意，具体的形式可以"羚羊挂角，无迹可求"，形式的创造与完善主要用于表达形式背后的意蕴。而且，在中国文化中，意蕴的表达方式强调含蓄，不是直白地一语道破，形式之后的意蕴往往需要欣赏者通过自己的能力去领悟、感悟和体会。正因为如此，对于中国消费者而言，具有传统文化特点的空间可能更加容易获得愉悦的感受。

美学感受不只是理性人类的特征，而且也是人类理解自己和理解周围世界的一个基本部分。我们虽然身处所谓的文明世界，却时常发现被太多贫瘠的视觉形象所包围，从环境到建筑等。人们似乎已经习惯了拙劣的城市构造和交通体系，千城一面的城市设计和千篇一律的街道风格让旅行者厌倦，也没有给予居住者归宿感。人造的视觉环境和物品其实和艺术品一样，对我们的感官会产生巧妙的作用，但我们却常常忽视了它们应具有的艺术魅力。如果这些会影响人们感受和体验的巨大人造物，也能够被从美的角度加以设计和造型，我们的环境肯定会更加让人赏心悦目，因此也能够给人们带来更多的幸福感。无论是从功能上、技术上，还是形式上或文化上，对设计中所包含的美的感受都是提升我们生活品质的有效方式。对此的理解和认识，让人们在现实的日常生活中获得精神和情感上的满足，从而增加幸福感。

四　设计批评——美学对设计的回应

在对设计的美学判断中，讨论什么是对的和恰当的，对设计实践、设计欣赏和设计的批评都至关重要。对于设计师来说，通过对美学的理解，能够用美学的观点建立一种原则，设计的目标就会更为清楚。而对于使用者来说，通过审美趣味的培养，在他们的消费行为和目的中就会逐渐有内在的自觉性。今天，许多人认识到，在不排除其他因素的情况下，产品发展的终极目标是产品与使用者行为的契合，设计实践的方法论不能与产品的预期使用效果及真实使用效果相分离，产品的美观问题也不能与使用者对产品各方面的反馈相分离。

因为与具体的物品密切地联系在一起，在对设计进行审美判断和批评时就变得相对容易。虽然对设计的美学判断和哲学美学判断一样，同样都面临着判断的客观性问题，在某种意义上，设计的审美判断似乎是主观的，因为它主要是个人感受；而另一方面，可能又是客观的，因为它试图证明这些感受除了自己之外，对他人也同样是有效的。当我们把设计之美的感受变成评价或批评时，这将更加有助于我们谈论设计的美。审美感受的目的在于一种客观性，因此，对设计美的评价也试图达到这一目的，包括研究各种标准、企图确定好的和坏的例子，并从中找出一系列原则。或者，至少找出一个合理反映的模式，这些原则和模式也可以运用到其他设计中去。

在设计所具有的特征中，最为重要和明显的就是实用功能，一件设计物品的价值不可能不依赖它的实用性而被人们所理解。在决定某种形式之前，设计首先要解决人们日常生活的问题，满足人们的生活需要，因此，才会出现设计真正的美存在于与功能相适应的形式之中的理论。今天，一些功能弱化甚至几乎不能使用的所谓的表现主义设计品，当讨论它的价值时，其在功能方面的缺陷也仍然会被提及，并且作为对此设计品的价值判断的重要内容。我们对一个物品的美的感觉总是取决于这种物品的概念，即使是看起来很像雕塑的建筑，如高迪、弗兰克·盖里和扎哈·哈迪德设计的作品，人们在评价它们时，也不会按照雕塑艺术的美来进行审美价值的评判。没有任何功能的人工制品是不会被称为设计的，因为它们并不能为人们提供日常所需，只能放到艺术品之列。但是，即使是土木工程师的作品，如桥梁、水渠、高压线、高架桥和高速路等，对视觉环境也会产生很大的影响，因此也应该被赋予艺术的元素。

如果我们对某一时期占主导地位的社会、经济、技术和审美缺乏足够的了解，也无法判断某些环境、建筑和物品设计的风格及其优劣。设计会随着时代的发展而发展，当代设计风格的形成是观念上不断认识和技术上不断进步的综合产物。在设计历史上，19世纪英国设计美学的推动者威廉·莫里斯十分厌恶大规模的机器生产的产品，奥地利建筑师阿道夫·卢斯在20世纪初期提出"装饰就是罪恶"；现代建筑大师米斯·凡·德·罗认为在设计中"少即多"，美国建筑师罗伯特·文丘里在20世纪70年代则表示"少即乏味"。这些看起来十分激进和针锋相对的设计观点，如果不了解其产生的时代背景，我们就很难判断它们在那个时代所代表的真正含义，也无法评判它们在历史上及对今天设计的意义。

今天的设计之美也是与时俱进的产物，也建立在当前的价值观上。当判断一座建筑是美的还是丑的时候，无疑与我们今天的价值观密切地联系在一起。在漫长的设计历史上，古希腊建筑的美建立在完美的比例关系上，现代建筑的美则体现在其简洁的造型和低廉的成本之上。在现代设计中，任何装饰都是多余的，功能直接决定了设计的形式，美可以通过完全客观的方式实现，可以从简单的逻辑中获得。但是，进入20世纪60年代以后，随着后现代思潮的来临，装饰又开始出现在设计上，只提供功能的简单设计被认为是单调呆板的、缺少美感的。这些对设计的审美判断都与当时的社会、经济和文化背景密切相关，设计美学的概念会随着不同时代、不同的价值观念而变化。因此，理解设计所处的时代和文化背景，对于建立客观的设计批评观念极为重要。

历史上，每一个社会对视觉美感都有独特的自我标准，不同国家的人在衣食住行上都有自己欣赏的风格和样式。不同的视觉符号和元素在不同文化中的含义也不尽相同，东方文化中的设计之美在西方人看来可能会十分陌生。比如，在日本所崇尚的美学观点里，那些具有人工痕迹、看起来有点简陋的陶瓷产品所达到的美学境界是最高的，这些也会影响到对服饰、建筑和产品的评价。另外，在一个带有独特传统和观念的特定社会环境中，人们也很难对设计之美有一个完全客观的评价。这样的社会在观念上会使用自己认为重要的特定符号和象征意义，如中国传统文化中仅用于帝王的龙凤图案和黄色，就不会在平民的日用品中出现。

在对一些设计的批评中，还需要考虑地域性的特点，尤其是在建筑设计方面。一些技术性的产品也许具有普世的价值和特点，但建筑风格往往与文化背景及特定的地域联系在一起。建筑设计在很大程度上受到环境的影响，建筑物构成了它们自己环境的重要特征，就如它们的环境就是它们的重要特征一样。它们不能被随意复制，否则就会造成不合理的和灾难性的后果。许多历史性的建筑风格，是某种特定文化和环境的产物，是经历了漫长的时间后逐渐发展起来的。其形式、材料和功能都与地域密不可分，如果贸然把一个地区的建筑引入另一个地区，就会遭到人们的反感和排斥，这也是当代中国许多地方山寨白宫、维也纳小镇遭到批评的主要原因。许多引起争论的建筑，也是因为人们希望建筑师能够根据位置的特点进行设计和建造，而不是去设计具有建筑师自己风格的建筑，有些特定形式的建筑不应该放在任何地方。因此，在建筑设计领域，一个设计师必须使他的作品与某些预先存在着的、不可改变的形式相适应，在各个方面都受到种种影响和制约，这些影响不允许他有太多的、自觉的"艺术"目标。事实上，这也是建筑艺术相对缺乏真正艺术创作自由的原因。

谁来评判设计？是设计师、制造商、美学评论家，或是科学技术专家、某类人群与消费个体，还是整个社会与文化？设计行为如何才能最恰当地表达人类使用者的利益与价值？这些问题现在都没有肯定的标准答案。在某种程度上，现在的设计实践很容易遭到批评。过去，设计师往往通过个人魅力，以及丰富多样的设计方案取胜，而现在，设计师必须与其他人更加紧密地合作，这些人也包括那些希望使用新产品的普通消费者。在一些大型的设计项目中，设计往往由一个大型的团队组成，这个团队包括了工程师、计算机专家、心理学家、社会学家、文化学者、营销专家和制造专家等，设计师在这个团队里扮演着一个非正式的、微妙的组织者角色，需要引领着思维的发展过程，支持鼓励及结合其他专家的成果。设计师本人的工作，也同样需要接受团队的质疑和检验。

对设计的批评也不能停留在造型、结构和色彩的美上，真善美往往是联系在一起的。自现代设计诞生以来，对设计伦理和道德的评判在设计专业中尤为激烈，意识到这一点非常重要。如果一件设计品在造型上虽然粗笨，但可以解决贫困地区人们饮用干净水的问题，那我们就不能把它排除在美的设计之外，也不能因此而成为设计美学批评的对象。设计美学的含义需要在更宽的范围内解读，我们必须意识到，所谓设计美学并非是简单的视觉诉求，而是在技术与社会的框架限制之下，对使用者提出的各种需求，进行恰当的、合理的协调与平衡。设计师必须要成功地将各种需求的要素整合起来，这些需求不仅来自个体消费者，也来自社会群体，包括他们的理性、感性及情感需求。在设计美学的评价中，审美标准与产品的功能性、伦理道德和物质价值之间的恰当平衡是极为重要的。

今天，生活美学成为许多品牌滥用的流行广告语。本来，美学应该是包含在设计的形式和内容里让我们身心愉悦、令我们深深感动和满足的东西，现在却成为商家企图诱导消费者购买产品的说辞。而且，这些所谓的美学往往是他们创造出来吸引消费者的，并不具有感动人的成分。在一个充满了物欲的时代，对真正的设计之美的理解和判断尤其重要。一些对人类和世界怀有责任感的设计理论家和设计师提出来，应该为人的"需求"（needs）设计，而不是为人的"欲求"（wants）设计，或者是为那些人为地制造出来的"欲求"而设计。但在物质丰富的今天，放眼望去，在城市的百货商店里，绝大部分物品都是为"欲求"设计的，无数的日用品都是以一种功利主义目的、假借所谓的美学标准大批量生产的，和消费者的真正需求几乎毫无关系。正确地理解设计、批评设计，就像著名美国设计理论家维克多·帕帕奈克提出来的那样，为人的"需求"所设计，才是设计唯一有意义的方向。

第六节　结语

70年的美学学科，无论是在学科体系建构，还是学科内容探索上，都取得了不俗的成就。在美学原理层面，建立了以马克思主义实践论为哲学基础、以"自然的人化"和"自由的形式"为核心命题的中国实践美学理论体系，在审美特征和审美活动层面，意境/意象/境界论获得了普遍的认同，中国美学史、西方美学史以及现当代美学研究都取得了长足的进步。审美教育自80年代以来，更呈现出所谓爆发式地增长。

看到成绩固然重要，但提出问题对于一门学科的发展可能是更为重要的。就目前来说，美学学科与其他人文学科一样，并非没有问题，这些问题，有的带有普遍性，比如整个社会重理轻文的前提下，美学学科在研究编制、招生名额、经费投入等方面与其他学科相比明显没有受到重视，甚至被边缘化和有意无意被打压。在普遍性的语言水平低下走势之下，一些研究人员语言基础修养欠缺，文句不通。所以，看起来论文和专著数量不少，但真正逻辑自洽、表达清晰、语言流畅的著作或论文并不多见。更遑论真正的原创性和个性化的创作！

所以，作为人文研究工作者，我们以为，美学学科的进一步发展需要一些条件。第一，美是具有超越性的精神价值。作为美学研究者，也需具有一定的超越的玄心。在谋取生存和发展的同时，不要那么急功近利。我们不可能完全远离功利，但至少可以淡化一些。否则，真正的"美学"与我们是无缘的。第二，美学是一门人文学科，需要研究者本身也具有人文关怀。众所周知，Aesthetica原本意为"感性学"，译为"美学"不仅使它本身的意义发生偏转，也使整个美学学科研究的重心在 20 世纪发生了偏移，由"感性学"变成为"美学"，研究对象由"情"变成了"美"。由 Aesthetica 到"美学"虽是"误译"，却是一个美丽的误译，它使得我们关注到"美""善""真"这类价值对象在人类生活中的位置。第三，美学研究需有一点风骨。当今世界，波乱纷纷，大潮之下，很容易迷失自我。美学研究的是关涉人类生存的根本问题，具有独立的价值和意义。作为美学的研究者，不跟风而倒，守护人文关怀的价值立场，秉持良知与理性，坚持中国士人的责任感与担当精神，这本是应有之义。只有这样，才能真正做到以人为本，为人民做学问。第四，从管理的角度说，尊重美学本身的内在逻辑和规律，尊重历史和常识，不为了某种一时一地的风潮而违背常识，曲解理论，生造概念。为美学学科提供宽松从容的研究条件。

第 八 章

新中国科学技术哲学研究 70 年

第一节 导言

中国的科技哲学可上溯至20世纪初从西方引入的有关逻辑、科学方法和科学文化的讨论，学科建制化的科技哲学则由自然辩证法研究发展而来，经过至少60年的探索，已经形成了科学哲学、技术哲学、自然哲学、科学技术与社会研究、科技史等主要领域，从而在内涵上拓展为关于科技的哲学与人文社会科学研究。近年来，中国学界提出了科学实践哲学、另类科学哲学、语境论的科学哲学、科史哲研究、现象学科技哲学、科学文化哲学、博物学、技术认识论纲领、技术价值论纲领、工程哲学、社会工程哲学、信息哲学、计算主义、产业哲学等具有一定影响力的研究纲领，在复杂性研究、认知科学哲学、数学哲学、物理学哲学、生命伦理、科学文化与科技传播、科技与工程伦理、网络伦理、虚拟哲学、生命科学哲学、环境与生态哲学、生态伦理、社会科学哲学、概率哲学等领域取得了丰硕的成果，并在技术哲学、工程哲学等领域致力于构建中国学派，各领域国际交流对话方兴未艾，纳米、基因技术乃至大数据、人工智能等新兴科技正在引起学界关注，包括整体论、中医、博物学等在内的中国传统哲学与科技思想文化研究也备受重视；同时，中国科技哲人也广泛参与了包括国家中长期科学和技术发展规划在内的科技政策、科技管理、科技创新、科学普及、科研诚信等方面的政策与对策研究，总体呈现出体系兼收并蓄且多元开放[1]、旨趣从理论优位转向实践优位[2]、品质由大口袋到专业发展的趋势，实现了从述评研究到基本问题导向、引介与中国语境相结合、面向实践与反思升华并举等转折[3]，这些成果和实践使得科技哲学成为中国哲学界虽处边缘却充满活力的学科。

第二节　作为中国学派的自然辩证法研究

一　中国特色的自然辩证法学科的创立

科学技术哲学（简称科技哲学）源于恩格斯于19世纪下半叶开创的自然辩证法研究对自然观和自然科学观的探讨，是当代中国独有的具有交叉性和跨学科特征的哲学学科。1932年，恩格斯的《自然辩证法》的第一个中译本出版，自然辩证法的思想由此传入中国。20世纪30—40年代，上海、延安、重庆等地相继成立或召开自然科学研究会和自然科学座谈会，以多种形式开展了自然辩证法的学习和研究。其中，最有影响的是清华大学物理系出生的学生领袖于光远在延安主持的自然辩证法研究小组。

中华人民共和国成立前，自然辩证法的传播虽然在初期有一定的自发性，但总体上属于党主导的马克思主义思想传播和新民主主义运动的有机组成部分。在此历史语境中，自然辩证法既是关于自然、社会和思维发展的一般规律的马克思主义哲学不可或缺的一环，

---

[1] 郭贵春、成素梅：《也论科学哲学研究的方向》，《哲学动态》2003年第12期。
[2] 吴彤：《走向实践优位的科学哲学》，《哲学研究》2005年第5期。
[3] 陈凡、程海东：《科学技术哲学在中国的发展状况及趋势》，《中国人民大学学报》2014年第1期。

又是影响与吸引自然科学研究者接受马克思主义哲学并用于科学研究的重要桥梁。究其初衷，推动自然辩证法的学习与探讨，不仅有助于自然科学研究者运用唯物辩证法研究自然科学，而且还可透过对自然科学的最新成果的解读来证明和充实唯物辩证法理论，从而构建起自然科学界与社会科学界的统一战线，推动自然科学与社会科学的进一步发展。因此，早在延安时期，自然辩证法就被赋予了教育与政治功能，一方面致力于用自然科学知识教育群众并将自然辩证法的学习与干部和知识分子的马克思主义教育相结合，另一方面被视为党领导自然科学工作的理论基础，从而与党的自然科学工作方针政策的制定和贯彻执行密切相关。

中华人民共和国成立后，马克思主义哲学成为主流哲学和建设新国家指导思想，由于哲学（马克思主义哲学）在政治、社会生活中起观念统摄作用，自然辩证法作为沟通自然科学和辩证唯物主义的桥梁和抓手的功能得以正式确立。值得指出的是，当时对哲学（马克思主义哲学）的基本定位是人类知识发展的最高产物：如果说自然科学与社会科学是人类社会的两门主要知识——生产斗争知识与阶级斗争知识——的结晶，哲学则是自然知识和社会知识的概括和总结。基于这一认识，中华人民共和国成立初期，作为全国范围马克思主义哲学启蒙的重要环节，自然辩证法得到了广泛的学习和传播。1955年，人民出版社出版了于光远主持翻译的《自然辩证法》新译本。为此，艾思奇发表《以辩证唯物主义武装自然科学——介绍恩格斯的〈自然辩证法〉》评论，其主题句"以辩证唯物主义武装自然科学"无疑点明了自然辩证法在理论上的重要性。简言之，鉴于自然辩证法有助于人们形成对自然界和自然科学的规律性认识，它不仅成为自然科学家思想改造和自然科学研究接受马克思主义哲学指导的关键，更上升为国家领导科学工作和制定科学规划时在自然观、认识论和方法论上的理论基础。自然辩证法研究的开拓者于光远曾先后担任中宣部理论处副处长、科学处处长和国家科委副主任等要职，对推动自然辩证法研究教育和学科发展的建制化起到了重要作用。

由于哲学被视为自然科学和社会科学的概括与总结,自然科学或社会科学被列为大学哲学系一、二年级学生必修的基础课程,北京大学哲学系等开始设立自然辩证法类的课程并招收自然辩证法研究生。这些全新的探索最突出的特点是哲学与自然科学的结合。1955年北大哲学系开设的《自然和自然发展史》,绪论部分由于光远讲授,其余的"物理世界""生物世界""人"三部分则由周培源、王竹溪、黄昆、徐光宪等自然科学家授课。1953年北大哲学系的苏联专家开始招收了2名自然辩证法研究生,1955年招收的6名自然辩证法研究生的导师除了冯定、于光远、汪子嵩等哲学导师外,还包括周培源、王竹溪、徐光宪、沈同等自然科学导师。

1956年,中共中央提出"向科学进军"的号召,这一时代性的发展需求使自然辩证法顺理成章地成为一门被寄予厚望的学科。当年,国务院专门组织了科学规划委员会,负责制订全国12年(1956—1967年)科学发展远景规划。在制订哲学社会科学研究规划时,于光远以哲学社会科学规划委员会的名义,力主将处于自然科学和哲学社会科学边缘和交叉地带的自然辩证法研究纳入哲学发展规划之中。他召集60多位自然科学家和哲学工作者,共同制订了《自然辩证法(数学和自然科学中的哲学问题)十二年(1956—1967)研究规划草案》。该规划草案对自然辩证法的学科定位是:"在哲学和自然科学之间是存在着这样一门科学,正像在哲学和社会科学之间存在着一门历史唯物主义一样。这门科学,我们暂定名为自然辩证法,因为它是直接继承着恩格斯在《自然辩证法》一书中曾进行过的研究。"草案列出了9类研究主题:(1)数学和自然科学的基本概念与辩证唯物主义的范畴;(2)科学方法论;(3)自然界各种运动形态与科学分类问题;(4)数学和自然科学思想的发展;(5)对于唯心主义在数学和自然科学中的歪曲的批判;(6)数学中的哲学问题;(7)物理学、化学、天文学中的哲学问题;(8)生物学、心理学中的哲学问题;(9)作为社会现象的自然科学。

将自然辩证法当作学科名称具有较强的创造性与中国特色。在其倡导者于光远等人看来，自然辩证法这个学科名称"更能体现科学精神""能够很好地表现出唯物主义的科学态度"。具体而言，"自然辩证法"的本义在于：不承认有任何超自然的力量创造自然、支配自然，不承认第一推动力等，只承认自然界自己在运动、变化、发展。自然界辩证的发展就是按照自己的运动规律在发展。[①] 当然，以自然辩证法这一立场、精神和态度来命名一个学科难免引起争议，故草案指出有人认为称其"自然科学和数学中的哲学问题"比较确切。"自然科学和数学中的哲学问题"的命名方法无疑受到苏联的"自然科学中的哲学问题"学科命名的影响，但也反映出当时科技政策的制定者在科学观上存在"抽象—具体"二分的定见，即将主张抽象程度更高的数学和哲学有别于自然科学和社会科学，由此所产生的"哲学社会科学""数学自然科学"的提法至今仍有相当的影响。而不论称为自然辩证法还是自然科学和数学中的哲学问题，都预设了当时人们对辩证自然观和唯物主义自然科学观的理解。

1956年6月，根据自然辩证法研究规划草案的要求，中国首个自然辩证法研究专业机构中国科学院哲学研究所自然辩证法研究组正式成立。于光远兼任组长，林万和兼任副组长，龚育之兼任学术秘书协助于光远联系该组工作（后兼任副组长），何成钧4人任兼职研究人员，同时调来许良英、赵璧如、赵中立、孙焕林、胡文耕、张乃烈、傅㥺和等10人任组内专职研究人员，科研辅助人员2人，并另请14位自然科学家担任顾问。依据规划草案的要求，研究组的主要任务不仅是开展自然科学哲学问题专题研究，还致力于建立自然科学家和哲学家联盟，以大力推进中国的自然科学哲学问题研究。同年10月，由该研究组主办的专业学术期刊《自然辩证法研究通讯》开始发行，在此后10年内成为科学界和自然辩证法界立足唯物

---

① 参见于光远《忆哲学所自然辩证法组的创建》，载中国社会科学院科学技术哲学研究室编《科学技术哲学研究室成立四十周年纪念》（1956—1996年）。

辩证法探讨自然观、科学观、科学思想和科学方法的专业交流平台。

为了吸收自然科学工作者参与自然辩证法研究，培养研究、教学和组织方面的骨干，自然辩证法教育工作得到推进。1958年10月，中共中央高级党校开办自然辩证法研究班，共70余名学员，由艾思奇、陈康白主持培养，于1961年1月结业。1961年，中国人民大学开始招收自然辩证法专业三年制研究生和一年制进修生。1962年，北京大学哲学系和中科院哲学所联合招收自然辩证法专业四年制研究生，当年招收8名，导师于光远、龚育之。这些四年制的研究生基本培养思路是哲学与科学交叉培养：前两年哲学专业出身的学生要去一个理科系学习自然科学基础课，自然科学出身的学生则需去哲学系修基础课，后两年在哲学研究所自然辩证法组暨《自然辩证法研究通讯》编辑部结合编辑工作、资料工作和研究工作做毕业论文。其后，哲学所继续招收了少量自然辩证法专业研究生。

这些建制化的安排较清晰地呈现了当时通过哲学与科学的会通来推动自然辩证法研究的目标和路线图。毋庸置疑，自然辩证法研究的基本目标是运用马克思列宁主义、毛泽东思想的立场、观点和方法，研究自然界和科学技术发展的历史、现状和前景，从中概括和总结出自然界的辩证法和科学发展的固有规律。值得指出的是，自然辩证法当时被称为一种工作，研究自然辩证法是一项历史使命。为此，自然辩证法研究的基本路径在于，系统掌握自然演化及人与自然关系的实际，深入领会新的科学发现和科学认识的内涵，细致分析科学技术发展特别是科技革命所提出的各种问题，最后从哲学与辩证法层面引出科学的结论，为新中国向科学进军提供思想、理论和方法上的指导。显然，要完成历史赋予自然辩证法的使命，不可能仅仅依靠少数哲学家的努力，必须构建和加强自然科学家和哲学家的联盟，依靠科学界和哲学界的集体协同才有可能完成。这一探索固然由特定的历史脉络所致，亦未必达成其理想，但这种联盟至今仍显得弥足珍贵。在如今专业日益细分的大环境下，唯有当科学与哲学相互之间的吸引力足够强时，科学与哲学的对话才可能展开。

二 从自然界的辩证法到技术实践中的辩证法

1956 年颁布的自然辩证法研究规划草案所划定的研究内容，反映了那个时代对自然辩证法或自然科学哲学问题研究的需求。新的国家面临着各种复杂而严峻的挑战，为了加快推进社会主义国家建设，必须向科学进军，走工业化和现代化的道路。按照当时的认识，哲学的自然观、认识论和方法论可以有效地帮助人们在生产斗争和科学实验中掌握规律、发现真理，因此可以胜人一筹而事半功倍。换言之，当时整个社会高度重视哲学的最终目的并不是研究哲学本身，而是希望能够将哲学认识运用于科学研究、生产实践和社会生活之中。这种学以致用的传统知识态度一时赋予自然辩证法举足轻重的知识地位。

因此，国家发展和社会主义建设的现实需要学习和研究自然辩证法担负起两方面建设性作用：一则，自然辩证法研究聚焦自然界和科学技术，其所揭示的科学的自然观、认识论和方法论，无疑是丰富和发展唯物辩证法等哲学知识的思想源泉；二则，自然辩证法研究有助于自然科学工作者、工程技术人员乃至一般群众在科学、技术和工程生产实践中更主动地学习和运用唯物辩证法，取得更多更好的科学成果、工程技术成就和生产绩效。出于这两方面的期许，自然辩证法研究主要围绕着科学认识论与方法论、自然界的辩证法、技术与工程辩证法以及科学技术论等领域展开了探讨。

科学方法论和认识论研究是自然科学家与自然辩证法工作者或哲学工作者相对易于对话的领域，规划草案中的这一主题得到了较多的研究和较热烈的讨论。不少自然科学家就自然科学、技术科学、农业科学等领域的方法论问题发表了评论和文章，如钱学森所作的"论技术科学"的报告和《技术科学的方法问题》。这并非空谈，在"两弹一星"和中国航天的发展过程中，技术科学方法及其系统工程与系统辩证法的思想得到了充分的贯彻，从总体部、两总制到仿制与"三步棋"等战略选择，辩证法思想都被视为制胜法宝。在进一步的讨论中，科学中的数学方法、假说方法、类比方法、抽象方法、实验方法等得到广泛探讨，并被提升到方法论和认识论的高度。由于这些研究必须结合科学发展中的例子，自然科学家和自然辩证法研究者在此过程中扮演着科学与科学思想史的传播者的角色，在一定程度上带动了科学史译介与研究。同时，科学的最新成果与科学发展史上的例子又为一般哲学提供了丰富的例证，很多哲学工作者试图从这些材料中引出一般的认识论结论。因为对科学认识史料的共同关注，在20世纪60年代中期还曾出现过一场持续数年的关于真理标准问题的争论。在有关真理问题的讨论中，如何认识科学史上出现的错误观点成为争论的焦点。1962年，何作庥在《红旗》杂志发表的《论自然科学研究中有关实践标准的若干问题》一文指出，鉴于理论多为一般、普遍和无限的，实践则多为个别、具体与有限的，理论概括难免通过内插与外推将有限转换为无限，因此曾经被实践检验过的理论也可能被新的实践证明其内插与外推不完全符合实际。由于这一论述将科学事实对理论的检验解读为具体实践而使其对不断发展中的科学理论的检验具有相对性。但在一般将实践作为抽象和无限范畴的哲学工作者看来，这种对实践标准的相对性分析否定了实践是认识的真理性标准，由此引发了一场反复多次、影响广泛的真理标准讨论。

规划草案中最重要的内容是自然界的辩证法即马克思主义的自然科学基础观。不仅"数学和自然科学的基本概念与辩证唯物主义的范畴"，"自然界各种运动形态与科学分类问题"属于这类问题，规划所设立的数理化天地生心等具体自然科学中的哲学问题也是在自然界的辩证法的架构下讨论的。当时，对具体科学中的哲学问题的探讨，主要是由自然科学家进行的，如关肇直对数学对象的讨论、朱洪元和罗劲柏对宇称守恒定律的探讨、陈国达对大地构造的哲学问题的研究、童第周对生物的辩证发展的研究等。出于现实需要，一些有影响的科学家对自然界的辩证法表现出较高的兴趣,并且注意结合具体的科学知识对自然界的辩证法展开研究。这些工作在现在看来属于跨界研究,在当时人们认为自然界的辩证法比具体科学的站位更高。这种综合对厘清科学基础的价值有待科学史研究进一步挖掘,但用辩证法的语言讲科学亦使科学知识得以通俗表达,在传播上无疑起到了知识普及的作用,这些作者也因此获得相当的社会知名度。科学家群体大规模地探讨自然界的辩证法固然有其时代因缘,但也应看到,科学原本离不开哲学前提和哲学解释,科学家往往会从特定的哲学立场出发开展研究。特别是在科学事实与实验基础不充分或出现理论分歧的情况下,科学家对于那些有可能促成新见解或新理论解释的哲学立场无疑是感兴趣的。如果说哲学是科学研究的工具,科学家应该如何使用这个工具,则是实践智慧的范畴了。

出于学以致用的目标,当时对自然界的辩证法的研究并不满足于对自然界和具体科学基础的辩证法的研究,而是希望科学家能够将其对自然界的辩证法的认识运用到科学研究中去——以自然界的辩证法作为科学研究的武器——取得科学成就。概言之,当时对哲学在科学上的用处主流认知是:好的哲学是科学研究的利器。这种认知的根源在于中国文化传统对器用的理解——工欲善其事,必先利其器。什么是好的哲学?龚育之在1957年发表于《自然辩证法研究通讯》第5期的《哲学对自然科学工作者究竟有什么影响?》一文中指出:"好的哲学给自然科学以好的影响;好的哲学就是马克思列宁主义的哲学,好的影响就是指导,因为它并不是对细微末节的影响,而是对根本观念和方法的影响。"[①]

唯物辩证法及自然界的辩证法是不是好哲学,在很大程度上取决于有没有自然科学家自觉运用唯物辩证法和自然界的辩证法进行

---

① 龚育之:《哲学对自然科学工作者究竟有什么影响?》,《自然辩证法研究通讯》1957年第5期。

科学研究并取得重大研究成果,从而使唯物辩证法和自然界的辩证法得到丰富和发展。因此,受到唯物辩证法影响而提出基本粒子可以再分的强子复合粒子模型的日本物理学家坂田昌一的工作得到高度关注。1963 年 8 月,《自然辩证法研究通讯》刊载由俄文版转译的坂田昌一的文章《基本粒子的概念》,文章主张基本粒子也不是最后不可分。毛泽东同志看后对此极其赞赏,并在 1964 年 8 月多次在与于光远、周培源、龚育之等哲学工作者和自然科学家的谈话中提及坂田昌一的文章,阐述了他对物质无限可分和唯物辩证法的看法。随后,《红旗》杂志 1965 年第 6 期重新从日文翻译该文,还请庆承瑞、柳树滋加了注释,以"关于新基本粒子观的对话"为题再次发表,并根据毛泽东谈话精神加了长篇按语。编者按强调:(1)世界是无限的和充满矛盾的,万事万物是对立统一的,任何事物都是可分的,一分为二是自然界、社会和人类的普遍现象,自然科学的发展不断证实着这一马列主义宇宙观和认识论;(2)宇宙无穷无尽,物质无限可分,人类对自然界的认识同样是无穷无尽的,在人们探寻物质结构的进程中,每深入一步,都有人认为已经达到不可再分的"物质的始原",试图完成所谓最终的理论,但都被科学的发展所嘲弄,自然界固有的辩证法因此越来越清晰地得以彰显;(3)坂田的文章遵循恩格斯和列宁的观点,根据基本粒子领域的新事实,富有说服力地论证了物质无限可分的思想,发挥了自然科学理论的无限发展的思想。总之,作为自然科学工作者的坂田能够自觉地运用辩证唯物主义指导研究工作,并写出这样好的作品,难能可贵,这篇文章对我国自然科学工作者在科研工作中运用唯物辩证法和反对形而上学大有裨益。

这一倡议在科学界和哲学界一时间引起极大反响。《红旗》《自然辩证法研究通讯》《解放日报》《文汇报》等报刊组织了专栏讨论,全国各地的自然科学工作者和哲学工作者举办了多场座谈会。研讨文章和座谈会发言一致认为,坂田等在基本粒子理论方面取得领先世界的成绩,与其自觉运用唯物辩证法分不开,我们要赶超世界先进科技水平，必须充分运用我们特别优越的条件，在科学研究中自觉学习并运用毛泽东思想。由此，在科学界掀起了自觉运用唯物辩证法指导科学研究，赶超世界科技先进水平的热潮。其中，最有代表性的是层子模型的研究。从 1965 年到 1966 年，中科院、北大和中国科技大学的近 40 位物理学家组成的北京基本粒子理论组立足物质无限可分的立场，提出强子结构的层子模型，参与了国际物理学界构建粒子物理标准模型的竞争。

有关生产、技术与工程实践的辩证法虽未列入自然辩证法规划草案，但却是自然辩证法造成的社会影响最广的领域。中国的技术哲学研究的建制化研究虽然是 20 世纪 80 年代以后的事，但其源头可追溯至 20 世纪五六十年代对技术方法论及技术和工程辩证法的探讨。1957 年，与钱学森对技术科学和技术科学的方法问题的探讨几乎同时，中国技术哲学的开拓者陈昌曙在《自然辩证法通讯》上发表了《要注意技术中的方法论问题》一文，指出技术方法论对发挥辩证唯物主义功能具有重要意义。不久，在全国性的全民学哲学、学毛著运动和"双革（技术革新与技术革命）四化（机械化、半机械化、自动化、半自动化）"运动的推动下，在生产、技术和工程实践中研究和运用唯物辩证法成为一场广泛参与的运动。在此时代大背景下，哈工大机械系师生走进哈尔滨机联机械厂，与工程技术人员和工人一起共同设计和制造"积木式机床"。时任哈工大校长李昌对来哈尔滨的于光远提出，应将唯物辩证法运用于生产实践和科学实验中，将此作为自然辩证法的一个重要方向，为中国的自然辩证法走出自己的道路。两人的交流促成了 1960 年秋中国科学院哲学所与哈工大在哈尔滨共同召开全国自然辩证法座谈会，这是中华人民共和国成立后首次大规模的自然辩证法会议。以关士续为代表的哈工大研究团队提交了题为"从设计积木式机床论机床内部矛盾的规律"的论文。该文后于 1960 年 11 月在《光明日报》上发表，《红旗》杂志根据毛泽东同志的建议转载了这篇文章。毛泽东以《红旗》杂志编辑部的名义致信哈工大党委，指出"你们对机械运动的矛盾的论述引起了我们很大的兴趣，我想懂得多一点，如果能满足我们的（也是一般人的）要求，则不胜感谢之至"①。因此，毛泽东建议他们再写一篇较长的文章，详细地解释他们的论点，对车、铣、磨、刨、钻各类机床的特点分别加以分析。通过这次座谈会，促成了1962年自然辩证法研究的工业技术辩证法研究计划的形成，自然辩证法的研究范围从数理化基础学科的哲学问题扩展到包括工程技术、农学和医学等在内的整个科学技术领域。1964年3月，为了总结大庆石油工人、干部和科技人员学用毛泽东的《实践论》《矛盾论》的经验，中国科学院哲学所召集哈尔滨、上海、北京、石油部和国家科委等方面的代表，举办了在生产斗争和科学实验中学习和运用哲学的座谈会。此后，对万吨水压机和双水内冷汽轮发电机等工程技术成就的辩证法研究也成为社会关注的热点。由此，自然辩证法研究的联盟从起初规划的自然科学与哲学社会科学工作者的联盟拓展为更广泛的实践联盟，这就是于光远所说的"马克思主义哲学工作者和工人、农民、科学技术人员、科学技术的组织工作者的广大联盟"②。而这种联盟无疑是中国特色的优势所在，即便在今天，如何在科技创新中突出每个人的主动性、积极性和创造性，通过参与式的技术民主提升企业、组织和整个国家的创新能力，依然是一个重大现实问题，这种联盟的形成依然是管理和治理中值得探索的一个有益的方向。

三　马克思主义科学技术论的探索与调适

自然辩证法的一个重要领域是马克思主义科学技术论（观），即规划草案中的第九类选题作为社会现象的自然科学。随着社会主义

---

① 转引自谢咏梅《中国技术哲学的实践传统及经验转向的中国语境——纪念〈从"积木式机床"看机床内部的矛盾运动规律〉发表50周年》，《自然辩证法研究》2010年第11期。

② 转引自龚育之《自然辩证法在中国》，北京大学出版社1996年版，第28页。

改造和社会主义建设的发展，运用马克思主义特别是历史唯物主义观点，来研究自然科学在社会中发展的规律，尤其是它在社会主义社会中发展的规律就成为一项尤为重要的工作。

自然辩证法研究在中国的发展起初深受苏联自然科学哲学问题研究的影响，在如何看待科学、科学发展的规律以及科学与哲学的关系等问题上一度盲从苏联的做法，对一些新的科学成果展开了简单化的哲学批判，几经摸索和反复最终认识到尊重科学的重要性，逐渐学会如何正确看待和处理哲学与科学的关系。1956年4月"百家争鸣"方针的提出，其重要的历史背景就是中国的自主意识使其试图在政治和文化上摆脱对苏联的盲从，其中就包括对苏联的自然科学批判的保留态度。这一转变既源于中国对自身教训的总结，也因中国的主体性与苏联的沙文主义和教条主义之间的冲突。特别是当苏联的自然科学批判由科学的阶级性教条地推出"中医是封建医、西医是资本主义医、巴甫洛夫学说才是社会主义的"等观点时，陆定一、于光远、龚育之等认识到"自然科学包括医学在内是没有阶级性的"，不主张给科学学说贴上阶级和唯心主义之类的标签。1958年在青岛召开的遗传学问题座谈会上，"百家争鸣"方针得到了较好的贯彻。于光远在座谈会上指出："我并不简单地认为摩尔根派就是唯心论，米丘林派就是唯物论。我认为遗传有一种特殊的物质，即使有什么错（我认为这并不错），也不能说是唯心论……"① 在这些后来才公开发表的讲话中，于光远对哲学与科学的关系作出了透彻的论述。首先，不论是哲学还是科学，都要遵守具体问题具体分析这一马克思主义的灵魂。其次，科学问题还是科学家最了解，自然科学问题的解决有时需要展开分析甚至进行争论，这种讨论应该由科学家自己来进行。再次，哲学应更多地向自然科学学习，不应站在自然科

---

① 于光远：《在1956年青岛遗传学座谈会上的讲话》（1956年8月10日、22日），载严博非编《中国当代科学思潮：1949—1991》，上海三联书店1993年版，第90页。

学之上向其发号施令，哲学只有向科学学习才能指导科学，若将两者分割开来，则科学和哲学均不能很好地发展。这些认识直接影响到了自然辩证法规划草案的制订，草案所列的研究任务（5）"对于唯心主义在数学和自然科学中的歪曲的批判"突出的是对唯心主义而非对科学的批判，在一定程度上体现了对自然科学批判的纠正。

随着社会主义建设时期科学工作全方位展开和经验的积累，对自然科学的发展和社会运行规律的辩证分析日益走向深入。除了自然科学与哲学的关系之外，对自然科学与政治的关系、自然科学与生产的关系、自然科学与群众的关系都进行了深入的探讨。鉴于自然辩证法研究面向科学工作改革的理论研究的重要性，于光远指出应将探讨作为社会现象的科学的发生发展规律的学科称为"历史唯物主义论科学"。龚育之则提出可称为"马克思主义的科学技术论"，它应该是党的科学技术工作方针、政策的理论基础。马克思主义科学技术论的研究对当时的科学工作产生了重要影响。1961年7月中共中央批准试行《关于自然科学研究机构当前工作的十四条意见（草案）》对"红"与"专"、"理论联系实际""百家争鸣"等一系列政策问题上的方针和界限作出了具体的规定。这一重要的科学工作方针的调整，是在总结实践经验、深入调查研究和广泛征求意见的基础上出台的，反映了有关科学技术论的理论探讨和研究的成果。

当时的科学技术论研究的主要对象是科学实验。1962年，毛泽东同志完整地提出了党在整个社会主义历史阶段的基本路线，次年又作出了关于阶级斗争、生产斗争和科学实验是建设社会主义强大国家的三项伟大革命运动的论断。为此，科学实验不再仅仅是一个科学概念，而被纳入中国社会主义建设的基本路线，具有了特定的社会历史内涵。由此，如何从唯物辩证法和历史唯物主义的角度解读科学实验也成为自然辩证法研究的重点内容。对此，龚育之在《试论科学实验》一文中进行了深入探讨。首先，科学实验是社会实践的一种形式。其次，科学实验在认识过程中具有一系列重要的作用：在科学实验中，人们运用各种能够扩大和改进自己感官能力的实验工具，大大丰富了感性认识的内容；在科学实验中，人们严密地控制和有目的地变革所研究的对象和过程，来获得关于它们的规律性的知识；科学学实验不是盲目的实践，不限搜集和整理各种感性材料，它是同科学理论的研究密切联系着的。概言之，在科学实验中探索自然规律，是一个认识过程，在生产技术中运用这些规律，也有一个认识过程。后者是前者的继续，并且也要依靠科学实验。再次，在我国社会主义革命和社会主义建设中，科学实验的革命运动具有一系列新的性质：科学实验现在在我国已经成了为发展生产力、巩固社会主义的经济基础和上层建筑服务，为我国人民反对国内外敌人的阶级斗争服务的重要手段；科学实验现在在我国已经开始成为有广大劳动人民直接参加的群众性的革命运动；科学实验现在在我国已经开始成为广大干部积极参加的革命运动，成了他们领导生产斗争和技术革命的重要手段。

尽管科学技术论更多地将科学视为社会现象，自然科学家也积极参与了相关讨论。1965 年，《自然辩证法研究通讯》还发表了一组关于法国物理学家皮埃尔·俄歇在英国《新科学家》周刊发表的《科学的极限》一文的笔谈。俄歇认为科学的发展存在四大极限：人类观测范围的极限、人类旅行的极限、人类用加速器获得的能量的极限以及人类思维的极限。几位科学家在笔谈中认为，自然界是不断发展的，人类认识和改造自然界的能力也是不断发展的，科学的发展永远也不会看到什么极限，任何为科学的发展规定"极限"的形而上学的观点从来经不起人类实践的考验；俄歇所提出的四大极限并不成立，其"科学"论证是完全反科学的，其对人类前途的悲观主义论调反映了没落的资产阶级的世界观，不论作者主观意识如何，文章本质上是反动的。由此可见，当时对科技和人类未来的总体态度是乐观的，即便道路曲折，前途依然光明。究其原因，一方面，在当时将哲学作为科学的总结和人类知识的最高形式的语境中，人类的认识和真理是不断发展的，科学认识是没有极限的，不然哲学认识和真理就会成为停滞不前的教条；另一方面，对西方在20世纪60年代对现代性的反思中出现的技术悲观主义和技术末世主义总体持批判和反对的立场，因为当时认为马克思主义的基本立场是社会主义和共产主义制度本身将克服以往社会制度的局限，使科学技术最大限度地造福人类。

随着自然界的辩证法、技术实践中的辩证法以及科学技术论等研究的展开，自然辩证法专业研究与学科基础建设工作得以推进。在专业研究方面，由自然辩证法研究组主导，计划并着手编写学科重要研究著作。20世纪60年代初，依照新的十年科技发展规划，哲学社会科学部与中科院自然科学研究部门相对独立，哲学社会科学研究计划主推重要研究著作，哲学所自然辩证法组计划撰写《自然与自然发展史（自然界的辩证法）》《自然科学方法论》等大部头，在规模上均堪称巨著。其中，前者旨在以辩证唯物主义为指导，根据现代科学成就，为读者提供一幅自然界辩证发展的完整图景，阐述辩证唯物主义的自然观和宇宙观。由于历史的原因，这两部工程性的鸿篇巨制未及实现。直到20年后的1982—1986年，其初衷通过《中国大百科全书·哲学卷》《自然辩证法百科全书》等工作，以新的形式部分实现。

在学科基础建设方面，学术资料的整理和编译是重点，以此为抓手，不仅产生了大量工作成果，为大部头的编撰积累了资料，也极大地推动了人才培养。1962年，龚育之在《人民日报》发表《对自然辩证法研究的一点意见》，文章指出，自然辩证法研究资料的建设工作，首先要系统地编译出版近几十年来马克思主义者、自然科学家和资产阶级哲学家有关自然科学哲学问题最重要的著作和论文。文章还建议要给所有对哲学问题有所探讨和发挥的著名自然科学家编译哲学著作选集。随着这项工作的展开，普朗克、爱因斯坦、玻尔、薛定格、秦斯、波恩、玻姆、坂田、维纳以及赖欣巴哈、马根脑等人的著作先后得到翻译，并主要通过商务印书馆出版，相关学者对这些著作及其哲学观点展开了研究与评论。自然辩证法研究组在这项工作中发挥了关键作用。1964—1966年,自然辩证法研究组编译的一套《外国自然科学哲学资料选辑》计600万字由上海人民出版社内部发行。1965年,自然辩证法研究组专门组织工、农、医、生物学等学科史编写会议,为各门科学史的编写工作积累了资料。为编撰《自然与自然发展史(自然界的辩证法)》,他们曾编辑几十辑共计数百万字的《国外科学技术史资料选》,只是后因写大部头的计划受批而弃失。

20世纪70年代初,出于"破"与"立"两方面的因素,《自然辩证法》等经典原著的翻译与注释、科学思想史、自然科学哲学以及自然科学前沿资料的编译取得不少进展。1971年,《自然辩证法》中央编译局新译本出版,复旦大学与北京大学翻译的马克思《数学手稿》全译本首次发表。为了获得注释权,自然辩证法组与大连造船厂合作进行了《自然辩证法》的注释工作。同时,通过诸多学者的奋发努力,《关于哥白尼和托勒密两大思想体系的对话》《宇宙发展史概论》《牛顿自然哲学著作选》《生命是什么?》《偶然性和必然性——论现代生物学的自然哲学》《物理学与哲学》等科学史与自然科学哲学经典相继翻译出版,《爱因斯坦文集》(许良英、赵中立、范岱年、李宝恒、张宜三编译)的编译出版是其中最具标志性的成果。

如何认识自然界的辩证法、技术实践中的辩证法以及科学技术活动的辩证法有一个曲折的探索过程,而自然辩证法的马克思主义立场中所蕴含的科学精神发挥了重要的调适作用。20世纪60年代末70年代初,受意识形态大环境影响,一度展开对自然科学理论中的资产阶级反动观点的批判,将科学争论转换为观念分歧,主观上急切地想以此找到科学发展的正确方向。由此,相对论、热寂说、宇宙学、量子力学、极限论、基因论、信息论、人工智能、环境危机论等均被列为批评对象。中国科学院为此专门成立了"学习班",爱因斯坦及其相对论首当其冲。1969年秋,中国科学院负责人就"学习班"所撰写的《相对批判论》(讨论稿)一文是否适合在《红旗》杂志发表征求科学家意见,竺可桢、吴有训、周培源、钱学森等对此表达了反对意见，该文因此改为内部讨论，几年后才以争鸣文章的形式发表于上海的《自然辩证法杂志》。不论是在内部还是公开讨论中，都有自然科学家坚守尊重事实和尊重科学的态度，对违背科学的相对论批判提出了质疑和反批判。

历经曲折艰辛的探索与反思，自然辩证法蕴含的科学精神促使自然辩证法研究者逐渐认识到科学是生产力，意识到要摆正自然辩证法与自然科学的关系。1975年，中国科学院向中央提出有关科学工作现状、问题和应该采取的方针的"汇报提纲"，自然辩证法研究者参与了起草工作。"汇报提纲"指出，在马克思主义的观点看来，科学是生产力，不应视之为具有阶级性的上层建筑。同时，哲学不同于自然科学，自然辩证法并非自然科学理论。在肯定马克思主义哲学对自然科学研究的指导作用的同时，"汇报提纲"强调指出："不注意哲学和自然科学的区别，以为哲学可以代替自然科学，以为不要依靠辛勤的科学实践和精确的科学论证，只依靠哲学的一般原理就能推演出具体的科学问题的科学结论，也是不对的。"为了给这些论述提供理论依据，自然辩证法工作者编写了关于科学是生产力和题为《必须用哲学指导自然科学的研究，但不是用哲学代替自然科学》的专题马克思、恩格斯、列宁、毛泽东语录。[①] 正是这些工作和努力，为后来提倡科学技术是第一生产力、科教兴国和科技强国奠定了理论基础。

第三节　从追逐科学到审度科技之路

一　自然科学的哲学问题研究的复兴

1977年3月，中国科学院理论组、全国科协理论组和当时的中国科学院哲学所自然辩证法组联合召开了自然辩证法座谈会，对以

---

① 龚育之：《自然辩证法在中国》，北京大学出版社1996年版，第35—36页。

哲学范畴批判科学假说和科学理论的"理科大批判"之类的做法提出了质疑，呼吁加强哲学工作者和自然科学工作者的联系，并有计划地组织编写、翻译与出版相关材料和书籍。不久，中国自然辩证法研究会成立，在随后的近40年发展为有30多个专业委员会和8个工作委员会的学术团体。20世纪80年代新创办的《自然辩证法研究》《自然辩证法通讯》《科学技术与辩证法》（后改名为《科学技术哲学研究》）《自然科学哲学问题丛刊》和《科学与哲学》等刊物有力地推动了相关领域的研究。

作为学科基础的现代自然科学的哲学问题研究首先得到了复兴。相关研究主要体现为三个方面。其一，为学科建设做准备。数、理、化、天、地、生、医、心理等领域的哲学问题研究全面启动。以数学哲学为例，其开拓者将数学基础划分为数理逻辑和数学哲学，并以数学对象的客观性和数学理论的真理性作为数学哲学讨论的课题[①]。

其二，对各门具体现代科学中的哲学问题展开争论。对自然科学的哲学争论早期主要集中在非标准分析、现代宇宙学、相对论、量子力学、物质层次结构等领域，起初沿袭了以既有哲学概念、范畴和规律作为分析工具的评价方式，但不久参与者开始倡导，应以实践作为真理标准来折冲消解概念类推式的论证模式。现在看来，一些百科全书式的哲学争论虽未必对科学问题本身产生廓清作用，但在全社会渴求科学知识和方法的情况下，无疑起到了高级科普的作用。人们更由此意识到，自然科学理论的是非争论，必须依靠科学实验的检验。特别是在科学自身的基础出现争论时，虽然哲学是有用的工具，但不应该也不可能替代科学或凌驾其上。这些新的认识顺应了现代化的时代需要，对于恢复科学的常态发展起到了一定的作用，但其所昭示的哲学话语与科学话语的不可通约性又为此后

[①] 林夏水：《数学基础的若干哲学问题》，载中国社会科学院哲学所自然辩证法研究室编《现代自然科学的哲学问题》，吉林人民出版社1984年版，第17—49页。

的科技与人文两种文化之分野埋下伏笔。

其三，推进哲学的知识化和科学化。除了大爆炸宇宙理论、夸克模型等知识被纳入哲学教材作为自然演化和物质存在形式的新发展和新例证外，系统论、信息论、控制论、耗散结构论、协同学、突变论、超循环理论、自组织理论、混沌理论等系统科学（包括非线性科学）成为自然科学乃至社会科学的哲学问题研究的热点。尽管有关系统科学的哲学归纳和概括不乏隐喻式的跳跃，但这一百科全书式的"科学化的哲学"运动的确令双方受益。在当时，哲学上的高度关注对尚不成熟的系统科学等新学科的建制化起到了加持的作用；反过来，系统科学的概念和实例丰富了哲学的概念、范畴和规律，使哲学教科书经历了一次以知识化为特征的更新，如其中关于人工自然和人化自然的讨论就促进了实践唯物主义学派的发展。

自然科学的哲学争论深化了学界对科学与哲学关系的理解。相关讨论表明，在宇宙的有限与无限问题中，哲学上抽象的宇宙及其有限与无限和宇宙学中观察的宇宙及其有限和无限实为相互平行的观念，人择原理与其说是凸显认知的主体性不如说是主体对其认知有限性的自省；在物质的可分性问题中，夸克禁闭现象对不可分的支持固然值得一辩，但更应认识到，如果可分的概念本身不明确，作为形而上学信念或本体论约定的可分与不可分既不能证实也不能证伪；在量子测量等涉及现代物理学的认识主体性问题中，鉴于科学实验现象中主体与客体的纠缠，作为自在之物的客观性对主体实际上没有意义；在世界的必然性与偶然性问题中，完全的决定论和纯粹的概率论都隐含着某种无限过程，而无限精度的测量并不存在，对世界只能进行有限的观测和描述，更真实地反映世界的观念应该是基于有限性的混沌论。这些结论表明，科学与哲学在严格的逻辑关系上是相互平行的，两者的相互作用应该是隐喻层面的相互启示，不应简单地以一方框定另一方。宇宙的有限无限和物质的可分性都是科学的具体结论而非哲学的基本原理，要尊重科学的自主性；反过来，若以科学话语替代哲学话语，将科学所研究的自然作为哲学的本体，进而把科学描述的暂时性世界图景误置为绝对真的陈述的注脚，又会陷入"自然的本体化之误"[①]。

与此同时，科学方法论和科学思想史研究空前活跃。鉴于科学的理性精神和实证方法，来自科学的实例为真理标准大讨论提供了有力的证据，因此科学方法论的研究备受关注，大量专著和丛书相继出版，还吸引了不少著名科学家参与其中。追赶的热情促使研究者选择性地聚焦于科学发展所呈现的整体化趋势，作为方法论的系统论、控制论和信息论由此成为研究热点，决策、规划、管理的方法论研究也开始启动，日后发展为软科学和管理科学的先声。爱因斯坦、玻尔、马赫、彭加勒、海森伯、薛定谔、玻姆等著名科学家的科学观和哲学思想研究也全面展开。在对科学革命及其"激动人心的年代"的迟到的辨析中，作为现代科学、哲学与文明基础的新的经验论、唯理论和批判理性主义的思想源头得到重新评价。其中，《爱因斯坦文集》的全部出版标志着对哲人科学家的思想研究步入学术化阶段，有关马赫和彭加勒的研究则使科学思想研究从刻板印象转向理性客观的文本分析，这些研究的破茧出壳在当时兼具学术价值与启蒙意涵，并一度受到国际学界关注。

经过一段新陈代谢与专业化积淀之后，科学与哲学和一般哲学范畴的纠结趋于淡化，自然科学哲学问题研究逐渐超越传统争论，转而在学理上推进"科学化的哲学"。一方面由自然科学哲学问题衍生出的数学对象、暴涨宇宙论、智能、生态价值等问题得到深入探讨，另一方面，有关熵、混沌、分形、自组织演化等涉及系统性、复杂性和非线性科学的哲学问题成为研究热点，涨落、超循环、非平衡、非决定论和非还原论等科学与哲学观得到了系统阐发，并试图以此勾勒出"新科学革命""新自然观"和"第二种科学"的基本形相。随着科学哲学、自然哲学等新范式的出现和高级科普的引

[①] 吴国盛：《自然本体化之误》，湖南科技出版社1993年版。

进，自然科学哲学问题的哲学性和专业性进一步提升，转向作为其应有之义的"科学中的哲学"，并拓展至科学技术中的哲学问题。近年来，研究者进一步聚焦时间、空间、信息、因果性、模态、附生性、涉身（具身）性、逾层凌域、自组织方法论等更具体的概念和方法，对时间与空间的概念、还原论与整体论、生成论与构成论、计算与实在、复杂性与非决定论、认知与身体等问题展开了深入研究，量子力学哲学、生物学哲学、认知科学哲学、空间哲学、生态哲学、信息哲学、计算哲学等领域因此呈现出复兴或兴起的态势。

从历史脉络来看，"科学化的哲学"运动与当时对"科学"和"科技"的重新阐释与定位密切相关。20世纪70年代中后期，邓小平同志复出后立即致力于科技、教育与经济整顿，并以"四化"之一的科学现代化为突破口。当时及其后的思想解放所运用的理论策略之一是发掘马克思有关科学是"直接生产力"的论述，证明"科学是生产力"，后又在全国科学大会上明确提出了"科学技术是生产力"的命题，将科学和科技重新定位为社会发展的基础和推动历史的首要因素。从修辞学的层面来看，这一论证的关键是以"科技"转喻"科学"，以作为科技实效的生产力的普遍性、无阶级性和无国界性迂回地突破了科学是具有阶级性的社会意识的刻板印象。从"科学"到"科技"的主题词转换虽有模糊科学与技术界限之嫌，但不无确切地体现了科学和技术一体化的大趋势，反映了时代焦点的转变，亦决定了科技哲学正名的历史必然性。

在真理标准讨论中，科学不论作为一种基于经验的实证知识，还是作为寻求客观真理的活动，都成为以实践作为检验真理标准的典范。进入20世纪80年代以后，科学更进一步被前所未有地诠释为"历史的有力杠杆"和"最高意义上的革命力量"。自然辩证法传统的自然科学哲学问题研究的基点随之由对科学的哲学大批判转换为寻求哲学的科学化。其基本理路可概述为哲学应建立在科学的基础上并随科学而发展："随着人类科学认识的扩展和深化，对科学中哲学问题的讨论也在日益丰富和加深。一方面，由于科学的发展中不断出现新思想、新概念，从而不断升华出新的哲学课题，为哲学研究开辟出新天地。一方面，人们已有的一些哲学认识，则在新的科学事实和科学成就面前不断遇到新的矛盾，接受新的挑战。"[①]

二 科学哲学的引入与转换

因受罗素与杜威的影响，20世纪初最先引入中国的科学哲学思想以实证主义和实用主义为主调。20世纪中叶前后，金岳霖、洪谦和江天骥等人曾做过较系统的科学哲学研究或评价工作，此后基本中断，仅以内部资料等形式翻译出版过一些逻辑经验主义的代表作和著名科学家关于科学思想和哲学问题的论著。时隔30年再次引入科学哲学时，其主导范式已从逻辑经验主义经历史主义学派走向后实证主义。这一差距激发了研究者以前所未有的热情投入对科学哲学各流派代表人物的著述的译介之中，一度在知识界掀起"科学哲学热"。大约十年间，卡尔纳普、波普尔、库恩、拉卡托斯、费耶阿本德、蒯因、劳丹、瓦托夫斯基、亨普尔、邦格、查尔默斯等人的经典作品得以翻译出版和广泛传播，相关刊物对英美科学哲学的最新论述也有大量译介，使专业人员得以把握研究动态。

科学哲学的再次引入成为进一步观念调适的切入点。邱仁宗在《科学方法和科学动力学——现代科学哲学概述》（1982年）的"跋"中引用经典观点指出，对科学哲学的评价要坚持实践标准，用科学实际去检验，而不能以我们所理解的一些原则为标准，因为原则是从自然界和人类中抽象出来的，不是自然界和人类去适应原则，而是原则只有在适合于自然界和历史的情况下才是正确的。舒炜光在集体著作《当代西方科学哲学述评》的绪论中将众多科学哲学家的思想看作正在编织中而无完工之日的思想流动网，并指出不论是一个哲学家还是一个哲学派别的哲学思想，都不是一个孤立的封闭

[①] 孙小礼主编：《现代科学的哲学争论》，北京大学出版社2003年第二版，第一版前言第1页。

的圆圈，而都会与别的哲学思想圆圈相交。正是由于科学哲学以与原则无关的科学实践为评价标准，又比传统思想更具思想杂交优势，自然就成了新时期哲学发展和观念调适的突破口。批判理性主义和历史主义在此滞后的传播中再次崭露锋芒。波普尔的知识论和证伪主义使人们认识到，知识是进化的产物，它既是客观的也是猜测性的、有限的和可错的；库恩的不可通约性的思想让人们看到了范式间的平行关系和范式转换的整体性与历史性。这些作为新观念的旧思想触发了知识界对科学理性和进步的选择与反思，成为重开现代性启蒙的新基点。

科学哲学可大致分为一般的科学哲学问题（如科学划界、科学说明等）和具体科学的哲学问题（如数学哲学、物理学哲学等，与传统的自然科学哲学问题领域类似）两个相互关联的方面，并与科学史和当代科学思想密不可分。近40年来，中国的科学哲学将一般的科学哲学与既有的自然科学哲学问题相结合，成为科技哲学领域最先发展起来的研究范式，并在相当长的时期担当了科技哲学领域拓展的孵化器。自1979年至今已经召开了18届的全国科学哲学会议的主题包括：波普尔的科学哲学、库恩的科学哲学、科学发现、科学理论的评价、科学分界、理论结构问题、说明问题、物理学哲学、科学实在论与反实在论、科学与价值、反伪科学、社会科学哲学、科学前沿的哲学伦理问题、自然哲学、后现代与科学哲学、科学技术中的哲学问题、科学知识社会学、物理学百年革命与科学哲学、科学方法论、认知科学哲学、科技伦理等。2017年召开的第18届会议主题包括一般科学哲学、物理科学哲学、生命科学哲学、认知科学哲学、社会科学哲学、科学哲学史、科学实践哲学、现象学的科学哲学、科学技术的伦理学等9个方面。这些主题大致勾勒了科学哲学乃至科技哲学的问题域，其沿革与拓展，既体现了学术旨趣也折射出时代性和现实影响。

经过多年的学术积累和交流，科学哲学研究开始从学派述评转入问题导向的研究。继一些以问题而非学派为主线的科学哲学通论性专著出版之后，科学实在论等方面的专论亦流行坊间。对科学实在论与反实在论等问题的讨论促进了概念澄清和理论构建，反过来又激起更多质疑。例如，由量子力学对基于物质实体的经典实在观的冲击而引申出的关系实在论主张，实在是关系的，关系的实在性在于其普遍性和客观性，关系在一定意义上先于关系者。相关的讨论使关系实在论至少在本体论和认识论层面得到辨析，一方面是本体论或存有论层面的关系对实体的消解，另一方面是认识论层面以主体间性重建客观性获得的反实在论或非实在论立场，其理路固然昭示了对独断本体论的突越和引入透视主义认识论之可能，但这两个层面能否融贯与会通、其与基于认识论旨趣的科学实在论的关系等成为难以回避的问题。

在科学哲学问题的讨论中，科学与哲学的相干性和科学哲学的合法性得到进一步反思。首先，科学与哲学可能出现相互启发的相干情形，但本质上各有其自主性。与发现的语境和辩护的语境之分野类似，科学发现（如量子力学）与哲学结论（如某种实在论或方法论）之间不存在必然逻辑联系，同一科学发现可以有不同的哲学结论，新科学发现对某个哲学结论的倾向性并不一定昭示其反论被逻辑地否证。同样地，科学方法论与"反对方法"亦可并行不悖。一些科学方法论的思考者敏锐地意识到，应在两极之间保持必要张力，并提出了互补方法论。

其次，科学哲学的学科合法性在于它是"关于科学的哲学"。科学哲学与其说是科学指南毋宁说是哲学试验，其问题域多处于科学尚不能对其基本概念和理论架构给出满意或自洽解释的边缘地带。有关"科学化的哲学"和"关于科学的哲学"的深入辨析使我们认识到，虽然具有"伟大传统"的科学哲学因无法提供其所承诺的"科学的世界概念"而难以自诩"科学化的哲学"，依然可定位为"关于科学的哲学"而确立其合法性。这种定位既便于界定一般的科学哲学，又能兼容作为"科学中的哲学"的具体科学的哲学问题（或自然科学的哲学问题），令两者成为科学哲学的有机成分。在科学与哲学均高度专业化的情况下，这种定位相当艰难，但又十分必要。从亚里士多德到康德以来的哲学都是在与当时的科学的交融与对话中发展起来的，著名科学家霍金对当代哲学家不能跟上科学进步，而将哲学归结为语言分析甚觉遗憾，并将这种对伟大哲学传统的背离斥为堕落，作为哲学学科的科学哲学更不可避免地要与具体的科学中的哲学问题相结合。

科学哲学之所以成为当时思想解放的切入点有其深层次的时代肇因。首先，科学哲学的引入符合当时思想领域以实践为检验标准，走向开放与多元的时代需要。舒炜光和邱仁宗等译介者意识到，科学哲学的发展充分体现了思想的开放性，对科学哲学的评价要坚持实践标准，用科学实际去检验，而不能以我们所理解的一些原则为标准。恰如恩格斯所言，原则只有在适合于自然界和历史的情况下才是正确的。正是鉴于科学哲学以与原则无关的科学实践为评价标准，又比传统思想更具思想杂交优势，自然就成了新时期哲学发展和观念调适的突破口。其次，科学哲学较为集中地渗透了现代化所必需的客观求实精神。不论是"科学的哲学"还是"关于科学的哲学"，不论强调可证实性还是凸显可证伪性，大多持有一种尊重经验事实和注重分析论证的科学态度，这为突破教条、变革观念、推行改革提供了有利的精神资源——保守或激进的改革者都诉诸实践和客观真理，希望用科学的光芒照亮通往发展与进步的现代化之路。再次，科学哲学的晚近发展对科学主义意味的现代启蒙理性科学观进行了多视角的反省，为我们反思现代性、寻求可调适的现代化道路提供了重要的思想资源。批判理性主义使人们认识到，知识是进化的产物，它既是客观的也是猜测性的、有限的和可错的，社会发展的正道是在试错中前进的渐进工程；观察渗透理论说和知识整体论揭示了经验事实与理论的相互依赖性；历史学派让人们看到了不可通约的范式间的平行关系和范式转换的整体性与历史性；无政府主义认识论等研究表明不存在一套科学必须遵循的固定的研究程序和方法，科学的方法和标准是不断变化的，科学需要民主。这些观念无疑是当时重拾现代性启蒙的基点，后来又成为反思科学理性和现代性工程的必要前提之一。

从问题域来看，科学哲学是具有浓厚认识论色彩的科学基础论，并可大致分为两类相互关联和支撑的领域，一为科学划界、科学说明、科学实在论等一般科学哲学问题，二为数学哲学、物理哲学、生物哲学、认知科学哲学等分支科学哲学问题。后者虽与自然辩证法或自然哲学传统的自然科学中的哲学问题领域重叠，但更注重对具体科学概念的哲学分析而非以哲学范畴框定之。20世纪80年代，推动科学进步的热望使重新引入的科学哲学被定位为科学方法论和科学动力学。但学界不久就认识到，科学哲学实际上是关于科学理论的二阶研究，它不讨论具体科学研究中的方法，也不甚关心科学实践，主要探讨合理性、客观性、科学说明等与科学理论的评价和选择有关的问题，而所提观点往往相佐。有鉴于此，刘大椿提出了科学活动论与互补方法论。他认为科学不仅是单纯的知识体系更是一种人类活动，科学方法论与科学活动一样是历史的而非绝对的，应以互补的观点看待机械观与系统观、演绎与归纳、发现与辩护、累积与革命、工具论与实在论、客观性与社会承认、程式化努力与反对方法等看似对立的方面。[1]

20世纪90年代后，科学哲学的研究热点涉及科学实在论、自然化的科学哲学、实验哲学、解释学与现象学的科学哲学、女性主义科学哲学、物理学哲学、系统与非线性科学哲学、认知科学的哲学、心灵哲学、空间哲学、计算与信息哲学以及包括科学知识社会学等在内的后现代科学哲学等。其中，最引人关注的是科学实在论与反实在论之争，大抵是因为实在与反实在容易让人联想到真理和客观性等关于科学的固有印象。1992年6月，在北京召开的主题为"科学哲学中的实在论与反实在论"的国际科学哲学会议（会议论文结集后作为"波士顿科学哲学丛书"第169卷以英文出版）上，会议

---

[1] 刘大椿：《从中心到边缘——科学、哲学、人文之反思》，北京师范大学出版社2006年版，第1—21页。

组织者约请何祚庥、洪定国与胡新和、罗嘉昌报告了关于"量子力学与实在"的三种不同观点。[①] 何祚庥强调，量子力学实验虽然不支持决定论的实在论，但支持定域的、统计式的和"不依存于人的意识而存在"的实在论。洪定国指出，量子力学的问世并未能一劳永逸地将实在论驱逐出物理学领域，它对实在论和反实在论既不构成威胁也不提供决定性的支持。量子力学的解释谱可能对应于一系列不同的哲学态度（从极端的反实在论到本体实在论），既极大地丰富和深化了实在论—反实在论之争的内涵，亦有力地促进着物理学的发展。胡新和、罗嘉昌认为，受到量子实在的关系特征的启发，为了凸显关系对于实在的认识论意义和本体论（存有论）规定，可提出一种关系实在论，即实在是关系的，关系是实在的，关系在一定意义上先于关系者，关系表述和性质表述具有互补性。这些论述引起国内学者的关注与讨论。以关系实在论为例，范岱年以电子与观察装置为例说明，"关系先于关系者"、一切消解于关系的关系实在论是有局限的；张华夏则认为，实体无论如何不能彻底消解于关系，应以实体实在论作为关系实在论的补充。此后，对结构实在论、建构实在论的译介和由虚拟实在引发的实在论与反实在论之争也曾产生一定的影响。

三 从顺应科技进步到对科技的审度

20世纪80年代中后期以降，随着"科学技术是第一生产力"论断的提出，主流话语中科学的意涵从揭示自然规律的知识体系拓展至作为市场经济最活跃的内生变量的科技。如果运用哈贝马斯的观点来看，这一观念转变在很大程度上意味着对科技作为新型意识形态的现代性趋势的正式认同。自此，对自然和科学的哲学追问延伸为面向科技时代的哲学思考，而这种思考又大致可以分为"顺应

---

① 孙小礼主编：《现代科学的哲学争论》，北京大学出版社2003年版，第139—164页。

科技进步""探讨科技影响"和"反思科技自身"三种进路。科技哲学相关领域由此呈现出"大口袋"式的生长趋势,在自然哲学、科学哲学、技术哲学、科技与社会研究、科学思想与文化、科技伦理等领域得到全方位发展。

起初备受关注的进路是"顺应科技进步"。如为了回应"李约瑟问题"(为什么近代科学革命没有在中国发生?),刘青峰在《让科学的光芒照亮自己:近代科学为什么没有在中国产生》(1984年)中曾试图借助控制论、系统论和信息论方法,研究科学本身的发展规律及其与社会结构的关系,主张"去建立一种适应科学技术进一步发展的朝气蓬勃的社会条件,使得社会结构也和科学本身一样,是进步的,发展的,而不是僵硬的"[1]。在此进路中,科学或科技无疑是进步的典范与真理的化身。在今天看来,这一进路颇具启蒙理性主义或科学主义意味;在当时,此进路不仅仅源于科学的傲慢,其现实动机是克服体制机制和非科学因素对科学的束缚和干扰,寻求使科技得以顺利发展、社会渐入坦途的经济、文化与制度。但恰如席文所指出,对"李约瑟问题"这个假设性问题的解答往往隐含着两个错误的推理:一方面,若欧洲有A,中国没有,则A被视为"近代科学革命"的一个必要前提;另一方面,若欧洲无B,中国有,则B被视为"近代科学革命"的一种障碍。此进路面临的更深层次的挑战是,科技、社会与文明的演进道路是一元抑或多元,科技与社会和文明之间的关系是分立的还是整体性的。

同时出现的一种较为温和的进路是"探讨科技影响"。孙小礼为北大科学与社会丛书所作的献词(1987年)可视为对此进路较明晰的阐释,他认为,考察和探讨"科学给人们提供什么新的观念?怎样革新人的思想?科学怎样合理地推动社会前进?社会又怎样有效地发挥科学的功能和促进科学的发展?是十分有意义的

---

[1] 刘青峰:《让科学的光芒照亮自己——近代科学为什么没有在中国产生》,新星出版社2006年版(内容与初版基本相同),第261页。

研究课题"①。其主要目的也是研究科学的发展规律及其与社会的关系，但出发点不仅是"以科学的名义"，而更重视科技的社会效果。20 世纪 90 年代以来，大多数科学技术与社会研究属于这一进路。它们要么探讨适应科学发展和技术进步的社会结构，如科技是第一生产力、科技体制改革、高科技产业化、技术创新、国家创新体系、科技与政治、生态政治、创新文化、科学素质等，要么关注科技革命和高新科技对社会发展趋势的影响，涉及信息社会、后工业社会、知识经济、可持续发展、生态文明等。这些研究的目的实际上不是对现实的抽象提升，而是以实际应用为目标的模式分析——对研究对象的结构、功能、机制和趋势进行透视并作整合性与前瞻性思考。其哲学意义（如果说有的话）不在于如何完美地揭示研究对象的本质或规律，而是运用视界拓展和视角变换寻求对问题的不同理解和新的解决之道。

20 世纪 90 年代中后期，"反思科技自身"的进路逐渐浮出水面。这一进路的思想资源包括：科学哲学中后实证主义（特别是科学知识社会学）、新经验主义、解释学的科学哲学、女性主义的科学哲学、科学编史学对科学史中的辉格史观的超越、现象学与存在主义的技术哲学（特别是海德格尔）、基于批判理论的工具理性批判和技术批判、技术的社会建构论、风险与反思现代性理论、后结构主义（知识权力结构、仿真理论等）、后人类主义（赛博格、人类增强等）等。同时，随着与科技相关的风险、不确定性、生态危机和异化现象的日益凸显，深生态学、过程哲学、后现代科学和存在主义等对自然的反思也受到学界的关注。

近二十年来，对科技自身的反思导致了科技哲学的若干"转向"。在自然哲学中，吴国盛等主张，应该在作为纯哲学的第一哲学而非作为部门哲学的第二哲学的意义上重建自然哲学，重建自然哲学的

---

① 孙小礼主编：《现代科学的哲学争论》，北京大学出版社 2003 年版。北京大学"科学与社会"丛书献词。

主旨不在于构造关于实在的知识体系,而是追问科学存在的基础、追思自然与存在的本源,实现从对象到家园的"范式"转换。[①] 在科学哲学中,一些学者试图在逻辑经验主义和后实证主义之间走出中间道路,提出了"走向实践优位的科学哲学"和"走向语境论的科学哲学"等研究纲领;另一些学者不满正统科学哲学关于科学的正当有效性及其方法的优越性的教条,主张超越自然本体论之误和哲学科学化之误,由科学的存在论追问开启对科学持批判态度的第二种科学哲学。[②] 在技术哲学中,有关技术的价值负荷或负载的讨论表明,技术并非价值中立,为了克服技术风险使其造福人类,应该充分揭示技术的价值因素,并使伦理制约成为技术的内在维度;而鉴于"技术哲学的历史性缺席",一些学者提出了哲学的"技术转向",主张探讨如何真正地将技术当作人自我建构的基本活动来看待,进而揭示技术作为真理的种种发生方式。[③] 在科技与社会研究中,超越宏大叙事的案例研究和建构论的微观经验研究开始得到重视,基于本土的田野研究和访谈分析得以展开。在科技思想史、科技文化研究中,科学精神与人文精神的辨析、科技与人文的对话以及科学主义与反科学主义的争论,使科学、伪科学、反科学、非科学、民间科学、中医、东西方科学范式比较,公民科学、科学乌托邦和反乌托邦等问题得到深入探讨,在科学精神与人文精神的统一、科学与人文的必要张力、科学划界标准的多元化以及科学知识的多元性、可错性、地方性和对文化背景的依赖等方面上达成了一定的共识,还提出了"类科学""科学文化的第三极"等新思路。在科技伦理研究中,科技发展所带来的新的伦理冲突推动了生命伦理、信息网络伦理、高技术伦理、科技伦理理论、科学不端行为等领域的研究,并影响到公共卫生和科研诚信建设等政策层面,在对科学

---

① 吴国盛主编:《自然哲学》第1辑,中国社会科学出版社1994年版。
② 吴国盛:《让科学回归人文》,江苏人民出版社2003年版,第125页。
③ 朱葆伟:《技术哲学研究综述》,《哲学动态》2001年第6期。

有无禁区、科技伦理何以可能等问题的讨论之后，初步形成了以科学研究伦理、技术伦理、工程伦理和高科技伦理为主题的研究领域。

科技哲学在科技时代的拓展对很多具有时代意义的课题起到了特殊的推动作用。特别是对科技是第一生产力的讨论使科技体制改革成为市场体制改革的先锋，对知识经济的研究最终确立了知识价值论的地位，对科技革命与资本主义的研究则昭示了现代性社会机制的整体性。但有些研究带来的后果却较为复杂，如对国家创新体系的倡导既带来了科学的大发展也使科技资源配置行政化的弊端更加突出。实际上，科技哲学面向科技时代的思考是一系列充满"前瞻后顾"和"左右为难"的权衡与审度的过程。所谓"前瞻后顾"是指，同时面对走向现代化的需要和现代化的弊端，学界不得不在对前现代性展开批判的同时对现代性的后果进行后现代意味的反思。而"左右为难"是指，对科学的定位不得不在求知导向的学院科学和产业导向的后学院科学、资源集中的国家科学和民主参与的公民科学之间保持一定的张力。科技相关领域中很多看似相互悖逆的发展一方面是由观念中前与后、左或右的冲突造成的，如伪科学与科学主义和反科学主义的复杂纠结、科学与技术的区分、知识产权与资源共享的悖论等。

四 走向科学技术研究之后的科技哲学

科技哲学在不断拓展和分化中已经成为一个分支庞杂的学科群，其专业谱系从哲学一直延伸到政策、传播等领域，总体呈现出走向广义的科学与技术研究（science and technology studies）的态势。有学者主张科技哲学的主体进一步发展为包括科学哲学、技术哲学、工程哲学和产业哲学在内的四元结构，也有学者提出以科学技术学或科学技术论为名建构一级学科。这些建议促使我们进一步追问科技哲学应有的思想价值和社会价值，以期尝试性地探讨科技哲学在走向科学技术研究之后的大致理路。

（1）对分支科学哲学问题（或自然科学的哲学问题）的研究的

思想价值首先在于其对于科学探索本身可能产生的有限的启发作用，而不是扮演既有哲学范畴的注脚和例证，更不应以归纳出某种新的大而全的哲学体系作为其主要目标。这类研究不仅必须始终注意与高级科普有所区别，以免落入知识大全的窠臼，还应该克服对科学进行过度哲学解读的倾向。我们固然可以运用某一科学哲学理论对自然科学的基础进行哲学重构与分析，但这种重构与分析不应也不可能为具体的科学探究提供完备的哲学基础，遑论居高临下地为科学提供某种通往真理道路的普遍的世界观或方法论。它们充其量只能在特定的情况成为科学探索和猜测的思想工具，而且它们发挥作用的方式往往不是正面规范而是反面启示——拒斥与摆脱某些先入为主的哲学偏见。

（2）一般科学哲学研究首先应放弃对普遍性的世界观和方法论的建构，而应深入具体科学的哲学问题及其思想脉络之中，致力于描述和建构更符合科学探究实际的"科学形相"。逻辑经验主义的困境早就表明，从科学中寻求普遍性的世界观和方法论的企图不仅难以实现，还极可能导致对科学的误读。科学哲学的功能与其说是为科学家提供哲学工具或帮助科学家理解科学，不如说更多的是为科技的人文与社会研究提供更具思想深度的科学观。以科学方法为例，科学家很少关心一般的科学方法，因此科学哲学相应的基本策略应放弃重建一般的科学方法的企图，转而深入具体科学的历史和现实语境之中寻求具有特定经验基础的研究策略和具有特定适用范围的方法论。透过历史、现实和文化的语境，我们将看到更真实的科学形相，例如，科学精神与人文精神，知识的普遍性与地方性，科学、哲学与宗教观念的纠结等远非既有的刻板印象所能解说，而还原论和物理主义等具有的繁复而丰富的内涵只有透过具体的科学问题方能呈现。

（3）对于自然和技术的哲学追问与价值反省要在超越性的存在论沉思与对现实合理性的批判之间保持必要的张力，进而思考解决现实问题之可能。在自然哲学与技术哲学中，所谓过程与实体、价值理性与工具理性、内在价值与工具价值、存在与存在者、非人类中心主义与人类中心主义之类的分野，不应借以故作某种高深的哲学姿态，而应以这些观念为切入点，回应亟待解决之问题。相关研究常见的窠臼是，要么重复既有的存在论沉思和合理性批判而陷入乌托邦或反乌托邦，要么抽象地谈论人与自然的和谐或技术双刃剑效应。自然哲学与技术哲学的价值在于，一方面提出新的哲学追问与价值反省的方式，以体现出形而上学的穿透力；另一方面，在其新的自然观和技术观的基础上，寻求变革人与自然关系与重构技术的现实途径。对此，马克思关于自然与技术作为现实利益主体间关系的中介的论述给我们的启示是，自然哲学与技术哲学应通过现实的社会利益分析拓展至自然政治学和技术政治学。

（4）在科学技术与社会研究、科技思想史、科技文化以及科技伦理等科学与技术研究领域，迫切需要构建一种体现哲学的批判性和反思性的审度的科技观。在全面进入科技时代的今天，不论是个人生活还是社会发展势必越来越复杂地与科技相交缠，如何恰当地看待科学技术在整个社会生活和文化中的地位，是科技哲学必须不断有所回应的问题。如果说科技哲学对科技的理性态度、实证精神和实际效用的阐发曾经促使科技成为思想解放与社会变革的首要力量，那么在迈过这一步之后，科技哲学下一步的重要任务之一应是运用科学精神本身反观科技在现时代的价值和人与科技的关系，"让科学的光芒照亮自己"。迄今为止，科技的优越性和影响力是毋庸置疑的，我们相信它是成功地理解世界和有效地解决问题的最好的方式。但也要看到，科学技术远未穷尽对世界的理解，没有也不可能解决所有的问题，其所解决的问题不一定是最重要的，同时其固有的不确定性令其对世界的改变有时伴随巨大的风险。一方面需要更多建设性的思考，另一方面则应将科技视为诸多文化形式的一种加以反思，建立起科技与其他文化的对话和专家与公众的对话。恰如科学活动论所主张的那样，科技是一种人类活动，反思与审度科技是为了更加接近人的价值和目标。

第四节　科技哲学主要领域与问题概观

随着科技时代的来临,科学技术哲学的研究日益深入,"从自然观、科学认识论、科学方法论、技术本体论、科学史等理论性研究,到与实践紧密联系的科技伦理、科技传播、科技发展与公共政策等均有一定进展"①,已发展成既有显著跨学科与交叉学科特征,又最为直接地体现时代精神的哲学分支学科。根据科技哲学的新近发展与未来走向,其主要研究领域可大致划分为一般科学哲学与科技论、自然哲学与分支科学哲学、技术与工程哲学、科学技术与社会、科技与工程伦理、科技史以及科技文化与传播等相对独立但又有一定交叉的进路。

一　一般科学哲学与科学技术论

一般科学哲学研究科学哲学的基本问题,主要探讨科学的形而上学与认识论,研究科学的本质、结构与合理性等具有普遍性问题。近年来,一般科学哲学关注的问题越来越广,除了传统的实在论与反实在论、还原论与整体论、历史主义、建构经验论、确证、说明、模型、自然化认识论等问题之外,国际科学哲学界的研究热点,如因果性、自然律、倾向性、自然类、归纳逻辑、贝叶斯主义、最佳说明推理、社会认识论、形式认识论、因果的结构理论、演化解释等技术性较强的问题也得到了关注。

在一般科学哲学研究中,产生了诸多有影响的成果。其中,导论性的著作有江天骥著《当代西方科学哲学》(中国社会科学出版社1984年版)、邱仁宗著《科学方法与科学动力学——现代科学哲

---

① 《科学技术哲学》编写组:《科学技术哲学》,高等教育出版社2019年版,第362页。

学概述》(知识出版社 1984 年版)、沈铭贤和王淼洋主编《科学哲学导论》(上海教育出版社 1991 年版)、刘大椿著《科学哲学》(人民出版社 1998 年版)、李创同著《科学哲学思想的流变——历史上的科学哲学思想家》(高等教育出版社 2006 年版)、王巍著《科学哲学问题研究》(清华大学出版社 2013 年第二版)等。在专题研究方面,最具有代表性的成果是李醒民、张志林主编的《中国科学哲学论丛》。该论丛先由湖南教育出版社出版三辑共八本:刘华杰著《浑沌语义与哲学》(1998 年版)、张志林著《因果观念与休谟问题》(1998 年版)、蒋劲松著《从自然之镜到信念之网——罗蒂哲学述评》(1998 年版)、郭贵春著《后现代科学哲学》(1998 年版)、张华夏著《现代科学与伦理世界》(1999 年版)、田平著《自然化的心灵》(2000 年版)、舒远招著《从进化的观点看认识——福尔迈进化认识论研究》(2000 年版)、刘晓力著《理性的生命——哥德尔思想研究》(2000 年版);2006 年由中山大学出版社出版第四辑共五本:成素梅著《在宏观与微观之间——量子测量的解释语境与实在论》、万小龙著《范·弗拉森的量子力学哲学研究》、张增一著《创世论与进化论的世纪之争——现实社会中的科学划界》、钱长炎著《在物理学与哲学之间——赫兹的物理学成就及物理思想》、林定夷著《问题与科学研究——问题学之探究》。此外,在译介方面,学界亦付出艰辛努力,其中篇幅最大的工作当数山西大学组织翻译的重要专业工具书《爱思唯尔科学哲学手册》十余种。在科学哲学史方面,中国科技哲学史研究的代表性成果有龚育之著《自然辩证法在中国》(北京大学出版社 1996 年版),于光远著《一个哲学学派正在中国兴起》(江西科学技术出版社 1996 年版)等;苏联与俄罗斯科技哲学史方面的代表性成果有龚育之、柳树滋主编《历史的足迹》(黑龙江人民出版社 1990 年版),孙慕天著《跋涉的理性》(科学出版社 2006 年版),万长松著《歧路中的探求——当代俄罗斯科学技术哲学研究》(科学出版社 2017 年版)等;西方科学哲学方面的代表性成果有刘大椿等著《一般科学哲学史》与《分殊科学哲学史》

（中央编译出版社 2016 年、2017 年版）、安维复著《科学哲学：基本范畴的历史考察》（北京师范大学出版社 2015 年版）等。

在一般科学哲学研究中，中国科技哲学界展开了诸多探索，这些拓新的一个显著特征是科学观与科学技术论的融入。中国思想与文化中对关系、整体、问题、语境、活动、实践及人的存在等方面的关切，使得中国科学哲学家对科学活动、科学认识的语境、科学实践及其地方性、科学与人的存在以及如何解释科学活动、哲学如何反思科学等问题尤为关注。由此，一方面，产生了科学方法论、从科学实在论到语境论的科学哲学、科学实践哲学、现象学科技哲学、问题导向的科学哲学、科学文化哲学等研究纲领；另一方面，在科学哲学与科技技术论的新探索方面，将对科学的反思、理解拓展到整个科技，提出了另类科学哲学、科学审度和可接受的科学等科学观，并将其拓展至科学技术论层面。

科学方法论。对科学方法论的研究在自然辩证法转向科学哲学与科技哲学的范式转换中起到了桥接作用，科学哲学引入之初，在很大程度上被视为科学方法论与科学动力学，与自然辩证法传统中熟悉的规律性的认识较为接近。加之当时全社会对自然科学方法论方面的一般知识的渴求，自然科学方法论研究在 20 世纪八九十年代一度蓬勃发展。但随着相关知识的全面普及以及理工科高等教育的迅猛发展，相关需求日渐减少，自然科学方法论研究不再成为研究热点，但一般方法论、跨学科方法论以及创造与创新方法论等受到一定关注。该方面的代表性成果有孙小礼著《科学方法论史纲》（北京大学出版社 1988 年版），袁运开主编《自然科学方法研究》（华东师范大学出版社 1988 年、1990 年版），张巨清主编《科学研究的艺术——科学方法导论》（湖北人民出版社 1988 年版），刘大椿著《互补方法论》（世界知识出版社 1994 年版），金吾伦著《跨学科研究引论》（中央编译出版社 1997 年版），傅世侠、罗玲玲著《科学创造方法论——关于科学创造与创造力研究的方法论探讨》（中国经济出版社 2000 年版）等。

从科学实在论到语境论的科学哲学。20世纪90年代，随着科学哲学研究的深入，科学哲学研究的问题逐渐从物质可分析等本体论问题转向科学划界和科学实在论等认识论问题，在量子力学哲学中一度产生了实在论与反实在论之争。20世纪90年代后期，在这些探索的基础上，在"后现代"科学实在论与科学哲学研究的基础上，郭贵春、成素梅、殷杰等认为，语境是一种具有本体论性的实在，当代科学哲学、科学史与科学社会学广泛出现了以语境论的科学认识论超越逻辑经验主义的趋势，应以语境作为科学哲学分析的元理论；由此，可提出本体论的关系论、理论模型的隐喻论、语义学的方法论等语境论的科学哲学基本原理，进而展开基于语境的科学实在论辩护，构建科学进步的语境生成论模式，并将其运用于物理学哲学、数学哲学等方面。[①] 这一方向的相关研究成果有：郭贵春著《后现代科学实在论》（知识出版社1995年版），张之沧著《当代实在论与反实在论之争》（南京师范大学出版社2001年版），郭贵春著《科学实在论的方法论辩护》（科学出版社2004年版），郭贵春、成素梅主编的《科学哲学的新进展》（科学出版社2008年版）和《科学哲学的新趋势》（科学出版社2010年版）等，郭贵春等著《当代科学哲学的发展趋势》等。

科学实践哲学。狭义的科学实践哲学最初由美国科学哲学家约瑟夫·劳斯在20世纪80年代所创立，这一进路综合了英美后实证主义科学哲学中的实用主义、自然主义、新实验主义、建构主义、后建构主义以及海德格尔等欧陆解释学与现象学的科学哲学反思、拉图尔的实验室研究、福柯的知识权力观等研究脉络，它优先关切科学实践，强调地方性是所有科学知识的固有特征，主张知识与权力关系的内在性，希望诉诸自然主义而非先验哲学使科学实践中的实践规范获得自然的与演化的说明。20世纪90年代，施雁飞在

---

① 郭贵春、成素梅主编：《科学哲学的新进展》，科学出版社2008年版，第3—21页。

《科学解释学》中讨论过劳斯的工作，刘郦在江天骥指导下开始研究科学政治学。进入新世纪，浙江大学盛晓明团队（盛晓明、曾晓强、邱慧、孟强等）、复旦大学陈其荣教授团队、清华大学吴彤教授团队、南京大学蔡仲与刘鹏等、苏州大学邢冬梅等以及原在墨西哥国立大学后任教复旦大学的黄翔等共同推动了国内的科学实践哲学研究。这种广义的科学实践哲学涉及实践的科学观、地方性知识观、中国传统科学与本土知识、科学实践哲学与相关科学哲学进路（如历史性的认识论等）的关系等，同时也以实践的科学观为纽带促进了这一研究纲领与马克思主义科学观与科学技术论的会通。经过近20年努力，中国科学实践哲学的研究者不仅进行了大量译介，还发表了一些有影响的研究成果，如吴彤等著《复归科学实践》[清华大学出版社2010年版，将由罗德里奇出版社外译为英文版出版(2019年)]、《科学实践与地方性知识》（科学出版社2015年版），蔡仲著《后现代相对主义与反科学思潮——科学、修辞与权力》（南京大学出版社2004年版），孟强著《从表象到介入——科学实践的哲学研究》（中国社会科学出版社2008年版）及《科学、存在与政治》（浙江大学出版社2018年版），周丽昀著《当代西方科学观比较研究：实在、建构和实践》（上海社会科学院出版社2007年版），贾向桐著《实践优位视野中的科学形象》（黑龙江人民出版社2008年版），张帆著《科学、知识与行动——柯林斯的科学哲学思想研究》（上海社会科学院出版社2013年版）等。

现象学与解释学科技哲学。现象学与解释学的科技哲学主要指基于欧洲现当代现象学与解释学资源的科技哲学研究。自2007年，吴国盛、邓波、盛晓明、吴彤等召集了每年一次的全国现象学科技哲学会议，倡导现象学科技哲学研究，并将解释学的科技哲学也涵盖其中。吴国盛认为，传统科学哲学多为"正思"与"顺思"，引入现象学的"反思"和"逆思"，将使科学哲学发生"转向"；对于作为实践的技术而言，只有通过"反思"才能超越实践层面，故现象学是技术哲学的希望。① 现象学与解释学的科技哲学将认识、认知和技术视为人的意向性和解释性活动，具有十分明显的实践旨趣。经过十余年的努力，在此进路下的研究，不仅展开了基于欧陆哲学思想的科技哲学研究，而且与中国的思想资源进行了对话，还将研究对象由科学与技术拓展至建筑、媒介、地方性知识等领域，既带动了中国科技哲学的自主性研究，也培养了一批有潜质的后学。相关研究成果有吴国盛著《由史入思——从科学思想史到现象学科技哲学》（北京师范大学出版社2018年版）、刘胜利著《身体、空间与科学——梅洛-庞蒂的空间现象学研究》（江苏人民出版社2015年版）、雷德鹏著《自我、交互主体性与科学——胡塞尔的科学构造现象学研究》（人民出版社2015年版）、陶建文著《数学实在论的现象学辩护——从胡塞尔的观点看》（人民出版社2007年版）、张昌盛著《自然科学现象学——先验主体间性现象学视野中的科学》（中国社会科学出版社2015年版）、曹志平著《科学诠释学的现象学》（厦门大学出版社2016年版）等。

问题导向的科学哲学与问题学。自20世纪80年代以来，在波普尔、库恩、劳丹等科学哲学理论的基础上，张巨青、林定夷、马雷等相继展开了问题导向的科学哲学研究，提出了协调论的科学哲学、问题哲学、问题学等研究纲领。马雷认为，一部科学哲学史就是一部以问题为导向的研究科学探究活动的历史。中国科学哲学的研究应当强化问题意识和问题导向，面向科技发展的现实问题，并将中国哲学的思想要素和思维方式融入问题分析之中。② 由此，衍生出更一般的问题学研究。相关研究有林定夷著《问题与科学研究——问题学之探究》（中山大学出版社2006年版）、马雷著《冲突与协调——科学合理性新论》（商务印书馆2006年版）。

科学文化哲学。科学文化哲学源于对科学精神与人文精神、科

---

① 吴国盛：《现象学对于科学哲学和技术哲学意味着什么》，《第一届全国现象学科技哲学学术会议论文汇编》2007年10月。

② 马雷：《论"问题导向"的科学哲学》，《哲学研究》2017年第3期。

学文化与人文文化的探讨，是以文化的视角来审视科学、技术以及人文学科之间的互动关系，致力于超越传统科学哲学聚焦于理论与逻辑而合理重建的科学形象，它试图更为全面地阐述科学的形象，并在"后现代与现代之争"和"古今之争"的智识语境下，主要形成了三种研究科学文化哲学的理论进路：致力于消解科学的文化霸权，倡导多元主义文化的后现代科学文化思潮研究；致力于重构科学知识的正当性，重建启蒙文化纲领的现代科学文化思潮研究；致力于揭示科学知识正当性在前现代的形而上根源，力求通过诠释经典来诊治当代文化危机的前现代科学文化思潮研究。近年来，除了汲取西方思想理论之外，中国的科学文化哲学也越来越倡导利用本土的文化资源（如佛家、儒家、道德）来探究西方科学文化观的局限，以期结合中国实际情况，来从多个角度揭示了科学与人文的关联，探讨如何在两种文化之间架起桥梁的问题，构建一种人文化的科学观和科学哲学，以及与此密切相关的关于创新文化的理念。科学文化哲学的代表性成果有周昌忠著《西方科学的文化精神》（上海人民出版社1992年版），吴国盛著《让科学回归人文》（江苏人民出版社2003年版），李醒民著《科学的文化意蕴——科学文化讲座》（高等教育出版社2007年版），孟建伟著《论科学的人文价值》（中国社会科学出版社2000年版）和《科学与人文新论》（科学出版社2017年版），洪晓楠著《科学文化哲学研究》（上海文化出版社2005年版）等。

另类科学哲学与科技技术论的新探索：走向科学审度与可接受的科学。其一，在科学活动论与互补方法论等研究的基础上，刘大椿教授及其团队成员刘永谋等提出了另类科学哲学与审度的科学观。他们认为，标准的或正统科学哲学旨在为科学的合理性辩护，另类的或非主流的科学哲学对科学做出了否定和批判，单纯的辩护和单纯的批判都是有局限的，应该对科学采取一种审度的态度，实现从辩护到审度的转换，用多元、理性、宽容的观点来看待科学。① 此即审度的科学观，将审度的态度用于科学论和科学技术论，就产生了审度的科学技术论。其二，段伟文在对技术化科学的哲学研究中指出，技术化科学是培根以来的现代科学的基本形相，科学日益呈现为一种人类有限知行体系，并且在解释世界和干预世界两个层面应该具有形而上学的可接受性与价值伦理的可接受性，由此可提出可接受的科学的科学观。其中的科学更多地指技术化的科学，故可接受的科学观也是一种科学技术论的观点。这些探索的相关成果有：刘大椿著《科学活动论》（人民出版社1985年版），刘大椿、刘永谋著《思想的攻防——另类科学哲学的兴起和演化》（中国人民大学出版社2010年版），段伟文著《可接受的科学——当代科学基础的反思》（中国科学技术出版社2014年版）。

二 自然哲学与分支科学哲学

中国的自然哲学与分支科学哲学研究主要由自然辩证法传统下的自然界的辩证法、自然科学的哲学问题发展而来，早期呈现出数学哲学、物理学哲学、化学哲学、天文学哲学、地学哲学、生物学哲学、心理学哲学齐头并进的态势，曾激起诸多自然科学的哲学争论，相继为现代科技与自然观的发展、系统科学与复杂性研究和自然哲学等热点所推动，逐渐发展出科学的自然观、自然哲学、系统科学与复杂性哲学、物理学哲学、生物学哲学、生态学哲学、博物学、认知科学哲学、信息哲学与信息技术哲学、社会科学哲学等专业领域。此外，在数学哲学、化学哲学与地学哲学等领域也有所探讨和研究，如孙小礼著《数学·科学·哲学》（光明日报出版社1988年版）、林夏水著《数学哲学》（生活·读书·新知三联书店1989年版）、王前著《数学哲学引论》（辽宁教育出版社1991年版）、朱训著《找矿哲学概论》（地质出版社1992年版）、王维著

---

① 刘大椿、刘永谋：《思想的攻防——另类科学哲学的兴起和演化》，中国人民大学出版社2010年版，序言。

《地学哲学对谈录》(地质出版社1996年版)、张嘉同著《化学哲学》(江西教育出版社1994年版)等。

20世纪80年代—90年代初,在自然科学的哲学问题、现代科技与自然观的发展以及自然哲学的研究中,中国社会科学院自然辩证法暨科学技术哲学研究室起到了重要的引领作用。自然辩证法研究室主编的《现代自然科学的哲学问题》(吉林人民出版社1984年版)由哲学研究者与科学家共同撰写,是传统的自然辩证法范式开始转向科技哲学范式时期最具代表性的成果。在文献译介和述评方面,该室主编的《自然科学哲学问题丛刊》(1979—1989)与中科院《自然辩证法通讯》主编的《科学与哲学》(研究资料,1979—1986)居功甚伟,它们使国内学者能及时阅读到国外最新研究动态与成果,极大地拓展了文化热中对相关主题感兴趣的广大读者的视野。此后,由邱仁宗主编、该室编撰的两辑《国外自然科学哲学问题》(1991年,1992—1993年),编译了自然化科学哲学、实验哲学、科学技术与社会、生命伦理学、认知科学哲学、空间哲学、科学实在论、科学史与科学哲学、科学知识社会学、生态伦理学、心灵哲学等主题的国外最新成果,对每个主题作了导论性的综述。

从自然观到自然哲学。20世纪80年代,自然辩证法传统的自然观研究得到迅速推进。一则将自然分为天然自然与人工自然(社会自然)的范畴区分得以确立,对社会自然的研究使得自然辩证法一度成为涵盖时代发展所需新思想、新方法的大口袋。二则高度重视对科学的自然观的探讨,现代科学的最新发展特别是量子力学、系统科学与复杂性科学等所带来的自然观的变革成为研究的热点。20世纪90年代,在自然辩证法转换为科技哲学的过程中,科学的自然观成为一个承前启后的问题域——既可使辩证法范式得以继续发展,又为各分支科学哲学的探究开启了方向。当时,科学的自然观研究可以大致概括为两个方面。其一是现代科学技术特别是基于系统科学与复杂性哲学的自然观的构建,如沈小峰、吴彤、曾国屏、吴延涪等进行的自组织的自然观的研究。代表性的集体成果是童天湘与林夏水主编的《新自然观》（中共中央党校出版社1998年版），其中提出了若干新自然观——系统的非线性观、混沌自然观、分形观、量的层次观、生态价值观、进化新图景、大智能观、生成自然观等。其二为现代科学中的哲学问题与争论，代表性的集体成果为孙小礼主编的《现代科学的哲学争论》（北京大学出版社1995年第一版，2003年第二版），其中不仅涉及数学哲学、物理学哲学等，还论及脑科学还原论与整体论、生物医学哲学乃至技术哲学、科技与人文等方面的争论。

20世纪90年代，科技时代的来临使得理解自然本质、反思科学对自然的解读、追问人与自然的关系成为哲学研究必须回应的课题，这使超越科学的自然观的自然哲学研究得到了探讨。为此，吴国盛指出应该通过超越科学和诉诸历史重建自然哲学，主张克服科学主义与科学世界图景的本体化，立足于人并意识到自然观念上科学与哲学的分裂，在历史中理解自然，探寻不同自然观深厚的文化背景和历史渊源。[①] 为此，吴国盛等于1994年发起召开了"西方自然哲学史学术讨论会"和"自然哲学复兴"小型研讨会。这一新探索产生了不少有影响的成果，包括吴国盛主编《自然哲学》（第1辑，1994年；第2辑，1996年）以及吴国盛主编的"科学观念丛书"（中国社会科学出版社1996年版）。后者共八种：李章印著《自然的沉沦与拯救》、肖巍著《宇宙的观念》、罗嘉昌著《从物质实体到关系实在》、吴国盛著《时间到观念》、陈蓉霞著《进化的阶梯》、赵功民著《遗传的观念》、佘正荣著《生态智慧论》、高亮华著《人文主义视野中的技术》，反映了当时相关研究的水准。

系统科学与复杂性哲学研究。系统科学与复杂性哲学主要是针对20世纪40年代出现的早期系统科学理论、20世纪70—80年代创建的自组织理论和20世纪90年代以后发展起来的复杂性科学的哲学研究，大致有自然科学的哲学问题、唯物辩证法和科学哲学三种

[①] 吴国盛：《重建自然哲学》，《自然辩证法研究》1993年第2期。

有所区分但又互有交叉的进路。

首先是系统哲学研究。尽管早在20世纪60年代中国科学院自然辩证法组就曾编译出版内部读物《控制论哲学问题译文集》（商务印书馆1965年版），到20世纪70年代末80年代初，才由童天湘、傅平、沈小峰等在译介的基础上开启了对于控制论、信息论和一般系统论等系统科学的哲学探讨。在此过程中，钱学森对系统科学及其哲学与方法论研究的推动尤为重要，闵家胤等对拉兹洛著作的译介及有关系统科学哲学的研究颇有影响。为了推动系统科学及其哲学研究，以魏宏森、黄麟雏、邹珊刚、林康义和刘则渊为代表的清华、西安交大、华中理工、大连理工四所大学的自然辩证法教研室曾轮流举办12次全国性的学术会议。这方面代表性的成果有：魏宏森著《系统科学方法论导论》（人民出版社1983年版），金观涛著《我的哲学探索》［上海人民出版社1988年版，再版更名为《系统的哲学》（新星出版社2005年版）］，苗东升著《系统科学原理》（中国人民大学出版社1990年版），乌杰著《系统辩证论》（人民出版社1991年版），湛垦华著《系统科学的哲学问题》（陕西人民出版社1995年版），闵家胤著《进化的多元论——系统哲学的新体系》（中国社会科学出版社1999年版）等。①

其次是自组织的哲学研究。20世纪80—90年代，在对耗散结构论、协同学、突变论、超循环、分形和混沌等系统理论的译介与哲学研究中，中国学者逐渐意识到它们都是对自组织系统的刻画，遂从整体上开启了自组织理论的哲学研究。这方面代表性的成果有：沈小峰、吴彤、曾国屏著《自组织的哲学——一种新的自然观和科学观》（中共中央党校出版社1993年版），苗东升、刘华杰著《浑沌学纵横论》（中国人民大学出版社1993年版），吴延涪著《新自然史——自组织理论与自然系统的演化》（北京化工大学出版社

---

① 吴彤：《中国系统科学哲学三十年：回顾与展望》，《科学技术哲学研究》2010年第2期。

1993年版)、孙慕天、采赫米斯特罗著《新整体论》(黑龙江教育出版社1996年版)，颜泽贤、陈忠、胡皓主编《复杂系统演化论》(人民出版社1994年版)，吴彤著《生长的旋律——自组织演化的科学》(山东教育出版社1996年版)，曾国屏著《自组织的自然观》(北京大学出版社1996年版)，林夏水等著《分形的哲学漫步》(首都师范大学出版社1999年版)。

再次是复杂性哲学研究。对于有关复杂性问题与方法的讨论，科技哲学界在20世纪80年代已有所涉及。20世纪90年代以后，在钱学森、戴汝为、于景元等科学家对复杂性科学(包括后来的涌现理论)的译介和研究的推动下，复杂性哲学研究得以系统展开。进入21世纪之后，长期坚持此领域研究的学者推出了一些代表性的成果，包括金吾伦著《生成哲学》(河北大学出版社2000年版)，李曙华《从系统论到混沌学》(广西师范大学出版社2002年版)，颜泽贤、张华夏、范冬萍著《系统科学导论——复杂性探索》(人民出版社2006年版)，吴彤著《复杂性的科学哲学探索》(内蒙古人民出版社2008年版)等。同时，刘劲扬、郭元林、谢爱华、黄欣荣等青年学者在复杂性的概念的哲学分析、复杂性的知识论、认识论和方法论等方面对复杂性的科学哲学进行了较为深入的探讨，如刘劲扬著《哲学视野中的复杂性》(湖南科技出版社2008年版)、郭元林著《复杂性科学知识论》(中国书籍出版社2012年版)、谢爱华著《突现论中的哲学问题》(中央民族大学出版社2006年版)、黄欣荣著《复杂性科学方法及其应用》(重庆大学出版社2012年版)等。

系统科学与复杂性的哲学研究既为科技哲学及其应用提供了新的思想资源，也通过汲取科技哲学其他领域的思想而有所创新。一方面，金吾伦将生成哲学运用于知识管理、国家创新系统、创新文化及人居环境等领域，桂起权等将系统辩证法运用于生物学哲学研究，李曙华用生成哲学的观点探讨了中国哲学的复杂性与系统性。另一方面，借助科学实践哲学和新经验主义科学哲学，吴彤提出了介入主义的实践系统观、多元主义的地方性系统观、建构主义的实践系统观等实践建构的系统观,以此向系统科学哲学中的整体主义、普遍主义和本质主义提出质疑。①

物理学哲学。当代中国的物理学哲学研究可追溯至20世纪50—60年代从辩证唯物论的维度展开的相对论、量子力学哲学等研究。20世纪80年代以后,哲学不再被视为评判物理的标准,甚或被视为物理的工具。在经历了物质是否无限可分、量子力学与实在论—反实在论等争论之后,逐渐步入专业化道路,成为联系物理学和哲学的纽带。近40年来,其所研究的问题包括经典物理学哲学、量子力学哲学和量子力学史研究、粒子物理学和量子场论以及规范场论的哲学、相对论基础和时空哲学、宇宙学和天文学哲学、量子信息与量子计算的哲学、量子引力的哲学、物理学认识论和方法论等。值得指出的是,一些物理学专家,如何祚庥、洪定国、薛晓舟、关洪等在量子力学与实在论、量子真空等方面的研究与讨论,对物理学哲学研究与讨论起到了积极的推动作用。

自20世纪90年代以来,物理学哲学研究提出了一些新的研究纲领,也形成了一些研究共同体。在量子力学与实在的探讨中,罗嘉昌与胡新和提出了关系实在论。在山西大学科学哲学团队所主张的语境论的科学哲学的基础上,郭贵春、成素梅、贺天平等主张基于"语境论"的量子力学解释。武钢学院的赵国求提出了量子力学的曲率解释,后通过与武汉大学桂起权教授及其弟子万小龙、吴新忠等的讨论得到完善,并提出相互作用实在论,由此在武汉发展出一个"量子力学哲学共同体"。桂起权指导的李继堂与沈健已分别成为相对论与量子场论哲学、超弦理论哲学方面的专家。近年来,物理学哲学研究取得了一些新的发展。旅美学人曹天予在结构实在论与量子场论方面的研究取得了有国际影响的成果,在物理学哲学的

---

① 吴彤:《中国系统科学哲学三十年:回顾与展望》,《科学技术哲学研究》2010年第2期。

内外交流中发挥了重要的媒介作用。万小龙从逻辑基础的角度出发，尝试通过经典逻辑与非经典逻辑的统一来解释量子力学中非经典性的来源。吴国林曾试图通过三值逻辑来解释量子力学，后主张将包括德国古典哲学、现象学和解释学在内的欧洲大陆哲学的相关概念引入物理学哲学的研究当中，试图开辟学科研究的新路。张志林、唐先一等基于"自由意志定理"提出了一种以"粒子的自由意志"为基础的量子力学解释。高策教授致力于量子场论以及量子引力理论相关的物理学哲学研究，近年来他尝试通过对"后真相"这一概念的考察来揭示当代物理学前沿领域面临的状况以及可能的发展方向。高山依据被称为"保护性测量"的物理学机制，主张一种波函数实在论，并结合微观粒子随机的、不连续的运动将这种实在论发展为一套完整的量子力学解释。

除了前文已列罗嘉昌、成素梅、万小龙的著作外，物理学哲学研究取得的代表性研究成果有：金吾伦著《物质可分性新论》（中国社会科学出版社1988年版），何祚麻著《量子复合场论的哲学思考》（北京师范大学出版社1997年版），洪定国著《物理实在论》（商务印书馆2001年版），赵国求、桂起权、吴新忠、万小龙著《物理学的新神曲——量子力学曲率解释》（武汉出版社2004年版），曹天予著（吴新忠、李宏芳、李继堂译）《20世纪场论概念的发展》（上海科技教育出版社2008年版），关洪著《空间——从相对论到M理论的历史》（清华大学出版社2004年版），薛晓舟著《量子真空物理导引论》（科学出版社2005年版），李宏芳著《量子实在与薛定谔猫佯谬》（清华大学出版社2006年版），董春雨著《对称性与人类心智的冒险》（北京师范大学出版社2007年版），吴国林、孙显曜著《物理学哲学导论》（人民出版社2007年版），白彤东著《实在的张力——EPR论争中的爱因斯坦、玻尔和泡利》（北京大学出版社2009年版），桂起权、高策等著《规范场论的哲学探究》（科学出版社2008年版），蔡肖兵著《物理学的哲学分析》（中国社会科学出版社2011年版），桂起权、沈健著《物理学哲学研究》（武汉大学出版社 2012 年版），贺天平著《哲学视阈下的多世界解释》（科学出版社 2017 年版），张桂权著《玻姆自然哲学研究》（中央编译出版社 2014 年版），李继堂著《量子规范场论的解释——理论、实验、数据分析》（中国社会科学出版社 2019 年版）等。

生物学哲学。当代中国的生物学哲学的早期研究范式主要是生物界的辩证法，20 世纪 90 年代以后转向生物学发展的哲学基础的专业化进路。生物学哲学研究的类型主要分为三类：（1）生物学基础的哲学分析，如生命的本质、生物的分类、生物的个体性与多样性、生物进化与人类演化中的哲学问题、分子生物学中的哲学问题等，聚焦生物学研究对象的本体和概念的哲学反思；（2）生物学理论的科学哲学分析，如生物学的学科属性、生物学解释方式、还原论与整体论、生物学的理论结构与自主性等以科学哲学为参照的认识论研究；（3）基于生命科学的哲学研究，如运用生命科学研究的方法探讨道德伦理、心灵哲学或认识论问题。生物学哲学研究的具体领域涉及进化生物学哲学、系统分类生物学哲学、分子生物学哲学、发育生物学哲学、生态与环保生物学哲学以及社会生物学、合成生物学、数字生物学、人工生命等生命科学交叉与前沿领域的哲学问题。这方面代表性的成果有董国安的《生物学哲学——生物学理论的建构方法》（哈尔滨出版社 1998 年版），胡文耕的《生物学哲学》（中国社会科学出版社 2002 年版），桂起权、傅静、任晓明的《生物科学的哲学》（四川教育出版社 2003 年版），李建会的《生命科学哲学》（北京师范大学出版社 2006 年版），曾健的《生命科学哲学概论》（科学出版社 2007 年版），钟安环的《生命的追问：生命科学与现代社会》（山东教育出版社 1998 年版），徐英瑾的《演化、设计、心灵和道德——新达尔文主义哲学基础探微》（复旦大学出版社 2013 年版）等。

生态学哲学。生态学哲学有广义与狭义之分。广义的"生态学哲学"始于 20 世纪 80 年代对生态危机的哲学反思，更确切地讲是生态哲学，其初衷是用生态学的观点构建看待世界的一种理论框架，主要研究生态观、生态学方法论和人与自然的关系。与之比较接近的是基于对环境思想的哲学反思的环境哲学。生态哲学与环境哲学曾就自然价值、自然权利、人类中心主义、非人类中心主义、可持续发展、生态文明等问题展开过争鸣与研究。近30年来，生态哲学和环境哲学已经发展为以"生态"和"环境"主题的伦理学、美学、宗教、马克思主义等的跨学科研究，日益成长为融合中国思想与现实需求的本土化横断哲学学科。该方向代表性成果有：余谋昌著《生态学哲学》（云南人民出版社1991年版），刘大椿、岩佐茂著《环境思想研究——基于中日传统与现实的回应》（中国人民大学出版社1998年版），卢风著《人、环境与自然——环境哲学导论》（广东人民出版社2011年版），叶平著《回归自然——新世纪生态伦理》（福建人民出版社2004年版），苏贤贵、田松、刘兵、刘华杰著《敬畏自然》（河北大学出版社2005年版），田松著《有限地球时代的怀疑论——未来的世界是垃圾做的吗》（科学出版社2007年版），欧阳志远著《最后的消费——文明的自毁与补救》（人民出版社2000年版），赵建军著《如何实现美丽中国梦——生态文明开启新时代》（知识产权出版社2013年版）等。

狭义的生态学哲学属于分支科学哲学，是对生态学这一科学学科的哲学反思。这一进路起步较晚，国外相关研究始于2000年前后，国内的研究始于2008年左右，在理论生态学哲学和应用生态学哲学两个分支上展开相关研究，研究的问题涉及生态学概念、生态学范式、生态学中的还原论与整体论、群落实在论、生态学假说、生态学实验方法、生态学解释、生态学说明等。华南师范大学、河南大学、山西大学、内蒙古大学、南京农业大学等高校积极推进了该方向的研究和人才培养。2019年4月，中国自然辩证法研究会生态学哲学专业委员会成立，表明该方向的学术共同体已经基本形成。该方向的代表性成果有肖显静著《生态学实验实在论——如何获得真实的实验结果》（科学出版社2018年版）等。

博物学。博物学（自然志）是与数理科学、自然哲学的认知传统相对立的知识类型，主要涉及自然界中各种事物特别是动物、植物、矿物的观察记录、考察报告、文献典籍汇编。进入 21 世纪以来，生态环境资源等问题的凸显使得博物学传统得到恢复，博物学及其文化成为热爱大自然和与自然和谐相处的抓手，在全社会日益发挥出重要的传播与教育功能。2017 年，中国自然辩证法研究会博物学文化专业委员会成立，标志着其学术共同体的基本形成。该方向代表性的成果有刘华杰著《博物人生》（北京大学出版社 2011 年版）等。

认知科学哲学。当代中国科技哲学学者对认知科学哲学的研究可以追溯至赵璧如等对有关心理学哲学与方法论的著作的译介与评述。20 世纪 90 年代以来，心理学、神经科学、人工智能、语言学、人类学、教育学和哲学等领域对认知和心智为研究对象的研究逐渐发展为认知科学这一前沿交叉领域，这使得认知与心智本质、认知科学理论与实验中的科学哲学问题以及认知科学研究与应用中的价值伦理问题等认知科学哲学问题成为国际和国内科学哲学研究的热点。国内相关研究主要集中在"心灵哲学、认知科学基础理论的哲学批判，例如，对于人工智能的计算主义纲领的反思、第二代认知科学中的涉身认知、嵌入认知、延展认知和生成认知进路的哲学考察；意识的科学与哲学研究、知觉—意识—行动模式及认知架构的探究、认知与行动的知识论研究、实验哲学与文化认知研究等方面"[①]。尽管该方向的研究存在一些问题，如在研究方法上，较多采用了概念分析和哲学论证方法（也包括现象学进路），对经验方法和证据的运用不够，学科建制尚不完善等，但在跨学科对话（如"机器与心灵研讨会"等）、交叉学科平台建设以及东方和本土思想资源利用等方面付出了努力，已有学者取得了具有一定国际影响力的成果（如朱菁在意动、意志和行动方面的研究）。

该领域代表性的研究成果有：刘晓力、孟伟著《认知科学前沿

---

① 刘晓力：《发展中国风格的认知科学哲学》，《人民日报》2017 年 7 月 10 日 16 版。

中的哲学问题》（金城出版社 2014 年版），唐热风著《心身世界》（首都师范大学出版社 2001 年版），李恒威著《生活世界复杂性及其认知动力模式》（中国社会科学出版社 2007 年版），郦全民著《用计算的观点看世界》（中山大学出版社 2009 年版），李建会著《计算主义——一种新的世界观》（中国社会科学出版社 2012 年版），徐英瑾著《心智、语言和机器——维特根斯坦哲学和人工智能科学的对话》（人民出版社 2013 年版），叶峰著《从数学哲学到物理主义》（华夏出版社 2016 年版），徐献军著《现象学对于认知科学的意义》（浙江大学出版社 2016 年版），陈巍著《神经现象学：整合脑与意识经验的认知科学哲学进路》（中国社会科学出版社 2016 年版），费多益著《心身关系问题研究》（商务印书馆 2018 年版），王晓阳著《意识研究》（上海人民出版社 2019 年版）等。

信息哲学与信息技术哲学。信息哲学与信息技术哲学主要涉及对信息、计算、虚拟、网络、数字、数据、智能等范畴及其具体技术的哲学研究，其研究谱系包括世界观、本体论、认识论、方法论、社会与伦理研究等。20 世纪 80 年代中期，该领域在信息论、控制论研究以及计算机技术的推动下得到发展，特别是童天湘根据第五代计算机的发展趋势从哲学的角度提出了"智能革命"的观点，使国家将人工智能与智能计算机列入"863"国家高技术研究发展计划。20 世纪 90 年代中后期，金吾伦等对信息高速公路的研究和信息网络时代的呼唤在政策层面推动了互联网在中国的建设与发展。邬焜的信息哲学理论构建和刘钢对国际计算与信息哲学的引进对推动该领域的研究做出了重要贡献。近 20 年来，信息网络、数字技术、虚拟现实、物联网、大数据、机器人、人工智能的哲学与伦理研究方兴未艾，使该领域成为科技的跨学科研究及科技与人文对话的焦点之一。该领域代表性研究成果有：童天湘著《智能革命论》（中华书局 1992 年版），金吾伦著《塑造未来——信息高速公路通向新社会》（武汉出版社 1998 年版），曾国屏、李正风、段伟文等著《赛博空间的哲学探索》（清华大学出版社 2002 年版），张怡著《虚拟认识论》

(学林出版社 2003 年版),邬焜著《信息哲学——理论、体系、方法》(商务印书馆 2005 年版),刘钢著《信息哲学探源》(金城出版社 2007 年版),翟振明著《有无之间:虚拟实在的哲学探险》(北京大学出版社 2007 年版),肖峰《信息的哲学研究》(中国社会科学出版社 2018 年版)等。

社会科学哲学。国内的社会科学哲学可以追溯至 20 世纪 80—90 年代马克思主义哲学对西方社会科学哲学的评价以及 90 年代有关人文社会科学的问题、架构等方面的探讨。进入 21 世纪以后,将人文社会科学作为整体对象的研究一度得到推进,如人文社会科学的结构与发展、功能与进化、本质与论域等问题,人文社会科学中的主体性与客观性、真理性与合理性等范畴,人文社会科学中的实证主义、实用主义、实在论、知识论等观点和理论等。近年来,王巍、殷杰、徐竹等进一步从科学哲学和知识论出发对说明、解释、价值、因果机制、物理主义、本体论等基本概念和专门问题展开了探讨。科技哲学学者在该领域的代表性成果有,方华、刘大椿主编《走向自为——社会科学的活动与方法》(重庆出版社 1992 年版),刘孝廷著《个体认识论引论》(中国经济出版社 1995 年版),殷杰著《当代社会科学哲学:理论建构与多元维度》(北京师范大学出版社 2017 年版),徐竹《理解社会——从规范到机制》(华夏出版社 2016 年版)等。

三 技术哲学科技与社会以及科学技术跨学科研究

自 20 世纪 80 年代以来,中国开启了科技现代化步伐,技术哲学与工程哲学、科学技术与社会(包括科技创新与创新文化、科技与工程伦理)以及科技史、科技传播和科技文化等科学技术的跨学科研究应运而生,成为科技哲学反思科技时代和构建科技社会的重要方面。这些研究并无严格的界限,不乏相互交叉之处,盖因其研究是以问题为导向而非以学科建构为目的。近 40 年来,随着中国在科技与工程的研究、创新和应用等方面突飞猛进地发展,这些领域逐渐从跟踪国外研究转向研究本土问题、运用本土资源和形成研究风格的发展阶段,同时越来越多地需要真正直面新兴科技对人类社会、伦理和未来的挑战。

技术哲学与工程哲学。当代中国的技术哲学大致经历了技术辩证法、技术论(包括技术哲学与技术社会学)、西方(英、美、法、德等)与日本技术哲学思想的引入、技术价值论与建构论的技术社会学引入、技术哲学的经验转向、工程哲学的创立、荷兰学派的引入、新兴科技的哲学与社会伦理研究以及中国技术哲学与工程哲学的本土化与国际化等发展阶段,涉及技术的本质与规律、技术与经济、技术与社会、技术与文化、技术与伦理、技术与生态、技术与政治以及科技创新、可持续发展、负责任的研究与创新等一系列议题。技术哲学的理论研究包括技术与人工物的本体论、认识论、价值论以及技术的经济学、社会学、伦理学等方面,在研究脉络上有马克思主义技术哲学、人类学的技术哲学、社会批判的技术哲学、现象学技术哲学、解释学技术哲学、分析的技术哲学、实用主义的技术哲学、建构论的技术哲学等进路。

20世纪90年代,李伯聪就曾在工程实在论的探讨中倡导工程哲学研究,进入21世纪之后,他的专著《工程哲学引论——我造物故我在》在工程界反响热烈,由此他与相关科技哲学学者和殷瑞钰、汪应洛等工程院院士组成了学术共同体,在工程界和哲学界协同的基础上促成了工程哲学的建制化发展。他们在共同研究的基础上出版了权威专著《工程哲学》,开始招收专业博士研究生,还创办了专门的研究机构和专业期刊(《工程研究——跨学科视野中的工程》)。这一共同体希望从工程活动实践出发,建立工程师、哲学家、工程管理学家等相关专业人士的联盟,针对工程实践中的哲学问题进行对话,既丰富哲学的内容并促进哲学本身的发展,又深化对工程的认识和促进工程实践的健康发展。[①] 基于这些特定初衷的狭义的工程

---

① 殷瑞钰、汪应洛、李伯聪等:《工程哲学》,高等教育出版社2007年版,第363页。

哲学从工程的本质、工程思维、工程方法论、工程辩证法、工程理念、工程观、工程创新、工程与社会以及中国工程案例的哲学分析等维度展开了哲学化的探讨，并由此构建出工程本体论、工程方法论、工程知识论、工程演化论等理论体系。这种狭义的和体系化的工程哲学无疑有助于推动工程与哲学的对话、提升工程界的哲学思维。当然，对工程的哲学研究不一定要遵循这一范式，广义的工程哲学多以问题为导向，旨在从哲学、伦理与跨学科维度对技术和工程展开批判性的反思或建设性的思考，大致可视为技术哲学的一部分。

在技术哲学和工程哲学发展过程中，一些学术共同体和学者发挥了重要作用。以陈昌曙、远德玉、关士续、刘则渊等前辈学者为代表，以及陈凡主持的教育部技术哲学重点基地为平台，由东北大学、哈工大和大连理工大学等东北地区高校的技术哲学共同体所形成的"东北学派"起到了重要的推动作用，他们在技术哲学理论体系、国外技术哲学译介与研究、基于技术哲学和技术社会学的技术创新研究以及技术哲学的国际交流与人才培养等方面做了大量的工作，东北大学主持的《东北大学技术哲学博士文库》《国外技术哲学与STS译丛》有力地推进了技术哲学的发展。邱亮辉、朱葆伟、赵建军、王大洲、肖峰、张秀华、鲍鸥、邓波等在李伯聪与殷瑞钰推动的工程哲学研究中做出了很多具体贡献。世纪之交，一些科学哲学领域的知名学者曾有力推动技术哲学的发展，如吴国盛对人文主义的技术哲学和现象学科技哲学倡导，张华夏与张志林从科学与技术的划界入手探讨技术哲学等。特别值得指出的是，在长期的交流与合作中，美国技术哲学家卡尔·米切姆（Carl Mitcham）对中国技术哲学和工程哲学领域的人才培养、对外交流、合作研究、国际化与对外传播等方面做出了特殊贡献。此外，朱葆伟、李伯聪、吴国盛、赵建军、高亮华、段伟文等组织和参与的"北京技术哲学"论坛立足北京、辐射全国，有力地促进了技术哲学与工程哲学前沿的研究与交流，论坛报告的论文通过朱葆伟主编的《技术的哲学追问》（中国社会科学出版社2014年版）出版。

该领域具有代表性的成果有：远德玉、陈昌曙著《论技术》（辽宁科学技术出版社1986年版），陈昌曙著《技术哲学引论》（科学出版社1999年版），高亮华著《人文主义视野中的技术》（中国社会科学出版社1996年版），刘文海著《技术的政治价值》（人民出版社1996年版），吴国盛著《技术哲学讲演录》（中国人民大学出版社2009年版），刘戟锋著《哲人与将军——恩格斯军事技术思想研究》（湖南教育出版社1997年版），赵建军著《追问技术悲观主义》（东北大学出版社2001年版），李伯聪著《工程哲学引论——我造物故我在》（大象出版社2002年版），殷瑞钰、汪应洛、李伯聪等著《工程哲学》（高等教育出版社2007年版），何立松著《双刃剑的困惑——技术的价值分析》（江西高校出版社2002年版），乔瑞金著《马克思技术哲学纲要》（人民出版社2002年版），李文潮、刘则渊等著《德国技术哲学研究》（辽宁人民出版社2005年版），王前著《"道""技"之间——中国文化背景的技术哲学》（人民出版社2009年版），肖峰著《哲学视域中的技术》（人民出版社2007年版），李三虎著《重申传统——一种整体论的比较技术哲学研究》（中国社会科学出版社2008年版），包国光著《海德格尔生存论视域下的技术》（中国社会科学出版社2011年版），王伯鲁著《技术究竟是什么——广义技术世界的理论阐释》（科学出版社2006年版），杨庆峰著《技术现象学初探》（上海三联书店2005年版），李三虎著《小世界与大哲学——面向未来的纳米哲学》（中国社会科学出版社2011年版），张成岗著《技术与现代性研究——技术哲学发展的"相互建构论"诠释》（中国社会科学出版社2013年版），夏保华著《发明哲学思想史论》（人民出版社2014年版），闫宏秀著《技术过程的价值选择研究》（上海世纪出版集团2015年版）等。

科学技术与社会（STS）。20世纪80—90年代以来，在中国从科技现代化和科教兴国走向创新驱动、科技强国和高质量发展的进程中，科学技术与社会以及与之相关的科技创新研究、科技与工程伦理等成为科技哲学回应科技时代和科技未来的切入点。

科学技术与社会（Science, Technology and Society, STS）主要探讨科学研究和科技发展与社会、政治和文化之间的相互关联和相互影响，聚焦科技社会所面临的复杂挑战、科技发展的社会意义、科技的风险与争议等问题。该方向不仅与科学哲学、技术哲学、科技思想史、科技文化、生态哲学等科技哲学研究交叉，还与社会学、管理学、经济学等学科有关科技和创新的研究联系密切，所研究问题衍生至科技与经济、科技与创新、科技与文化、科技与环境、科技与传播、科技与教育、科技与军事、科技与心理、科技与法律等各个方面[①]。近年来，科学技术与社会研究日渐吸收了由科技的社会建构理论发展而来的科学技术研究（Science and Technology Studies）的方法，从概观性的研究转向对科技社会整体中的互动机制的分析，在具体情境中探析科技实践的动态结构与发生过程。北京大学的科学与社会研究中心、清华大学的科学技术与社会研究中心及中国社会科学院的科学技术和社会研究中心等对该方向的开启和深入做出了重要贡献。该方向代表性的研究成果有，刘珺珺著《科学社会学》（上海科技教育出版社1990年版），黄顺基、李庆臻主编《大动力——科学技术动力论》（中国人民大学出版社1990年版），宋子良、王平主编《科学社会史》（科学技术文献出版社1990年版），陈凡著《技术社会化引论——一种对技术的社会学研究》（中国人民大学出版社1995年版），李惠国著《高科技时代的社会发展》（中共中央党校出版社1996年版），任定成著《在科学与社会之间：对1915—1949年中国思想潮流的一种考察》（武汉出版社1997年版），陈筠泉、殷登祥主编《科技革命与当代社会》（人民出版社2001年版），刘大椿、段伟文著《现代科技革命与社会变革》（江西高校出版社2002年版），陈凡、张明国、梁波著《科学技术社会论——中日科技与社会（STS）比较研究》（中国社会科学出版社2010年版），马来平著

---

① 《科学技术哲学》编写组：《科学技术哲学》，高等教育出版社2019年版，第364页。

《科技与社会引论》（人民出版社 2001 年版），尚智丛著《科学社会学——方法与理论基础》（高等教育出版社 2008 年版），肖显静著《环境与社会——人文视野中的环境问题》（高等教育出版社 2006 年版）以及孙小礼主持的"北京大学科学与社会丛书"，曾国屏主持的"清华大学科技与社会丛书"，殷登祥主持的"科学技术与社会丛书""高技术与人文丛书"等。

科技创新与创新文化。该方向的初衷是充分认识科技革命的力量、发挥科技的第一生产力作用、探讨有利于科技成果转化和加速技术创新的科技体制机制，研究热点包括知识经济、产学研一体的国家创新系统、低碳经济、自主创新、技术转移、技术壁垒、创新孵化器、基础科学、科技与公共政策、创新方法、创新文化等。这方面的研究使部分科技哲学学者成为国家科技发展战略与政策的研究者，直接参与国家科技发展规划和创新战略的研制，具有重要的实践价值。科技哲学领域该方向的代表性研究成果有，金吾伦著《知识管理》（云南人民出版社 2001 年版），李正风、曾国屏著《中国创新系统研究——技术、制度与知识》（山东教育出版社 1999 年版），李正风著《科学知识生产方式及其演变》（清华大学出版社 2006 年版），周程著《科技创新典型案例分析》（北京大学出版社 2011 年版），刘立著《基础研究政策的理论与实践》（清华大学出版社 2007 年版），尚智丛著《基础研究与国家目标——以北京正负电子对撞机为例的分析》（中国科学技术出版社 2015 年版），李兆友著《技术创新论——哲学视野中的技术创新》（辽宁人民出版社 2004 年版），王大洲著《技术创新与制度结构》（东北大学出版社 2001 年版），吴永忠著《双重转型中的技术创新研究》（黑龙江人民出版社 2009 年版），李侠著《科技政策、伦理与关怀》（科学出版社 2017 年版），易显飞著《技术创新价值取向的历史演变研究》（东北大学出版社 2009 年版），夏保华著《社会技术转型与中国自主创新》（人民出版社 2019 年版）。

科技与工程伦理。该方向的研究可追溯至 20 世纪 80—90 年代对生命伦理的引入和有关科技"双刃剑"效应等技术价值论研究。20世纪90年代末，科技哲学界对克隆羊和互联网所带来的伦理冲击的回应使这一研究方向得以确立。进入21世纪以来，在科研诚信建设、新兴科技的社会伦理与法律问题、工程伦理教育、大数据与人工智能伦理等热点的推动下，该方向得到了前所未有的发展。随着国家科技伦理治理体系的构建，科技与工程伦理研究正在成为科技哲学参与科技伦理治理、影响科技未来发展方向的切入点和生长点。该方向的代表性成果有：邱仁宗著《生命伦理学》（上海人民出版社1987年版），刘大椿等著《在真与善之间——科技时代的伦理问题与道德抉择》（中国社会科学出版社2000年版），余谋昌著《高科技挑战道德》（天津科学技术出版社2000年版），段伟文著《网络空间的伦理反思》（江苏人民出版社2002年版），李伦著《鼠标下的德性》（江西人民出版社2002年版），傅静著《科技伦理学》（西南财经大学出版社2002年版），王蒲生著《科学活动中的行为规范》（内蒙古人民出版社2006年版），王前等著《中国科技伦理史纲》（人民出版社2006年版），科学技术部科研诚信建设办公室组织编写《科研诚信知识读本》（科技文献出版社2009年版），王国豫、刘则渊主编《科学技术伦理的跨文化对话》（科学出版社2009年版）及《高科技的哲学与伦理学问题》（科学出版社2012年版），卢风著《科技、自由与自然——科技伦理与环境伦理前沿问题研究》（中国环境出版社2011年版），潘建红著《现代科技与伦理互动论》（人民出版社2015年版），雷瑞鹏著《异种移植——哲学反思与伦理问题》（人民出版社2015年版），胡明艳著《纳米技术发展的伦理参与研究》（科学出版社2015年版），李正风、丛杭青、王前等著《工程伦理》（清华大学出版社2016年版）

科技史、科技传播和科技文化。科技哲学的科技史研究比一般的科技史抽象，大致可分为内史、外史和人物史，但往往不拘泥于这种区分而更重视思想性。内史关注科技的发展，外史关注科技与社会的关系，人物史关注科学家和发明家的人生。没有科技史的科技哲学失之空洞,没有科技哲学的科技史则是盲目的。在自然辩证法及其向科技哲学过渡阶段,科技史与科学思想及科学方法论是不可分割的整体。近年来,科技哲学界与科技史界也意识到科史哲学融合的重要性,曾在北京地区举办过十届研究生科史哲论坛。科技哲学领域的科技史研究以科学思想史研究见长,以科学发展历程为依托,通过阐释科学思想、科学理论形成的背景,理解科技及其本质。相关成果概述性研究较多,近年来日益重视基于扎实的一手文献、调研与实验的研究。除了科学通史、技术通史、中外科技思想史以及爱因斯坦、牛顿、钱学森等哲人科学家的科学思想、科技史案例研究之外,科技哲学领域的科技史研究更多地关注科技革命与现代化、中西科技思想比较、科技史的方法论等重大问题,如近现代科技革命的内涵与动因、中国16世纪之后的科技为什么落后(李约瑟问题)、西学东渐与中国的现代化道路、科学史与科学哲学的关系、科技史编学(如对辉格解释的反思)等。

科技哲学界的科技传播与科技文化研究的主要涉及对科技知识和文化在现代社会特别是当下中国的内涵及其社会运行的理论探讨与对策研究。20世纪90年代末至21世纪之初,中国开始步入科技时代,科技的"双刃剑"效应促使科技哲学界开始从科技文明、科技风险等维度探讨社会对科技的恰当态度,对科学与伪科学、科学精神与人文精神、科学文化与人文文化、科学主义与人文主义等展开了大量的思想对话与交锋。近十年来,在中国科协、科技部等部门的主导下,相关研究逐渐聚焦于科学的传播普及、科技与人文的关系、公民科学素质建设、公众参与科技、科学文化建设等现实问题与对策研究。中国科协的相关单位不仅对这些研究给予了大力资助,还在支持一些高校建立了科技传播普及研究中心及科学文化研究中心。

科技哲学在这个方向的代表性成果有,李醒民著《激动人心的年代——世纪之交物理学革命的历史考察和哲学探讨》(四川人民出版社1983年版),刘青松著《让科学的光芒照亮自己》(四川人民出版社1984年版),邓东皋、孙小礼、张祖贵编《数学与文化》

（北京大学出版社 1990 年版），吴国盛主编《科学思想文库》（四川教育出版社 1994 年版），刘大椿、吴向红著《新学苦旅——科学、社会、文化的大撞击》（江西高校出版社 1995 年版），林德宏、肖玲等著《科学认识思想史》（江苏教育出版社 1995 年版），吴国盛著《科学的历程》（湖南科技出版社 1995 年版），刘兵著《克丽奥眼中的科学——科学编史学初论》（山东教育出版社 1996 年版），王鸿生著《世界科学技术史》（中国人民大学出版社 1996 年版），任元彪等编《遗传学与百家争鸣——1956 年青岛遗传学座谈会追踪调研》（北京大学出版社 1996 年版），袁江洋著《思想之网：哲人科学家——牛顿》（福建教育出版社 1997 年版），刘华杰著《一点二阶立场——扫描科学》（上海科技教育出版社 2001 年版），吴国盛著《让科学回归人文》（江苏人民出版社 2003 年版），袁江洋著《科学史的向度》（湖北教育出版社 2003 年版），李醒民著《中国现代科学思潮》（科学出版社 2004 年版），刘华杰著《中国类科学——从哲学与社会学的观点看》（上海交通大学出版社 2004 年版），江晓原、刘兵著《南腔北调——科学与文化之关系的对话》（北京大学出版社 2007 年版），姜振寰著《技术史研究》（哈尔滨工业大学出版社 2002 年版），陈凡、张明国著《解析技术——"技术—社会—文化"互动论》（福建人民出版社 2002 年版），乐爱国著《儒家文化与中国古代科技》（中华书局 2002 年版），程倩春、崔伟奇著《科学与人文关系的历史研究》（黑龙江教育出版社 2007 年版），尚智丛著《传教士与西学东渐》（山西教育出版社 2008 年版），田松、刘华杰著《学妖与四姨太效应——科学文化对话集》（上海交通大学出版社 2012 年版），吴国盛著《科学走向传播》（湖南科技出版社 2013 年版），曾国屏等著《科学传播普及问题研究》（清华大学出版社 2015 年版），范岱年口述、熊卫民整理《行走在革命、科学与哲学的边缘——范岱年口述自传》（湖南教育出版社 2017 年版），刘大椿等著《中国近现代科技转型的历史轨迹与哲学反思》第一卷《西学东渐》与第二卷《师夷长技》（中国人民大学出版社 2018 年版)。尤其值得指出的是，许良英、赵中立、范岱年等学者翻译的《爱因斯坦文集》，戈革译的《尼耳斯·玻尔集》凡12卷，范岱年、邱仁宗、李醒民等翻译的科学思想史、科学哲学著作以及青年学者张卜天翻译的《科学源流译丛》等译介工作居功甚伟。此外，潘涛、李永平等出版人对科技哲学和科技史等领域的译著的出版作出了重要贡献。

第五节 结语

科学哲学在中国的发展几乎与现代科学在中国的建制化同步。从民初到20世纪80年代，历经诸多嬗变曲折，科学的客观性、自主性及其作为普遍知识和社会变革力量的基本形象终于得到承认。20世纪八九十年代，随着科学哲学及与之相关的科学史与科学社会学的引入，科学不再被简单地视为正确的知识体系以及哲学原理的例证或其新范畴的来源；科学所具有的普遍性曾经使中国的科学哲学在突破思想壁垒的过程中较为便利地取得了旨趣的合法性，但中国的科学哲学家们很快把对普遍性的寻求纳入根植于本土知识与文化需求的"从中国走向世界的哲学的长征"之中。中国本土文化对经世致用的追求，加上马克思主义将改造世界置于优先地位的实践旨趣，使中国的科学哲学与科技哲学不仅关注认识论层面的科学合理性及其辩护，且从一开始就将科学视为一套特定的方法论和一种社会建制化的人类活动，将科学纳入由思想革命到社会变迁的实践场域，致力于追问近、现代科学的社会运行机制和中国科技落后的历史文化根源。在此过程中，后实证主义、科学知识社会学、社会批判理论以及欧陆哲学对现代性的反思相继引入，尽管存在着观念脉络与现实语境上的落差，对科学合理性更精致的辩护和更深刻的质疑成为学界译介与论辩的焦点。

在国际科学哲学界，自20世纪90年代中期以来，"科学大战"

中导致科学主义与反科学主义对立的基础主义的标准科学观逐渐被超越，吉尔、卡特赖特、基切尔、海伦·朗基洛、富勒等科学哲学家开始重新思考科学的要素与边界，使一般科学哲学的反思重心日益转向社会认识论、实验建构论、能动者实在论等科学活动的实践层面，将科学活动的目标从探寻价值无涉的客观真理重置为对有意义的真理的追求。同时，在当代科学论研究中，默顿范式和科学知识社会学的分立也通过对后学院科学、后常规科学等"真科学"的关注而消解，科学后果的不确定性、科学的价值选择以及科学文化与其他文化的关系等成为核心议题。出于对实践的观照，这两个领域的研究目标逐渐契合于在科技时代的复杂语境中对科学的权衡与审度：从对科学的客观性、实在性的辩护或质疑等理论性的辨析转向对科学的知识的可靠性和社会稳健性（socially robustness）的实践性考量。

近20年来，面对"科技时代如何看待科学"这一时代性问题，在科学哲学、技术哲学与科学技术社会研究整合形成科技哲学的核心论域的基础上，科技伦理、工程哲学、产业哲学、科学实践哲学新探究等应运而生。展望未来，科技哲学应帮助人们学会面对人工智能、机器人、基因编辑、神经科技和赛博格等新兴科技的挑战。为了适应由信息、基因、纳米、神经等汇聚科技带来的人的身份可塑性、生命可塑性、物质可塑性与心灵可塑性，科技哲学应一方面致力于提出一种统一知识与行动理论，通过对人类知识与技术的新综合，发展一种新的人文主义；另一方面，应该从存在论的高度思考人类的未来，从人类的知识与本质的开放性和生成性的角度观照人类的未来。

参考文献

一 中文文献

（一）马克思主义经典著作

《马克思恩格斯文集》第1—10卷，人民出版社2009年版。

《列宁选集》第1—4卷，人民出版社2012年版。

《列宁全集》第五十五卷，人民出版社2017年版。

《毛泽东选集》第1—4卷，人民出版社1991年版。

《邓小平文选》第1、2卷，人民出版社1994年版。

《邓小平文选》第3卷，人民出版社1993年版。

《江泽民文选》第1—3卷，人民出版社2006年版。

《胡锦涛文选》第1—3卷，人民出版社2016年版。

《习近平谈治国理政》第1卷，外文出版社2014年版。

《习近平谈治国理政》第2卷，外文出版社2017年版。

习近平：《在哲学社会科学工作座谈会上的讲话》，《人民日报》2016年5月19日第2版。

习近平：《在哲学社会科学工作座谈会上的讲话》，人民出版社2016年版。

（二）专著

艾思奇主编：《辩证唯物主义 历史唯物主义》，人民出版社1961年版。

本刊评论员：《实践是检验真理的唯一标准》，《人民日报》1978年5月11日。

蔡德贵：《阿拉伯哲学史》，山东大学出版社1990年版。

蔡元培：《蔡元培全集》第一卷，中华书局1984年版。

曹俊峰：《康德美学引论》，天津教育出版社1999年版。

陈昌曙：《技术哲学引论》，科学出版社1999年版。

陈凡：《技术社会化引论——一种对技术的社会学研究》，中国人民大学出版社1995年版。

陈昊：《情感与趣味——休谟经验主义美学思想研究》，北京大学出版社2017年版。

陈来：《有无之境——王阳明哲学的精神》，人民出版社1991年版。

陈来：《仁学本体论》，生活·读书·新知三联书店2014年版。

陈少明：《做中国哲学——一些方法论的思考》，生活·读书·新知三联书店2015年版。

陈先达、靳辉明：《马克思早期思想研究》，北京出版社1983年版。

陈晏清、王南湜、李淑梅：《现代唯物主义导引》，南开大学出版社1996年版。

陈忠梅：《柏拉图诗学和艺术思想研究》，商务印书馆1999年版。

戴茂堂：《超越自然主义——康德美学的现象学阐释》，武汉大学出版社1998年版。

邓晓芒、易中天：《黄与蓝的交响——中西美学比较论》，人民文学出版社1989年版。

邓晓芒：《冥河的摆渡者——康德的〈判断力批判〉》，云南人民出版社1997年版。

刁榴主编：《日本哲学与思想研究2016》，社会科学文献出版社2017年版。

范景武：《民族文化与国民性研究》，内蒙古人民出版社2008年版。

范景武：《神道与日本文化》，北京图书馆出版社2003年版。

冯契：《中国古代哲学的逻辑发展》（上），上海人民出版社1983年版。

冯友兰：《中国哲学史新编（1980年修订本）》第一册，人民出版社

1982年版。

冯友兰：《三松堂自序》，生活·读书·新知三联书店1984年版。

冯友兰：《三松堂全集》第二卷，河南人民出版社2011年版。

高清海主编：《马克思主义哲学基础》上册，人民出版社1985年版。

高清海主编：《马克思主义哲学基础》下册，人民出版社1987年版。

葛晨虹主编：《新中国60年·学界回眸：伦理学与道德建设卷》，北京出版社2009年版。

龚育之：《自然辩证法在中国》，北京大学出版社1996年版。

郭贵春：《科学哲学的新趋势》，科学出版社2010年版。

郭连友主编：《日本哲学与思想研究（2017）》，社会科学文献出版社2019年版。

韩庆祥主编：《哲学理论创新丛书》，云南人民出版社2001—2003年版。

韩水法主编：《北京大学哲学学科史》，商务印书馆2014年版。

胡乔木：《关于人道主义与异化问题》，人民出版社1984年版。

胡适：《胡适学术文集·中国哲学史》，中华书局1991年版。

胡适：《中国哲学史大纲》，耿云志等导读，上海古籍出版社1997年版。

《奥义书》，黄宝生译，商务印书馆2010年版，第14页。

黄楠森、林利、庄福龄主编：《马克思主义哲学史》（8卷本），北京出版社1989—1996年版。

黄遵宪：《日本国志》，载《续修四库全书》第745册，上海古籍出版社2000年版。

季羡林：《中印文化关系史论丛》，人民出版社1957年版。

季羡林、张光麟主编：《东西文化议论集》（上册），经济日报出版社1997年版。

季羡林：《季羡林文集第三卷：印度古代语言》，江西教育出版社1998年版。

蒋孔阳、朱立元主编：《西方美学通史》（七卷本），上海文艺出版社 1999 年版。

蒋孔阳:《德国古典美学》,商务印书馆 1980 年版。

金吾伦:《生成哲学》,河北大学出版社 2000 年版。

金宜久:《王岱舆思想研究》,民族出版社 2007 年版。

金岳霖、王宪钧、胡世华:《数理逻辑》,载中国科学院编译出版委员会主编《十年来的中国科学·数学:1949—1959》,科学出版社 1959 年版。

《金岳霖全集》第二卷,人民出版社 2013 年版。

李达:《〈实践论〉〈矛盾论〉解说》,生活·读书·新知三联书店 1979 年版。

李德顺主编:《价值论译丛》(12 册),中国人民大学出版社 1989—1993 年版。

李家莲:《道德的情感之源——弗兰西斯·哈奇森道德情感思想研究》,浙江大学出版社 2012 年版。

李景源:《史前认识研究》,湖南教育出版社 1989 年版。

李景源主编:《中国哲学 30 年(1978—2008)》,中国社会科学出版社 2008 年版。

李甦平:《中国、日本、朝鲜实学比较》,安徽人民出版社 1995 年版。

李甦平:《石田梅岩》,台北东大图书公司 1997 年版。

李甦平:《东亚与和合——儒释道的一种诠释》,百花洲文艺出版社 2005 年版。

李秀林等主编:《辩证唯物主义和历史唯物主义原理》(第 4 版),中国人民大学出版社 1995 年版。

李泽厚:《批判哲学的批判——康德哲学述评》,人民出版社 1979 年版。

李泽厚:《美学三书》,安徽教育出版社 1999 年版。

李泽厚:《实用理性与乐感文化》,生活·读书·新知三联书店 2005 年版。

李泽厚:《批判哲学的批判——康德哲学述评》,生活·读书·新知三联书店 2008 年版。

林美茂、郭连友主编:《日本哲学与思想研究(2015)》,中央编译出版社 2015 年版。

刘兵:《克里奥眼中的科学——科学编史学初论》,山东教育出版社 1997 年版。

刘大椿:《从中心到边缘——科学、哲学、人文之反思》,北京师范大学出版社 2006 年版。

刘旭光:《海德格尔与美学》,上海三联书店 2004 年版。

刘一虹:《当代阿拉伯哲学思潮》,当代中国出版社 1991 年版。

刘一虹:《回儒对话——天方之经与孔孟之道》,中国宗教文化出版社 1996 年版。

卢春红:《情感与时间——康德共通感问题研究》,上海三联书店 2007 年版。

罗嘉昌:《从物质实体到关系实在》,中国社会科学出版社 1996 年版。

牟钟鉴:《新仁学构想——爱的追寻》,人民出版社 2013 年版。

潘知常:《中西比较美学论稿》,百花洲文艺出版社 1999 年版。

彭修银:《中西戏剧美学比较研究》,武汉出版社 1994 年版。

齐振海:《认识论新论》,上海人民出版社 1988 年版。

乔清举:《当代中国哲学史学史》,上海古籍出版社 2014 年版。

邱仁宗:《科学方法和科学动力学——现代科学哲学概述》,高等教育出版社 2006 年版。

璩鑫圭、唐良炎编:《中国近代教育史资料汇编·学制演变》,上海教育出版社 1991 年版。

任继愈主编:《中国哲学发展史(先秦)》,人民出版社 1983 年版。

汝信、杨宇:《西方美学史论丛》,上海人民出版社 1963 年版。

汝信主编:《西方美学史》(四卷本),中国社会科学出版社 2008 年版。

汝信主编：《20世纪中国知名科学家学术成就概览》（全3册），科学出版社2014年版。

沙宗平：《中国的天方学——刘智哲学研究》，北京大学出版社2004年版。

宋文坚：《逻辑学的传入与研究》，福建人民出版社2005年版。

孙伯鍨：《探索者道路的探索——青年马克思恩格斯哲学思想研究》，安徽人民出版社1985年版。

孙晶：《近现代中国印度哲学研究概况》，载李景源主编《东方哲学思想与文化精神》，中国社会科学出版社2009年版。

孙小礼主编：《现代科学的哲学争论》，北京大学出版社2003年版。

孙正聿、杨晓、丁宁：《改革开放以来的当代中国哲学史（1978—2009）》，人民出版社2019年版。

孙周兴：《说不可说之神秘》，上海三联书店1995年版。

谭忠诚、程少峰：《伦理学研究》，福建人民出版社2006年版。

汤一介：《郭象与魏晋玄学》，湖北人民出版社1983年版。

童天湘、林夏水主编：《新自然观》，中共中央党校出版社1998年版。

《王国维文集》第三卷，中国文史出版社1997年版。

王俊荣：《天人合一物我还真——伊本·阿拉比存在论初探》，宗教文化出版社2006年版。

王柯平：《〈理想国〉的诗学研究》，北京大学出版社2005年版。

王柯平：《流变与会通——中西诗乐美学释论》，北京大学出版社2013年版。

王奎：《康德论美的演绎》，经济科学出版社2015年版。

王青主编：《日本哲学思想研究论文集——卞崇道纪念特辑》，中国社会科学出版社2015年版。

王希：《安萨里思想研究》，宗教文化出版社2016年版。

王小锡等：《中国伦理学60年》，上海人民出版社2009年版。

魏常海：《中华佛教史·中韩佛教交流史卷》，山西出版传媒集团·

山西教育出版社 2014 年版。

巫白慧：《印度哲学——吠陀经探义和奥义书解析》，东方出版社 2000 年版。

吴国盛：《让科学回归人文》，江苏人民出版社 2003 年版。

吴彤：《生长的旋律——自组织演化的科学》，山东教育出版社 1997 年版。

夏甄陶：《认识论引论》，人民出版社 1986 年版。

肖前主编：《马克思主义哲学原理》（上、下册），中国人民大学出版社 1994 年版。

肖萐父、李锦全主编：《中国哲学史》，人民出版社 1982 年版。

谢无量：《中国哲学史》，中国人民大学出版社 2011 年版。

辛敬良主编：《马克思主义哲学导论——实践的唯物主义》，复旦大学出版社 1991 年版。

邢贲思主编：《中国哲学 50 年》，辽海出版社 1999 年版。

徐碧辉：《美学何为——现代中国马克思主义美学研究》，中国社会科学出版社 2014 年版。

徐金凤：《九鬼周造的哲学思想研究——以自他关系为主线》，社会科学文献出版社 2012 年版。

徐远和：《儒学与东方文化》，人民出版社 1994 年版。

徐远和、李甦平等主编：《东方哲学史》（中古卷），人民出版社 2010 年版。

薛华：《黑格尔与艺术难题——一段问题史》，中国社会科学出版社 1986 年版。

阎国忠：《古希腊罗马美学》，北京大学出版社 1983 年版。

阎国忠：《美是上帝的名字——中世纪神学美学》，上海社会科学院出版社 2003 年版。

杨春贵主编：《中国哲学四十年》，中共中央党校出版社 1989 年版。

杨国荣：《心学之思——王阳明哲学的阐释》，生活·读书·新知三联书店 1997 年版。

殷鼎:《理解的命运——解释学初论》,生活·读书·新知三联书店 1988 年版。

殷瑞钰、汪应洛、李伯聪等:《工程哲学》(第三版),高等教育出版社 2018 年版。

余敦康:《宗教·哲学·伦理》,中国社会科学出版社 2005 年版。

于光远:《一个哲学学派正在中国兴起》,江西科学技术出版社 1996 年版。

俞吾金、陈学明:《国外马克思主义哲学流派》,复旦大学出版社 1990 年版。

袁贵仁:《价值学引论》,北京师范大学出版社 1991 年版。

张岱年:《张岱年全集》,河北人民出版社 1996 年版。

张海涛:《澄明与遮蔽——海德格尔主体间性美学研究》,人民出版社 2013 年版。

张立文、李甦平主编:《中外儒学比较研究》,人民出版社 1998 年版。

张汝伦:《意义的探究——当代西方释义学》,辽宁人民出版社 1986 年版。

张祥龙:《海德格尔思想与中国天道——终极视域的开启与交融》,生活·读书·新知三联书店 1996 年版。

张一兵:《回到马克思——经济学语境中的哲学话语》,江苏人民出版社 1999 年版。

赵修义、张翼星等编:《守道 1957——1957 年中国哲学史座谈会实录与反思》,上海人民出版社 2012 年版。

中国社会科学院哲学研究所科学技术哲学研究室编:《科学技术哲学研究室成立四十周年纪念》(1956—1996),中国社会科学院哲学所内部资料。

中国社会科学院哲学研究所中国哲学史研究室编:《中国哲学史方法论讨论集》,中国社会科学出版社 1980 年版。

中国社会科学院哲学研究所《哲学研究》编辑部编:《实践是检验

真理的唯一标准问题讨论集》（第1、2册），中国社会科学出版社1979年版。

周黄正蜜：《康德共通感理论研究》，商务印书馆2018年版。

周晓亮：《休谟哲学研究》，人民出版社1999年版。

朱狄：《当代西方美学》，人民出版社1984年版。

朱刚、刘宁主编：《欧阳修与宋代士大夫》，上海人民出版社2007年版。

朱光潜：《西方美学史》，人民文学出版社1963年版。

朱志荣：《康德美学思想研究》，安徽人民出版社1997年版。

［德］第·博尔：《伊斯兰哲学史》，马坚译，商务印书馆1957年版。

［德］黑格尔：《哲学史讲演录》第一卷，贺麟、王太庆译，商务印书馆1959年版。

［苏联］日丹诺夫：《在关于亚历山大洛夫著"西欧哲学史"一书讨论会上的发言》，李立三译，人民出版社1954年版。

［印度］乔荼波陀：《圣教论：蛙氏奥义颂》，巫白慧译释，商务印书馆1999年版。

（三）报刊论文

艾思奇：《关于几个哲学问题》，《新建设》1950年第1期。

奥伦：《备受瞩目的东方哲学研究》，《哲学动态》1999年第1期。

蔡德贵：《关于宗教和哲学之间的一致性》，《文史哲》1993年第4期。

蔡德贵：《中世纪阿拉伯人对哲学和科学的贡献》，《阿拉伯世界》2008年第3期。

陈来：《世纪末"中国哲学"研究的挑战》，《中国哲学史》1999年第4期。

陈来：《关于"中国哲学"的若干问题浅议》，《江汉论坛》2003年第7期。

陈来：《中韩朱子学比较研究的意义》，《中国社会科学报》2014年

3 月 12 日。

范景武：《神道―日本民族の国民性の思想的動因》，《人文科学論集》2007 年第 81 号。

冯今源：《中华文明史上的伊儒会通》，《人民政协报》2019 年 5 月 30 日第 8 版。

丰子义：《拓展马克思主义社会发展理论研究的新视野》，《天津社会科学》1993 年第 1 期。

龚颖：《"哲学"、"权利"、"真理"在日本的定译及其他》，《哲学译丛》2001 年第 3 期。

龚颖：《〈自由之理〉与〈自由之权利〉——密尔〈论自由〉两种日文译本的比较研究》，《哲学动态》2010 年第 6 期。

龚颖：《接受与转化：近代日本伦理学史上的人格观念》，《哲学动态》2013 年第 7 期。

龚颖：《蔡元培与井上哲次郎"本务论"思想比较研究——兼论中国近代义务论形成初期的相关问题》，《中国哲学史》2015 年第 1 期。

郭齐勇：《中国哲学：问题、特质与方法论》，《中国哲学史》2018 年第 1 期。

贺雷：《简论福泽谕吉对西方古典政治思想的接受与转换》，《世界哲学》2014 年第 3 期。

贺雷：《简论"实学"作为日本近代政治转型的思想基础》，《世界哲学》2015 年第 6 期。

何萍：《如何书写 1949 年以来的中国马克思主义哲学史》，《武汉大学学报》（人文科学版）2013 年第 3 期。

李存山：《中国哲学的系统及其特点》，《北京行政学院学报》2008 年第 2 期。

李甦平：《中日阳明学之比较》，《中州学刊》1986 年第 3 期。

李甦平：《中、日、朝实学比较》，《哲学研究》1995 年第 4 期。

李甦平：《中日心学比较——王阳明与石田梅岩的思想比较》，《中国哲学史》1996 年第 3 期。

李振中:《法拉比哲学思想简介》,《回族研究》2002 年第 1 期。

李振中:《回儒、回回理学及其他》,《伊斯兰文化研究》2009 年第 2 期。

梁漱溟:《东西文化及其哲学》,商务印书馆 1999 年版。

刘笑敢:《"反向格义"与中国哲学研究的困境》,《南京大学学报》(哲学·人文科学·社会科学) 2006 年第 2 期。

刘笑敢:《反向格义与中国哲学方法论反思》,《哲学研究》2006 年第 4 期。

刘一虹:《阿拉伯伊斯兰哲学研究在中国——问题与特性》,全球哲学论坛论文,阿联酋,2019 年 4 月。

彭国翔:《中国哲学研究方法论的再反思——"援西入中"及其两种模式》,《南京大学学报》(哲学·人文科学·社会科学) 2007 年第 4 期。

任平:《当代中国马克思主义哲学创新范式图谱》,《中国社会科学》2017 年第 1 期。

汤一介:《论中国传统哲学范畴体系的诸问题》,《中国社会科学》1981 年第 5 期。

汪楠:《百年中国佛教量论因明学量式研究述评》,硕士学位论文,贵州大学,2017 年。

王俊荣:《苏非思想与中国哲学》,《回族研究》2012 年第 3 期。

王中江:《中国哲学的"原创性叙事"如何可能》,《中国社会科学》2004 年第 4 期。

魏常海:《21 世纪的东方哲学研究——评五卷本〈东方哲学史〉》,《哲学动态》2011 年第 12 期。

吴晓明:《论马克思哲学的当代性》,《天津社会科学》1999 年第 6 期。

吴震:《德川日本心学运动中的中国因素——兼谈"儒学日本化"》,《中华文史论丛》2013 年第 2 期。

吴震:《德川儒者荻生徂徕的经典诠释方法论初探》,《中山大学学报》2014 年第 3 期。

吴震:《从伊藤仁斋"道论"的重构来看德川儒学"反朱子学"之特色》,《河北学刊》2015 年第 4 期。

吴震:《19 世纪以来"儒学日本化"问题史考察:1868—1945》,《杭州师范大学学报》2015 年第 5 期。

吴震:《德川日本心学运动的"草根化"特色》,《延边大学学报》2016 年第 1 期。

徐崇温:《应该怎样看待"西方马克思主义"?》,《求是》1993 年第 20 期。

徐金凤:《试论九鬼周造的偶然性哲学》,《浙江树人大学学报》2011 年第 11 卷第 1 期。

徐金凤:《江户时代"粹"的审美意识形成的社会背景》,《日本问题研究》2016 年第 5 期。

杨国荣:《具体的形上学》,《哲学分析》2011 年第 4 期。

杨国荣:《再思中国哲学》,《船山学刊》2017 年第 6 期。

张立文:《中国哲学的"自己讲"、"讲自己"——论走出中国哲学的危机和超越合法性问题》,《中国人民大学学报》2003 年第 2 期。

张汝伦:《邯郸学步,失其故步——也谈中国哲学研究中的"反向格义"问题》,《南京大学学报》(哲学·人文科学·社会科学)2007 年第 4 期。

张世英:《尼采与老庄》,《学术月刊》1989 年第 1 期。

张世英:《程朱陆王哲学与西方近现代哲学》,《文史哲》1992 年第 5 期。

张志强:《时代·传统·中国哲学——时代课题与中国哲学史研究三十年来的演进逻辑》,《中国哲学史》2008 年第 3 期。

朱明忠:《〈印度近现代哲学〉评介》,《南亚研究》1990 年第 4 期。

朱七星:《中国的韩国哲学研究概况及其特点》,《当代韩国》1995

年第 2 期。

［比］戴卡琳:《究竟有无"中国哲学"?》,《中国哲学史》2006 年第 2 期。

二 外文文献

Barwise, Jon (ed.), 1977, *Handbook of Mathematical Logic*, North-Holland Publishing Company.

Blackburn, Patrick, Johan van Benthem and Frank Wolter (eds.), 2006, *Handbook of Modal Logic*, Elsevier.

Gabbay, Dov and Franz Guenthner (eds.), 1983 – 1989, *Handbook of Philosophical Logic*, volumes 1 – 4, D. Reidel Publishing Company.

Gabbay, Dov and Franz Guenthner (eds.), 2001 – 2018, *Handbook of Philosophical Logic*, volumes 1 – 18, Springer.

Wang, Lu, 1997, "Logic in China", in M. L. D. Chiara, K. Doets, D. Mundici and J. van Benthem (eds.), *Structures and Norms in Science: Volume Two of the Tenth International Congress of Logic, Methodology and Philosophy of Science*, Florence, August 1995, Springer.

后 记

　　为喜迎中华人民共和国成立 70 周年，全面回顾总结中国特色社会主义建设取得的巨大成就，系统总结中国特色哲学社会科学发展壮大的历史进程，中国社会科学院党组决定动员全院多学科共同参与、组织优秀科研精干力量集中编撰《庆祝中华人民共和国成立 70 周年书系》，对中华人民共和国成立 70 年来的学术发展史进行系统深入的研究，回顾学科发展历程、分析学术发展脉络、探究学科发展方向。其中哲学研究所负责《新中国哲学研究 70 年》的编撰工作。编撰工作于 2018 年 12 月开始实施，在接到任务后，我即主持召开哲学研究所党委会议，议定由主管科研工作的副所长崔唯航同志担任负责人，组织起一支以研究室主任和各学科科研骨干为主体的写作班子，按学科组建撰写小组，于 2019 年 1 月正式开始制订工作计划、拟定写作提纲并启动书稿的撰写工作。崔唯航同志先后于 2019 年 1 月 23 日、2 月 20 日、4 月 3 日召开专题督办会议，听取各学科撰写小组的工作进展汇报及反馈意见，协调解决书稿撰写过程中遇到的困难与疑惑，促使此项工作有条不紊地向前推进。2019 年 4 月中旬，崔唯航同志调离哲学研究所，该书的编撰工作改由我负责，纪委书记、副所长冯颜利同志和副所长张志强同志协助开展工作，确保了书稿撰写工作的有效衔接与稳步推进。截至 2019 年 5 月 10 日，各写作人员的初稿陆续完成，各研究室主任或由研究室主任委托的负责人开始进行各学科书稿的统稿工作，并陆续提交至项目联络员处。2019 年 5 月 22 日，我主持召开专题督办会议，纪委书记、副所长冯颜利同志和副所长张志强同志参加会议，认真听取各学科撰写小组的书稿修改完善情况汇报，并对书稿的体例规范、风格布局等提出严格要求，这次会议对确保书稿质量具有至关重要的意义。截至 2019 年 6 月 30 日，各学科均如期提交了质量上乘的书稿。

《新中国哲学研究 70 年》的编撰工作历时半年有余，各位书稿撰写人员既要完成繁重的科研任务，又要在极短的时间内写出如此高水平的书稿，其中艰辛可想而知。现将各章、各节书稿的撰写者记录如下：

导论"新中国哲学研究 70 年的回眸与前瞻"由我本人拟定写作思路及提纲，并带领杨洪源副研究员、赵金刚副研究员撰写，冯颜利研究员、张志强研究员参加讨论修改；

第一章"新中国马克思主义哲学研究 70 年"由李景源研究员、杨洪源副研究员撰写；

第二章"新中国中国哲学研究 70 年"由任蜜林研究员、匡钊助理研究员撰写；

第三章"新中国西方哲学研究 70 年"由王齐研究员、马寅卯副研究员统稿，第一节"导言：西方哲学研究 70 年的阶段及特点"由王齐研究员撰写，第二节"古希腊哲学研究"由詹文杰副研究员撰写，第三节"中世纪哲学研究"由刘素民研究员撰写，第四节"早期现代哲学研究"由王齐研究员撰写，第五节"德国古典哲学研究"由王齐研究员撰写，第六节"现当代欧洲大陆哲学研究"由马寅卯副研究员撰写，第七节"分析哲学研究"由张励耕副研究员撰写，第八节"结语：问题与展望"由王齐研究员撰写；

第四章"新中国东方哲学研究 70 年"由成建华研究员统稿，第一节"导言"、第二节"印度哲学研究"由成建华研究员、范文丽助理研究员撰写，第三节"日本哲学研究"由王青研究员撰写，第四节"阿拉伯伊斯兰哲学研究"由刘一虹研究员撰写，第五节"韩国哲学研究"由洪军研究员撰写，第六节"越南哲学研究"由张捷副研究员撰写，第七节"结语"由成建华研究员、范文丽助理研究员撰写；

第五章"新中国逻辑学研究 70 年"由刘新文研究员撰写；

第六章"新中国伦理学研究 70 年"由甘绍平研究员统稿，第一节"导言"由甘绍平研究员撰写，第二节"马克思主义伦理思想研究"由孙春晨研究员撰写，第三节"伦理学原理研究"由张永义副研究员撰写，第四节"中国伦理思想史研究"由孙春晨研究员撰写，第五节"外国伦理学研究"由徐艳东副研究员撰写，第六节"应用伦理学研究"由余涌研究员撰写，第七节"结语"由甘绍平研究员撰写；

第七章"新中国美学研究 70 年"由徐碧辉研究员统稿，第一节"导言"、第二节"70 年来中国美学基本理论研究情况"由徐碧辉研究员撰写，第三节"70 年来中国美学史研究状况"由张建军研究员撰写，第四节"70 年来西方美学研究的成就、问题与出路"由卢春红研究员撰写，第五节"中国设计美学 40 年"由梁梅研究员撰写，第七节"结语"由徐碧辉研究员撰写；

第八章"新中国科学技术哲学研究 70 年"由段伟文研究员撰写。

在本书初稿完成后，我本人多次组织召开统稿会，对全书的章节设置、写作风格、语言表达等进行了详细讨论与修订，冯颜利研究员、张志强研究员、杨洪源副研究员、赵金刚副研究员等也参与其中，为进一步完善书稿作出了一定的努力。

在本书即将付梓之际，我想代表哲学研究所领导班子对所有在本书组织、筹备、撰写和出版工作中付出艰辛劳动、给予莫大帮助和支持的学者和工作人员表示衷心的感谢！在感谢你们为总结新中国哲学研究 70 年的成绩、经验与问题所作出的巨大贡献的同时，更期望你们在构建具有中国特色、中国风格、中国气派的新中国哲学体系伟大事业中取得更大成就！

主编：王立胜
2019 年 7 月 1 日